L'IMPENSÉ
DE LA PHILOSOPHIE HEIDEGÉRIENNE

www.librairieharmattan.com
diffusion.harmattan@wanadoo.fr
harmattan1@wanadoo.fr

ISBN : 2-296-01503-4
EAN : 9782296015036

Joël BALAZUT

L'IMPENSÉ DE LA PHILOSOPHIE HEIDEGÉRIENNE

L'essence du tragique

L'Harmattan
5-7, rue de l'École-Polytechnique ; 75005 Paris
FRANCE

L'Harmattan Hongrie
Könyvesbolt
Kossuth L. u. 14-16
1053 Budapest

Espace L'Harmattan Kinshasa
Fac..des Sc. Sociales, Pol. et Adm. ; BP243, KIN XI
Université de Kinshasa – RDC

L'Harmattan Italia
Via Degli Artisti, 15
10124 Torino
ITALIE

L'Harmattan Burkina Faso
1200 logements villa 96
12B2260
Ouagadougou 12

Pour Amélie

Nous remercions le Professeur Jean-Marie Vaysse qui a bien voulu diriger la thèse qui est à l'origine du présent ouvrage. Son livre "L'inconscient des modernes", paru en 1999, avait donné une impulsion décisive à notre recherche.

INTRODUCTION

De la philosophie de Heidegger il est possible de dire, comme cela l'a été de celle de Schelling, qu'elle est une « philosophie en devenir ». Or, l'œuvre heideggerienne qui a constamment évolué, n'a jamais trouvé de véritable achèvement. En dépit de son ampleur cette œuvre paraît, en effet, pour une grande part inaboutie. La question que pose Heidegger, la question du sens de l'être, devait trouver une réponse à travers une analyse de l'essence de l'homme, fondamentalement défini comme cet étant singulier qui se tient dans la compréhension de l'être, qui est *Dasein.* C'est en répondant à la question concernant l'essence du *Dasein* que Heidegger devait apporter une réponse à la question de l'être, à la *Seinsfrage.* Cependant, l'œuvre majeure de Heidegger - le traité de 1927 *Etre et temps* - est demeurée inachevée. La troisième section du traité, qui devait apporter une réponse à la question du sens de l'être, ne fut pas publiée. Heidegger esquissa cette réponse dans certaines des œuvres qui suivirent la parution du traité et en particulier dans la deuxième partie du cours de Marbourg *Les problèmes fondamentaux de la phénoménologie.* Toutefois, cette réponse ne fut pas jugée suffisante ni satisfaisante par Heidegger, qui y reconnut même, par la suite, une impasse. Il a affirmé par la suite que ses premières œuvres avaient abouti – dans une certaine mesure – à une impasse car elles risquaient de reconduire la philosophie du sujet qu'elles s'efforçaient de dépasser. C'est, en effet, de cette manière qu'il expliquera l'inachèvement de *Sein und Zeit* dans son livre sur Nietzsche[1].

Au cours des années trente, la philosophie de Heidegger a progressivement évolué pour se transformer de manière profonde. L'impasse à laquelle il craignait d'aboutir le conduisit à opérer un « tournant »

---

1. Cf. Martin Heidegger, *Nietzsche*, T. I, Gall. 1980, p. 156.

fondamental. Ce tournant est un renversement (*Kehre* ou *Umkehr*) dans la manière de penser les rapports entre l'être et le *Dasein*. Il lui est apparu que ce n'est pas d'abord le *Dasein* comme ipséité qui s'ouvre à l'être (comme il avait essayé de l'établir dans ses premières œuvres), mais qu'il est en lui une pensée plus originelle *de* l'être au double sens du génitif. Heidegger dira par la suite que ce « tournant » ou encore ce « renversement » était appelé par la démarche même de *Sein und Zeit*, dans la mesure où il est acquis dès le début que ce n'est pas le sujet humain qui pose l'être, mais que c'est bien plutôt l'être qui, d'abord, s'ouvre à lui et qui le « concerne ». Ce renversement, cette *Kehre*, qui s'est réalisée progressivement au cours des années trente, est lié à une profonde évolution de la pensée heideggerienne de l'être et il entraîne, en même temps, un profond bouleversement dans la manière de concevoir le *Dasein*.

Cependant Heidegger renonça à partir des années trente, à développer sa pensée de manière thématique, à la présenter de manière « systématique », et il n'écrivit plus de nouveau traité. Il consacra une partie importante de son travail à une interprétation de l'histoire de la philosophie depuis les Présocratiques jusqu'à Nietzsche, ainsi qu'à des commentaires de la poésie de Hölderlin. A travers ce travail d'interprétation c'est la question de l'oubli du sens originel de l'être depuis les Grecs qui va essentiellement l'occuper. Et il lui apparaîtra, peu à peu, que cet oubli de l'être, préparé par la philosophie, s'accomplit pleinement dans le monde moderne fondamentalement marqué par le règne planétaire de la technique scientifique. C'est dans le cadre de ce travail d'interprétation, et donc *de manière seulement indirecte*, qu'il va traiter la question de l'être et repenser les rapports de l'être et du *Dasein* de manière à accomplir ce « virage » fondamental de sa pensée, c'est-à-dire cette *Kehre*, permettant de surmonter l'impasse d'une philosophie du sujet. A cause de cela il continuera à se référer à *Etre et temps*, et aux textes qui le suivent immédiatement à la fin des années vingt, comme constituant, en dépit de leurs insuffisances, la seule voie d'accès possible à sa philosophie. Cela signifie, que toute tentative d'interprétation, ou même de simple compréhension de l'œuvre heideggerienne, est vouée à un perpétuel renvoi des premières grandes œuvres aux œuvres écrites après la *Kehre*.

Mais il y a plus, car non seulement Heidegger, après la *Kehre*, n'a pas reconstitué l'analytique du *Dasein* et n'a plus traité la question de l'être que de manière indirecte et non thématique, mais son questionnement ne semble pas avoir trouvé de réponse suffisante et semble totalement inabouti. Le « premier Heidegger » voulait penser l'être à partir du temps, mais dans son œuvre tardive il affirmera que la vérité de l'être – comme ce qui « donne être » à l'étant – relève d'une énigme qui est encore plus haute que celle du temps, laquelle doit conserver son caractère d'énigme. Dans la conférence *Temps et Etre* de 1962 Heidegger reprend, en effet, à nouveaux frais et une dernière fois la question sur laquelle a buté *Etre et temps*. Il écrit alors ceci : « ...le temps s'avère-t-il comme le « il » qui donne être ? – Nullement. Car le temps reste lui-même la donation d'un « il y a » ... »[2]. Or, voici ce qu'il dira de ce « il y a » qui « donne être » : « Ainsi le « il » continue de demeurer indéterminé, énigmatique, et nous même restons sur l'énigme »[3]. On peut rapprocher cette énigme, du « il » ou du « il y a » (*Es gibt*) qui « donne être » de la tautologie présentée dans la *Lettre sur l'humanisme* : « Mais l'être qu'est ce que l'être ? L'être est Ce qu'Il est (*Es ist Es selbst*) »[4]. La pensée heideggerienne semble bien buter sur une énigme indéchiffrable.

C'est certainement pour cette raison que Heidegger a présenté, à plusieurs reprises, sa pensée comme une simple préparation, comme une démarche inachevée, posant seulement les bases d'une pensée à venir. Il affirme, en effet, dans l'entretien qu'il donna à *Der Spiegel* en 1966 : « pour nous qui vivons aujourd'hui, le grand de ce qui est à penser est trop grand. Nous pouvons peut-être nous mettre en peine d'un passage : bâtir des chemins étroits n'allant pas loin »[5]. De la même manière, dans un entretien avec Richard Wisser de 1969, il présente sa propre œuvre comme la simple amorce, la simple mise en route d'une démarche que seule une pensée à venir pourra assumer effectivement. C'est, dit-il, à une pensée à venir qu'est confiée « ...la tâche d'assumer effectivement cette pensée que j'essaie de préparer »[6]. C'est à cause de cela que Heidegger a écrit en exergue de l'édition allemande de ses œuvres complètes : « *Wege – nicht Werke* ». A en croire Heidegger lui-même, son œuvre serait donc inachevée, inaboutie.

Or, nous pensons – telle est l'origine du présent travail - qu'il n'en est rien et que la philosophie de Heidegger apporte bel et bien des réponses précises et élaborées aux questions qu'elle soulève, bien que ces réponses soient demeurées en partie implicites, ou encore, pour reprendre un concept heideggerien, *impensées*. En dépit des apparences, cette philosophie n'est donc pas, à nos yeux, une pensée inachevée. Heidegger a réussi à dépasser progressivement l'impasse d'une philosophie du sujet - dans laquelle il avait d'abord risqué de se murer - et à réaliser ainsi le « tournant » qui lui permit de porter sa philosophie à son plein accomplissement. C'est ainsi, nous le montrerons, qu'on trouve bel et bien dans l'œuvre heideggerienne une réponse *très précise* et élaborée à la question fondamentale du sens de l'être. Nous établirons qu'il y a une cohérence d'ensemble et un aboutissement de cette pensée qui développe progressivement ce qui n'était encore présent qu'en gésine et de manière insuffisante dans les premières œuvres. Cette

2. Martin Heidegger, *Temps et être*, in *Questions IV*, Gall. Paris, 1976, p. 37.
3. Ibid.
4. Martin Heidegger, *Lettre sur l'humanisme*, Aubier, Paris, 1977, p. 77.
5. Martin Heidegger, *Réponses et questions sur l'histoire et la politique*, Mercure de France, 1977, P. 74 -75.
6. Martin Heidegger, *L'Herne*, 1983, p. 97.

pensée a donc trouvé son accomplissement, bien que cela n'apparaisse pas immédiatement à la lecture de l'œuvre. Les réponses aux questions que soulève Heidegger ne sont certes pas développées de façon suffisante dans les premiers textes, mais elles sont disséminées dans l'œuvre ultérieure et élaborées, aussi bien à travers les commentaires des poètes tragiques grecs et des Présocratiques – qui ont, selon Heidegger pensé l'être en son sens originel (bien qu'ils soient aussi les initiateurs de son oubli) – qu'à travers les commentaires de la « poésie-pensée » de Hölderlin. Mais alors, pourquoi Heidegger a t-il si souvent insisté sur l'inachèvement de son œuvre et pourquoi n'a t-il pas développé sa pensée de manière plus directe et plus thématique ?

Ainsi que nous le montrerons la philosophie de Heidegger trouve son accomplissement et son aboutissement logique dans une pensée du *tragique* et de la finitude radicale. Le tragique est, en effet, le maître mot de cette philosophie comprise jusqu'à son impensé. Chez Heidegger, nous l'établirons de manière précise, le tragique caractérise tout d'abord la relation *essentielle* de l'homme à l'être en tant qu'elle doit être comprise, à partir de la finitude, comme une relation paradoxale à l'insondable et à *l'impossible* dans et par une distance infranchissable. Mais le tragique a aussi un sens ontologique, il est un trait de l'être. L'être, en effet, n'est pas substantiel, il n'est pas de l'ordre de la subsistance, mais il est intrinsèquement déchiré, marqué par la différence, et il constitue ainsi un fondement lui-même sans fond ou abyssal de l'étant en totalité. Il apparaît alors que cette philosophie exclut tout horizon théologique. Or, il y a, en même temps, chez Heidegger une profonde ambiguïté concernant la question de Dieu. Ainsi que l'a dit Otto Pöggeler, « la question de Dieu plane dès l'origine au-dessus du chemin de pensée de Heidegger »[7]. Il y a chez Heidegger une grande ambivalence concernant la question de Dieu, dont témoignent, par exemple les *Beiträge zur Philosophie*[8]. Cette question est, en effet, au cœur de ces notes personnelles rédigées entre 1936 et 1938, qui font apparaître une profonde inquiétude religieuse[9]. Heidegger a, certes, perdu la foi de sa jeunesse et abandonné la théologie, mais ainsi qu'il l'écrira à Jaspers en 1935, l'explication avec la foi des origines est demeuré comme un « aiguillon » ou encore comme un « pieu planté dans sa chair »[10].

C'est, pensons nous, à cause de cet embarras qu'il n'a jamais pu assumer pleinement les conséquences ultimes auxquelles conduit sa propre pensée. Heidegger veut maintenir ouverte la question de Dieu et il semble donc hésiter et parfois reculer devant les conséquences auxquelles conduit

7. Otto Pöggeler, *La pensée de Heidegger*, Aubier Montaigne, Paris, 1967, p. 354.
8. Martin Heidegger, *Beiträge zur Philosophie*, G A 65.
9. Cf. sur ce point, Rüdiger Safranski, *Heidegger et son temps*, Chapitre 18, p. 325 à 334.
10. Martin Heidegger, *Correspondance avec Karl Jaspers*, Gall. Paris, 1996, p. 143.

son ontologie. C'est pourquoi il tient à laisser ouverte l'énigme de l'être. Autrement dit, il n'a jamais pleinement assumé la pensée de la finitude et du tragique qu'il élabore cependant bel et bien. C'est pour cette raison que le sens ultime de sa philosophie demeure implicite, les réponses aux questions qu'il pose demeurant disséminées dans l'œuvre sans être jamais *pleinement* thématisées. C'est cet implicite qui constitue ce que nous appelons *l'impensé* de Heidegger. Le sens profond de la pensée heideggerienne est, en effet, *dissimulé* par ce qu'on pourrait appeler, pour reprendre une expression de Gérard Granel, « une équivoque ontologique », laquelle provient de l'ambiguïté de cette pensée concernant la question de Dieu. Nous allons nous attacher, au cours de ce travail, à dissiper cette équivoque de manière à faire apparaître la pensée de Heidegger dans son unité et sa cohérence.

Affirmer que le sens fondamental de la pensée heideggerienne est impensé et qu'il doit donc être arraché à l'occultation par un travail d'interprétation, revient à appliquer à Heidegger lui-même sa propre méthode de lecture des textes philosophiques. Le concept d'impensé appartient en effet, on le sait, à la philosophie heideggerienne. Cette notion se rattache à la problématique de la déconstruction (*Destruktion*) et à l'idée suivant laquelle l'être ne s'est donné, dans les grands textes philosophiques, qu'en dérobant son essence originelle qu'il faut alors reconquérir[11]. Cependant, chez Heidegger, l'impensé est parfois compris comme un recul du penseur qui refuse d'assumer les conséquences de sa propre pensée. Tel est le sens de l'impensé de la *Critique de la raison pure* qui est exhibé dans *Kant et le problème de la métaphysique*[12]. Selon Heidegger Kant a reculé devant l'audace de sa propre conception de l'imagination transcendantale parce qu'elle l'aurait conduit à remettre en cause la suprématie de la Raison. Ainsi c'est le prestige qu'avait à ses yeux la Raison qui a conduit Kant à reculer devant les conséquences dernières de sa propre pensée. C'est dans cette deuxième acception que nous appliquerons à Heidegger lui-même sa propre méthode de lecture des textes philosophiques. Dans le cas de Heidegger c'est la profonde inquiétude religieuse et la volonté de maintenir ouverte la question de Dieu qui ont motivé le recul du penseur. Ce qu'il y a de plus profond dans sa pensée est ainsi demeuré en partie impensé parce que Heidegger a reculé, pour des raisons religieuses, devant les conséquences de sa propre philosophie.

Le présent travail est un effort d'interprétation qui vise, en exhibant l'impensé de la philosophie heideggerienne, à reconstituer le sens et l'unité de cette œuvre par delà son évolution. L'impensé de Heidegger est, en effet,

---

11. Cf. Martin Heidegger, *Etre et temps* §6, cf. aussi, *Qu'appelle-t-on penser ?*, P.U.F, Paris, 1973, p. 118, et, *Héraclite*, *Séminaire*, Gall. Paris, 1973, p. 222.
12. Cf. Martin Heidegger, *Kant et le problème de la métaphysique*, Gall. Paris, 1977, § 31, p. 217 à 227.

sa pensée elle-même en tant qu'elle n'est pas pleinement assumée. En dépit des apparences, et contrairement à ce que Heidegger lui-même a parfois affirmé, il y a bel et bien une *doctrine philosophique* heideggerienne que nous nous attacherons à exhiber. Et nous montrerons que non seulement la pensée heideggerienne trouve un aboutissement, mais que ce à quoi elle aboutit est déjà présent *en gésine* dans les premières œuvres à partir d'*Etre et temps* et donc avant la *Kehre.* Or, cette unité profonde et cette cohérence d'ensemble de l'œuvre heideggerienne ont été suggérées par Heidegger lui-même dans la *Lettre à Richardson* de 1962. Ce texte est, à nos yeux, d'une grande importance car il représente une mise au point sur le sens de l'œuvre heideggerienne dans son ensemble et il constitue une sorte de petit traité de la méthode pour lire cette œuvre.

Dans la *Lettre à Richardson* Heidegger accepte de reprendre à son compte la distinction que lui propose son correspondant entre un « Heidegger I », représenté par *Etre et temps* et les autres œuvres de la fin des années vingt, et un « Heidegger II » représenté par les œuvres ultérieures, écrites après la *Kehre.* Cependant il insiste en même temps sur l'unité et la cohérence de son oeuvre par delà son évolution. Il suggère ainsi que la *Kehre*, et donc l'évolution ultérieure de sa pensée, sont déjà *appelées* par les premières œuvres. Il écrit, en effet, que « ...dès le départ de la question de l'être dans *Etre et temps*, la pensée est appelée à un virage ... »[13]. Or, cela signifie que la pensée ultérieure est déjà en gestation dans les premières œuvres. C'est pourquoi « ...ce virage ne s'effectue pas sur la base d'une modification d'un point de vue, ou même de l'abandon de la problématique de *Etre et temps.* »[14] Mais Heidegger ajoute cependant que « ... dans la pensée du tournant la problématique de *Etre et temps* est complétée de manière décisive »[15]. La pensée initiée par les premières grandes œuvres à partir du traité de 1927, ne trouve son plein accomplissement, c'est-à-dire sa *complétude*, qu'après le tournant, qu'après la *Kehre.* Heidegger écrit, en effet, ceci : « cette complétude apporte aussi, alors seulement, la détermination suffisante du *Da-sein*, c'est-à-dire de l'essence de l'homme pensée à partir de la vérité de l'être en tant que tel »[16]. Ainsi, c'est seulement à la lumière de « Heidegger II » que « Heidegger I » peut prendre la plénitude de son sens. Mais dans la mesure où Heidegger n'a jamais tenté de reconstituer thématiquement l'analytique du *Dasein* sur les bases de son évolution ultérieure, on ne peut tout de même *accéder* à son œuvre qu'à partir de « Heidegger I ». Voici alors comment, d'après la *Lettre à Richardson*, l'œuvre heideggerienne doit être abordée et interprétée : « Ce

13. Martin Heidegger, *Lettre à Richardson*, in *Questions III et IV*, Gall. paris, 1996, p. 346.
14. Ibid. p. 345.
15. Ibid. p. 347.
16. Ibid.

n'est qu'à partir de ce qui est pensé en I qu'est seulement *accessible* ce qui est à penser en II, mais le I ne devient *possible* que s'il est contenu en II »[17]. Cette phrase capitale va nous fournir la *méthode* de notre interprétation.

Elle signifie, en premier lieu, que la pensée heideggerienne ne devient pleinement *possible* qu'à partir de « Heidegger II ». C'est donc dans l'œuvre développée après la *Kehre* qu'il faudra chercher la pleine signification et l'aboutissement de la pensée heideggerienne *dans son ensemble.* La réponse à la question de l'être ainsi que le sens plein et entier de la notion de *Dasein*, doivent donc être recherchées dans « Heidegger II ». Et il faut ajouter que le sens plein et entier de la *question* de l'être elle-même devra être recherché dans les textes de « Heidegger II » qui lui sont consacrés. Cependant, nous l'avons dit, l'œuvre de Heidegger après la *Kehre* est en grande partie constituée par des commentaires. Le sens accompli de la pensée heideggerienne est donc disséminé dans les textes consacrés à la pensée présocratique, à la tragédie grecque, à la poésie de Hölderlin, mais aussi parfois dans les œuvres consacrées à Aristote et à Kant, avec qui Heidegger entretient un rapport privilégiés. L'élaboration ultime de la pensée heideggerienne devra donc être reconstituée, car elle est présente, en quelque sorte, a *membra disjecta*, dans les œuvres postérieures à la *Kehre.*

Mais la phrase capitale de la *Lettre à Richardson* affirme, en même temps, que si la pensée heideggerienne ne devient *possible* qu'à partir de « Heidegger II », elle n'est *accessible* qu'à partir de « Heidegger I ». Si l'on tient compte de cette deuxième exigence *sans oublier la première*, cette phrase capitale signifie, nous semble-t-il, qu'il est nécessaire de commencer par le premier Heidegger, mais en l'éclairant d'emblée - dans une certaine mesure et lorsque cela est nécessaire – sur la base des développements de sa pensée ultérieure qui seule lui donne la plénitude de son sens. De cette manière, l'analyse pourra exhiber ce qui était déjà là, mais n'était présent qu'en gésine, ou encore de manière seulement implicite, dans les premiers développement de sa pensée. Et cela vaut au premier chef pour la question de l'être elle-même que l'Introduction de *Etre et temps* ne suffit pas à éclaircir. C'est seulement de cette manière, nous semble-t-il, que la pensée heideggerienne pourra alors être restituée dans sa signification véritable en partie impensée.

Il ne faudra pas, *inversement*, oublier « Heidegger I » dans l'interprétation de « Heidegger II ». Or, pour le premier Heidegger, et en particulier dans *Etre et temps*, le *Dasein* n'était pas seulement compris à partir des Grecs, mais aussi *fondamentalement* comme une essence universelle de l'homme. Cela signifie alors qu'avec le *Dasein* il ne s'agit pas, en dernière analyse, des Grecs (ou des Allemands), mais bien d'une essence universelle de l'homme, s'il est vrai que « ...l'être parle partout et

---

17. Ibid. p. 348. Les mots soulignés sont soulignés par nous.

toujours au travers de toute langue »[18]. Ceux qui critiquent l'œuvre de Heidegger à cause de sa compromission momentanée – mais, il faut le reconnaître, consternante et scandaleuse – avec le nouveau régime politique en Allemagne en 1933, n'atteignent donc pas, et ne soupçonnent même pas, le noyau véritable de cette œuvre. Avec le *Dasein* Heidegger exhibe une essence *universelle* de l'homme comprise à partir du tragique. Et nous montrerons comment cette conception de l'homme - laquelle, nous le verrons, conduit à reconnaître en lui la présence essentielle d'une pensée *latente* - peut, dans certaines limites, être rapprochée de celle développée par la psychanalyse, qui, elle aussi, puise à la source du tragique. Ainsi que nous l'établirons, la psychanalyse, notamment dans sa version lacanienne, s'est, en dépit des apparences, approchée, à sa manière, de ce que Heidegger a nommé *Dasein*, mais dans le cadre d'une mésinterprétation *psychologique* de celui-ci qui le défigure totalement et le rend ainsi méconnaissable.

Dans la mesure où il s'agit d'établir qu'il y a bel et bien une doctrine philosophique de Heidegger, ce travail se présente comme une *interprétation d'ensemble* de l'œuvre heideggerienne. Nous verrons progressivement que le noyau de l'œuvre est représenté par cette notion du tragique dont, mieux que Nietzsche et même que Hölderlin dont il est cependant proche, Heidegger exhibe l'essence. Nous établirons, à partir de là, que le phénomène historial de l'oubli de l'être, qui se manifeste dans la métaphysique et qui culmine aujourd'hui dans le règne de la technique planétaire, doit fondamentalement être compris sur la base même de cette pensée du tragique, c'est-à-dire comme cet oubli, ou plus exactement comme ce *déni* du tragique, en son essence originelle, à travers lequel celui-ci se manifeste alors sous les traits d'un *péril* ontologique fondamental. A ce moment là l'unité et la cohérence d'ensemble de l'œuvre seront établies.

18. Martin Heidegger, *La parole d'Anaximandre*, in *Chemins...*, Gall. Paris, 1980, p. 442.

PREMIERE PARTIE

Signification de la question de l'être

« Toute question posée en conformité avec la chose même est déjà le pont jeté vers la réponse »[19].

19. Martin Heidegger, *Qu'est-ce que la métaphysique ?* Postface, in *Questions I*, Gall. Paris, 1976, p. 75.

L'accès à la pensée de Heidegger est d'emblée obstrué par une difficulté fondamentale concernant le sens même de la question à laquelle elle est attachée, la question de l'être. Cette difficulté tient, d'une part, à l'évolution de Heidegger dont la problématique n'était pas encore pleinement clarifiée en 1927. L'élaboration même de la question de l'être n'est, en effet, pas encore suffisamment accomplie et achevée dans les premières œuvres. Mais cette difficulté tient d'autre part à la manière équivoque dont Heidegger présente parfois cette question. Cette équivoque, nous le verrons, est liée à son impensé. Il est donc primordial de présenter de manière précise et rigoureuse cette question, de l'élaborer ainsi par étapes dans toute sa portée, afin d'en exhiber la teneur authentique, en dissipant l'équivoque qui en altère le sens.

CHAPITRE I

Première élaboration de la question du sens de l'être

La pensée de Heidegger, on le sait, est toute entière consacrée à une seule et unique question : la question de l'être (*Seinsfrage*). La formulation adéquate de cette question, telle que la pose Heidegger, est : *que veut dire être ?* Cette question est pour lui la question fondamentale et ultime que la philosophie doit enfin poser : « La question initiale et ultime, la question fondamentale de la philosophie est la suivante : que signifie être ? » [20] Or, ce questionnement sur l'être, sur ce que veut dire être, doit s'établir, il est essentiel de le noter, sur la base d'une interrogation portant sur le mot « être ». C'est bien, en effet, de cette manière que Heidegger la présente dans l'introduction d'*Etre et temps* : « Ce dont a besoin la tâche ontologique...c'est d'un accord préalable permettant de s'entendre sur « ce que nous voulons dire au juste par le mot « être » »[21] Cette question est ce que Heidegger appelle la question du *sens* de l'être.

Le questionnement ontologique traditionnel, qui porte sur l'être de l'étant, n'a jamais pris la forme radicale d'une telle interrogation sur le sens de l'être, sur ce que signifie être. En effet, le concept d'être a toujours été considéré comme indéfinissable. On le tient pour le concept le plus général et le plus vide, indéfinissable à cause de sa quasi vacuité, mais cependant évident, allant pour ainsi dire de soi. Interroger ce concept relèverait donc d'une erreur de méthode. Or, ainsi que l'affirme Heidegger dans les premières pages de l'introduction de *Etre et temps*, cette vacuité et cette

---

20. M. Heidegger, *Les problèmes fondamentaux de la phénoménologie*, Gall. Paris, 1985, p. 32.
21. M. Heidegger, *Etre et temps*, Gall., Paris, 1986, Introduction, p.35.

évidence banale du concept d'être ne sont qu'apparentes car il n'est pas de concept qui soit à ce point embrouillé et enveloppé d'obscurité. Quel peut être, cependant, l'intérêt d'un questionnement aussi abstrait ?

Cette question du sens de l'être n'est pas, en dépit des apparences, une question abstraite qui serait l'objet d'une « spéculation planant dans l'éther des généralités les plus générales »[22]. Ainsi que le montrera Heidegger, cette question est au contraire *la plus concrète* car elle concerne l'essence même de l'homme dans la mesure où la compréhension de l'être lui est absolument radicale bien qu'il l'ait oubliée la plupart du temps et qu'il n'en veuille rien savoir. Pour parvenir à répondre *véritablement* à cette question il ne s'agira donc pas de se lancer dans une spéculation abstraite et générale, dans une simple analyse conceptuelle portant sur le terme d' « être », mais bien de se tourner vers l'essence de l'homme en tant que celui-ci se caractérise fondamentalement par ceci qu'il comprend l'être. Répondre à cette question ce sera donc reconduire l'homme vers son essence originelle, c'est-à-dire le reconduire vers le « sol » ontologique sur lequel il se trouve déjà, mais qu'il a, en même temps, toujours déjà franchi d'un saut. La question de l'être est ainsi *en elle-même* la question *éthique* sous sa forme la plus radicale et la plus originelle, c'est-à-dire celle du *séjour* de l'homme. La question du sens de l'être n'est donc pas une question abstraite, qui serait l'objet d'une spéculation aussi générale que vide, mais bien la plus profonde et la plus concrète car elle est cela seul qui peut véritablement ouvrir l'homme à son essence et l'enjoindre de devenir ce qu'il est.

Cette question de l'être, telle que la pose Heidegger, doit impérativement être éclaircie, sa signification exacte doit être précisée, car elle a été généralement mal comprise. La faute en incombe à Heidegger lui-même qui, nous l'avons suggéré, a parfois présenté cette question d'une manière qui prête à confusion. En effet, il arrive à Heidegger d'affirmer que cette question ne porte plus sur l'être compris comme être de l'étant, c'est-à-dire comme ce qui fondamentalement préside au déploiement originel de l'étant. Or, nous le montrerons, la question du sens de l'être est bel et bien, et n'est rien d'autre, qu'une manière *enfin* radicale et originelle – et donc *tout à fait nouvelle* – de poser la question de l'être comme être de l'étant. La question du sens de l'être n'est donc rien d'autre qu'une manière tout à fait nouvelle et beaucoup plus radicale de poser la question fondamentale qui a été celle de la philosophie depuis les Grecs. Le projet de Heidegger, annoncé dès les premières phrases du traité de 1927 *Etre et temps* est de « ...poser en termes tout à fait neufs la question du sens de l'être »[23]. Heidegger renoue ainsi avec la « *Proté philosophia* », c'est à dire avec « ...la philosophie

22. Ibid. P. 33.
23. M. Heidegger, *Etre et temps* éd. Gall. Paris 1986 p. 21

proprement dite »[24]. En posant à nouveaux frais la question de l'être, la pensée heideggerienne se trouve ainsi à nouveau « ...aux prises avec la question fondamentale de toute la philosophie »[25].

Il est essentiel de comprendre cependant que la question fondamentale du sens de l'être n'est en aucune manière une pure et simple réitération de ce qui a été, selon Heidegger, la question directrice de la métaphysique, c'est-à-dire de la question aristotélicienne *ti to on*. En effet, pour Heidegger et ainsi que nous le verrons, par sa question directrice la métaphysique a interrogé l'être de manière non originelle, sur la base d'un présupposé non éclairci. La métaphysique nomme bien l'être mais elle s'en tient en fait à un questionnement sur *l'étant pré-donné*. « Elle nomme l'être et vise l'étant en tant qu'étant »[26]. En posant la question du sens de l'être Heidegger s'efforce donc de radicaliser le questionnement ontologique afin de le déployer d'une manière qui soit *enfin* originelle. Il conviendra donc de distinguer la *question fondamentale* (*Grundfrage*) du sens de l'être, qui est la question heideggerienne, de ce qu'a été la *question directrice* (*Leitfrage*) de la métaphysique, la question *ti to on*. Cependant, c'est à partir d'une méditation sur la question directrice de la métaphysique, sur le présupposé inapparent qui la sous-tend et sur les réponses qu'Aristote a tenté d'y apporter que Heidegger a pu dégager la question fondamentale et originelle du sens de l'être. Pour comprendre le sens profond et la spécificité de la question de l'être telle que la pose Heidegger il faut donc faire un bref détour par sa réflexion sur la question directrice de la métaphysique.

Au fil conducteur de la question *ti to on* Aristote dégage, on le sait, quatre significations de l'être. L'être de l'étant apparaît ainsi sous quatre « visages » selon les catégories, selon le rapport *dunamis-energeia*, selon le rapport *ousia-sumbebecos*, et enfin comme *alethes* et *pseudos*. Or, dans le livre Z de la *Métaphysique*, Aristote semble privilégier les figures catégoriales en tant qu'elles se rattachent toutes à une signification fondamentale qui est l'*ousia*. Il apparaît donc que, pour Aristote, si l'être se dit en modes multiples c'est par rapport à un terme unique, à un *pros en legomenon*, qui est l'*ousia*. Bien que cet effort pour reconduire les multiples significations de l'être à une signification unique représente l'une des difficultés centrales de l'aristotélisme, il apparaît cependant que l'ontologie d'Aristote s'est finalement orientée vers une « ousiologie », une doctrine de la substance. Or, le trait ontologique fondamental de la substance est la permanence ou la subsistance, c'est-à-dire la constance de la présence. L'*ousia* se caractérise en effet par ceci qu'elle est un substrat permanent

---

24. M. Heidegger, *Kant et le problème de la métaphysique* éd. Gall. Paris 1977 p. 69
25. M. Heidegger, *Etre et temps*, Gall. Paris, 1986, p. 53
26. M. Heidegger, *Qu'est-ce que la métaphysique ?* Introduction, in *Questions I*, Gall. Paris, 1976 p. 29.

reposant en soi-même, c'est-à-dire par le fait qu'elle est *hupokeimenon.* C'est pourquoi, dans le développement de l'ontologie aristotélicienne, il apparaîtra que la forme (*eidos*) n'est rien d'autre que ce dans et par quoi l'*ousia* accède à son plein épanouissement, à la pleine tenue de son être-posé, à la plénitude de sa *présence subsistante*, c'est-à-dire à son « être-en-acte » (*energeia)*[27]. Or, dans la mesure où l'être est ainsi fondamentalement compris comme subsistance, l'ontologie propre à la métaphysique débouchera *finalement* et nécessairement sur une théologie. En effet, si le trait ontologique fondamental de l'étant, qui est conçu comme substance, est la présence constante, cela signifie alors que l'étant est d'autant plus étant qu'il est plus présent. L'être sera donc *finalement* identifié à l'étant suprême considéré comme ce qui est constamment présent c'est-à-dire éternel. La métaphysique, qui prend d'abord la forme d'une *métaphysique générale*, d'un questionnement sur les traits généraux de l'*on e on*, s'accomplira donc finalement dans et par une *métaphysique spéciale*, laquelle conduit la pensée à passer au-delà (*meta*) de l'étant tel qu'il se montre d'abord à nous, pour s'articuler à l'étant suprême immuable et éternel. Or, c'est la manière même dont la question de l'être est posée par la métaphysique qui induit nécessairement ce type de réponse. Par sa question directrice, dont la formulation complète est : *ti to on e on* (qu'est-ce que l'étant en tant qu'étant ?) la métaphysique *présuppose* l'étant en sa subsistance « pré-donnée » et se tient ainsi *d'emblée* dans le présupposé inapparent d'une détermination de l'être comme pure présence. « Les Grecs comprennent la présence constante dans une pré-compréhension, sans la faire entrer dans la visée thématique »[28].

Ce présupposé inapparent qui porte secrètement le questionnement métaphysique provient, en dernière instance, de l'attitude naturelle ou quotidienne face à l'étant. En effet, l'attitude naturelle est portée par un présupposé ontologique totalement implicite. Elle présuppose l'étant comme ce qui est toujours déjà présent « là-devant ». Il est entendu pour celle-ci que l'étant est toujours déjà là, qu'il est « pré-donné » en sa présence pleine et constante, c'est-à-dire en sa subsistance. Le présupposé ontologique commun à la métaphysique et à l'attitude naturelle est ainsi une pré-compréhension de l'être de l'étant comme subsistance, c'est-à-dire comme ce que Heidegger appelle *Vorhandenheit.* Le *Vorhandene* se caractérise par ceci qu'il est à la fois toujours déjà là en sa propre présence et qu'il est, en même temps « sous les yeux », qu'il se présente constamment, qu'il est en permanence « atteignable », et donc disponible, « à portée de la main »[29].

27. M. Heidegger, *De l'essence de la liberté humaine*, Gall. 1987, p. 75.
28. *De l'essence de la liberté humaine*, Gall. Paris, 1987, p. 60.
29. Sur ce point, cf. Françoise Dastur, *Heidegger et la question du temps*, P.UF., Paris, 1994, p. 124.

Le point de départ radical du questionnement heideggerien va résider dans une remise en cause de ce présupposé. Ainsi que Gérard Granel l'a bien vu, la « lutte contre la *Vorhandenheit* »[30] est fondamentalement à l'origine de la pensée de Heidegger. Il s'agira alors pour lui de montrer que la *Vorhandenheit* est une détermination ontologique dérivée et non originaire et de la mettre ainsi « entre parenthèses » ou encore « hors-circuit ». Or, c'est au fil conducteur d'une méditation sur la pensée d'Aristote et ses apories que Heidegger parviendra ainsi à rétrocéder en-deçà de l'ontologie de la *Vorhandenheit*.

Bien qu'Aristote ait tenté de réduire la question de l'être à celle de l'*ousia*, la multiplicité des significations de l'être est demeurée une difficulté fondamentale de sa pensée ainsi que nous l'avons déjà suggéré. En dépit de l'orientation finale de l'ontologie aristotélicienne vers une « ousiologie », la question de la multiplicité des significations de l'être est demeurée pour lui, dans une certaine mesure, une aporie et une source d'inquiétude, le conduisant à relancer constamment le questionnement ontologique. Aristote, semble t-il, ne s'est jamais pleinement satisfait de l'idée d'un sens unitaire de l'être par référence à un terme unique (*pros en*) qui serait l'*ousia*, dans la mesure où cette unité, qui sera appelée plus tard « unité d'analogie », n'est pas celle d'un « genre » et demeure totalement obscure et problématique. Ainsi, la multiplicité des sens de l'être semble à la fois irréductible et incompréhensible en sa provenance. Ce qui s'est par la suite figé en doctrine sous le nom d'*analogia entis* demeurait pour Aristote « ...l'inquiétant qui aiguillonnait sa pensée. »[31] C'est pourquoi Aristote dit de la question *ti to on* qu'elle est « ...l'objet éternel de toutes les recherches, présentes et passées, le problème toujours en suspens... »[32]. Or, c'est cette aporie de la multiplicité irréductible des significations de l'être chez Aristote qui a été le point de départ radical du questionnement heideggerien. Et, on le sait, c'est à travers la lecture du livre de Franz Brentano *De la diversité des acceptions de l'être d'après Aristote* que Heidegger a été conduit sur le chemin de sa pensée.

Voici alors la question qui mit Heidegger en chemin : « ...si l'étant est dit dans une signification multiple, quelle est alors la signification directrice et fondamentale ? Que veut dire être ? »[33] Cette question ne peut être pleinement comprise que si l'on mesure qu'elle enveloppe une remise en cause radicale du *pros en*, c'est-à-dire de ce que les médiévaux appelleront la

30. Cf. Gérard Granel, *Traditionis Traditio*, Gall. 1972, p. 102 et sq.

31. M. Heidegger, *Aristote, Métaphysique théta 1-3*, Gall. Paris 1991, P. 36.

32. Aristote, *Métaphysique*, Z, 1,1028 b 3.

33. *Mon chemin de pensée et la phénoménologie*,. in M. Heidegger, *Questions III et IV*, Tel Gall. Paris1996, p. 326.

doctrine de l'analogie de l'être[34]. A partir de là, le cheminement intellectuel de Heidegger nous semble pouvoir être présenté, très schématiquement, de la manière suivante : si la tentative pour penser l'unité des significations de l'être par référence à l'*ousia* n'est pas satisfaisante cela veut dire alors qu'il doit y avoir un sens de l'être plus originel et plus profond que la subsistance. En effet, si la subsistance ne suffit pas à rendre pleinement compte des différentes significations de l'être, le soupçon peut légitimement naître qu'elle ne représente qu'un sens *dérivé* de celui-ci. L'aporie de la multiplicité, irréductible et obscure en sa provenance, des significations de l'être chez Aristote va donc conduire Heidegger à chercher un sens de l'être plus originel que la subsistance. Il faut donc *rétrocéder* en deçà de l'ontologie de la *Vorhandenheit* qui porte non seulement la métaphysique mais aussi *et d'abord*, de manière inapparente, l'attitude naturelle. L'attitude naturelle ou quotidienne a toujours déjà oublié et franchi d'un saut un sens originel de l'être qu'elle doit cependant présupposer.

Pour l'attitude naturelle, nous l'avons dit, il est admis sans plus d'examen que l'étant est toujours déjà là en sa subsistance. Dans le cadre de l'attitude naturelle, qui est celle de la quotidienneté, les choses sont, pour nous, toujours déjà « là devant », elles nous sont toujours déjà données en leur présence - qu'elles le soient, cela va pour nous de soi. Il va alors de soi que seul l'étant est, et que le verbe être ne désigne rien d'autre que cette subsistance de l'étant pré-donné. Il ne dit rien d'autre que le « fait d'être », *l'existence* de l'étant. L'être ne prend ainsi de sens qu'à être « rabattu » sur l'étant en sa subsistance. Il ne prend de sens qu'à désigner la subsistance de l'étant toujours déjà pré-donnée, c'est-à-dire l' « étantité » de l'étant. Or, pour Heidegger, l'attitude quotidienne a, par là même, toujours déjà franchi d'un saut la « donation » originelle de l'étant comme tel, c'est-à-dire la venue en présence ou la manifestation de celui-ci, à laquelle *préside* secrètement le verbe être.

Heidegger va donc s'efforcer d'établir qu'il y a une pré-compréhension de l'être, du « est », qui *précède* fondamentalement et rend possible toute ouverture de l'étant et toute appréhension de celui-ci comme ayant le caractère de la subsistance. Il est ainsi un sens de l'être, véhiculé par le verbe être, plus originel que le sens de celui-ci comme subsistance de l'étant pré-donné. Cela signifie que l'appréhension de l'étant en sa subsistance présuppose la compréhension *préalable* de « quelque chose » comme l' « être », qui est *antérieur* à l'étant et qui est ainsi quelque chose *d'autre* que l'étant. L'être pensé en son sens originel, et tel que le nomme en secret le mot « être », est donc *différent* de l'étant (qui cependant en participe), *autre* que l'étant, dont il conditionne cependant la venue en

34. Cf. sur ce point : J.F. Courtine, « *la critique heideggerienne de l'analogia entis* », in *Les catégories de l'être*, P.U.F. Paris, 2003.

présence. Cette différence *essentielle* entre l'étant et son être, qui est cela même qu'ont oublié aussi bien l'attitude naturelle que la métaphysique, est, nous le verrons, ce que Heidegger a nommé la *différence ontologique.* Poser la question de l'être de manière originelle consiste donc à exhiber pour la première fois cette *différence ontologique* que la pensée a méconnue jusque là.

Il apparaît ainsi que « nous ne pouvons appréhender l'étant comme tel, comme étant, que si nous comprenons quelque chose comme de l'*être* »[35], et que cette « ...entente de l'être... est sous-jacente à toute attitude par rapport à l'étant »[36]. Nous ne savons pas, cependant, ce que veut dire « être », car cette entente préalable de l'être véhiculée par le verbe être demeure tout à fait vague et indéterminée. Cependant, aussi vague et indéterminée que soit cette entente de l'être, elle indique – dans la mesure où elle doit *précéder* toute ouverture possible de l'étant – que l'être ne peut pas être quelque chose comme de l'étant. Dans la mesure où il y a une « ...compréhension préalable de l'être avant toute expérience factuelle de l'étant... »[37], il faut admettre, en effet, que « ...l'être...lui-même ne doit plus être nommé étant... »[38] et qu'il « ...ne surgit pas au milieu des autres étants »[39]. Cela signifie, nous l'avons déjà suggéré, que notre ouverture à l'étant en général est nécessairement précédée et conditionnée par une ouverture préalable à une dimension *antérieure* à l'étant, c'est-à-dire à une *dimension non ontique*, que désigne le verbe être. Pour que de l'étant, quel qu'il soit, nous soit donné comme tel, pour que *ce qui est* puisse se montrer originellement à nous comme tel, il faut toujours que le verbe être ait, en quelque sorte, *déjà* « parlé » et que ce qu'il désigne, qui relève nécessairement d'une dimension antérieure à l'étant, ait été d'une certaine manière pré-compris. Ainsi, à travers le verbe être, qui circule en permanence dans la langue et qui de manière inapparente la porte, quelque chose comme l'« être », qui est *autre* que l'étant, qui est antérieur à l'étant et qui se tient donc *en retrait* en lui, s'est, secrètement, déjà « montré » à nous *comme tel*, et ce avant toute manifestation de l'étant et comme condition de possibilité *a priori* de cette manifestation. Or, si l'être, tel que le désigne secrètement le mot « être » n'est rien d'étant et s'il se tient en retrait par rapport à l'étant, c'est-à-dire, par rapport à ce qui est *présent*, cela semble impliquer qu'il consiste en une énigmatique dimension *d'absence*.

Mais si l'être de l'étant, tel que le désigne en secret le verbe être est *autre* que l'étant, s'il n'est *absolument rien d'étant*, c'est-à-dire de *présent*,

---

35. M. Heidegger, *Les problèmes fondamentaux de la phénoménologie*, Gall., Paris, 1985, p. 27.
36. Ibid. p. 33-34.
37. Ibid. p. 28.
38. Ibid.
39. Ibid.

de subsistant, s'il ne désigne pas non plus la subsistance de l'étant pré-donné, et s'il se tient ainsi *en retrait* dans *l'absence*, cela ne signifie t-il pas, alors, qu'en un certain sens, et paradoxalement, il s'identifie au néant ? L'être de l'étant, parce qu'il n'est absolument rien d'étant s'identifierait donc, en un certain sens et *paradoxalement*, au néant, ainsi que Hegel – à sa manière – l'avait montré au début de sa *Science de la logique*. Poser la question du sens de l'être ce serait donc exhiber, pour la questionner, cette énigmatique dimension d'absence, ce « néant », qui préside originellement de manière inapparente à toute venue en présence de l'étant et que désigne *en secret* le verbe être. C'est, en effet, bel et bien ce qu'affirmera Heidegger dans la conférence *Qu'est-ce que la métaphysique ?*. Voici ce qu'il écrit : « Le néant ... se dévoile comme composant l'être de ... l'étant. « l'être pur et le néant pur sont donc identiques. » Cette thèse de Hegel reste vraie. Etre et néant se com-posent réciproquement... »[40]. L'être, tel que le désigne en secret le mot « être » doit donc bien être conçu comme étant, paradoxalement, identique au néant.

Ce paradoxe nous conduit cependant, il faut bien le reconnaître, au bord de la plus complète obscurité. Le néant n'est-il pas, en effet, le contraire même de l'être ? Une telle identification de l'être au néant semble donc être une absurdité. Or, cette absurdité ne signifie-t-elle pas, finalement – et tout simplement – que l'être, tel que le désigne le mot « être » - ce mot réputé vide et indéfinissable – n'est « rien » (du tout) et que la *Seinsfrage* procède bel et bien d'une erreur de méthode ?

Il apparaît alors que l'élaboration même de la question du sens de l'être bute d'emblée sur une difficulté spécifique. En effet, il s'agit de considérer l'être en lui-même, tel que le nomme secrètement et originellement le mot « être », c'est-à-dire en tant qu'il n'est *absolument rien d'étant* et qu'il ne désigne pas non plus la subsistance de l'étant pré-donné. Il s'agit de prendre en vue comme tel et pour le questionner ce que désigne obscurément ce vocable qui a toujours été considéré comme indéfinissable. Un tel questionnement sans aucun appui dans l'étant est donc, au premier abord, totalement vertigineux. Le questionnement originel sur l'être en tant qu'il s'efforce de prendre celui-ci en vue sur la base de la *différence ontologique*, c'est-à-dire comme « quelque chose » de *différent* de l'étant, *d'autre* que l'étant est, en effet, déconcertant. Heidegger a souvent insisté sur ce qu'a de déconcertant et finalement de décourageant une telle interrogation. L'élaboration correcte de la *Seinsfrage* suppose que cette difficulté soit *mesurée* et *affrontée*. C'est pourquoi Heidegger ne se lassera pas de mettre sous les yeux la différence ontologique en ce qu'elle a de *problématique*. Voici, par exemple ce qu'il écrit dans *Introduction à la métaphysique :* « ...il importe, avant tout de ne pas se lasser de faire

40. Op. cit. in *Questions I*, Gall. Paris, 1976, p. 69.

l'expérience de ceci : ni sur l'étant, ni dans l'étant, ni où que ce soit d'autre, nous ne pouvons saisir l'être de l'étant lui-même directement »[41]. Or, cela entraîne, dans un premier temps, la conséquence suivante : « ... lorsque nous voulons saisir l'être, c'est toujours comme si nous refermions la main sur le vide ... l'être reste introuvable, presque comme le néant ou finalement *tout à fait* de la même façon. Le mot « être » n'est plus alors pour finir qu'un mot vide. Il ne désigne rien d'effectif, de saisissable, de réel »[42]. Le mot être semble bien alors être un concept indéfinissable parce que vide, de sorte que la *Seinsfrage* paraît procéder d'une erreur de méthode. Voici encore ce que Heidegger écrit dans *Kant et le problème de la métaphysique* : « L'étant nous est connu – *mais l'être ?* Ne sommes nous pas pris de vertige si nous essayons de le déterminer ou seulement de le considérer en lui-même ? L'être n'est-il pas semblable au néant ? ... La question de l'être nous conduit au bord de la plus complète obscurité »[43].

Cette difficulté, nous l'avons déjà suggéré, tient à la spécificité de la différence ontologique. Ainsi que nous l'établirons plus loin cette notion de la différence ontologique signifie, lorsqu'elle est bien comprise, que l'être qui n'est rien d'autre que l'être *de l'étant*, est cependant *différent* de l'étant, *autre* que l'étant. L'être de l'étant qui n'est lui-même rien d'étant, c'est-à-dire rien de présent, doit donc être identique au néant ! Cela ne signifie t'il pas que l'être n'est finalement « rien du tout », qu'il n'y a pas de « place » pour l'être lorsqu'on tente de le concevoir de cette manière ? La légitimité même de la *Seinsfrage* en sa spécificité semble donc remise en cause. Si l'être s'avère identique au néant, cela ne provient-il pas, en effet, de ce que le concept d'être n'est qu'un concept vide et qu'il n'y a pas donc pas lieu de le questionner ?

La *Seinsfrage* ne pourra apparaître en sa signification profonde et en sa légitimité que si elle parvient à *exhiber* l'être tel que le désigne *obscurément* et *en secret* le mot « être », afin d'en questionner l'énigme. Il faut que l'être même, en ce qu'il a d'énigmatique, soit « mis sous les yeux », « présenté » comme tel, pour pouvoir ensuite être questionné sur son sens. Il faut donc que ce « néant » insigne qu'est l'être – en tant qu'il n'est pas « rien » (du tout) – soit exhibé comme tel, en son énigme même. Or, ni l'Introduction de *Etre et temps*, ni les textes qui lui sont contemporains ne parviennent, nous semble-t-il, à élaborer et à légitimer suffisamment la *Seinsfrage*, car ils ne parviennent pas à présenter comme telle cette énigme de l'être, en tant qu'il n'est rien d'étant. Ainsi que nous le verrons plus loin, c'est seulement sous l'influence décisive de Hölderlin, et donc à partir du milieu des années trente, que Heidegger parvint à développer pleinement

---

41. Op. cit. Gall. Paris, 1980, p. 44.
42. Ibid. p. 47.
43. Op. cit. Gall. Paris, 1994, p. 282.

cette question. C'est pourquoi, c'est seulement dans des textes postérieurs à *Etre et temps* qu'il parvint à *élaborer* et à légitimer la *Seinsfrage* de manière suffisante. Ainsi, par exemple, la première partie du cours de 1941 *Concepts fondamentaux* et la Postface de la conférence *Qu'est-ce que la métaphysique ?* de 1943, apportent des précisions décisives concernant ce « néant » qu'est l'être de l'étant. Ces textes nous semblent ainsi apporter une contribution essentielle à la pleine élaboration de la question du sens de l'être.

En premier lieu, Heidegger affirme dans ces textes que le néant ne peut se réduire à la négation logique, qu'il ne peut pas non plus être considéré comme un pur rien et qu'il faut donc *prendre au sérieux* la question concernant l'essence du néant. Si le néant était nul et non avenu comment pourrait-on, en effet, tressaillir d'effroi devant le néant et l'anéantissement ?[44] Heidegger demande alors : « et si ce néant qui effraie l'homme et l'arrache à son train-train habituel comme à ses subterfuges était le même que l'être ? »[45] Mais comment le néant peut-il être ainsi identifié à l'être ?

Heidegger va alors expliquer que ce néant, ce « non-être », auquel l'être s'identifie paradoxalement, n'est pas « rien » car il consiste – *en un sens qui restera totalement à déterminer* – en une énigmatique dimension *d'altérité* insondable qui se tient en retrait dans *l'absence* et à laquelle puise nécessairement toute venue en présence de l'étant. Heidegger affirmera, en effet, dans la Postface de la conférence *Qu'est-ce que la métaphysique ?* que l'être est « ...l'Incalculable (*das Unberechenbare*), lequel se dérobe, lui et son inquiétant abîme... »[46], et qu'il se tient par essence « ...dans une énigmatique inconnaissabilité... »[47]. Cela signifie que l'être, tel que le désigne en secret le verbe être, consiste en une énigmatique dimension *hétérogène*, dont le *retrait dans l'absence* et le caractère abyssal s'accommodent *fondamentalement*, et paradoxalement, d'une forme d'*excès de présence*. Il est cette énigmatique « dimension » insondable de retrait et d'absence qui doit donc être conçue, non pas comme un « pur rien », mais bien, *en même temps*, comme le règne irréductible, « excédant », « surabondant » et dé-mesuré de *l'incalculable* ou encore de *l'incommensurable*. Dans *Les hymnes de Hölderlin : La Germanie et Le Rhin*, Heidegger dira que dans et par sa pré-compréhension du mot « être », l'homme est secrètement « ...exposé à la *surpuissance* de l'être »[48]. C'est pourquoi ce « néant », cet abîme qu'est l'être, n'est pas « rien du tout », mais

---

44. Martin Heidegger, *Concepts fondamentaux*, Gall. Paris, 1985, p. 75.
45. Ibid. p. 99.
46. Op. cit. in *Questions I*, Gall. Paris, 1976, p. 80.
47. Ibid.
48. Op. cit. Gall. Paris, 1988, p. 41.

tout au contraire, ainsi que l'affirmera avec insistance Heidegger dans *Concepts fondamentaux* « ...la profusion d'où abonde toute plénitude de l'étant »[49].

En regard des étants et de leur présence, à chaque fois « délimitée », organisée et identifiable, l'être apparaît ainsi comme une dimension insaisissable, insituable, hétérogène et abyssale, qui se tient tout à la fois *en retrait* et *en excès*. Le mot « être » nous ouvre ainsi *en secret*, à un « inquiétant abîme » qui constitue cependant une indisponible dimension hétérogène, une altérité irréductible et énigmatique d'où « abonde » toute venue en présence de l'étant. Et cette altérité insondable est d'autant plus énigmatique qu'elle ne relève en aucune manière de la « sphère » de l'ontique, qu'elle ne peut donc absolument pas être conçue à la manière d'un étant. Tel est, en effet, le sens profond de la notion de différence ontologique. L'énigmatique dimension abyssale et hétérogène à laquelle ouvre en secret le mot « être » ne peut donc en aucune manière « renvoyer », par exemple, à un étant suprême transcendant. La spécificité du questionnement heideggerien sur l'être consiste donc à exhiber, pour l'interroger, une énigmatique dimension « non ontique », insondable et hétérogène, qui a été méconnue jusque là par la pensée, et qui préside secrètement à toute venue en présence de l'étant. Cette ouverture à une énigmatique dimension hétérogène et non ontique est donc le sens secret et énigmatique du mot « être » et elle est ainsi cela même qui précède *a priori*, pour la rendre originellement possible, toute manifestation, toute venue en présence de l'étant. Interroger l'énigme de cette « dimension » hétérogène, insituable dans l'étant, à laquelle nous ouvre en secret le mot « être » est, en effet, nous le montrerons longuement, le sens profond, le sens authentique, en partie impensé, du questionnement heideggerien sur l'être.

Une telle manière de concevoir l'énigme de l'être peut cependant, à première vue, sembler déconcertante ou même arbitraire. Or, il n'en sera peut-être plus de même si l'on prête attention à ceci que l'étant ne pourrait pas se manifester *comme tel*, comme quelque chose qui *est*, c'est-à-dire en son *altérité* propre, si le verbe être ne nous avait pas déjà ouvert en secret, à une dimension *d'altérité* se tenant en retrait en lui. En effet, l'étant ne peut se montrer originellement *comme tel*, en son irréductible altérité, en son *étrangeté*, qu'à la condition qu'il ne se montre pas *seulement* comme quelque chose de présent « là devant » ou encore « sous les yeux », mais aussi, en même temps, comme participant d'une dimension d'altérité insondable, d'hétérogénéité, se tenant en retrait. L'étant ne peut se montrer comme tel, en son altérité propre, que s'il ne se donne qu'en se refusant en même temps d'une certaine manière. Voici ce qu'écrira Heidegger à ce propos dans *L'origine de l'œuvre d'art :* « Tout étant qui vient à notre

49. M. Heidegger, *Concepts fondamentaux,* Gall. Paris, 1985, p. 95.

rencontre et nous accompagne maintient cette opposition insolite de la présence, en se retenant toujours à la fois en une réserve »[50]. L'étant ne peut apparaître originellement comme étant que s'il se montre *à la fois* en son altérité, en son étrangeté, *et* en sa « facticité » ou encore en sa contingence, c'est-à-dire « sur fond de néant ». Or, cela n'est possible que dans la mesure où il apparaît « sur fond » de cette dimension insondable, de ce « néant », de cette altérité abyssale (qui n'est rien d'étant) qu'est l'être. L'attitude naturelle, qui présuppose l'étant comme pré-donné en sa pleine présence « sous les yeux », comme pleinement « identifiable », a d'emblée franchie d'un saut cette ouverture préalable, rendue possible par le verbe être, à une énigmatique dimension hétérogène et retirée, réservée, insondable, dont participe l'étant tout en en demeurant distinct. Si, de manière implicite, nous n'étions pas toujours déjà ouverts par le mot « être » à cette énigmatique dimension d'altérité insondable, jamais quelque chose comme de l'étant ne pourrait se montrer à nous en tant que tel.

Nous ne savons pas, répétons le, ce que veut dire « être », cependant il est remarquable qu'une compréhension vague et obscure de quelque chose d'indéterminé comme l'« être » - qui n'est pas de l'ordre de ce qui est présent et manifeste mais qui se tient au contraire en retrait – dusse précéder et conditionner *toute* appréhension de l'étant, toute ouverture du « champ de l'ontique », du champ de la *présence*. Il apparaît alors que l'être, tel qu'il est nommé par le verbe être, ne peut être pensé comme subsistance ou *présence constante* de l'étant, mais qu'il renvoie en secret, à une dimension énigmatique *d'absence*, d'altérité, se tenant *en retrait* dans l'étant, antérieure à celui-ci, et qui préside originellement à toute venue en présence, à toute manifestation de l'étant. L'être tel qu'il est nommé originellement par le verbe être constitue ainsi une dimension hétérogène, abyssale, retirée et sous-jacente qui précède et rend possible *a priori* l'étant. Il constitue ainsi un *au-delà* de tout étant qui doit fondamentalement être compris en même temps comme un *en-deçà*. L'être est ainsi « l'Autre par rapport à tout ce qui vient en présence... »[51], et c'est pourquoi « l'être est le *transcendens* pur et simple »[52]. Il y a donc une *transcendance* de l'être par rapport à l'étant, laquelle doit cependant être fondamentalement pensée comme un *a priori*, c'est-à-dire comme une *antécédence*, ainsi que les Grecs l'avaient entrevu sans jamais en tirer toutes les conséquences. Voici, en effet, ce que Heidegger écrit dans l'introduction des *Problèmes fondamentaux de la phénoménologie* : « Dans l'antiquité, il est apparu très tôt que l'être et ses déterminités sont, d'une certaine manière, sous-jacents à l'étant qu'ils précèdent comme ce qui est premier, *protéron*. Ce caractère de priorité de

50. M. Heidegger, *L'origine de l'œuvre d'art*, in *Chemins...*, Gall. Paris, 1980, p. 58.
51. *Acheminement vers la parole*, Gall. Paris, 1976, p. 104.
52. *Etre et temps*, Gall. Paris, 1986, p. 65.

l'être par rapport à l'étant est désigné terminologiquement sous le titre d'*a priori*, d'*apriorité*. L'être en tant qu'*a priori* est antérieur à l'étant. Mais le sens de cet *a priori*, autrement dit le sens de cette antériorité n'a pas été élucidé jusqu'à présent »[53]. En usant librement du langage de Kant on pourrait donc dire que l'être est la condition de possibilité *a priori* et non ontique de toute venue en présence, de toute manifestation de l'étant. L'être est ainsi cet Autre de l'étant, dont l'étant doit cependant, et paradoxalement, *participer* d'une certaine manière, dans la mesure où il en *conditionne* radicalement la *venue en présence*.

Dans ses premières grandes œuvres Heidegger semble avoir totalement rejeté la présence dans le registre de la subsistance. La présence ne lui semblait donc pas pouvoir être une « composante » de l'essence originelle de l'être. Cependant le dernier Heidegger développera une autre conception de la présence qui semble plus conforme à l'orientation profonde de sa pensée[54]. L'être est, en effet, cette dimension insondable et hétérogène de retrait et d'absence qui porte cependant de manière fondamentale toute *venue en présence* de l'étant. L'être est ainsi, non pas présence constante, mais bien la « dimension » de la venue en présence de l'étant en tant qu'elle puise à un retrait essentiel. L'être, compris en son sens originel, et tel que le nomme en secret le mot « être », est ce que Heidegger nommera l'« Ouvert » ou encore l' « éclaircie »[55]. Il est cette « éclaircie », cette *Lichtung*, qui est fondamentalement ordonnée à un retrait, à une dimension d'absence, dans et par laquelle l'étant peut seulement venir en présence. On peut dire alors que, paradoxalement, l'être est le règne à la fois insondable et démesuré de la présence en tant que celle-ci, en son hétérogénéité, enveloppe fondamentalement l'absence. Il y a ainsi un règne de la présence qui est irréductible à la subsistance. Ce règne insondable et incommensurable (mais « non-ontique ») de la présence précède et conditionne toute venue en présence de l'étant. C'est seulement dans la « dimension ouverte » de cette éclaircie, ordonnée à un retrait essentiel, que l'étant peut entrer en présence. Voici comment Heidegger présente ce paradoxe inhérent à l'essence de l'être dans *Contribution à la question de l'être* : « Ce néant, qui n'est pas l'étant et auquel pourtant il est « *donné* » lieu (que pourtant « il y a »), n'est rien qui soit un rien. Il appartient à la pré-sence. Il n'est pas donné lieu séparément à l'être et au néant. L'un tourne à l'autre; ainsi ont-ils le même tour, parenté que nous soupçonnons à peine dans la plénitude de son essence »[56]. L'énigme qu'interroge la *Seinsfrage* est celle de cet Autre

---

53. Op. cité p. 38
54. Cf. sur ce point, Jean-Marie Vaysse, *Le vocabulaire de Heidegger*, Ellipses, Paris, 2000, p. 56.
55. Cf. *La fin de la philosophie et la tâche de la pensée*, in Questions IV, Gall. Paris, 1976, p. 127.
56. Op. cit. in Questions I, Gall. Paris, 1976, p. 243.

insondable et hétérogène de l'étant, de cette altérité abyssale, qui préside cependant à la venue en présence de celui-ci, qui constitue secrètement l'« éclaircie » dans laquelle il peut seulement apparaître et en qui se manifeste ainsi une identité paradoxale de l'être et du néant, de la présence et de l'absence.

Dans la mesure où le mot « être », tel qu'il circule dans la langue désigne de manière inapparente cette dimension énigmatique et hétérogène de retrait et d'absence, non ontique, mais au contraire sous-jacente à l'étant et qui est la condition originelle de possibilité de *toute* venue en présence de l'étant, cela signifie alors, nous l'avons montré, qu'il recèle en lui le secret du sens originel de *l'être de l'étant*. Le questionnement sur l'être de l'étant, sur ce qui détermine l'étant comme tel, ne peut donc prendre un sens véritablement originel qu'au fil conducteur d'un questionnement radical sur la signification du mot « être ». Or, la métaphysique n'a jamais interrogé le mot « être » en et pour lui-même, mais toujours exclusivement dans la perspective d'un questionnement sur l'étantité de l'étant pré-donné. Pour la métaphysique le concept d'être est ce concept indéfinissable et vide, qui n'a pas *en lui-même* de véritable sens ontologique; il ne prend de sens qu'à désigner la subsistance de l'étant pré-donné, c'est-à-dire finalement, qu'à être, en quelque sorte, « rabattu » sur l'étant. Or, s'il s'avère, au contraire, comme Heidegger a essayé de l'établir, que le mot « être », *pris en lui-même*, bien loin d'être un mot vide, recèle en fait le sens originel de *l'être de l'étant*, il devient impératif de questionner le sens de ce mot réputé indéfinissable. Le mot « être » qui court dans la langue n'est pas le terme le plus vide le plus général et le plus évident, mais bien le plus profond et le plus obscur. C'est pourquoi « l'impossibilité de définir l'être ne dispense pas de questionner son sens, au contraire elle y conduit nécessairement »[57]. Il faut donc poser la question du *sens* de l'être et tenter ainsi d'éclaircir ce que nous voulons dire au juste par le mot « être ». Il apparaît alors que le questionnement sur l'être de l'étant ne pourra prendre un sens *enfin* originel que s'il est déployé au fil conducteur d'une question bien plus radicale que la question *ti to on*, qui fut la question directrice de la métaphysique. L'interrogation portant sur l'être de l'étant doit prendre la forme radicale de la question : *que veut dire être ?* Elle doit ainsi questionner l'être (de l'étant) en tant qu'il est fondamentalement *autre* que l'étant, *différent* de l'étant. Cela signifie qu'il lui revient de questionner l'être sur la base d'une prise en vue de la *différence ontologique*. Le questionnement ontologique, ainsi radicalisé, fera l'objet de ce que Heidegger appellera dans ses premières œuvres une *ontologie fondamentale*.

Or, cette question du sens de l'être qui est la question fondamentale à laquelle l'œuvre heideggerienne est toute entière attachée doit

57. M. Heidegger, *Etre et temps*, Gall. Paris, 1986, p. 27.

impérativement être encore précisée et développée, car, nous le verrons, elle est parfois présentée par Heidegger en des termes équivoques qui font totalement obstacle à la saisie de sa teneur véritable. En effet, Heidegger présente parfois – et ce en contradiction avec ce qui est le sens profond de sa propre démarche – la question du sens de l'être comme une question qui ne porterait plus sur l'être conçu comme être de l'étant.

CHAPITRE II

La signification authentique de la notion de différence ontologique

Dans la mesure où le mot « être » désigne de manière inapparente la condition de possibilité *a priori* et non ontique de la manifestation originelle, de la venue en présence de l'étant, il recèle bel et bien, avons nous dit, le secret du sens originel de l'être comme être *de l'étant.* C'est pourquoi Heidegger peut affirmer dès l'introduction de *Etre et temps*, que l'être tel que le désigne en secret le mot « être », est *fondamentalement* l'être de l'étant. Il affirme, en effet, que l'être est « ce qui détermine l'étant comme étant »[58] et que par conséquent « ...être veut dire être de l'étant »[59]. Il faut comprendre alors que le rapport que l'être entretient avec l'étant présente une double caractéristique: D'une part l'être est différent de l'étant, il est *autre* que l'étant, et il y a donc, ainsi que l'affirme Heidegger dans *Les problèmes fondamentaux de la phénoménologie* une *scission* (*Scheidung*[60]) essentielle entre l'être et l'étant. Mais d'autre part, l'être est totalement solidaire de l'étant, car il n'est rien d'autre que ce qui *détermine* l'étant comme tel. Cette double caractéristique est donc la suivante : « L'être est *toujours* être d'un étant. De par son essence l'être est différent de l'étant »[61]. Cela signifie que l'être est cet Autre de l'étant qui n'est cependant pas « libre » de sa relation à l'étant, qui lui est attenant, car il n'est *rien d'autre*

---

58. Op. cité p. 29.
59. Ibid. p. 30.
60. M. Heidegger, *Les problèmes fondamentaux de la phénoménologie*, Paris, Gall. p. 35. C'est nous qui soulignons.
61. Ibid. p. 34.

que ce qui rend possible ou détermine l'étant comme tel. Cette solidarité indissoluble de l'être et de l'étant dans leur différence même, et en tant que cette différence est *essentielle* (car l'être n'est rien d'étant, est l'Autre de l'étant), est, nous l'avons déjà suggéré, le sens profond de ce que Heidegger a appelé la *différence ontologique*.

Cela signifie bel et bien que l'être devra être pensé comme étant, *en un sens spécifique*, l'essence (*Wesen*) ou encore le fondement (*Grund*) de l'étant. Dès l'Introduction de *Etre et temps* Heidegger affirme que l'être est ce qui, à la différence de l'étant, ne se montre pas et demeure en retrait, « ...mais qui est, en même temps quelque chose qui fait essentiellement corps avec ce qui se montre d'abord et le plus souvent de telle sorte qu'il en constitue le sens et le fond (*Grund*) »[62]. Et en 1941, dans *Concepts fondamentaux*, Heidegger écrira que l'être n'est «...pas seulement écarté et éloigné de l'étant, mais en même temps, à l'inverse, ce qui en tout étant demeure dès le début et tout du long, le déploiement de son essence (*Wesen*) »[63]. Par ailleurs, une lecture attentive du cours de 1955, *Le principe de raison* montre bien, en effet, que contrairement à ce qui est parfois affirmé, Heidegger n'a jamais abandonné la problématique du fondement. Il s'agit *au contraire* de regagner le sens originel, non métaphysique, de la notion de fondement, c'est-à-dire de penser le fondement sous-jacent de l'étant sans le rattacher encore lui-même à un étant, fut-il l'étant suprême. L'être devra alors être pensé, en un sens qu'il faudra déterminer, comme un *Grund* lui-même *abgrund*. L'être, qui n'est rien d'étant, est, du point de vue de l'étant un néant, mais ce néant « n'est rien qui soit un rien »[64], car il devra être pensé comme le fondement hétérogène et abyssal de l'étant dans son ensemble. Il apparaît alors que si l'être est bien différent de l'étant, s'il est l'Autre de l'étant, il n'est cependant pas « libre » de son rapport à l'étant, mais il lui est *attenant*, car il en porte et en accompagne le déploiement. Il n'est ainsi – en un sens spécifique et qui reste à déterminer – rien d'autre que le fondement ou l'essence de celui-ci. Il est et n'est rien d'autre que le fondement abyssal de l'étant dans son ensemble.

Ce point *capital* de la pensée heideggerienne sera parfois présenté de la manière suivante : Heidegger affirmera que l'être – qui est l'Autre de l'étant, et qui est ainsi une « singularité »[65] distincte de la multiplicité des étants – est cette « simplicité » (*Einfalt*[66]) ou encore ce « simple » (*Einfache*[67]) auquel il appartient cependant de manière *essentielle* de se

---

62. Op. cit. P. 62.
63. Op. cit. p. 96.
64. M. Heidegger, *Contribution à la question de l'être*, in *Questions I*, Paris, Gall. 1976, p. 243.
65. M. Heidegger, *Le principe de raison*, Gall. Paris 1983, p. 188.
66. Cf. *Bâtir habiter penser*, in *Essais et conférences*, Gall. Paris, 1976, p. 176-179.
67. Cf. *Le chemin de campagne* in *Questions III et IV*, Tel Gall. Paris, 1990, p. 13-15.

« dédoubler » dans le « pli en deux » (*Zwiefalt*[68]) de la différence ontologique. Autrement dit, bien que l'être en sa singularité et en sa « simplicité » soit différent de l'étant et autre que lui, il lui revient cependant, et paradoxalement, de porter et d'accompagner le déploiement de l'étant. C'est pourquoi la *Seinsfrage* ne questionne en aucune manière l'être sans l'étant, mais elle interroge le déploiement fondamentalement *duplice* de l'être et de l'étant, c'est-à-dire la *duplication* de l'être et de l'étant à partir de la simplicité de l'être. Voici, en effet, ce qu'affirmera Heidegger dans *Acheminement vers la parole* à propos du sens véritable de la *Seinsfrage* telle qu'elle est posée dès *Sein und Zeit* : « Il s'agissait, il s'agit encore de porter au jour l'être de l'étant ; assurément plus à la manière de la métaphysique, mais de telle sorte que l'être même vienne à paraître. L'être même – cela veut dire : la présence du présent, la venue en présence de ce qui vient en présence -, c'est-à-dire *la duplication des deux à partir de sa simplicité*»[69]. L'être n'est donc pas « libre » de sa relation à l'étant, car il lui appartient de façon essentielle de le déterminer ou encore de le « fonder » et d'en accompagner le déploiement. Or, cette « solidarité » entre l'être et de l'étant doit être comprise comme étant réciproque.

En effet, l'étant de son côté – lorsqu'il est compris en son sens originel au lieu d'être mésinterprété comme subsistance – est bien différent de l'être, mais il n'est cependant *étant* que dans la mesure où, en même temps, il est fondamentalement un *participant* de l'être. L'étant, qui est à la fois différent de l'être et cependant totalement solidaire de celui-ci présente donc un double sens, une « ambiguïté duelle » que Heidegger appellera « l'ambiguïté secrète de l'*on* »[70]. Cette ambiguïté duelle, cette duplicité, peut, ainsi que Heidegger le fait parfois, être exhibée en termes grammaticaux en faisant remarquer que le mot « étant » (*Seiende, on*) est un participe présent de sorte qu'il présente une double signification, à la fois nominale et verbale. Ainsi le mot « étant » peut vouloir dire deux choses : il peut désigner l'étant au sens de *cela* qui est, mais il peut aussi désigner ce même étant en tant qu'il *est*, c'est-à-dire en tant qu'il participe de l'être. Dans cette deuxième accentuation il fait signe vers *l'être* de l'étant. « Ainsi, *on* dit étant au sens de *être* un étant ; mais *on* nomme aussi en même temps un *étant*, qui est. Dans la dualité de la signification participiale de l'*on* est en retrait la différence entre *étant* et *être* un étant. »[71] Il apparaît alors que si l'étant est, pour une part, différent de l'être, il lui est pour une autre part étroitement attaché dans la mesure où, compris en son sens originel, il présente une « ambiguïté duelle ». Cette ambiguïté duelle signifie que l'étant

68. Cf. *Moira*, in *Essais et conférences*, Gall. Paris 1976, p. 289-309.
69. Op. cit. Gall. Paris 1976, p. 115. Souligné par nous.
70. *Hegel et son concept de l'expérience*, in *Chemins*...Paris, Gall. 1980 p. 215.
71. M. Heidegger, *La parole d'Anaximandre*, in *Chemins*..., Gall. Paris, 1980, p. 415.

ne se caractérise pas *seulement* par la *présence*, la subsistance, mais aussi, en même temps, par sa participation à cette énigmatique dimension de retrait et *d'absence* qu'est l'être.

Cette *solidarité totale* et *réciproque* entre l'être et l'étant dans leur *différence* même est, ainsi que nous l'avons déjà dit, ce que Heidegger nommera la *différence ontologique.* La différence ontologique est nommée pour la première fois dans *Les problèmes fondamentaux de la phénoménologie* (dès l'Introduction), mais elle est déjà présente implicitement dans *Etre et temps*. Cette notion de la différence ontologique est, notons le, une notion *centrale* de la pensée heideggerienne qui sera, ultérieurement, développée et précisée à maintes reprises[72]. Or, cette notion fondamentale, dont la signification profonde n'est pas toujours comprise, ne veut pas *seulement* dire que l'être est différent de l'étant. Elle signifie, nous venons de le montrer, que l'être et l'étant, bien qu'il y ait entre eux une *scission* essentielle, sont à ce point solidaires qu'ils ne peuvent *en aucune manière* se concevoir l'un sans l'autre. C'est ce qui est exprimé avec force dans la Postface de la conférence *Qu'est-ce que la métaphysique ?* Voici, en effet, ce qu'écrit Heidegger : « Il appartient à la vérité de l'être que jamais l'être ne se déploie sans l'étant, que jamais l'étant ne se déploie sans l'être. »[73] La différence ontologique bien comprise, signifie donc que la différence entre l'être et l'étant est à la fois essentielle et cependant *relative* dans la mesure où l'être et l'étant sont totalement liés. Ils constituent non pas deux « ordres de réalité » mais les deux aspects complémentaires d'une seule et même « réalité ». Ils constituent les deux aspects rigoureusement complémentaires de « ...l'unique réalité : que l'étant est »[74]. Il apparaît alors que la teneur véritable de la *Seinsfrage* ne peut être saisie que si l'on mesure qu'elle est un questionnement sur la différence ontologique ainsi comprise, c'est-à-dire sur le déploiement originellement *duplice* de l'être et de l'étant. Or, cela signifie que la question du *sens de l'être* peut être comprise en même temps, *car cela revient au même*, comme un questionnement sur le sens *originel* de l'étant, c'est-à-dire sur *l'étant en son être*. La *Seinsfrage* est un questionnement originel sur l'étant en tant qu'il ne peut « *être* » que dans et par cette énigmatique « dimension » *autre*, cette énigmatique « dimension » *hétérogène* qu'est l'être. C'est pourquoi Heidegger la présente parfois *aussi* de cette manière, ainsi que nous allons le voir. Nous allons donc voir que contrairement à ce qui est souvent affirmé par les commentateurs de Heidegger, la *Seinsfrage* ne questionne pas l'être sans l'étant, mais qu'elle est bel et bien un questionnement radical et originel sur *l'étant* en son être.

---

72. Cf. en particulier, *Identité et différence*, in *Questions I*, p. 285 et 296 à 298.
73. Op. cit. in *Questions I*, Gall. Paris, 1976, p. 77.
74. Ibid. p. 81.

L'Introduction de *Etre et temps* est précédée d'un bref Avant-propos qui porte en exergue un texte extrait du *Sophiste* de Platon. Ce texte affirme le caractère hautement énigmatique du mot « étant » (*on*) qui laisse la pensée dans l'aporie. Or, voici ce qu'écrit Heidegger à la suite de la citation : « Avons-nous aujourd'hui une réponse à la question de savoir ce que nous voulons dire exactement avec le mot *étant* (*Seiend*) ? Aucunement. Dans ces conditions il faut donc poser en termes tout à fait neufs *la question du sens de l'être* »[75]. Nous avons bien lu : la question de l'être est présentée, dès la première phrase du traité de 1927, comme ne faisant qu'un avec un véritable questionnement sur l'étant. Or, ce texte n'est pas isolé. Il sera commenté dans l'Introduction de la conférence *Qu'est-ce que la métaphysique ?*, dans un contexte où Heidegger présente bel et bien la *Seinsfrage* comme un questionnement sur *l'étant* plus originel que celui de la métaphysique. Voici, en effet, ce qu'il écrit : « La métaphysique ... représente constamment l'étant (*on*) ... en tant qu'étant (*e on*) ... la métaphysique toutefois ne porte jamais attention à ce qui précisément dans cet *on*, en tant qu'il a été décelé, s'est déjà celé. Ainsi pouvait-il devenir en son temps nécessaire de réfléchir à nouveau sur ce qui est dit proprement par le mot « *étant* ». La question portant sur l'*on* était de la sorte ré-itérée par la pensée (Cf. *S. u Z.*, Avant-propos). Seulement cette réitération ne répète pas simplement la question platonico-aristotélicienne ; elle revient comme question sur cela qui dans l'*on* se cèle »[76]. La métaphysique a questionné l'étant en le présupposant comme subsistance. Ce faisant elle a toujours déjà franchi d'un saut le sens originel de l'étant, c'est-à-dire ce qui demeure celé en lui lorsqu'il est interprété comme subsistance. Or, ce qui se cèle dans l'*on* et qu'il revient à la *Seinsfrage* d'exhiber n'est rien d'autre que son ambiguïté duelle, c'est-à-dire le fait qu'il *participe* secrètement, mais *fondamentalement*, du déploiement de l'être. La question du sens de l'être n'interroge en aucune manière l'être sans l'étant, mais bien plutôt, au contraire, le déploiement duplice de l'être et de l'étant, c'est-à-dire le déploiement originel de *l'étant* en tant qu'il n'a pas le caractère de la présence constante, mais qu'il est fondamentalement ordonné à cette énigmatique dimension hétérogène se tenant en retrait qu'est l'être. Si la question de l'être est la question originelle de *l'étant* en son être c'est bien parce que l'être, en tant qu'il est l'Autre de l'étant, n'est pas, en effet, un au-delà transcendant de l'étant, mais, en quelque sorte, un en-deçà immanent de celui-ci, un fondement abyssal, de sorte qu'il lui est totalement attenant.

Le questionnement sur le sens de l'être ne fait donc qu'un avec un questionnement sur le déploiement originel de l'étant en son ambiguïté duelle. Si les Présocratiques ont entrevus pour la première et dernière fois le

---

75. M. Heidegger, *Etre et temps*, Paris, Gall. 1986. P. 21.

76. M. Heidegger, *Qu'est-ce que la métaphysique ?*, Introduction, Paris, Gall. 1976 p. 41.

sens originel de l'être en Occident avant qu'il soit oublié par la métaphysique, ainsi que le découvrira Heidegger à partir du milieu des années trente, c'est bien pour avoir médité ces mots fondamentaux par lesquels leur langue dit l'étant : *to on*, *to eon*, *ta eonta*. Voici ce qu'écrira Heidegger dans *La parole d'Anaximandre* : « *ta eonta*...voilà le nom inapparent de ce qui dans la parole d'Anaximandre, advient tout particulièrement à la parole. Ce mot nomme ce qui, encore indivulgué, indivulgué dans la pensée, est adressé à toute pensée »[77]. Ce mot dont le sens originel est encore indivulgué dans la pensée (dans la mesure où les Présocratiques eux-mêmes ne l'ont pas *suffisamment* médité), est donc l'affaire propre de celle-ci en tant qu'elle est fondamentalement pensée de l'être. C'est pourquoi Heidegger pourra écrire dans *Qu'appelle-t-on penser ?*, que « la pensée n'est pensée que lorsqu'elle pense fidèlement l'*eon* »[78]. La *Seinsfrage* est donc bel et bien un questionnement originel et non métaphysique sur l'*on e on*. Mais quelle est donc, alors, la signification profonde de celle-ci ?

La *Seinsfrage*, comme questionnement sur la différence ontologique, c'est-à-dire sur le déploiement originellement duplice de l'être et de l'étant, n'est compréhensible qu'à partir du « sol » sur lequel elle surgit, et qui est la remise en cause de la *Vorhandenheit*. Or, il est essentiel de comprendre que ce rejet de la *Vorhandenheit* ne consiste pas à donner congé à l'étant, mais bien à retrouver son sens originel, sa venue en présence originelle. Il s'agit alors de montrer que la détermination de l'étant comme *Vorhandene* est dérivée et non originaire. Questionner l'être, tel qu'il est dit obscurément et secrètement à travers le mot « être », ce n'est pas donner congé à l'étant, mais c'est *regagner* la manifestation originelle de *l'étant* (dans et par cette dimension insondable de retrait et d'absence qu'est l'être), que nous avons toujours déjà franchie d'un saut en mésinterprétant celui-ci comme pure subsistance. La question de l'être enveloppe ainsi *fondamentalement* la question de savoir ce qu'est l'étant, au sein duquel nous séjournons, lorsqu'il est ressaisi en son sens originel, c'est-à-dire lorsqu'il n'est plus présupposé comme *présence constante (Vorhandenheit)*, mais lorsqu'il est *regagné* dans sa manifestation originelle, c'est-à-dire dans son « ambiguïté duelle », ou encore dans sa *participation* à cette dimension de retrait et *d'absence* qu'est l'être. Il s'agira de l'appréhender comme ce qui ne vient d'abord en *présence*, ne se manifeste, que dans et par cette dimension essentielle d'altérité, de retrait et *d'absence* qu'est l'être. Or, les étants au sein desquels nous séjournons constituent ce que nous appelons couramment *les choses*. C'est pourquoi la question de *la chose*, c'est-à-dire la question : « qu'est-ce qu'une chose ? » est une question fondamentale et récurrente chez

77. Op. cit. in *Chemins*..., Paris, Gall. 1980, p. 422.
78. Op. cit. P.U.F. Paris, 1973, p. 225.

Heidegger, qui a d'ailleurs, comme on le sait, donné son titre à un cours de 1935[79].

L'étant au sein duquel nous séjournons et qui s'ouvre d'abord à nous est, en effet, constitué par ce que nous appelons couramment les *choses*, lesquelles sont les choses de la nature et de l'usage. Dans la mesure où l'ontologie traditionnelle depuis Aristote pose la question de l'étant en son être, elle se déploie donc sur la base d'un questionnement sur la choséité des choses. Heidegger écrit en effet ceci dans *L'origine de l'œuvre d'art* : « c'est un fait reconnu que, depuis tout temps, dès que la question de l'être de l'étant a été posée, ce sont les choses qui, en leur choséité, se sont toujours de nouveau mises en avant et par là en évidence comme l'étant par excellence »[80]. Or, il affirme dans ce texte, dont tout le début est consacré à la question de la chose, que l'ontologie traditionnelle se caractérise fondamentalement par ceci qu'elle a « agressé » ou encore qu'elle a « insulté » l'être des choses. L'« agression » (*Überfall*) à l'égard des choses est une caractéristique fondamentale de la pensée métaphysique[81]. En effet, pour Aristote, la chose, le *tode ti*, se caractérise par ceci qu'il n'est rien d'autre qu'une *ousia*, c'est-à-dire qu'un *Vorhandene*. Or, le caractère fondamental de l'*ousia* est la présence *constante* et donc disponible. Voici ce qu'écrit Heidegger dans *De l'essence de la liberté humaine* : « Par le mot *ousia* rien d'autre n'est désigné en fait que la présence constante ... ce qui est *toujours sous la main* »[82]. L'étant est «... ainsi constamment disponible, il est prochain : il gît à proximité, sur un plateau, il se *présente constamment* »[83]. Ainsi, l'ontologie traditionnelle, en réduisant finalement les choses à la présence constante « sous les yeux », à la disponibilité, « ... a fait violence aux choses en leur intimité... »[84], car elle a franchi d'un saut la manière dont celles-ci se donnent originellement en tant que choses. Elle a mésinterprété l'essence des choses en réduisant celle-ci à l'*ousia* car elle n'a pas rendu compte de l'élément essentiel *d'altérité* qui préside fondamentalement à leur venue en présence originelle. La chose ne pourrait se manifester originellement comme chose – comme quelque chose qui *est* et qui ainsi repose en soi-même et se montre en son altérité – si elle apparaissait *seulement* comme présence constante, comme *ousia* ou *hupokeimenon*. Ainsi que le montre, en effet, Heidegger, dans la première partie de *L'origine de l'œuvre d'art*, l'ontologie traditionnelle a franchi d'un saut l'essence originelle des choses, parce qu'elle n'a pas pris en vue, pour la questionner, « cette retenue de la simple chose, cette compacité reposant en

79. Le titre original de ce cours est *Die Frage nach dem Ding*
80. Op. cit. in *Chemins...*, Gall. Paris, 1980, p. 19.
81. Ibid. p. 29.
82. Op. cit. Gall. Paris, p. 59.
83. Ibid.
84. M. Heidegger, *L'origine de l'œuvre d'art*, in *Chemins...*, Gall. Paris, 1980, P. 23.

elle-même et n'étant poussée vers rien... »[85], qui appartient de manière essentielle à son essence. Heidegger pose alors la question suivante : « Une pensée qui tente de penser la chose ne devrait-elle pas, dès lors, faire confiance à cet élément d'étrangeté et de repliement sur soi-même dans l'essence de la chose ? »[86]. Poser la question de l'être de l'étant de manière originelle c'est donc interroger cette dimension d'altérité, d'étrangeté – qui est le trait de l'être – dans et par laquelle seulement les choses peuvent venir en présence et apparaître comme telles. Reprenant l'exemple, cher à Husserl, de l'arbre en fleur[87], Heidegger affirmera dans *Qu'appelle-t-on penser ?* que la tache fondamentale de la pensée de l'être, qui enveloppe une pensée de *l'étant* en son être, consiste à regagner *enfin* la manière originelle dont celui-ci entre en présence. « Lorsque nous pensons à ce que c'est qu'un arbre qui se présente à nous, de telle sorte que nous pouvons nous placer dans le face-à-face avec lui, alors il s'agit enfin de ne pas laisser tomber cet arbre, mais tout d'abord de le laisser être debout, là où il est debout. Pour quelle raison disons-nous « enfin » ? Parce que la pensée jusqu'ici ne l'a encore jamais laissé être debout là où il est »[88]. Il s'agit donc de le laisser, *enfin*, se montrer tel qu'il se montre originellement comme étant, au lieu de s'en tenir à l'interprétation de celui-ci comme *Vorhandene* laquelle est fondamentalement dérivée. Or, nous verrons que Heidegger apporte une réponse précise à cette question fondamentale du sens originel de l'étant, dès 1929, dans *Kant et le problème de la métaphysique.*

Dans la mesure où l'être, tel que le nomme obscurément le verbe être, constitue cette dimension d'altérité insondable se tenant en retrait dans l'étant et qui préside à *toute* venue en présence de l'étant, il est ce qui préside à la venue en présence originelle de l'étant *dans son ensemble*, ou encore en totalité. Dans un cours de 1941, *Concepts fondamentaux*, Heidegger posera que penser originellement l'étant en tant qu'il est ou en son être et le penser originellement *en son entier*, c'est-à-dire comme un tout, sont une seule et même chose[89]. La question du sens de l'être est donc celle de la dimension énigmatique de retrait et d'altérité qui préside à la manifestation *originelle* de l'étant au sein duquel nous séjournons, et que nous mésinterprétons ensuite immédiatement en le prenant en vue comme un ensemble d'étants subsistants. Elle exhibe ainsi l'énigme de *l'étrangeté* intrinsèque de l'étant dans son ensemble, en tant qu'il se montre originellement comme ordonné à cette dimension « étrangère », c'est-à-dire à cette altérité insondable et incommensurable qu'est l'être. Questionner sur

85. Ibid. P. 31.
86. Ibid.
87. E. Husserl, *Idées directrices pour une phénoménologie,* Gall. 1985, p. 314.
88. M. Heidegger, *Qu'appelle-t-on penser ?*, P.U.F., Paris, 1973, p. 45.
89. Op. cit. p. 41.

l'être ce sera donc retrouver le *thaumazein* des premiers penseurs grecs devant l'inquiétante étrangeté de l'étant en totalité et méditer à nouveaux frais les vocables matinaux par lesquels ils ont dit l'étant en son tout : *to pan, ta panta, panta ta onta.* Que la *Seinsfrage* ait bel et bien ce sens profond, nous allons maintenant le montrer.

Ainsi que nous l'avons vu plus haut, la *Seinsfrage* renoue avec un questionnement sur l'être qui a été oublié depuis le commencement de la métaphysique chez Platon et Aristote, mais qui – dans une certaine mesure – avait été mis en œuvre chez les Présocratiques. Or, ce questionnement originel s'enracinait, nous venons de le suggérer, dans ce que les Grecs appelaient *thaumazein*, c'est-à-dire dans un étonnement devant le tout de l'étant en tant qu'il est recueilli dans l'être, étonnement auquel nous sommes devenus aujourd'hui totalement étrangers. Voici ce que disait Heidegger à Cerisy-la-Salle en août 1955 :

« Tout l'étant est en l'être. Voilà qui résonne à notre oreille d'une manière triviale, sinon offensante. Car de cela que l'étant a son appartenance dans l'être, nul n'a besoin d'avoir cure. Tout le monde le sait bien : étant est ce qui est. Quelle autre issue y-t-il pour l'étant que celle-ci : être ? et pourtant : justement ceci que l'étant demeure recueilli en l'être, que l'étant apparaisse dans la lumière de l'être, voilà qui plaça les Grecs, et eux d'abord, et eux seuls, dans la dimension de l'étonnement. L'étant (recueilli) dans l'être, voilà ce qui devint, pour les Grecs, le plus étonnant »[90].

Si l'étant comme tel ne peut plus, aujourd'hui, éveiller l'étonnement et si l'effort pour réveiller un tel étonnement ne peut susciter que de l'agacement, c'est à cause du triomphe définitif de l'ontologie de la *Vorhandenheit* qui consiste à « rabattre » l'être sur l'évidence absolue de la présence pré-donnée de l'étant. Or, qu'est ce qui suscitait, au contraire, l'étonnement des Grecs devant l'étant ? La réponse à cette question – qui seule peut véritablement éclairer ce que Heidegger affirmait à Cerisy en 1955 concernant le *thaumazein* qui portait la pensée des Présocratiques – a été donnée dans un texte véritablement capital pour la compréhension du questionnement heideggerien en son sens impensé. Elle a été donnée au cours des *Séminaires du Thor*, lors de la séance du 2 septembre 1969. Voici donc l'expérience énigmatique de l'étant en son être qui a éveillé l'étonnement des Grecs et fait naître le questionnement ontologique : « C'est la *surabondance* (*Überfülle*), la *surmesure* (*Übermass*) du présent. Penser ici à l'anecdote sur Thalès : il est cet homme fasciné par une surabondance stellaire (*Überfülle der Sternenwelt*) qui le force à porter le regard *uniquement vers le ciel.* Dans le climat grec (Hölderlin, Deuxième lettre à Bölhendorff), l'homme est submergé (*überwältigt*) par l'entrée en présence du présent, qui le contraint à la question du présent *en tant que* présent. Le

90. M. Heidegger, *Qu'est-ce que la philosophie ?* in *Questions II*, Gall. Paris, 1977, p. 21-22.

rapport à cet afflux de la présence (*Andrang der Anwesnheit*), les Grecs le nomment *thaumazein* (cf. *Théétète* 155 d) »[91].

Heidegger peut alors ajouter qu'il faut « toujours insister, par conséquent, sur la dimension parfaitement excessive dans laquelle prend naissance la philosophie. La philosophie en effet est la réponse d'une humanité atteinte par l'excès de la présence (*Übermass der Anwesenheit*) »[92]. Or, il apporte en même temps, dans ce passage, une précision absolument *décisive* concernant le sens de cette profusion, de cette surmesure de la présence qui est le trait de l'être. Il déclare, en effet, ceci : « En tout cela, l'important est de bien voir que la privation ... s'accommode de l'excès. Privation n'est pas négation »[93]. Cela signifie que l'excès de la présence, son caractère dé-mesuré, doit, en même temps et paradoxalement s'accommoder d'une privation de présence, d'un manque de présence ! Ce paradoxe signifie que cet afflux dé-mesuré de la présence qui porte le déploiement de l'étant doit être conçu en même temps comme une dimension abyssale, insondable qui se tient en retrait dans l'étant. L'énigme de l'être que les Présocratiques avaient vu (dans une certaine mesure) et qu'il revient à la *Seinsfrage* d'exhiber à nouveau pour la questionner radicalement est donc bien celle de ce retrait, de cet abîme d'où sourd cependant l'éclosion de l'étant en sa surabondance. L'énigme de l'être est ainsi celle de cette dimension « étrangère », de cette dimension fondamentalement *hétérogène*, de cette altérité insondable, *dans* et *par* laquelle l'étant se déploie et se montre alors comme un tout englobant à la fois démesuré et insondable.

L'anecdote concernant Thalès à laquelle Heidegger se réfère dans ce passage des *Séminaires du Thor*, se trouve, on le sait, chez Platon dans le *Théétète* (174 a). Thalès, subjugué et comme submergé par la surabondance de la présence qui se manifeste à lui à travers l'immensité de la voûte céleste, en a oublié les choses qui étaient à ses pieds au point de tomber dans un puits ce qui lui attira les railleries d'une servante. Dans cet extrait remarquable des *Séminaires du Thor* la référence à Hölderlin est essentielle et elle est très précieuse, car elle montre – étant donné l'importance considérable accordée au poète-penseur – que Heidegger reprend à son compte une telle conception de l'être. Dans la deuxième lettre à Bölhendorff, à laquelle Heidegger fait allusion, Hölderlin écrit à son ami depuis Bordeaux, c'est-à-dire depuis le sud de la France, qui à ses yeux s'identifie à la Grèce. Il évoque la violence du ciel, « ...l'élément puissant, le feu du ciel... »[94], à travers lequel Apollon l'a « frappé ». L'excès de la présence, la

91. Ibid. p. 420.
92. Ibid.
93. Ibid.
94. F. Hölderlin, *Œuvres*, Gall. La pléiade, p. 1009.

surabondance – inquiétante et même menaçante – de l'être est, en effet, un thème fondamental de la poésie-pensée de Hölderlin, en particulier dans l'œuvre tardive.

Ce texte extrait des *Séminaires du Thor* que nous venons de citer est tout à fait essentiel en ce qu'il montre clairement que pour Heidegger la dimension abyssale de l'être – qui n'est rien d'étant, qui se tient en retrait dans l'absence, qui d'une certaine manière s'identifie au néant – s'accommode *fondamentalement* d'un excès de présence. L'énigme de l'être est bel et bien celle de la *surabondance* ou encore de la *surmesure* de la présence, et c'est précisément cet excès de présence qui est insondable. L'énigme de l'être est donc bien comme nous essayons de l'établir celle de son *altérité*, de son *hétérogénéité*. L'ontologie heideggerienne apparaît ainsi, nous y reviendrons, comme une « hétérologie », et c'est à Hölderlin que Heidegger doit, en effet, de penser l'abîme de l'être comme étant, en même temps, un excès de présence. Dans la mesure où cet excès de présence n'est rien d'autre que la profusion d'où abonde la venue en présence de l'étant, il apparaît clairement que la question de l'être ne peut être autre chose que celle de l'être de l'étant.

Or, Heidegger formule parfois sa propre question de l'être en des termes qui prêtent à confusion – et qui ont induit en erreur les commentateurs – car ils donnent l'impression que la *Seinsfrage* se distingue de la question directrice de la métaphysique en ceci qu'elle n'est plus une question portant sur l'être de l'étant. Pour ne prendre qu'un seul exemple, dans un texte bref que Heidegger dicta à Jean Beaufret lors de leur première rencontre en 1946, il affirme : « L'unique question (depuis *Sein und Zeit*) n'est pas celle de l'être de l'étant...mais de l'être même, c'est-à-dire, en même temps, de la clairière de l'être (non de l'étant) »[95]. Et il ajoute un peu plus loin de manière encore plus tranchée : « La question de *Sein und Zeit* va donc exclusivement vers la vérité de l'être, non vers l'être de l'étant »[96]. Penser l'être comme être de l'étant, et ainsi comme fondement de l'étant, aurait donc été le propre de la métaphysique, c'est-à-dire d'une démarche qui a méconnu le sens originel de l'être. C'est bien, en effet, ce qu'affirme parfois Heidegger. Voici ce qu'il écrit dans *La fin de la philosophie et le tournant* : « La métaphysique pense l'étant dans son tout...en regardant vers l'être, c'est-à-dire en tenant le regard fixé sur l'articulation de l'étant dans l'être. Elle pense l'étant, comme étant, sur le mode de la représentation dont la tâche est : fonder. Car l'être de l'étant, depuis le début de la philosophie et

95. M. Heidegger, *Dicté*, De l'abîme en effet, 1985, p. 25.
96. Ibid, p. 27.

dans ce début même, s'est manifesté comme *Grund* »[97]. Dans la mesure où ce texte prétend caractériser la démarche métaphysique en sa spécificité, il sous-entend que la question originelle du sens de l'être ne doit plus, quant-à elle, être encore comprise comme une question qui porterait sur l'être de l'étant, c'est-à-dire sur le fondement (*Grund*) de l'étant. Ce serait donc bien le propre de la métaphysique que d'avoir compris la question de l'être comme une question portant sur l'être de l'étant et d'en avoir ainsi méconnu le sens originel. Voici, en effet, ce que déclarait Heidegger lors des *Séminaires du Thor* : « Que veut dire : « question de l'être » ? *Frage nach dem Sein* ? Lorsqu'on dit « être », on comprend d'avance ce mot métaphysiquement, c'est-à-dire à partir de la métaphysique. Or, dans la métaphysique et sa tradition, « être » veut dire : ce qui détermine l'étant en tant qu'étant ; la question de l'être signifie donc métaphysiquement : question de l'étant *en tant qu'étant*, autrement dit : question du fondement de l'étant »[98].

La *Seinsfrage*, quant-à elle, aurait alors pour spécificité de ne plus questionner l'être comme être de l'étant, comme fondement de l'étant. Il s'agirait ainsi de questionner l'être sans l'étant, c'est-à-dire : *sans que son rapport à l'étant soit conçu comme essentiel.* Il faudrait comprendre alors que s'il appartient bien à l'être de déterminer l'étant et de le déclore, la relation qu'il entretient avec ce dernier n'en épuise pas le sens. L'être recèlerait un sens qui dépasserait totalement celui qui est le sien dans sa relation à l'étant. Et c'est pour souligner cette dimension mystérieuse et « transcendante » de l'être que Heidegger l'écrit parfois *Seyn* en utilisant l'orthographe archaïque.

Cette manière de présenter la *Seinsfrage* prête à confusion, car, ainsi que nous l'avons montré, non seulement elle va à l'encontre de la manière effective dont Heidegger élabore par ailleurs cette question mais elle fait totalement obstacle à la compréhension de la « teneur » véritable de la question. Or, cette équivoque dans la manière de présenter le sens véritable de la *Seinsfrage* ne provient pas d'une négligence de la part de Heidegger mais elle tient profondément à son impensé. Il nous semble, en effet, que si Heidegger formule souvent la *Seinsfrage* en ces termes c'est parce qu'il tient à préserver le « mystère » de la transcendance de l'être et qu'il tente, à cet effet, de dégager l'être de ce qui pourrait se révéler comme une « adhérence » irrémédiable à la sphère de l'ontique. L'être demeure alors cette mystérieuse « avancée d'absence » qui déclôt toute présence sans jamais y être attachée. L'être se retire tandis qu'il se déclôt dans l'étant et il préserve ainsi son impénétrable mystère. Le questionnement sur la transcendance de l'être peut alors déboucher sur un questionnement

97. Op. cit. in *Questions III et IV*, Gall. Paris, 1996, p. 282.

98. Martin Heidegger, *Séminaires du Thor*, in *Questions III et IV*, Paris, Gall. 1996, p. 415.

théologique. Or, le développement *effectif* de l'ontologie heideggerienne, aussi bien concernant la formulation de la *Seinsfrage* que concernant la réponse qui y sera apportée, contredit radicalement ces formulations. L'équivoque ontologique qui enveloppe la *Seinsfrage* se présente donc de la manière suivante : Heidegger semble parfois d'avis que l'être, pensé en son sens fondamental, ne doit plus être conçu comme l'être de l'étant, cependant le développement « effectif » de sa pensée contredit totalement cet avis. Car s'il y a bien une *énigme* de l'être – que l'élaboration de la *Seinsfrage* a pour tache propre d'exhiber – celle-ci ne peut être prise en vue comme telle et en sa spécificité propre que si l'on mesure que le questionnement heideggerien, compris jusqu'à ce qui demeure impensé en lui, se tient dès le début en dehors de tout horizon théologique. L'énigme de l'être est *précisément* celle de cet Autre de l'étant qui lui est cependant totalement *attenant* et qui ne peut donc « renvoyer » à un étant suprême.

La formulation la plus claire de la *Seinsfrage*, bien comprise et débarrassée de toute équivoque, se trouve dans *Acheminement vers la parole*. La voici :

> « Je ne vise pas l'être de l'étant, l'être représenté métaphysiquement, mais au contraire le déploiement de l'être, et plus exactement le déploiement duplice d'être et d'étant – cette duplication toutefois dans la mesure où elle est digne de question »[99].

Il s'agit donc bien, avec la *Seinsfrage*, de ne plus questionner sur l'être en *présupposant* l'étant comme étant-subsistant et c'est *en ce sens seulement* que cette question ne porte plus sur l'être de l'étant. Mais, *en un autre sens*, cette question est bel et bien et n'est rien d'autre qu'une interrogation enfin radicale sur l'être de l'étant car il s'agit de questionner l'être comme ce qui déploie originellement l'étant. Il s'agit, en effet, nous avons bien lu, non pas de questionner l'être sans l'étant, mais bien de questionner le déploiement originellement *duplice* de l'être et de l'étant. Le sens profond de la *Seinsfrage* n'est donc pas d'interroger l'être sans l'étant mais au contraire comme ce qui, précédant *a priori* tout étant, le rend originellement possible. Cela, ainsi que nous venons de le montrer, Heidegger le dit très clairement, mais il lui arrive aussi cependant de le renier ainsi que nous l'avons vu plus haut. Il y a donc une équivoque fondamentale concernant le sens de la *Seinsfrage* qui est parfois présentée comme un questionnement sur l'être lequel n'envelopperait plus un questionnement fondamental sur l'étant. Or, cette équivoque est, nous le verrons, ce qui d'emblée obstrue l'accès au sens profond et en partie

---

99. Op. cit., Gall. , Paris, 1976, p. 112.

impensé de la pensée Heideggerienne. Elle est, en quelque sorte, le « Cerbère » qui garde jalousement l'accès à cette pensée. C'est, en effet, seulement après avoir dissipé cette équivoque fondamentale concernant la *Seinsfrage* que la signification véritable de la pensée heideggerienne pourra être exhibée ainsi que nous le montrerons.

La *Seinsfrage*, comme questionnement originel sur l'être en tant qu'il déploie l'étant, n'est donc pas sans rapport avec le questionnement traditionnel sur l'être mais elle le réitère d'une manière bien plus radicale et, enfin, originelle. C'est pourquoi, dans l'Introduction de *Etre et temps* Heidegger présente la *Seinsfrage* comme une *ausdrücklichen Wiederholung*[100], une « franche répétition », du questionnement traditionnel sur l'être. La pensée heideggerienne de l'être ne dépasse donc la métaphysique que pour l'accomplir en regagnant son sens originel oublié par la philosophie traditionnelle. Questionner l'être, c'est bien, en effet, s'articuler à un *au-delà* (*meta-*) de l'étant qui en constitue le fondement. Cependant cet *au-delà* ne doit plus être compris comme un étant suprême transcendant, mais, plus originellement, comme une énigmatique dimension sous-jacente et non-ontique, comme un *en deçà* insondable de l'étant, qui est cependant la condition de possibilité originelle de toute venue en présence de l'étant. La métaphysique traditionnelle, en recherchant l'être au-delà de l'étant tel qu'il nous est d'abord donné (et qu'elle mésinterprète comme *Vorhandene*), et en l'identifiant à un étant suprême, a franchi d'un saut l'ouverture originelle à cet en-deçà de tout étant qu'est l'être, ouverture que nous a, toujours déjà, délivrée en secret le mot « être ». La question de l'être chez Heidegger est ainsi d'emblée reliée à celle de son oubli. Le sens originel de l'être est ce qui, toujours déjà, et nécessairement, est oublié dans l'attitude naturelle aussi bien que dans la métaphysique. L'attitude naturelle, sur laquelle la métaphysique s'appuie secrètement, a d'emblée franchi d'un saut l'ouverture originelle de l'être, c'est-à-dire à l'étant en son être, qu'elle doit cependant présupposer. Poser la question du sens originel de l'être c'est arracher l'être à l'oubli dans lequel il est tombé et cela conduira donc aussi à s'interroger sur le sens de cet oubli.

La pensée traditionnelle, implicitement adossée au préjugé propre à l'attitude naturelle, s'en est ainsi toujours tenue à l'étant, lui-même exclusivement interprété comme *Vorhandene* ou *Vorhandensein*. Pour la pensée occidentale depuis les Grecs – que cette pensée soit de type métaphysique ou qu'elle soit de type matérialiste – il est ainsi entendu que seul l'étant est, et rien d'autre, de sorte que l'être de l'étant ne peut lui-même

---

100. M. Heidegger, *Sein und Zeit*, Max Niemeyer, Tübingen, 1993, p. 2.

être rien d'autre qu'un étant. Poser la question originelle du sens de l'être c'est remettre radicalement en cause ce préjugé fondamental en prenant d'abord en vue, *comme telle*, notre pré-compréhension vague et inapparente de « quelque chose » de « non-ontique » comme l'« être » véhiculé par le verbe être. Il s'agit donc de mettre enfin « sous les yeux », pour en questionner l'énigme, cette « dimension » d'altérité insondable, énigmatique, qui se tient en retrait dans l'étant mais qui lui est totalement attenante, qui en un certain sens s'identifie au néant, et que désigne secrètement et obscurément le mot « être ». Et il s'agit de questionner cette dimension insondable en tant qu'elle préside secrètement à toute venue en présence de l'étant comme tel. Or, il est essentiel de mesurer à quel point ce questionnement est nouveau et déconcertant. Il exhibe, en effet, pour l'interroger un « ordre de réalité » tout à fait énigmatique car ne relevant pas de la sphère de l'ontique tout en lui étant fondamentalement rattaché.

On croit cependant connaître la réponse heideggerienne à la question de l'être : Heidegger aurait tenté de penser l'être à partir du temps (lui-même compris en un sens originel). Pour Heidegger, nous le montrerons, l'être se déploie, en effet, dans et par le temps et c'est bien à travers le temps qu'il « donne être » c'est-à-dire qu'il déploie l'étant. Cependant, si l'être se déploie *à travers* le temps, il ne se réduit pas à celui-ci et il s'avérera qu'il relève bel et bien d'une énigme plus haute. L'être est ce qui « donne être » à travers le temps sans se réduire à celui-ci ainsi que l'affirmera clairement la conférence *Temps et être* de 1962. Voici, en effet, le texte essentiel que nous avons déjà signalé dans l'Introduction et qu'il nous faut citer à nouveau : «... le temps s'avère t-il comme le « Il » qui donne être ? – Nullement. Car le temps reste lui-même la donation d'un Il y a »[101]. Or, il est essentiel de bien voir que cette irréductibilité de l'être au temps est déjà présente implicitement, et *en dépit des apparences*, dès les premières grandes œuvres entre 1927 et 1929. Dans *Etre et temps* et dans les œuvres qui le suivent immédiatement, Heidegger affirme bien vouloir penser l'être à partir du temps, mais il reconnaît cependant à l'être des caractères qui le rendent irréductible au temps. L'être est, en effet, d'emblée caractérisé comme cette énigmatique altérité, cette *inquiétante étrangeté* à laquelle seule ouvre *l'angoisse*. Il est cette mystérieuse dimension insondable et inapprochable qui dispose à *l'effroi* et même à *l'horreur*, ainsi que l'affirmera la Postface de la conférence *Qu'est-ce que la métaphysique ?*[102] Et l'être, en son altérité insondable, en son hétérogénéité essentielle et effrayante doit être conçu, Heidegger y reviendra souvent, comme *das Ungeheure*[103] *:* le formidable, l'altérité insondable qui excède toute mesure. L'être ne peut donc, semble t-

101. Op. cit. in *Questions III et IV*, Gall. Paris, 1996, p. 216.
102. Op. in *Questions I*, Gall. Paris, 1976, p. 78.
103. Cf. par exemple, M. Heidegger, *Les hymnes de Hölderlin...*, Gall. Paris, 1988, p. 163.

il, se réduire au temps et son énigme demeure. La question de l'être enveloppe bel et bien cependant, et *fondamentalement*, celle du temps. Mais contrairement à ce qui est souvent affirmé par les commentateurs, c'est à partir de l'être qu'il faudra penser le temps et non pas le contraire. Heidegger affirme, en effet, dans *Phénoménologie et pensée de l'être* : « ma question du temps a été déterminée à partir de la question de l'être »[104].

La spécificité du questionnement heideggerien sur l'être ne peut être appréhendée, qu'à la condition que l'on accepte, dans un premier temps, d'être confronté à l'énigme de l'être en tant que telle. Il faut, dans un premier temps, prendre en vue et accueillir *comme telle* cette énigme de l'être si l'on veut ensuite pouvoir l'affronter. Il faut prendre d'abord la mesure de ce qu'a de déconcertant et d'énigmatique le questionnement heideggerien en tant qu'il porte sur une dimension non-ontique, insituable dans l'étant, insondable, hétérogène, mais qui lui est cependant totalement attenante, et qui ne peut donc renvoyer à un au-delà transcendant, à un étant suprême. Il nous semble que cette singularité de la pensée heideggerienne n'a jamais été suffisamment remarquée.

Cette énigme de l'être, exhibée par le questionnement heideggerien, est magnifiquement présentée, *comme telle*, dans la Postface de la conférence *Qu'est-ce que la métaphysique ?* à laquelle nous nous sommes plusieurs fois référés au cours de cet exposé. L'être, auquel nous ouvre « ...l'angoisse essentiale comme effroi de l'abîme »[105], y est présenté comme cet « Incalculable »[106], qui par essence se dérobe et se tient « ...dans une énigmatique inconnaissabilité... »[107]. Il apparaît, en son énigme, comme cet « Autre »[108] insaisissable de l'étant, cet « espace à peine foulé »[109] qui recèle « les sources cachées »[110] de la venue en présence de tout ce qui est et à « la voix silencieuse »[111] duquel nous ouvre « l'abîme de l'effroi »[112]. Il apparaît comme cette altérité mystérieuse dont le néant est le « voile »[113]. Ce texte ne prend cependant la plénitude de son sens, comme présentation de l'énigme de l'être, que pour qui accepte de le lire *en et pour lui-même* sans *présupposer* que son sens serait, en quelque sorte, « suspendu » à un arrière plan théologique. Heidegger y insiste, en effet, sur le fait que l'être ne peut

---

104. M. Heidegger, *Phénoménologie et pensée de l'être*, in *Questions III et IV,* Paris, Gall. 1996, p. 353.
105. Op. cit. in *Questions I*, Paris, Gall. 1976, p. 78.
106. Ibid., p. 80 et 82.
107. Ibid. p. 80.
108. Ibid. p. 76.
109. Ibid. p. 79.
110. Ibid. P. 83.
111. Ibid.
112. Ibid. p. 79.
113. Ibid. p. 84.

se concevoir sans l'étant, qu'il ne consiste pas en un ordre de réalité totalement « séparé ». L'être et l'étant constituent, en leur différence même, les deux aspects indissociables d'une seule et même réalité.

Ce texte n'est pas isolé, car l'énigme de l'être, à laquelle ouvre en secret le verbe être, est aussi présentée, comme telle, dans la première partie d'un cours de 1941 intitulé *Concepts fondamentaux*. L'être y est présenté comme cette vacuité, ce néant, qui est cependant « ...la profusion d'où abonde toute plénitude de l'étant »[114]. Il est donc « ... à la fois vacuité et profusion. »[115] Il est ainsi cette origine (*Ursprung* [116]) de tout étant qui en accompagne le déploiement, tout en étant en même temps un sol qui se dérobe, tout en étant donc « ... le sans fond, l'abîme »[117]. Voici alors ce qu'écrit Heidegger : « L'être serait donc ... en son essence la plus profonde, le contraire de lui-même. Il nous faudrait dès lors reconnaître dans l'être même comme une duplicité »[118]. Et c'est pourquoi il est la redite la plus fréquente alors même qu'il se tient en retrait, qu'il se soustrait à toute approche, qu'il «...se dérobe à tout concept, à toute détermination »[119]. Il apparaît alors que le mot « être » désigne en secret, c'est-à-dire de manière tacite – *en silence* – une dimension insaisissable qui, par essence, est *réticence*, c'est-à-dire se dérobe à tout dire[120]. Le mot être ouvre ainsi en secret et de manière tacite, *silencieuse*, à cette dimension indicible, insaisissable, *pour la manifester comme telle*. On trouve également une présentation de cette énigme de l'être dans les cours de Heidegger sur Nietzsche. L'être y est à nouveau présenté comme étant à la fois « le vide et la richesse »[121]. Une nouvelle fois Heidegger insiste sur « le double visage de l'être », qui est cette dimension insondable, cette absence, ce retrait, lequel s'accommode cependant d'un excès de présence. L'être apparaît une fois de plus comme une dimension fondamentalement *hétérogène*. Heidegger affirme qu' «...il faut rendre visible au-delà de la simple indication ce double visage de l'être... »[122], car « ...ce double visage de l'être nous conduit peut-être sur la trace de son essence »[123]. Ces textes de Heidegger complètent de façon décisive l'Introduction de *Etre et temps* qui n'exhibait pas suffisamment l'énigme de l'être telle qu'elle nous est livrée par le mot « être ».

---

114. Op. cit. Gall. Paris, 1985, p. 95.
115. Op. cit. p. 95, Gall. Paris, 1985
116. Ibid. p. 85.
117. Ibid. P. 86.
118. Ibid. p. 72.
119. Ibid. p. 83.
120. Ibid. p. 88.
121. Cf. M. Heidegger, *Nietzsche*, t. II, Paris, Gall. 1980, p. 195 à 203.
122. Op. cit. p. 198.
123. Ibid.

Il nous semble qu'on n'a jamais suffisamment remarqué que l'énigme de l'être n'était pas *seulement* celle d'une dimension abyssale qui s'identifie paradoxalement au néant, mais bien, en même temps, celle d'une *altérité*, d'une dimension *hétérogène*, qui se signale donc par un *excès* de présence. Or, cela commence à apparaître lorsque l'on prête attention au *vocabulaire* heideggerien de l'être. Ainsi, l'énigme de l'être apparaît dans la Postface de la conférence *Qu'est-ce que la métaphysique ?* comme celle de *l'incalculable* (*Unberechenbare*), et dans les *Séminaires du Thor* comme celle de la *surabondance* (*Überfülle*) ou de la *surmesure* (*Übermass*) de la présence, comme que nous l'avons vu. Heidegger qui parle aussi parfois de la *surpuissance* (*Übermacht*) de l'être introduira, dans le *Séminaire de Zähringen*, la notion *d'excédent* (*Überschuss*) pour qualifier celui-ci. Enfin, l'être est parfois envisagé comme étant tout simplement, la *démesure* même, le formidable (*das Ungeheure*). On pourrait multiplier les exemples, car l'ontologie heideggerienne est, pour reprendre un mot forgé par Georges Bataille, une véritable « hétérologie ». Or, il est essentiel de voir qu'une telle conception de la « surabondance » de l'être provient de l'influence de Hölderlin.

La *Seinsfrage*, comme questionnement sur le sens originel de l'être, consiste donc à exhiber, pour l'interroger, l'énigme de cet Autre insaisissable de l'étant auquel ouvre en secret le mot « être ». Or, il s'agit de questionner cette dimension hétérogène, cette dimension Autre, non seulement en tant qu'elle est ce sans quoi l'étant ne pourrait en aucune manière *être*, mais aussi en tant qu'elle lui est *totalement attenante.* Le questionnement sur l'être, est en effet, nous l'avons montré, un questionnement sur la différence ontologique bien comprise, c'est-à-dire sur cette solidarité totale de l'être et de l'étant en leur différence même, lequel enveloppe donc, *fondamentalement*, un questionnement sur le sens originel de l'étant. C'est pourquoi, nous l'avons vu, la question de l'être enveloppe, de manière essentielle, celle de l'essence des *choses*. Cet Autre mystérieux de l'étant, qui est l'objet propre de la *Seinsfrage*, ne peut donc constituer un ordre de réalité totalement séparé de celui-ci et il ne peut ainsi en aucune manière renvoyer à un au-delà transcendant, c'est-à-dire à un étant suprême qui fonderait l'étant en totalité. Cet Autre mystérieux de l'étant dans son ensemble n'ouvre pas à un « autre monde », précisément, parce qu'il est et n'est rien d'autre que l'essence même de ce monde-ci au sein duquel nous séjournons. Il s'agit d'interroger l'énigme de la venue en présence *originelle* de l'étant dans son ensemble – qui fut l'objet du *thaumazein* des Grecs - en tant qu'elle est fondamentalement ordonnée à une dimension hétérogène (étrangère) qui lui est cependant attenante, à la fois *excédante*, et se tenant *en retrait dans l'absence*. La question de l'être se confond donc finalement avec la question de l'essence originelle du *monde*, lequel doit, bel et bien, être compris *d'abord* en un sens *cosmologique*[124]. En dépit de certaines formulations équivoques – en particulier dans les premières grandes œuvres à la fin des années vingt - la notion de monde chez Heidegger a bien, en effet, un sens « ontico-ontologique ». Or, le *monde* (compris en son essence originelle) est cela-même qui a été *oublié* et franchi d'un saut par la pensée occidentale depuis Platon et Aristote. Telle est la spécificité et l'originalité méconnue du questionnement ontologique heideggerien.

Cependant, si le concept heideggerien de monde a *d'abord* un sens cosmologique, il ne pourra être *pleinement* pris en vue que lorsqu'on aura mesuré qu'il a *en même temps* un sens transcendantal. En effet, si l'animal a un milieu environnant (*Umgebung*), seul l'homme *a* véritablement un monde, auquel il se tient ouvert *a priori*. Seul l'homme est ouvert à l'étant en son être, c'est-à-dire au monde *comme tel*. C'est pourquoi la réponse à la question de l'être ne pourra être adéquatement développée que si l'on comprend que le questionnant y est impliqué de manière radicale. Pour Heidegger, on le sait, la réponse à la *Seinsfrage* doit, en effet, être développée au fil conducteur d'une analyse de l'essence de l'homme en tant qu'il se caractérise fondamentalement par la compréhension de l'être et qu'il est ainsi, dans la terminologie heideggerienne, *Dasein*. C'est, par conséquent au fil conducteur de la question : « qui est le *Dasein* ? », qu'il faudra chercher la réponse à la *Seinsfrage*. Or, de la même manière qu'il a été nécessaire d'élaborer et de préciser la question de l'être, le sens de ce *concept* de *Dasein* doit être préalablement éclairci. Cet éclaircissement est tout d'abord rendu nécessaire par le bouleversement radical dans la manière de penser l'homme qu'entraîne cette notion de *Dasein*. Mais cet éclaircissement est en même temps nécessaire pour une autre raison. En effet, l'« équivoque ontologique » qui barre l'accès à la compréhension véritable de la *Seinsfrage* fait, en même temps obstacle à une compréhension authentique de ce que signifie véritablement ce concept du *Dasein*. Cet éclaircissement du concept de *Dasein* nous conduira à anticiper, dans une certaine mesure, sur le développement de l'analyse de celui-ci, mais seulement dans le but d'en exhiber *l'orientation* véritable.

---

124. Cf. sur ce point Françoise Dastur, *Heidegger et la question anthropologique*, Peeters-Leuven, 2003, p. 96.

CHAPITRE III

La question de l'être et celle du Dasein

La question de l'être ne peut être adéquatement posée que sur la base d'une interrogation portant sur l'énigme du sens du mot « être », cela signifie donc que cette question se pose à partir d'une pré-compréhension de l'être dans laquelle nous nous mouvons toujours déjà, et qu'elle nous implique donc radicalement. Aussi obscur que soit pour nous le concept d'être, « il n'est pas de connaissance, d'énoncé, d'attitude envers un étant, de comportement à l'égard de soi-même où il n'en soi fait usage et l'expression s'entend alors « sans aller chercher plus loin ». Chacun entend : « le ciel est bleu », « je suis joyeux » [de sorte que] ... toute attitude et tout être par rapport à l'étant comme étant recèle *a priori* une énigme »[125]. Et c'est en faisant apparaître comme telle cette énigmatique pré-compréhension de l'être dans laquelle nous nous tenons toujours déjà que la *Seinsfrage* a pu seulement être posée.

Pour Heidegger, cette compréhension de l'être n'est pas seulement une caractéristique *parmi d'autres* de l'homme mais qu'elle constitue *secrètement* son *essence* même. Voici ce qu'écrit Heidegger dans *De l'essence de la liberté humaine* : « Cette compréhension de l'être n'est pas une singularité quelconque de l'homme, qu'il traînerait après soi parmi d'autres, elle pénètre bien plutôt tout son comportement vis à vis de l'étant, y compris vis à vis de l'étant qu'il est lui-même. Plus encore, la compréhension de l'être ne pénètre pas simplement tout comportement vis à vis de l'étant comme si elle était justement partout et toujours jointe à elle, mais elle est la condition de possibilité du comportement vis à vis de l'étant

125. M. Heidegger *Etre et temps*, Gall. Paris, 1986, p. 27.

en général. S'il n'y avait dans l'homme la compréhension de l'être, il ne pourrait même pas se comporter vis à vis de lui-même comme étant, il ne pourrait pas dire « je » et « tu », il ne pourrait être *lui*-même, être une personne. Il serait impossible en son essence. Ainsi, la compréhension de l'être est le fondement de la possibilité de l'essence de l'homme »[126].

Toutefois, bien que la compréhension de l'être nous soit absolument radicale, notre rapport à celui-ci demeure fondamentalement énigmatique parce que totalement ambivalent. D'une part, nous sommes tellement proche de l'être dans lequel, ainsi que le dit Heidegger, « nous sommes transplantés », que « dire qu'il est près, voire tout près, c'est déjà l'éloigner »[127]. Mais, d'autre part, l'être est oublié en nous, et il est même «... si profondément oublié que la plupart du temps nous n'y avons même encore jamais songé »[128]. C'est pourquoi notre compréhension de l'être n'est, le plus souvent qu'une pré-compréhension vague et indéterminée. Cela signifie qu'il appartient fondamentalement à l'homme de se méconnaître lui-même la plupart du temps, c'est à dire d'être, en quelque sorte, en fuite devant sa propre essence. Elaborer adéquatement la question du sens de l'être et y répondre ce sera donc conduire le questionnant à se retourner vers lui-même pour s'approprier *enfin* sa propre essence, en tant que l'ouverture à l'être lui est, secrètement, radicale.

Cet étant que nous sommes nous-mêmes et qui se définit par l'ouverture à l'être, Heidegger, on le sait, lui fait place, dans sa terminologie sous le nom de *Dasein*. Le *Dasein* est cet étant qui est ouvert à lui-même, qui est le « là » (*Da-*) de son propre être, tout en étant *simultanément* le « là » de l'être des étants qu'il n'est pas, c'est-à-dire de l'être (*Sein*) en général (et c'est pour souligner cette dimension ontologique que Heidegger l'écrit parfois *Da-sein*). Dans la mesure où la question de l'être implique radicalement le questionnant, elle doit le conduire à se rendre transparent à lui-même et la réponse à cette question devra donc être développée au fil conducteur de ce que Heidegger appelle une *analytique du Dasein*.

La notion de *Dasein* entraîne un bouleversement radical dans la manière de penser l'homme. Ainsi que nous allons le voir, elle conduit à *déconstruire* la conception traditionnelle de l'homme, pour rétrocéder vers l'essence originelle et oubliée de celui-ci. Traditionnellement – aussi bien dans la métaphysique grecque que dans la métaphysique des modernes – l'homme a été conçu comme cet être pensant, cet *animal rationale*, qui est en mesure de se représenter l'étant auquel il se rapporte, et ce, au moyen *d'énoncés*. L'énonciation, ce qu'Aristote appelle le *logos apophanticos* est,

---

126. Op. Cité éd. Gall. Paris 1987 p. 125
127. M. Heidegger, *Concept fondamentaux* éd. Gall. Paris 1985 p. 133
128. M. Heidegger, *De l'essence de la liberté humaine*, éd. Gall. Paris 1987 p. 50

en effet, une forme fondamentale du discours, qu'il s'agisse du discours « théorique » ou du discours courant. L'homme comme être pensant est cet étant singulier qui est en mesure de se représenter l'étant auquel il se rapporte, et, ce faisant, de se représenter simultanément l'étant qu'il est lui-même. C'est, en effet, parce qu'il est ainsi capable de se placer face à l'étant pour *se* le représenter qu'il est conscient de soi, qu'il peut dire « je ». Or, le *logos apophanticos* – en tant qu'il est un *legein ti kata tinos*, un « discours qui dit quelque chose *de* quelque chose » - est ce dans et par quoi l'homme est en mesure de se représenter l'étant en ce qu'il est et tel qu'il est, c'est-à-dire capable – dans le meilleur des cas – *d'accorder* son discours avec ce sur quoi il porte, et de tenir ainsi un discours *vrai* sur l'étant. Cet accord (*omoiosis*, *adaequatio*) entre la représentation et la chose sur laquelle elle porte, est bien, en effet, ce qui traditionnellement définit la vérité.

Le *logos apophanticos* repose sur un présupposé ontologique implicite et spécifique, c'est-à-dire sur une détermination particulière de l'étant en tant qu'étant. Il ne peut, en effet, représenter tel ou tel étant que dans la mesure où il l'a *déjà*, implicitement, fait apparaître, d'une manière particulière, *comme* étant. Il revient à Aristote, on le sait, d'avoir pour la première fois mis à jour les déterminations ontologiques spécifiques qui sont présentes de manière tacite ou encore implicite dans le *logos apophanticos*. Il a appelé, on le sait, *catégories* ces déterminations ontologiques (substance, quantité, qualité…) qui se rapportent toutes à l'*ousia*, à la substance, comme catégorie fondamentale. Les catégories sont ces prédicats fondamentaux qui expriment le sens ontologique du verbe être en tant que copule du jugement. Elles expriment donc le sens ontologique du verbe être dans le cadre de l'énonciation ou encore de la prédication. La représentation de l'étant au moyen d'un enchaînement d'énoncés, repose ainsi sur le présupposé d'une ouverture tacite à celui-ci comme ayant le caractère fondamental de la subsistance. « Quand nous déclarons quelque chose qui est devant nous comme étant une maison, un arbre, nous ne le pouvons que dans la mesure où, ce faisant, ce qui nous rencontre, nous l'avons déjà interpellé sans une parole comme ce qui se dresse en soi-même, comme chose…; de même, un vêtement ne se laisse déclarer comme rouge que si, d'avance, nous l'avons déjà interpellé sans une parole en direction de quelque chose comme la qualité. « Substance », « qualité » et ainsi de suite, voilà ce qui constitue l'être (étance) de l'étant »[129]. L'étant est tacitement caractérisé comme ce qui est toujours déjà présent là-devant, comme ce qui se dresse là devant et repose en soi-même, en tant qu'il est ce sur quoi portent les énoncés, et ce

129. M. Heidegger, *Ce qu'est et comment se détermine la phusis* in *Questions II*, Paris, Gall. 1977, p. 199. Concernant l'interprétation heideggerienne des catégories, cf. aussi M. Heidegger, *Nietzsche II*, Gall. Paris, 1980, P. 61-67.

avec quoi ils pourront s'accorder. L'étant est donc implicitement déterminé comme *ousia* ou encore comme *hupokeimenon.*

L'ontologie de la *Vorhandenheit*, la détermination de l'étantité de l'étant comme pure présence, ne fait donc qu'un avec la conception traditionnelle de l'homme comme cet *animal rationale* qui se représente l'étant au moyen d'énoncés. Voici ce qu'écrit Heidegger à ce propos dans *Qu'appelle-t-on penser ?*: « *Homo est animal rationale*, l'homme est la bête qui pré-sente. La simple bête, un chien par exemple, ne pré-sente jamais une chose. Il ne peut jamais, devant *soi*, pré-senter quelque chose. Pour cela le chien, la bête, devrait *se* saisir. Il ne peut pas dire « je ». D'une façon générale, il ne peut pas « dire ». L'homme au contraire est, selon la doctrine de la métaphysique, la bête qui pré-sente, à qui le pouvoir-dire appartient en propre »[130]. Pour la pensée traditionnelle l'homme est cet *animal rationale* qui se représente les étants au moyen d'énoncés, de propositions, en les « pré-sentant » d'abord comme des étants subsistant là-devant, et qui se re-présente, ce faisant, lui-même comme cet étant subsistant présent à soi-même, qui se place en position extérieure et souveraine en face des autres étants. Cette relation de l'homme à l'étant sera comprise comme relation sujet-objet dans le cadre de la philosophie moderne. Il apparaît donc clairement que l'ontologie de la *Vorhandenheit*, qui, nous l'avons montré plus haut, est le présupposé fondamental de la métaphysique, ne fait qu'un avec le privilège de l'énonciation, c'est-à-dire de la prédication, conçue comme la forme fondamentale du discours et de la pensée humaine. L'ontologie de la *Vorhandenheit* est étroitement liée à la conception de l'homme comme cet *animal rationale* qui se place face à l'étant présupposé comme subsistant « là-devant » et qui se le représente au moyen d'énoncés. Le monde apparaît alors comme un ensemble d'étants subsistants, par rapport auxquels l'homme se tient en position d'extériorité, de telle sorte qu'il est d'abord « sans monde ». Une telle conception trouve en dernière instance sa source dans l'attitude naturelle, dans la quotidienneté moyenne, où l'homme, qui cherche à assurer sa sécurité au sein de l'étant et qui s'ouvre à celui-ci dans le cadre d'une relation pragmatique, est quasi inévitablement conduit à s'auto-interpréter comme un étant subsistant souverain en relation extérieure avec les autres étants, lesquels apparaissent comme un ensemble d'étants disponibles et subsistants. Cette conception de l'homme, qui est liée de manière essentielle à l'attitude naturelle est inévitable, mais enveloppe cependant une *illusion* car, ainsi que nous allons le voir, elle est *dérivée* et non par originelle.

La pleine élaboration de la *Seinsfrage* a révélé, nous l'avons vu, que le questionnant que nous sommes – qui use en permanence du verbe être – est radicalement impliqué dans cette question, et qu'il se définit

130. Op. cit. P.U.F. Paris, 1973, p. 57.

fondamentalement par la compréhension de l'être, par l'ouverture à l'être. Et elle a exhibé un sens du mot « être » bien plus originel que celui qui est le sien en tant que copule du jugement, c'est-à-dire bien plus originel que son sens de *Vorhandenheit.* Elle a, en effet, fait apparaître qu'à travers l'usage courant et permanent que nous faisons du mot « être », nous étions toujours déjà ouverts *a priori* et secrètement à un au-delà insondable de tout étant, lequel constitue une énigmatique dimension d'altérité et d'absence qui préside à la venue en présence originelle de l'étant comme tel. L'analytique existentiale pourra donc établir que le *Dasein* se caractérise fondamentalement par ceci qu'il a toujours déjà implicitement « émergé » hors de l'étant et qu'il se tient *a priori* ouvert à cet au-delà de l'étant qu'est l'être. Elle aura pour tâche de montrer qu'il y a une *transcendance* du *Dasein*, et que celle-ci ne signifie *pas seulement* qu'il est, comme nous le verrons, un être de projet qui a à être, mais en même temps, et plus radicalement, qu'il a toujours déjà dépassé l'étant et qu'il se tient *a priori* ouvert à cet Autre énigmatique et insondable de l'étant qu'est l'être. Le *Dasein* se caractérise donc par le fait, qu'il s'est toujours déjà « transporté » vers cet au-delà retiré et énigmatique de l'étant qu'est l'être, lequel au-delà est tout aussi bien un en-deçà. Et c'est bien pour cela qu'il est fondamentalement *Da-sein.* Dans le tréfonds de son être il est donc sans aucun appui dans l'étant et il se tient ainsi toujours déjà ouvert *a priori* à cette énigmatique dimension hétérogène et abyssale, à cet Autre de l'étant qui est l'inquiétant abîme de l'être. Voici, en effet, ce qu'écrira Heidegger concernant l'essence de l'homme dans *Qu'appelle-t-on penser ?* : « ...l'homme n'*est* homme qu'en tant qu'il est tiré vers ce qui se retire, qu'il est en mouvement vers lui, et qu'il montre ainsi dans la direction du retirement. Son être repose en ceci qu'il est un tel montrant »[131]. Et cette essence originelle de l'homme est cela-même qu'a toujours déjà oublié et franchi d'un saut l'interprétation de celui-ci comme *animal rationale.* Le mot « être » qui court dans la langue dit, mais *en secret*, cette ouverture *a priori* de l'homme à ce qui se retire.

Ainsi que nous l'avons vu, l'être n'est rien d'autre que l'être *de l'étant.* Notre ouverture *a priori* et implicite à l'être est donc *en même temps* ce dans et par quoi nous sommes *originellement*, ouverts à *l'étant* dans son ensemble et comme tel. Elle est ce sans quoi nous ne serions *jamais* ouverts à quelque chose comme de *l'étant* (en tant que tel). En effet, si nous n'étions pas ouverts à cette énigmatique dimension d'altérité insondable se tenant en retrait dans l'étant qu'est l'être, nous ne serions jamais ouverts à l'étant comme ce qui se donne en se refusant, comme ce qui se manifeste ainsi en son *altérité propre* et qui apparaît donc originellement *comme étant.* Si l'étant ne se montrait pas originellement à nous comme ce qui entre en

---

131. Op. cit, p. 28.

présence à partir de cette dimension insondable de retrait et d'altérité qu'est l'être, s'il ne se montrait donc pas, ainsi que nous l'avons vu plus haut, en son « ambiguïté duelle », il ne pourrait *jamais* nous apparaître *comme étant*, c'est-à-dire en son étrangeté, en son altérité propre, en sa « facticité ». La prise en vue de l'étant comme subsistant, comme *Vorhandene* est donc fondamentalement *dérivée*. La détermination de l'essence de l'homme comme *Dasein* fait ainsi apparaître que le *logos apophanticos* par lequel l'homme se pose face à l'étant pour se le représenter comme étant-subsistant, est nécessairement dérivé par rapport à une ouverture pensante *a priori* à l'étant en son être plus originelle. Or, cette ouverture (*Offenheit*) à l'étant, ou encore cette découverte (*Entdecken*) originelle de l'étant dans son ensemble ne fait qu'un avec l'ouverture à soi-même du *Dasein*. Le *Dasein* s'est, en effet, toujours déjà délivré simultanément sa propre présence comme celle d'un étant situé au beau milieu de l'étant dans son ensemble. Il est ainsi une ouverture originelle du *Dasein* à l'altérité de l'étant comme ce qui lui fait face *de toute part* en tant qu'il est situé en lui, laquelle est bien plus originelle que toute relation « extérieure » entre un sujet et des objets. Le *Dasein*, qui est un étant qui a à être, c'est-à-dire un être de projet ainsi que nous le verrons, n'accède cependant à lui-même de manière originelle, que *sur la base* d'une telle ouverture à l'étant comme totalité *englobante*[132] au beau milieu duquel il est toujours déjà situé.

Le *Dasein* se caractérise donc par ceci qu'il se tient, toujours déjà, dans le « dé-voilé » de l'étant en totalité qui apparaît en son étrangeté à partir de l'inquiétant abîme de l'être demeurant en retrait. Ce point est *essentiel* et il doit être clairement vu si l'on veut appréhender la *notion* de *Dasein* dans son sens plein et entier, mais en partie impensé chez Heidegger. Heidegger affirmera dans *Kant et le problème de la métaphysique* que « l'homme est un étant qui se trouve au milieu des étants, de telle manière que l'étant qu'il n'est pas et l'étant qu'il est lui-même lui sont toujours-déjà manifestes »[133]. Cette caractéristique de l'homme est son essence même, elle est le *Dasein* en lui. En effet : « Le *Dasein* dans l'homme caractérise celui-ci comme l'étant qui, placé au milieu des étants, se comporte à leurs égards en les prenants pour tels. Ce comportement à l'égard de l'étant détermine l'homme dans son être et le fait essentiellement différent de tout autre étant qui lui est rendu manifeste »[134].

Etre un *Dasein* signifie donc être ouvert *a priori* à la différence ontologique c'est-à-dire, nous l'avons vu plus haut, à cette solidarité totale de l'être et de l'étant en leur différence même. Il est fondamentalement le

---

132. La notion d' « englobant » est présente chez Heidegger ainsi que nous le verrons plus loin. Cf. *Les hymnes de Hölderlin : La Germanie et Le Rhin*, Gall. Paris, 1988, p. 235.
133. Op. cit. Gall. Paris, 1994, p. 283-284.
134. Op. cité p.290.

« là » de la différence ontologique. Ainsi que l'affirmera la conférence *Qu'est-ce que la métaphysique ?*, le *Dasein* en l'homme est donc ce dans et par quoi la métaphysique - comprise en son sens originel – compose la nature de l'homme[135]. Le *Dasein* se tient, en effet, ouvert *a priori*, par la *transcendance* qui le constitue, à cet *au-delà* (*meta-*) énigmatique et inquiétant de l'étant qu'est l'être, lequel est tout aussi bien un *en-deçà*. Or, ce passage au-delà (*meta-*) de l'étant, vers cet Autre de l'étant qu'est l'être en son altérité insondable, est cela même qui lui permet de *regagner* l'étant afin de le laisser se montrer *originellement* dans son ensemble et *comme tel*, en son inquiétante étrangeté. Or, dire que l'homme se caractérise fondamentalement par ceci qu'il est ouvert à l'être et donc simultanément à l'étant dans son ensemble *comme tel*, revient à dire, pour Heidegger, qu'il lui appartient en propre *d'avoir un monde*. L'animal n'est jamais ouvert à l'étant *comme tel*, mais toujours comme utile ou nuisible. L'homme, et lui seul, a un *monde* alors que l'animal évolue dans un *milieu* : Voici ce qu'il écrit dans la *Lettre sur l'humanisme* : «... plantes et animaux ... sont emprisonnés chacun dans leur univers environnant, sans jamais être librement situés dans l'éclaircie de l'être. Or, seule cette éclaircie est « le monde » » [136]. Il apparaît donc bien *qu'avoir un monde* est constitutif de l'essence même du *Dasein*.

Cette notion, fondamentale chez Heidegger, de *monde*, présente, en premier lieu, un sens double, c'est-à-dire ontico-ontologique, parce qu'elle doit être comprise à partir de la différence ontologique. Elle ne désigne pas seulement l'étant dans son ensemble, mais bien d'abord *l'être* de l'étant. Le monde est cette « éclaircie » de l'être, cet « Ouvert », puisant à un retrait essentiel, dans et par lequel l'étant en son ensemble vient en présence. Or, il appartient à la transcendance même de l'homme comme *Dasein* d'anticiper *a priori* cette « éclaircie », qu'est le « monde », d'en être le « là ». Le « monde » qui présente d'abord un sens ontico-ontologique, ou cosmologique, a donc *en même temps* chez Heidegger un sens *transcendantal*. C'est *en ce sens* que le « monde » sera non seulement une structure *a priori* du *Dasein*, mais bien *la structure a priori fondamentale* de celui-ci. Parce qu'il est le « là » de l'être et que l'être n'est rien d'autre que l'être *de l'étant*, le *Dasein* est fondamentalement le « là » de l'étant en totalité en son être comme ce au beau milieu de quoi il est situé. L'ouverture du *Dasein* à lui-même et son ouverture au monde (au sens double, c'est-à-dire ontico-ontologique de ce terme) sont donc *simultanées*. Cette simultanéité, cette « co-révélation » de soi-même et du monde – c'est-à-dire cette ouverture à soi-même comme être au monde – est le *Dasein* lui-même. Il appartient donc à l'essence même du *Dasein* d'être originellement et *a*

135. Cf. Op cit. In *Questions* I, Gall. Paris, 1976, p. 71.
136. Martin Heidegger, *Lettre sur l'humanisme*, Aubier. Paris, 1977, p. 65.

priori ouvert à lui-même comme un *être dans le monde.* C'est pourquoi, dans *Etre et temps*, la structure fondamentale (*Grundverfassung*) du *Dasein* sera définie d'emblée comme « être-dans-le-monde » (*In-der-Welt-sein*). Or, il faut mesurer maintenant ce que cela signifie exactement, dans la mesure où cela est demeuré en partie impensé chez Heidegger.

Voici ce qu'écrit Heidegger dans la *Lettre sur l'humanisme* à propos de cette *Grundverfassung* du *Dasein* : « dans l'expression « être-dans-le-monde » (*In-der-Welt-sein*), « monde » ... désigne ...l'ouverture de l'être (*die Offenheit des Seins*). L'homme est, et il est homme, pour autant qu'il ...se tient en extase en direction de l'ouverture de l'être, ouverture qui est l'être lui-même. Le « monde » (*Welt*) est l'éclaircie (*Lichtung*) de l'être dans laquelle l'homme émerge du sein de son essence jetée »[137]. Ce texte capital et précieux identifie totalement *l'être* et le *monde* ce qui confirme le résultat de notre analyse du sens de la *Seinsfrage* dans la partie précédente. Si *Dasein* veut dire, et ne veut dire rien d'autre que *In-der-Welt-sein,* et si cette *Grundverfassung* épuise bien ce que veut dire *Da-sein*, alors il faut comprendre, en effet, que *Sein* = *Welt.* Le « monde » - en son sens ontico-ontologique ou cosmologique - épuise le sens de ce que veut dire « être », s'il est vrai que l'être est et n'est rien d'autre que l'être *de l'étant.* Et le monde au sens ontique, tel qu'il se déploie à partir de l'éclaircie de l'être, n'est rien d'autre que *ce monde-ci* dans lequel nous séjournons, mais *regagné* dans sa manifestation originelle, c'est-à-dire dans et par la dimension essentielle d'altérité, d' « étrangeté », qui lui est propre. Il est donc ce monde des « choses », que cependant, nous *mésinterprétons* le plus souvent en le prenant en vue comme un ensemble d'étants subsistants, et qui est ainsi le seul et unique « monde ».

Le *concept* de *Dasein* n'est véritablement atteint que lorsqu'on a mesuré qu'il appartient à son essence même de *dévoiler* le monde *comme tel*, et de se délivrer simultanément sa propre présence comme celle d'un étant *radicalement* « enchâssé » dans le monde. L'*In-der-Welt-sein* est la *Grundverfassung* du *Dasein*, et cela veut donc dire qu'elle en épuise totalement le sens. Mais cela signifie alors que le *Dasein* ne peut avoir strictement aucune autre *vocation* que de séjourner dans ce monde, qui est le seul monde et à l'inquiétante étrangeté duquel il est originellement ouvert. L'*In-der-Welt-sein*, comme structure fondamentale du *Dasein*, signifie que le monde n'est jamais d'abord, un ensemble d'objets posés devant l'homme, demeurant lui-même en position d'extériorité, mais qu'il est originellement, pour lui, l'*englobant* dans lequel il est irrémédiablement enchâssé. L'homme ne peut ainsi « échapper » au monde dans lequel il séjourne, lequel est le seul monde, ce qui exclut *ab ovo* toute perspective théologique.

---

137. Op. cit. Aubier, Paris, 1977, p. 131.

Ce sens *fondamental* du concept de *Dasein* est bel et bien exhibé par Heidegger, mais, nous l'avons suggéré plus haut, il semble parfois « oublié » et il demeure donc en partie *impensé* dans toutes ses conséquences. En effet, il arrive à Heidegger de présenter le *Dasein* comme cet étant qui serait *d'abord* ouvert à l'être – lui-même orthographié *Seyn* pour en souligner le caractère transcendant et mystérieux – et sans que son ouverture à l'étant lui soit *tout aussi essentielle.* Le *Dasein* se caractériserait alors par ceci qu'il ne serait pas *seulement* un « être-dans-le-monde », mais qu'il serait ouvert aussi et d'abord à une mystérieuse dimension transcendante. Dans certains textes comme les *Beiträge zur Philosophie*[138], le *Seyn* est alors présenté comme cette dimension ouverte dans laquelle Dieu ou le « dernier Dieu » pourra se manifester[139]. Cette orientation théologique appartient en effet, nous l'avons vu, à l'équivoque ontologique de la pensée Heideggerienne.

Il est cependant essentiel de mesurer que cela entre totalement en contradiction avec la manière précise dont Heidegger définit par ailleurs le concept de *Dasein.* Il arrive, en effet, à Heidegger d'oublier la *Grundverfassung* du *Dasein* comme *In-der-Welt-sein* en sa signification profonde. Cela est lié, bien entendu, à l'« équivoque ontologique » qui caractérise sa pensée. De la même manière que Heidegger semble parfois « oublier » que l'être est l'être *de l'étant*, c'est-à-dire l'éclaircie dans et par laquelle l'étant dans son ensemble – le monde au sens ontique – vient en présence, il semble oublier aussi que le *Dasein* a pour essence même de « se tenir » dans cette ouverture au monde comme tel et en tant qu'il est situé en lui. Il est d'ailleurs tout à fait remarquable de constater que, dans *Etre et temps*, Heidegger introduira la *Grundverfassung* du *Dasein*, sans la *justifier* suffisamment.

La question du sens de l'être – qui est, nous l'avons vu plus haut, celle de *l'étant* en son être – est d'abord bel et bien, la question de l'essence du *monde.* Il appartient à l'homme, et à lui seul, d'être ouvert à l'inquiétante étrangeté de quelque chose comme un *monde*, par lequel il est « englobé » et au sein duquel il lui revient de séjourner. La question : qui est le *Dasein* ? est donc le fil conducteur qui doit nous conduire à la question de l'essence même *du monde* en son inquiétante étrangeté. Et le *monde* sur l'essence originelle duquel il s'agit de s'interroger ne peut être rien d'autre que celui-là même dans lequel il nous revient de séjourner.

---

138. Martin Heidegger, *Beiträge zur Philosophie*, G A 65.

139. Concernant cette orientation théologique propre aux *Beiträge*, cf. Jean-Marie Vaysse, *Totalité et finitude, Spinoza et Heidegger*, Vrin, Paris, 2004, p. 244 à 248.

Le traité de 1927, *Etre et temps*, qui devait apporter une réponse à la question de l'être en développant l'analytique du *Dasein* est, on le sait, une œuvre inachevée. Plus précisément, il s'agit véritablement d'une œuvre *tronquée*. En effet, La troisième section du traité, dans laquelle celui-ci devait culminer et prendre la plénitude de son sens en apportant une réponse à la question de l'être, n'a jamais été publiée. Cependant nous connaissons le contenu de cette troisième section, parce qu'il a été esquissé dans ses grands traits, dans la deuxième partie du cours de 1927 intitulé *Les problèmes fondamentaux de la phénoménologie* et nous connaissons donc les raisons de l'interruption de *Sein und Zeit*. Nous savons que la troisième section de *Sein und Zeit* n'a pas été publiée parce que Heidegger ne parvint pas à dépasser une philosophie transcendantale du sujet. Autrement dit le concept de monde demeurait à cette époque, dans une certaine mesure, un concept transcendantal (un simple horizon de dévoilement de l'étant déployé par le *Dasein*) et il n'était pas suffisamment pensé, *en même temps*, en son sens cosmologique. Or, de manière inapparente, dès 1929, dans la conférence *Qu'est-ce que la métaphysique ?* ainsi que dans *Kant et le problème de la métaphysique*, Heidegger commence bel et bien à sortir de cette impasse.

La place et l'importance de *Kant et le problème de la métaphysique* dans l'œuvre heideggerienne ont été largement sous-estimée, car, nous l'établirons, ce texte va bien au-delà d'une interprétation de la *Critique de la raison pure*. L'importance du *Kantbuch* pour la compréhension des premiers développements de la philosophie de Heidegger entre 1927 et 1929, a certes été déjà notée en particulier par Otto Pöggeler dans son livre *La pensée de Heidegger*[140], mais elle n'a pas été mesurée dans toute sa portée. Ce texte ne doit pas être lu d'abord comme une interprétation de la *Critique de raison pure*, mais il doit être *réinterprété* sur les bases de la conférence *Qu'est-ce que la métaphysique ?* et compris alors comme l'esquisse d'un exposé de l'ontologie heideggerienne qui est encore en pleine gestation à la fin des années vingt.

Dans l'avant propos de la quatrième édition allemande du *Kantbuch*, Heidegger a reconnu qu'il avait été amené dans ce livre à « surinterpréter » Kant, afin d'en faire « un avocat en faveur de sa propre question de l'être.»[141] Or, en dépit de sa violence interprétative, cette oeuvre a mis à jour dans la *Critique de la raison pure* une dimension jusque là inaperçue, de telle sorte que Heidegger a été influencé en retour par la première œuvre critique de Kant, et qu'il a subi à son contact une impulsion décisive qui, seule, lui a permis de clarifier sa pensée et la porter à un premier accomplissement. Ainsi que nous le verrons, c'est en partie au contact de l'œuvre majeure de Kant, qu'il parvint à établir comment la finitude radicale

---

140. Op. cité, Aubier Montaigne, Paris 1967 p. 109
141. Cité par Françoise Dastur in *Heidegger et la question du temps*, P.U.F. 1994 p. 104

de l'homme, qui est exhibée dans *Sein und Zeit*, ne fait qu'un avec la compréhension de l'être. Ainsi, c'est seulement dans le livre sur Kant, qui apparaît ainsi comme le complément indispensable de *Etre et temps*, que la pensée qui était en train de s'enfermer dans une impasse à l'époque des *Problèmes fondamentaux de la phénoménologie,* trouve un nouveau départ. Que Heidegger lui-même ait toujours considéré que les premiers développements de sa philosophie dans les années vingt étaient inaboutis, et qu'il n'ait pas donné à *Kant et le problème de la métaphysique* toute l'importance qui lui revenait, cela appartient à son impensé.

Nous ne donnerons pas, dans la partie suivante, de présentation complète de *Etre et temps* ni des textes qui suivent le traité à la fin des années vingt, car il s'agit pour nous de dégager ce qui est demeuré impensé dans ces œuvres, en les éclairant les unes par les autres. Nous allons donc tenter de prendre, plutôt, une vue d'ensemble sur ce qui nous parait vraiment essentiel dans les premièrs développements de la pensée de heidegger entre 1927 et 1929, et ce, de manière à faire apparaître ce vers quoi cette pensée s'oriente dès le début sans pouvoir encore, cependant, l'atteindre pleinement.

DEUXIEME PARTIE

Le sens impensé de l'analytique du Dasein (-1927-1929-)

Contrairement à ce qui a parfois été affirmé, dans *Etre et temps* Heidegger n'élude pas le *cogito*. Il s'agit bel et bien pour lui, en 1927, de concevoir l'essence de l'homme comme *Dasein*, à partir de la pensée rattachée à l'ipséité. Le *Dasein* est, en effet, défini comme un être qui a rapport à lui-même, qui s'entend lui-même, dans l'exacte mesure où il *a à être*, où il se caractérise, fondamentalement, par la *transcendance* ou encore le *projet*. Toutefois, le *Dasein*, ainsi défini en son ipséité, doit être *exclusivement* pensé, nous l'avons vu plus haut, sur la base d'une structure fondamentale (*Grundverfassung*) que Heidegger nomme « *In-der-Welt-sein* », c'est-à-dire littéralement « être-dans-le-monde », ou, comme on traduit fréquemment aujourd'hui « être-au-monde ». Cette structure *a priori*, que Heidegger nomme *existentiale* et qui présente une « unité indéchirable », peut cependant, être décomposée en ses différents éléments ou existentiaux (projet, être-jeté, disposition affective etc.) pour les besoins de l'analyse. Or, cette *Grundverfassung* signifie, non pas que le *Dasein* serait « passivement » dans le monde, mais bien, qu'en tant qu'être de projet, qui se possibilise et *a à être*, il se « fait être », il se « constitue » et se prend en charge activement *comme* un « être-dans-le-monde ». Il s'agit non pas d'une donnée de fait, mais bien d'une structure *a priori*, et le moment structural « monde », en tant que composante de cette structure, est lui-même un existential.

Le *Dasein* a ainsi pour essence même d'anticiper *a priori* le monde, en sa structure d'être, sans que cela ait un sens idéaliste, comme nous l'établirons plus loin de manière précise. Il anticipe, en effet, *a priori* sa structure d'être de manière à le dévoiler comme ce en quoi il est situé. Et le moment structural « monde » est le plus important de tous les existentiaux du *Dasein*, car c'est seulement à partir de la relation *a priori* entre l'ipséité du *Dasein* comme projet et le moment structural « monde » que la *Grundverfassung* de celui-ci pourra être *pleinement* exhibée en son unité indéchirable. Voici, en effet, ce qu'écrit Heidegger : « Ipséité et monde s'entre-appartiennent dans cet étant qu'est le *Dasein*. Ipséité et monde ne sont pas deux étants, au sens de l'objet et du sujet...mais ils constituent, dans l'unité structurelle de l'être-au-monde, la détermination fondamentale du

Dasein lui-même »[142]. L'essence du *Dasein* sera donc pleinement exhibée lorsqu'on aura mis à jour comment il est le « là » du monde. Du même coup la réponse à la question de l'être, qui se confond avec celle du monde, sera alors apportée. Or, nous allons voir comment la philosophie de Heidegger, dans ses premiers développements entre 1927 et 1929, s'oriente *déjà*, en dépit de ses insuffisances, vers la réponse à ces questions qui sera pleinement développée après la *Kehre.*

C'est seulement à partir de l'existential « monde », nous venons de le dire, que l'essence du *Dasein* sera *pleinement* exhibée. Toutefois, la *Grundverfassung* du *Dasein* comporte deux facettes complémentaires : cette structure ne peut être correctement présenté que si elle est, d'abord, envisagée sous l'angle de l'« *In-sein* », de l' « être-dans » (ou encore de l' « être-au »), puis sous l'angle de l'existential « monde ». Il faut ainsi, pour pouvoir accéder à l'essence pleine et entière du *Dasein*, esquisser d'abord sa structure sous l'angle de l'« *In-sein* ».

La deuxième section de *Etre et temps* présente l'essence du *Dasein* comme étant la liberté propre à un être marqué par une finitude radicale[143]. Le *Dasein*, en son ipséité (*Selbstheit*), est d'abord un être en avant de soi, qui toujours déjà, se tient dans l'anticipation de sa mort, qui est *Sein-zum-Tode*, et qui assume *simultanément* à partir de là l'absence de fondement (l'abîme) de son existence facticielle « jetée » dans le monde, c'est-à-dire sa *Geworfenheit.* L'ouverture *a priori* à sa fin dernière *renvoie*, en effet, immédiatement le *Dasein* à cette autre caractéristique de sa finitude qu'est le pur « *Dass* » de son existence facticielle, toujours déjà là et « contingente ». Or, c'est sur la base d'une telle *double ouverture* à sa finitude radicale (laquelle est portée par cette tonalité affective fondamentale qu'est *l'angoisse*) que le *Dasein* va pouvoir - en « faisant fond » sur l'abîme à partir d'où se déploie son existence en sa facticité - se *possibiliser*, c'est-à-dire se projeter *librement* vers l'avenir. Mais dans la mesure où le *Dasein* est une liberté *finie*, il présuppose, fondamentalement, un « déjà là de lui-même », par rapport auquel il est toujours « en retard » et qu'il devra assumer. C'est donc en transformant « librement » le passé personnel et historique (la *Gewesenheit*, qui est une composante de la *Geworfenheit*) auquel il est d'abord livré et qu'il doit assumer, qu'il va « concrètement », se possibiliser. Le *Dasein* - ainsi conçu comme un « projet-jeté » qui, par la *transcendance* qui le constitue, se tient toujours dans l'anticipation de la mort (et la reprise simultanée de son « être-jeté »), pour, à partir de là, se possibiliser, c'est-à-dire pour se donner un *avenir* en transformant librement son *passé* - est, en son essence même, constitué par ce que Heidegger appelle la temporalité

142. M. Heidegger, *Les problèmes fondamentaux de la phénoménologie*, Gall. Paris, 1985, p. 357.
143. Cf. M. Heidegger, *Etre et temps*, §74.

originaire (*Zeitlichkeit*). Le *Dasein* n'accède donc au présent, c'est-à-dire à l'instant de la résolution, qu'en possibilisant « librement » le passé, qui est ainsi répété de manière transformatrice.

La temporalité originaire, par rapport à laquelle la conception courante du temps comme pure suite des maintenants est dérivée, et que Heidegger appelle ek-statique, à cause du primat de l'avenir, est l'essence même de l'ipséité du *Dasein*. L'ipséité du *Dasein* est, en effet, celle d'un être de projet se possibilisant à partir de l'abîme de sa liberté finie, et non pas la pure conscience de soi durcie sur elle-même d'un étant substantiel. C'est pourquoi elle se manifeste, en son authenticité, dans le silence gardé de la résolution devançante anticipant la mort, et non dans la revendication bruyante d'un « moi-je » substantiel. Par la transcendance de son projet assumant l' « être jeté » (c'est-à-dire par la *Zeitlichkeit*) le *Dasein* n'est pas seulement ouvert au néant de la mort, mais *simultanément* à l'abîme, au « néant », sur fond duquel il existe comme être jeté dans le monde. Il est ainsi marqué par une « néantité » (*Nichtheit*) ou encore une « nullité existentiale » (*existentiale Nichtichkeit*[144]) fondamentale. Il se délivre, en effet, son existence en sa singularité irréductible, en son individuation radicale, comme se tenant toujours dans l'entre-deux, entre l'abîme qu'ouvre cette rupture qu'est la naissance et le néant de la mort. Il apparaît donc que le *Dasein* en son ipséité authentique comme *Sein-zum-Tode*, se tient toujours *a priori* - dans et par l'angoisse - ouvert au néant qui fonde et borde son existence, laquelle est ainsi « transie » par une « précarité constante »[145]. Le *Dasein* comme « projet-jeté », comme liberté radicalement finie, va pouvoir alors se possibiliser – prenant en charge sa singularité en transformant et faisant sien son propre passé (auquel il est d'abord livré et qu'il doit assumer) - en « faisant fond » sur l'abîme ou le néant à partir d'où se déploie son existence. L'essence du *Dasein* ainsi défini, et porté par l'angoisse, est ce que Heidegger nommera *souci* dans *Etre et temps*.

Toutefois, le *Dasein* comme souci n'est pas seulement un libre pouvoir-être assumant sa finitude radicale d'être « jeté » dans le monde dans et par l'angoisse, mais il doit, *en même temps*, dans certaines limites, assurer sa sécurité au sein de l'étant dans et par une relation « pragmatique » avec celui-ci. Ainsi que le montre, en effet, la première section de *Etre et temps*, la préoccupation affairée au sein de l'étant, réduit à un ensemble d'outils disponibles, est la base *nécessaire* de l'existence du *Dasein*. Dans la mesure où le *Dasein* est un « être-dans-le-monde », toujours déjà situé au beau milieu de l'étant, il a nécessairement une quotidienneté constituée par une relation pragmatique avec celui-ci. Il y a donc un « être-auprès » (*Sein-bei*) de l'étant, qui est une caractéristique essentielle du *Dasein* et qui implique

144. Cf. Martin Heidegger, *Etre et temps* § 58.
145. M. Heidegger, *Kant et le problème de la métaphysique*, Gall. Paris, 1977, p. 294.

que « … par exemple : pour ouvrir la porte je fais usage de la poignée »[146]. Il faut donc comprendre que « toute façon d'exister, telle qu'elle est, provient de ce genre d'être et y revient »[147]. Ce mode d'être quotidien du *Dasein* peut cependant constituer une déchéance s'il devient le seul horizon de son existence. Le *Dasein* est alors exclusivement préoccupé par sa sécurité au sein de l'étant et, renonçant à assumer sa finitude, c'est-à-dire l'abîme de sa liberté finie, il se réfugie dans un conformisme anonyme sécurisant, tombant sous la domination de ce que Heidegger appelle la « dictature du On ». Cependant, répétons le, la quotidienneté est un mode *nécessaire* de l'existence du *Dasein*, et elle ne représente donc pas une déchéance lorsqu'elle est *subordonnée* à l'existence *authentique* de celui-ci, se prenant en charge comme libre pouvoir être « jeté » au sein de l'étant. L'existence authentique s'enracine ainsi dans l'existence quotidienne dont, en même temps, elle *émerge*. Bien que Heidegger soit parfois ambigu sur ce point, il faut donc comprendre que ces deux modalités ou encore ces deux « niveaux » de l'existence, ne s'opposent pas, et qu'ils peuvent, et même doivent, coexister, à condition qu'ils soient correctement hiérarchisés[148].

Telle est donc l'essence du *Dasein*, lorsqu'elle apparaît, en ses deux « niveaux », sous l'angle de l' « *In-sein* ». Or, pour exhiber l'essence pleine et entière de l'homme comme *Da-sein*, il va falloir, à partir de là, montrer comment la transcendance du *Dasein*, liée à la finitude radicale de celui-ci, est fondamentalement porteuse de l'existential « monde », c'est-à-dire comment il anticipe *a priori* le monde (l'étant en son être) de manière à en être le « là ». Mais, dans la mesure où il y a pour le *Dasein* deux niveaux d'existence, il y aura pour lui une *double* ouverture au monde, correspondante à ces deux niveaux. Le monde ne s'ouvre pas seulement au *Dasein* en son essence originelle, mais aussi, simultanément, comme un monde ambiant quotidien (*Umwelt*) sur lequel l'habileté humaine a prise et qui est constitué par un ensemble d'étants disponibles. Et ce monde ambiant *s'inscrit* dans le cadre plus vaste de l'ouverture originelle du monde. Cet existential fondamental du *Dasein*, qu'est le « monde », va donc devoir être analysé successivement à ces deux niveaux.

---

146. M. Heidegger, *Etre et temps*, Paris, Gall. 1986, p. 68.
147. Ibid. p. 75.
148. Sur ce point, cf. Françoise Dastur, *Heidegger et la question du temps*, P.U.F, Paris, 1994, p. 54.

CHAPITRE I

La mondéité du monde ambiant comme structure fondamentale du Dasein en sa quotidienneté

L'importance de l'analyse du « monde ambiant » dans *Sein und Zeit* (§14 à 24) a été jusqu'à présent largement sous-estimée par les commentateurs. Dans ses premières études sur la pensée de Heidegger, Jean Beaufret lui-même ne considérait cette analyse que comme « une brillante digression »[149]. Cela tient au fait que le sens profond et l'importance de cette analyse sont demeurés, dans une certaine mesure, *impensés* par Heidegger lui-même. La question du monde, qui par la suite se confondra avec celle de l'être, demeure encore *en retrait* en 1927. Il est, en effet, tout à fait remarquable de constater que Heidegger ne retiendra pas l'existential « monde » dans la définition qu'il donnera du souci au paragraphe 41 de *Etre et temps*. Or, s'il est vrai que le « monde » est l'existential prioritaire du *Dasein*, c'est bien à partir de l'analyse du monde ambiant que l'essence même de la quotidienneté de celui-ci pourra être véritablement révélée. Il nous faut donc dégager le sens véritable de ces analyses dont l'originalité et l'importance demeurent méconnues.

Si on laisse le *Dasein* se montrer de lui-même, tel qu'il existe le plus souvent, c'est-à-dire dans l'existence de fait de sa quotidienneté moyenne, il apparaîtra que le comportement qui lui est propre est la préoccupation affairée (*Besorge*), c'est-à-dire un commerce d'usage qui consiste dans la manipulation des étants disponibles. Pour Heidegger, la relation la plus courante et la plus immédiate avec l'étant n'est donc pas, comme chez Husserl, la perception (conçue comme « visée » perceptive), mais elle

149. Cf. Jean Beaufret, *De l'existentialisme à Heidegger*, Vrin, Paris, 1986, p. 20, note 5.

consiste dans l'usage et le maniement. Dans le cadre de la préoccupation affairée l'étant est donc instrumentalisé, il apparaît comme constitué par un ensemble d'objets d'usage. Les étants, auxquels nous sommes d'abord ouverts et auxquels nous avons affaire, ont donc pour caractéristiques d'être des outils en un sens très large. Et dans le cadre de notre commerce d'usage avec l'étant, ce ne sont pas seulement les instruments que nous utilisons pour agir sur la nature qui sont des outils, mais c'est la nature elle-même qui est instrumentalisée et qui nous apparaît ainsi comme un ensemble d'outils au sens large du mot. En ce sens, « le bois est plantation forestière, la montagne est carrière de pierre, le fleuve est force hydraulique, le vent est vent « dans les voiles » »[150].

Dans les paragraphes 14 à 18 de *Etre et temps*, où se concentre l'essentiel de son analyse, Heidegger montre que dans le cadre de la préoccupation, ces objets d'usage, c'est à dire ces étants disponibles, ne sont cependant jamais isolés, mais qu'ils renvoient tous les uns aux autres en ce sens que chacun est « fait pour… » (*Um-zu*). Ils constituent donc un système, un complexe ustensilier au sein duquel ils ne prennent leurs sens que dans leurs rapports mutuels. Le complexe instrumental, au sein duquel la destination (*Bewandtnis*) de chaque objet d'usage va seulement pouvoir apparaître, constitue ainsi en lui-même un réseau significatif. La préoccupation est donc toujours en elle-même un déploiement de sens immanent à l'usage, dans la mesure où chaque outil ne prend sa signification qu'à l'intérieur d'un réseau dans lequel il est en rapport avec les autres. Elle est donc un « comprendre préoccupé », c'est à dire qu'elle s'éclaire elle-même de l'intérieur par une vue circonspecte (*Umsicht*) ou encore par une explicitation interne immanente à l'usage et n'ayant donc pas nécessairement besoin du discours.

Le complexe de destination (*Bewandtnisganzeit*) des outils qui constitue ce réseau significatif, est ainsi déployé par le *Dasein* dans le cadre de sa préoccupation circonspecte et ententive, et il est finalisé par son propre « être en vue de soi-même ». en effet, le *Dasein* existe toujours à dessein de lui-même, de sorte que l'ensemble des « renvois en pour… » (*Um-zu*) qui caractérise le contexte instrumental est finalement rattaché à son propre « en vue de soi-même » (*Worum-Willen*). Cela signifie d'abord que la préoccupation, comme comprendre préoccupé, est en elle-même toujours auto-compréhension du *Dasein*. Le *Dasein* est lui-même « le but de son vouloir », il existe toujours à dessein de lui-même dans son rapport à l'étant, de sorte que sa relation aux objets d'usage, dans le cadre du comprendre préoccupé, est donc toujours un « s'y reconnaître », immanent à l'usage.

Il est essentiel de comprendre encore que le système des renvois signifiants entre outils n'est jamais seulement déployé à même la

150. M. Heidegger, *Etre et temps*, Gall. Paris, 1986, p. 106.

préoccupation affairée dans ses manifestations concrètes, mais qu'il constitue toujours en même temps *et d'abord* une condition de possibilité *a priori* de toute manipulation concrète des outils. Plus profondément encore il constitue une condition de possibilité *a priori* de toute *manifestation* des étants dans le cadre de la préoccupation affairée. En effet, étant donné que le *Dasein* est fondamentalement un être-dans-le-monde, il a toujours déjà tissé un lien avec l'étant, ce qui signifie qu'il a, à chaque fois déjà, déployé un complexe ustensilier signifiant, comme *horizon immanent* de ses préoccupations concrètes. Autrement dit, dans son existence concrète auprès de l'étant qu'il utilise, il se trouve à chaque fois déjà *immergé* dans un contexte instrumental constitué par une totalité de renvois et de significations *déjà ouvertes*. Cette significativité inhérente au « complexe de destination » (*Bewandtnisganzeit*) des outils, est ainsi l'horizon de sens immanent et cependant implicite que le *Dasein* préoccupé a « toujours déjà » déployé et qui constitue la condition *a priori* dans et par laquelle seulement chaque étant disponible pourra être reconnu et ainsi *présentifié* à-même l'usage concret en tant que « cet instrument ci » déterminé. Ce « complexe de destination » signifiant, est tout à fait variable en fonction des activités particulières du *Dasein*, mais il joue toujours ce rôle de condition *a priori* sans laquelle l'usage concret et adéquat des outils demeurerait impossible. Ainsi, le *Dasein* a « toujours déjà » pro-jeté *a priori* la significativité, c'est à dire l'horizon de sens immanent au contexte instrumental dans lequel il se trouve plongé concrètement, et c'est seulement de cette manière qu'il peut s'y retrouver en utilisant adéquatement les outils. Cette structure de renvois signifiants entre outils est déployée de manière « non thématique » et elle n'apparaît comme telle que lorsqu'elle en vient à faire défaut, et que les outils ne fonctionnent plus.

On pourrait croire que cette analyse s'efforce d'établir que, dans le cadre de la quotidienneté, l'étant est entièrement réduit à la disponibilité c'est-à-dire au sens qu'il prend pour le *Dasein* qui l'utilise. Heidegger aurait donc voulu tout simplement montrer que la quotidienneté a pour caractéristique d'« anthropologiser », en quelque sorte, l'étant dans son ensemble. Or, ainsi que nous allons le voir, non seulement il ne s'agit pas de cela, mais une telle interprétation constituerait même un contresens total. Il nous faut donc, maintenant, exhiber le sens véritable, en partie impensé, de ces analyses difficiles.

Pour Heidegger, la significativité immanente au système de renvois entre outils, qui a toujours déjà été pro-jetée par le *Dasein*, a pour fonction véritable de dévoiler (*entdecken*) *originellement* l'étant dans son ensemble *comme tel*, et comme ce en quoi le *Dasein* est *immergé*. Or, cela veut dire *exactement* qu'elle a pour fonction fondamentale d'opérer un « laisser faire encontre » (*Begegnenlassen*) originel de l'étant dans son ensemble, comme ce qui existe en soi et qui nous fait face de toute part alors que nous sommes immergés en lui. Cependant, il faut mesurer que ce *dévoilement* (*Entdecken*), ou encore ce « laisser faire encontre » (*Begegnenlassen*), s'accomplit sur le mode particulier et spécifique d'une *réduction* de l'étant à la disponibilité. Il faut donc comprendre que dans le cadre de la *Besorge* l'étant est, certes, réduit à la disponibilité, mais qu'il est cependant, ce faisant, *dévoilé comme étant.* L'étant est ainsi délivré à l'encontre comme *Zuhandene*, comme disponible, mais il est essentiel de mesurer que pour Heidegger la *Zuhandenheit* est une détermination *ontologique* de l'étant, c'est-à-dire, bel et bien, une manière de le dévoiler *comme tel.* Heidegger écrit, en effet, que « ... la disponibilité est la détermination ontologique catégoriale de l'étant tel qu'il est « en soi » »[151].

Pro-jeter *a priori* la significativité inhérente au complexe de destination des outils, c'est donc pour le *Dasein*, opérer implicitement la *Darstellung* de celle-ci, de manière à *laisser être* l'étant dans son ensemble, à le laisser venir à l'encontre comme tel, quoique sur le mode de la réduction de celui-ci à la disponibilité. Une telle *Darstellung* de la *Bewandtnisganzeit* est ce que Heidegger appelle le *Bewendenlassen.* Voici, en effet, ce qu'il écrit :

« Laisser préalablement « être » (...) c'est déjà découvrir (*entdeken*) de l' « étant » en sa disponibilité (*Zuhandenheit*) et ainsi le laisser venir à l'encontre (*Begegnenlassen*) comme l'étant qui a cet être. Ce « laisser être apriorique de la destination de l'étant » (*Dieses apriorische Bewendenlassen*) est la condition de possibilité pour que l'étant disponible (*Zuhandenes*) face encontre (*begegnet*) »[152].

Le *Bewendenlassen* est ainsi l'horizon déployé dans le cadre duquel l'étant va pouvoir venir à l'encontre, c'est à dire se montrer comme étant, avec le caractère d'être de la disponibilité (*Zuhandenheit*). La significativité immanente au « complexe de destination », dans la mesure où elle est l'horizon de dévoilement de l'étant tel qu'il est « en soi » sur le mode de la disponibilité, n'a donc pas pour fonction d'« anthropologiser » l'étant, mais elle est *au contraire* la condition de possibilité du dévoilement *originel* des étants disponibles comme constituant un *monde ambiant* (*Umwelt*). Cette significativité est donc, au titre de condition de possibilité *a priori* de la dévoilabilité de l'étant comme tel (en son altérité propre), *la structure d'être* de ce monde ambiant. Elle est ce dans et par quoi le *Dasein* configure le monde, l'institue *a priori* au sens où il en rend possible la *dévoilabilité.* La significativité est donc un existential fondamental du *Dasein* qui constitue la mondéité (*Weltlichkeit*) du monde ambiant.

---

151. M. Heidegger, *Etre et temps*, Gall. Paris, 1986, p. 108.
152. Ibid. p. 122. Traduction modifiée

Voici alors ce que veut dire Heidegger sans jamais cependant l'expliciter suffisamment : la préoccupation affairée, nous l'avons dit, ne consiste pas seulement à manipuler des outils au sens étroit et strict du terme, mais elle instrumentalise l'étant en général, et donc aussi la nature. Le menuisier qui travaille dans son atelier est, dans le cadre même de son affairement, implicitement relié à la forêt où le bois dont il a besoin est abattu, et à la ville voisine où il va livrer ses meubles, ce qui englobe en même temps toute une vie sociale (un *MitDasein*). Par ailleurs son travail est rythmé par l'alternance du jour et de la nuit et par le passage des saisons. C'est donc finalement, de proche en proche, l'étant dans son ensemble qui est ainsi dévoilé dans le cadre même de la préoccupation affairée. Cela signifie alors, à la lumière de l'analyse précédente, que la préoccupation est porteuse *a priori*, d'un laisser venir à l'encontre (*Begegnenlassen*) de l'étant *dans son ensemble* et *comme tel*, bien que cela s'accomplisse d'une manière particulière, c'est à dire sur le mode d'une *réduction* de celui-ci à la disponibilité. Ainsi : « Dans les chemins, les routes, les ponts, les bâtiments, la nature est, en un certain sens dévoilée par l'effet de la préoccupation. Un quai couvert tient compte des intempéries, les installations d'éclairage public tiennent compte de l'obscurité, c'est à dire de l'alternance spécifique selon laquelle la clarté du jour se présente et s'absente, elles tiennent donc compte de la position du soleil »[153]. La significativité inhérente au complexe de destination est donc la condition de possibilité *a priori* de la *dévoilabilité* de l'étant *comme tel* et *dans son ensemble*, c'est à dire du *monde*, dans le cadre spécifique qui est celui du commerce d'usage avec l'étant. Et le monde ambiant (*Umwelt*), c'est à dire le monde familier de la quotidienneté, n'est donc pas un monde particulier, mais la manière particulière dont le monde dans son ensemble et comme tel se *dévoile* dans le cadre de l'existence quotidienne. Il n'y a donc bel et bien qu'un seul monde, et il est déjà dévoilé comme tel dans le cadre de la préoccupation affairée, mais il est vrai sur le mode d'une réduction de celui-ci à la disponibilité. La disponibilité ne concerne donc pas seulement notre relation pragmatique à l'étant, mais elle est en même temps, un mode spécifique de *manifestation* de celui-ci tel qu'il est en soi. Il est donc essentiel de voir que cette analyse a bel et bien un sens fondamentalement *ontologique*.

Une lecture attentive de l'analyse de la mondéité du monde ambiant dans *Etre et temps* montre, sans équivoque possible, que Heidegger *s'oriente* dès 1927 (sans y accéder pleinement encore) vers un concept *à la fois* transcendantal *et* cosmologique du monde. Le concept de monde a donc, chez lui, un sens *transcendantal* sans que cela ait un sens idéaliste, car il *renvoie*, paradoxalement, au concept *cosmologique* de monde. En effet, il appartient au *Dasein* de configurer le monde, de l'anticiper *a priori* en sa

153. M. Heidegger, *Etre et temps*, Paris, Gall. 1986, p. 107.

structure d'être, de manière à s'ouvrir alors à lui comme le déjà là englobant au sein duquel il est situé. Non seulement Heidegger ne se réclame pas d'un idéalisme, mais il s'efforce au contraire de renverser totalement celui-ci. Voici en effet ce qu'il écrit dans *Ce qui fait l'être-essentiel d'un fondement ou « raison »* : « Le *Dasein* fonde, « institue » le monde, uniquement en tant que lui-même « se fonde » au milieu de l'étant »[154]. Le *Dasein* « institue » certes le monde, mais d'une manière spécifique, car c'est bien lui qui se définit par le fait qu'il est un « être *dans* le monde ». Ce que veut donc dire Heidegger c'est que le monde appartient *a priori* au *Dasein*, qu'il est institué, configuré, déployé, *a priori* par le *Dasein*, mais ce, de telle manière que ce n'est pas le monde qui est contenu dans le *Dasein*, mais que c'est au contraire le *Dasein* qui est dans le monde. Or, nous l'avons vu, cela signifie exactement ceci : le « monde » comme existential est une structure *a priori* de *dévoilement* (*Entdecken*) de l'étant dans son ensemble comme ce au milieu de quoi le *Dasein* est situé. La « mondéité » du monde est donc une structure *a priori* rendant possible la *manifesteté* de l'étant dans son ensemble. C'est pourquoi « le *monde* est la *manifesteté de l'étant en tant que tel et en entier* »[155].

C'est le concept, central chez Heidegger, de *dévoilement* (*Entdecken, Unverborgenheit*) qui permet de relier étroitement le concept transcendantal et le concept cosmologique de monde. Or, nous l'avons vu, le dévoilement doit lui-même être compris à partir de la notion essentielle de *Begegnenlassen*, c'est-à-dire comme un « laisser venir à l'encontre ». Ce que Heidegger nomme *Begegnenlassen* dans ses premières grandes oeuvres sera nommé *Vorliegenlassen* dans l'œuvre tardive. L'anticipation *a priori* du monde en sa structure d'être doit donc être comprise comme un « laisser venir à l'encontre ». Le *Dasein* ne configure *a priori* le monde, ne l'anticipe, que pour « laisser venir à l'encontre » l'étant dans son ensemble, comme tel, et comme ce au beau milieu de quoi il est déjà situé. La spontanéité du *Dasein* configurant le monde est ainsi une *anticipation* de la structure d'être de celui-ci; elle est entièrement au service d'une *réceptivité.* Nous ne pourrons développer ce point que plus loin, mais - ainsi que cela apparaît clairement à la lecture de *Kant et le problème de la métaphysique* - par la notion de *Begegnenlassen* Heidegger s'efforce de renverser de l'intérieur l'idéalisme kantien en réinterprétant l'*a priori* comme « spontanéité réceptive ». Il s'oriente ainsi, dès le début de son itinéraire, vers un sens non idéaliste de l'*a priori*.

Le *Bewendenlassen* (la *Darstellung* du complexe de destination des outils) doit donc être fondamentalement compris comme un *Begegnenlassen*, un laisser faire encontre de l'étant comme tel, lequel doit toujours être pensé

---

154. Op. cit. in *Questions I*, Gall. Paris, 1976 p. 147.
155. M. Heidegger, *Les concepts fondamentaux de la métaphysique*, Gall. Paris, 1992, p. 480.

chez Heidegger en un sens strictement ontologique. Le *Begegnenlassen* est une présentification de l'étant qui a un *pur* caractère de délivrance[156]. Cela veut dire qu'il laisse purement se montrer l'étant avec le caractère d'altérité d'un « en soi », qui se montre à partir de soi, en tant que l'autre qu'il est. C'est dans cette mesure seulement que le *Begegnenlassen* laisse, bel et bien, venir à l'encontre l'étant *comme* étant. Le *Begegnenlassen* laisse venir à l'encontre l'étant comme un quelque chose existant en soi. Le *Bewendenlassen* que rend possible la significativité inhérente au complexe instrumental est fondamentalement porteur d'un *Begegnenlassen*, d'un laisser faire encontre de l'étant comme tel, mais, cependant, sur le mode d'une réduction de celui-ci à la disponibilité. Le *Bewendenlassen* se situe, en effet, au niveau de la quotidienneté et il ne représente donc pas le *Begegnenlassen* sous sa forme la plus originelle. Le « laisser faire encontre » sous sa forme la plus originelle sera exhibée au niveau de l'existence authentique.

La significativité inhérente au complexe instrumental constitue donc, en tant que condition de possibilité *a priori* de la *dévoilabilité* de l'étant dans son ensemble et comme tel, la mondéité (*Weltlichkeit*) du monde et elle est, en tant que déployée par la *transcendance* du Dasein, un existential fondamental de celui-ci. La significativité, pro-jetée par la transcendance du *Dasein*, est, en effet, ce réseau de renvois signifiants qui anticipe *a priori* tous les étants de manière à les laisser alors *apparaître* originellement *comme tels*, en tant qu'insérés dans un ensemble où ils se tiennent en rapports réciproques. La « réticulation » des étants opérée *a priori* par le déploiement de la significativité, ne les réduit donc pas seulement à la disponibilité, mais, ce faisant, elle les délivre originellement à *l'encontre* comme tels et comme ce en quoi le *Dasein* se trouve *immergé*. Dans le cadre même de cette « mise en relation » des étants, par laquelle ils sont *a priori* déployés comme constituant un réseau d'ustensiles renvoyant les uns aux autres, ceux-ci sont originellement découverts et ainsi délivrés à l'encontre. Heidegger peut donc écrire ceci : « Le *Dasein* en tant qu'être-dans-le-monde a chaque fois déjà dévoilé (*entdeckt*) un « monde ». Ce dévoilement (*Entdecken*) fondé sur la mondéité du monde a été caractérisé comme délivrance (*Freigabe*) de l'étant dans le cadre d'un « complexe de destination »[157].

Le *Dasein* quotidien ne peut accéder *a priori* au « soi-même » et constituer une ipséité, qu'en déployant simultanément et *a priori* la significativité qui porte le complexe instrumental dans lequel il est immergé, de manière à laisser venir à l'encontre l'étant dans son ensemble. Cela

156. Cf. par exemple, *Les problèmes fondamentaux de la phénoménologie*, Paris, Gall. 1985, p. 149.

157. M. Heidegger, *Etre et temps*, Gall. Paris, 1986, p. 110. Traduction modifiée.

signifie que l'ipséité du *Dasein* doit toujours être comprise *a priori* comme un retour sur soi (qui a toujours déjà eu lieu), ou encore un reflux vers soi, à partir de l'acte op-posant dans et par lequel il laisse venir l'étant à l'encontre comme ce au milieu de quoi il se trouve jeté. La mondéité du monde est ainsi cet existential fondamental, qui appartient *a priori* à l'ipséité du *Dasein* et qui est porteur d'un « laisser venir à l'encontre », d'un *Begegnenlassen.* C'est pourquoi, dans le cadre du comprendre-préoccupé propre au commerce d'usage le sens est fondamentalement porteur de ce que Heidegger appelle une « structure de comme » (*Als-Struktur*), ou encore, ce qui revient au même, d'une « structure d'en tant que ». Cela signifie que le sens est porteur, de manière intrinsèque, d'une ouverture à l'étant *comme* étant, ou encore à l'étant *en tant* qu'étant. Le comprendre véhicule donc ce que Heidegger appelle encore la structure du « quelque chose en tant que quelque chose »[158]. La circonspection immanente à la relation d'usage, qui s'explicite dans un discours encore anté-prédicatif, est ainsi porteuse de ce que Heidegger appelle « l'en tant que herméneutique ». Cette « structure d'en tant que » qui délivre l'étant comme tel à l'encontre, au sein même de la préoccupation, a la primauté sur la « structure apophantique de comme » véhiculée par l'énoncé. « L'« en-tant-que » original, celui de l'explicitation ententive par discernation (*herménéia*) nous l'appelons l'en tant que herméneutique existential pour le distinguer de l'« en-tant-que » apophantique de l'énoncé »[159]. Le discours prédicatif, c'est à dire le *logos apophanticos*, portant des énoncés sur l'étant, est toujours *dérivé* par rapport à l'*Auslegung* propre au comprendre-préoccupé dont il se coupe, mais qu'il doit présupposer. Il est porteur, lui aussi, d'une « structure de comme », ou d'« en tant que », que Heidegger appelle l'« en tant que apophantique ». Il laisse apparaître l'étant non plus comme disponible (*Zuhandene*), mais comme subsistant (*Vorhandene*) c'est à dire comme présent « en face de nous ». La prise en vue de l'étant lorsqu'il est visé en sa *subsistance*, aussi bien dans la forme courante et quotidienne de l'énonciation que dans sa forme théorique, apparaît ainsi comme étant toujours *dérivée* par rapport à la *disponibilité.* Nous verrons cependant qu'elle présuppose elle-même une détermination ontologique de l'étant encore plus originelle, laquelle n'apparaît cependant qu'au niveau de l'existence authentique.

A deux reprises dans les *Problèmes fondamentaux de la phénoménologie*, Heidegger rend un hommage appuyé à Leibniz qui a fait, selon lui, une découverte unique avec sa théorie des « monades sans fenêtres »[160]. Les monades n'ont pas besoin de fenêtres pour s'ouvrir au monde parce qu'elles se représentent déjà à l'intérieur d'elles-mêmes la

158. M. Heidegger, *Etre et temps*, Paris, Gall. 1986, p. 422.
159. Ibid. p. 204.
160. Op. Cit. p. 215 et 361.

totalité de tout ce qui est. D'une certaine manière, il en est de même pour le *Dasein* car il est, *en lui-même*, ouvert *a priori* à la *présenteté* de l'étant dans son ensemble. Le *Dasein* est cependant, si l'on nous permet l'expression, une monade sans fenêtre « inversée », car ce n'est pas le monde qui est en lui, mais c'est lui, au contraire, qui est au monde. Le monde appartient bien *a priori* à son « soi-même », mais comme ce au milieu de quoi il se sait « toujours déjà » jeté. En ce sens le moment structural « monde » enveloppe tous les autres existentiaux du *Dasein*. Le *Dasein* ne peut être *au* monde, et se comporter en lui, que dans la mesure où il en est déjà le « là », c'est à dire dans la mesure où il se tient dans le dé-voilé de l'étant comme ce qui l'englobe. Ipséité et monde s'entre-appartiennent en ce sens que le *Dasein* n'est son propre « là » (*Da*) qu'en étant simultanément le « là » (*Da*) de l'étant dans son ensemble et comme tel. Pour le *Dasein*, être son propre « là » et être ouvert *a priori* à l'étant dans son ensemble, en tant qu'il l'englobe et lui fait face de toute part, sont une seule et même chose. Tel est le sens plein et entier de la *Grundverfassung* du *Dasein*. La relation du *Dasein* à l'étant qu'il n'est pas et au sein duquel il est jeté est donc bien plus originelle qu'une relation « extérieure » comme l'est la relation sujet-objet. Cette relation sujet-objet, qui nous coupe de l'ouverture originelle au monde qu'elle doit cependant présupposer, se fonde sur l'interprétation de l'étant comme subsistant « là devant », c'est-à-dire sur l'« en tant que apophantique ». Elle représente la manière dont le *Dasein* « préoccupé-factif » mésinterprète le plus souvent sa propre relation au monde. Dans le cadre de la préoccupation affairée, le *Dasein* est donc le « là » de l'étant dans son ensemble, bien que cela s'accomplisse sur le mode particulier d'une réduction de celui-ci à la disponibilité. Cela signifie que le *Dasein* n'existe pas seulement à dessein de lui-même dans la perspective exclusive d'une instrumentalisation et d'une maîtrise de l'étant. Dans le cadre de la préoccupation, il existe en même temps à dessein de lui-même dans la perspective d'un effort pour se porter et pour se tenir dans le *dé-voilé* de l'étant. Or, nous allons voir ce que cela signifie exactement.

Il s'agit de comprendre en quoi, dans le commerce d'usage avec l'étant, le *Dasein* se délivre à lui-même sa propre facticité, c'est-à-dire le pur « *Dass* » de sa présence dans le déjà-là du monde. Or, cela se produit dans la mesure où sa vocation propre n'est pas la domination de l'étant, mais plus profondément une habitation de celui-ci. En effet, dès 1927, Heidegger pense le « bâtir » à partir de l' « habiter » puisque l'habitation, le séjour et le fait de se tenir en familiarité avec le monde, lui apparaissent comme la vocation propre et fondamentale du *Dasein*. Dans l'expression « *ich bin* » (je suis), Heidegger affirme que le mot « *bin* » doit être compris en intime connexion avec « bei » (auprès). Il peut donc écrire : « *Ich bin*... veut dire :

j'habite, je séjourne auprès du ... monde en tant que ce qui m'est de telle ou telle façon familier »[161]. Dans le cadre de son commerce d'usage avec l'étant, qu'il manipule et instrumentalise, le *Dasein* aménage son séjour en lui, il s'établit comme à demeure en lui, se délivrant ainsi à lui-même son propre « enchâssement », sa propre « insertion », native et radicale en lui, c'est à dire sa propre facticité. La manipulation des étants disponibles doit donc être comprise fondamentalement comme un « *bâtir* », dont la vocation propre est d'aménager le séjour du *Dasein*, c'est à dire de lui délivrer son enchâssement radical dans le monde (au sens ontique) de telle manière qu'il se tienne et qu'il se porte dans le dé-voilé de l'étant c'est à dire dans le règne de sa présence. Or, tel est le sens fondamental de *l'habiter*. Habiter, fondamentalement, signifie aménager son propre séjour dans le monde, de manière à se tenir dans le règne de la « présence silencieuse du monde ». C'est pour cette raison que le *Dasein* est originairement spatial et que l'espace est une structure *a priori* de celui-ci. Le *Dasein* a par essence une tendance à la proximité, en ceci qu'il se rapporte activement à la présence proche des choses et qu'il laisse être une proximité de celles-ci. Le *Dasein* a ainsi fondamentalement une tendance au « déloignement » (*Entfernung*) en ce sens que « déloigner veut dire abolir le lointain, c'est à dire l'être-éloigné de quelque chose, rapprocher. Le *Dasein* est dé-loignant, il ménage, en tant que l'étant qu'il est, chaque fois la rencontre de l'étant dans la proximité »[162].

L'existence du *Dasein*, dans le cadre de la quotidienneté moyenne, n'est donc pas seulement et nécessairement une existence impropre. Elle a son sens positif et sa légitimité propre. Au sein même de la banalité quotidienne vouée à la *techné* et à la *doxa*, le *Dasein* - comme être de projet engagé dans la préoccupation affairée - s'ouvre d'une certaine manière à sa propre facticité et se tient dans le dé-voilé de l'étant *en tant que tel*. Il se tient ainsi ouvert au monde qui se dévoile à lui comme tel. Le *Dasein* est donc, d'une certaine manière ouvert à l'étant « tel qu'il est en soi » dans le cadre même de la quotidienneté moyenne, ce qui signifie qu'il est d'une certaine manière « dans » la vérité. Or, les Grecs avaient vu, sans cependant le penser de manière suffisante, que la vérité devait être comprise fondamentalement comme dévoilement (*Unverborgenheit*). C'est pour cette raison que vérité se dit en grec *aletheia*, c'est à dire dé-cèlement. Ce que Heidegger nomme *Entdecken* dans le cadre de son analyse du monde ambiant, doit alors être compris, à partir de l'essence originelle de la vérité comme *aletheia* qu'il traduit par le mot *Unverborgenheit*. La vérité doit être en effet, pensée de manière originelle, comprise comme libération hors du retrait. Elle est ce qui dévoile, ce qui découvre, ce qui fait apparaître originellement l'étant comme

161. M. Heidegger, *Etre et temps*, Gall. Paris, 1986, p. 88.
162. Ibid. p. 145.

tel. La vérité comme accord entre la représentation et son objet est en effet dérivée par rapport à la déclosion originelle de l'étant comme tel. C'est en ce sens que le *Dasein* est toujours dans la vérité, comprise radicalement comme dévoilement. C'est en effet ce que montre Heidegger au paragraphe 44 de *Etre et temps*. Dire du *Dasein* qu'il est le « là » de l'étant dans son ensemble, et dire qu'il est fondamentalement dans la vérité reviennent au même. Le *Dasein*, parce qu'il est le « là » du monde, parce qu'il en est la présenteté, c'est à dire encore parce qu'il se tient toujours dans le dé-voilé de l'étant, est dans la vérité. « La vérité entendue au sens le plus original, appartient à la constitution fondamentale du *Dasein* »[163]. Or, le *Dasein* se tient dans la vérité, dans le cadre même de la préoccupation affairée, dans la mesure où « l'être auprès de l'étant intérieur au monde, la préoccupation est dévoilant »[164]. Et c'est parce que le *Dasein* est fondamentalement dans la vérité, qu'il peut être aussi dans la non-vérité. Il est co-originairement dans la vérité et dans la non-vérité. Seul un étant, qui a pour essence de se tenir dans la vérité, peut être la proie des apparences, c'est à dire de l'illusion et de l'erreur. La vérité appartient de manière essentielle à l'ouverture du *Dasein*, dans la mesure où celui-ci n'est jamais seulement ouvert à lui-même, mais où il est toujours en même temps ouvert au monde *comme tel*. Il est essentiel de noter, cependant, que c'est seulement au niveau de l'existence authentique que le sens originel de la vérité pourra être exhibé dans toute sa portée.

Le mode d'existence propre à la préoccupation affairée est cependant insuffisant, à lui seul il ne permet pas au *Dasein* d'atteindre son authenticité. Celui-ci est, en effet, trop exclusivement accaparé par l'effort pour assurer sa propre sécurité et sa tranquillité au sein de l'étant. La quotidienneté moyenne peut donc conduire le *Dasein*, et le conduit presque inévitablement à une déchéance (*Verfallen*) dans laquelle il se mésinterprète totalement lui-même et mésinterprète le sens de sa relation au monde. Dans la mesure où, dans le cadre de la préoccupation affairée, le *Dasein* instrumentalise l'étant afin d'assurer sa *sécurité* en lui, il est quasi inévitable qu'il s'auto-interprète comme un étant subsistant assuré de lui-même et qui fait face au monde tout en lui demeurant extérieur. Il va se considérer lui-même, parce qu'il est obnubilé par la quête de sa propre sécurité et de sa propre tranquillité au sein de l'étant, comme un étant autonome et isolé qui se rapporte au monde dans le cadre d'une relation sujet-objet. En même temps, parce qu'il est en fuite devant lui-même, il va se réfugier dans un conformisme anonyme et se soumettre à ce que Heidegger appelle la « dictature du On ». Cependant la quotidienneté est une dimension

163. M. Heidegger, *Etre et temps,* Paris, Gall. 1986, p. 277.
164. ibid. p. 275.

fondamentale de l'existence et la déchéance du *Dasein* n'advient que lorsqu'elle devient le seul et exclusif horizon de son existence.

C'est à l'existence authentique du *Dasein*, s'ouvrant à lui-même, dans l'angoisse, comme *Zeitlichkeit*, c'est-à-dire comme une liberté marquée par une finitude radicale, qu'il revient d'être porteuse de l'ouverture la plus originelle du monde. Seule l'existence authentique nous ouvre, en effet, radicalement et *a priori* à cet au-delà de l'étant qu'est l'être, à partir d'où seulement l'étant pourra se montrer, alors, *originellement* comme tel et dans son ensemble. On peut dire aussi, cela revient au même, que le *Dasein* authentique est porteur du « laisser faire encontre » (*Begegnenlassen*) le plus originel, par lequel alors seulement l'étant peut être présentifié *comme* étant, et sans être, cette fois, réduit à la disponibilité. L'existence authentique est porteuse du *Begegnenlassen* originel permettant véritablement la délivrance de l'étant en son être comme cet « en soi », cet autre que nous qui se tient en soi-même, entre en présence à partir de soi-même et vient ainsi à l'encontre. Et cela n'est possible que dans la mesure où l'existence authentique se tient fondamentalement dans une ouverture *a priori* à l'être.

Toutefois, on le sait, le traité de 1927 s'interrompt à la fin de la deuxième section, laquelle n'a examiné l'existence authentique que sous l'angle de l'« *In-sein* ». Dans la partie publiée de *Sein und Zeit*, l'existential « monde » n'est donc analysé que comme monde ambiant du *Dasein* quotidien, mais il n'est pas examiné au niveau de l'existence authentique. Or, cette analyse, qui devait apporter la réponse à la *Seinsfrage* en exhibant pleinement la *Grundverfassung* du *Dasein*, n'a jamais été suffisamment développée, bien qu'elle soit esquissée dans les œuvres qui suivirent la parution du traité à la fin des années vingt. Une première esquisse se trouve, nous l'avons dit, dans le cours de 1927 *Les problèmes fondamentaux de la phénoménologie*, mais elle sera très vite jugée insuffisante par Heidegger lui-même. C'est pour cette raison qu'il est généralement admis que la pensée heideggerienne dans ses premiers développements est demeurée inaboutie. Or, nous l'avons déjà suggéré et nous allons le montrer maintenant, la pensée qui se cherche encore dans ce cours de 1927, trouvera, bel et bien, un certain accomplissement en 1929, d'abord dans la conférence *Qu'est-ce que la métaphysique ?*, puis dans *Kant et le problème de la métaphysique*. Encore faudra t-il, pour faire apparaître cela, interpréter ces textes jusqu'à ce qui est encore impensé en eux et à la lumière de l'évolution ultérieure de Heidegger. C'est de cette manière seulement que ce vers quoi Heidegger s'oriente déjà à la fin des années vingt, sans pouvoir encore y accéder pleinement, pourra être exhibé.

CHAPITRE II

Le sens ontologique de l'angoisse

Ainsi que nous l'avons vu précédemment, la temporalité originaire (*Zeitlichkeit*), qui est constitutive du *Dasein* en son existence authentique, doit être pensée à partir de l'anticipation de la mort dans l'angoisse et de la reprise, à partir de là, de l'être-jeté. Le *Dasein* s'ouvre ainsi à lui-même et se possibilise sur fond de néant, c'est-à-dire comme se tenant toujours dans l'entre-deux entre naissance et mort. Il accède à lui-même comme un pur pouvoir être mortel, jeté et sans fond, et donc littéralement « transi » par le néant, c'est-à-dire marqué par une « nullité existentiale » fondamentale. L'essence du *Dasein* authentique, comme *Zeitlichkeit* et en sa finitude radicale, doit donc être fondamentalement pensée sur la base d'une ouverture au *néant* dans et par l'angoisse, qui s'identifie à sa propre « nullité » ou « néantité ». C'est bien, en effet, ce que Heidegger établit au paragraphe 58 de *Etre et temps*.

Comme nous l'avons établi dans la première partie de ce travail, l'être de l'étant, pensé en son sens originel, et tel que le désigne en secret le verbe être, ne peut être rien d'étant. L'énigme de l'être est celle de cet Autre de l'étant, de cet « au-delà » de tout étant, qui conditionne cependant, et fondamentalement, la venue en présence de l'étant dans son ensemble, et qui, nous l'avons vu, doit être conçu, en un sens spécifique et qui restera à déterminer, comme un « néant ». Or, Heidegger va tenter, après *Etre et temps* et dans le prolongement des analyses du traité, de concevoir l'ouverture fondamentale du *Dasein* à sa propre « nullité existentiale », comme étant *le véhicule* fondamental de son ouverture originelle et *a priori* à cette énigmatique dimension insondable, à ce « néant » qu'est l'être. Il va donc essayer d'établir que l'angoisse n'ouvre pas seulement à la « néantité » (*Nichtheit*) du *Dasein* lui-même, mais qu'elle ouvre à travers cela, à ce « néant » spécifique qui « compose » l'essence même de l'être.

Voici, en effet, ce qu'écrit Heidegger dans le dernier paragraphe de *Kant et le problème de la métaphysique* : « L'angoisse est la disposition fondamentale qui nous place face au néant. Or, l'être de l'étant n'est compréhensible ...que si le *Dasein*, par sa nature même, se tient dans le néant » [165]. Cette identification du néant, auquel ouvre l'angoisse, à l'être lui-même, sera affirmée et précisée à deux reprises dans la conférence *Qu'est-ce que la métaphysique ?* qui exhibe le sens ontologique de l'angoisse. Heidegger écrit, en effet, ceci : « Le néant ne forme pas simplement le concept antithétique de *l'étant*, mais l'essence de l'être même comporte dès l'origine le néant » [166]. Et il ajoutera plus loin, dans un passage essentiel dont nous avons déjà cité un extrait : « le néant ne reste pas l'opposé indéterminé à l'égard de *l'étant*, mais il se dévoile comme *composant l'être de cet étant.* « l'être pur et le néant pur sont donc identiques ». Cette thèse de Hegel reste vraie. Etre et néant se com-posent réciproquement » [167]. En ouvrant le *Dasein* à sa propre « néantité » ou encore à sa « nullité existentiale », l'angoisse doit donc l'ouvrir *simultanément* à l'essence même de *l'être*. Or, l'angoisse, nous l'avons vu, est fondamentalement anticipation de la mort. C'est pourquoi Heidegger posera une relation *essentielle* entre cette anticipation de la mort, qui fait le propre de l'homme comme *Dasein*, et son ouverture à l'être. Voici ce qu'il écrira en 1950 dans la conférence *La chose*. « Les mortels sont les hommes. On les appelle mortels ... parce qu'ils sont capables de la mort en tant que la mort. Seul l'homme meurt. L'animal périt ... La mort est l'Arche du Rien, à savoir de ce qui, à tous égards, n'est jamais un simple étant, mais qui néanmoins est, au point de constituer le secret de l'être lui-même. La mort, en tant qu'Arche du Rien, abrite en elle l'être même de l'être. En tant qu'Arche du Rien, la mort est l'abri de l'être ... C'est en tant que mortels que les mortels sont ceux qu'ils sont, trouvant leur être dans l'abri de l'être. Ils sont le rapport qui s'accomplit, à l'être en tant qu'être » [168]. Il apparaît alors que l'angoisse - qui est d'abord anticipation de la mort, qui est donc ce dans et par quoi les mortels sont les mortels - n'ouvre pas seulement à la « nullité existentiale » ou à la « néantité » du *Dasein*, mais qu'à *travers cela* elle doit ouvrir *simultanément* à ce « néant » qu'est l'être.

Dans la mesure où la « néantité » qui porte le *Dasein* est le cœur même de la *Zeitlichkeit* qui constitue son ipséité, Heidegger tentera, tout

166. Op. cit. Gall. Paris, 1994, p. 293.
167. Op. cit. in *Questions I*, Gall. Paris, 1976, p. 63.
167. Ibid. p. 69.
168. Op. cit. in *Essais et conférences*, Gall. Paris, 1976, p. 212-213.

d'abord, de *fonder* sur cette dernière la relation du *Dasein* à l'être. Or, cela va le conduire, contre son intention de départ, à *réduire* finalement l'être à la *Zeitlichkeit* du *Dasein*. En effet, dans le cours de 1927, *Les problèmes fondamentaux de la phénoménologie* – qui esquisse la thèse qui aurait été développée dans la troisième section de *Etre et temps* – Heidegger a essayé de penser l'essence de ce néant qu'est l'être comme temporalité (*Temporalität*), et ce, sur la base même de la *Zeitlichkeit* du *Dasein*. La temporalité « ekstatique » du *Dasein* qui est constitutive de son ipséité, aurait ainsi pour essence même de déployer *a priori* un *horizon* de rencontre de l'étant, propre à lui donner licence de se manifester *comme tel*. Or, une telle démarche conduit inévitablement à reconstituer une philosophie transcendantale de la subjectivité réduisant le sens de l'être à un horizon temporel de dévoilement de l'étant déployé par le *Dasein* comme ipséité. Cette impasse que Heidegger n'a pu éviter dans un premier temps, mais dont il a du prendre rapidement la mesure, est, nous semble-t-il, la clef de l'inachèvement aussi bien de *Etre et temps* que du cours de 1927 qui tentait d'en accomplir la pensée. C'est pour cette raison que le cours de 1927, *Les problèmes fondamentaux de la phénoménologie*, nous paraît insuffisant bien qu'il comporte des analyses précieuses. Or, Heidegger qui essayait vainement de trouver un passage allant de la temporalité du *Dasein* (*Zeitlichkeit*) à celle de l'être (*Temporalität*), sans réduire la deuxième à la première, sortira finalement de cette impasse en découvrant peu à peu que l'être, bien qu'il se « dispense » dans le temps, ne se *réduit* pas au temps, comme qu'on le conçoive.

Heidegger découvrira très vite, après 1927, que si la *Zeitlichkeit* et la « néantité » qui la porte ouvrent bien à l'être – en tant qu'il n'est rien d'étant et qu'il est donc un « néant » - ce dernier ne se *réduit* cependant pas au temps. La « négativité » qui porte la *Zeitlichkeit* et qui « transit » le *Dasein*, ouvre, en effet, à *un « au-delà » d'elle-même*. Elle ouvre à un « inquiétant abîme », lequel n'est pas, cependant, de l'ordre du temps bien qu'il se « dispense » dans et par le temps. Contrairement à ce qui est souvent affirmé l'identification de ce « néant » qu'est l'être au temps n'est donc pas, nous le verrons, le dernier mot de la pensée heideggerienne de l'être.

Dès 1929, dans la conférence *Qu'est-ce que la métaphysique ?*, Heidegger pense, en effet, l'énigme de l'être *sans aucune référence au temps*. Et il s'attache alors, non pas encore à *élucider* l'énigme de ce néant qu'est l'être, mais bien à la *présenter* comme telle. Il s'agit alors de prendre en vue *comme telle* l'énigme de ce néant, qui n'est pas un « pur rien », qui ne se laisse pas non plus réduire à la négation logique, qui est un Autre de l'étant et qui est irréductible au temps. L'être est pris en vue maintenant comme cet Autre, *étrangement inquiétant* et énigmatique de tout étant, auquel ouvre l'angoisse. Il apparaît alors que le *Dasein* qui se caractérise par la *transcendance*, a pour essence même d'« émerger » hors de l'étant, de passer « au-delà » de l'étant, d'être, par conséquent, « exposé » de manière fondamentale, à l'étrangeté de ce néant qu'est l'être, et de se tenir ainsi « retenu » à l'intérieur de ce néant. Or, le sens de cette énigme qu'est l'être ne sera précisé que dans la Postface que Heidegger joindra à la conférence, en 1943.

En effet, dans la conférence *Qu'est-ce que la métaphysique?* Heidegger commence à esquisser une conception de l'énigme de l'être – en tant qu'il est cet Autre de l'étant irréductible au temps – qui ne sera pleinement explicitée que dans la Postface rédigée en 1943. Dans cette Postface, à laquelle nous nous sommes déjà référés dans la première partie de ce travail, il n'apporte certes pas de réponse suffisante à la question de l'être, mais il précise, cependant, de manière décisive le sens de *l'énigme* que celui-ci représente. Et il apparaît alors *clairement* – bien que Heidegger ne prenne pas la peine de le mentionner – que l'être ne peut en aucune manière se *réduire* au temps. Ainsi que nous l'avons montré dans la première partie de ce travail, Heidegger présente, en effet, ce « néant » qu'est l'être comme une énigmatique et inquiétante dimension d'altérité à laquelle ouvre l'angoisse et qui est propre à susciter *l'effroi* et même *l'horreur*. C'est maintenant l'étrangeté (*Befremdichkeit*) ou mieux encore l'inquiétante étrangeté (*Unheimlichkeit*) qui constitue le trait fondamental de l'être. Eu égard à l'étant, l'être est maintenant conçu comme une dimension « étrangère », une dimension d'altérité, c'est-à-dire comme « le radicalement Autre » (*das schlechthin Andere*). Cette dimension Autre constitue un mystérieux et « inquiétant abîme », à la fois insondable et incommensurable (*Unberechenbare*[169]). Le mystère de l'être apparaît donc comme celui d'une insaisissable altérité abyssale, objet non seulement d'angoisse, mais aussi d'effroi. L'être est une énigmatique dimension hétérogène, « incalculable » et « indestructible » qui s'ouvrant à nous dans et par l'angoisse, nous « dispose à l'effroi de l'abîme ». Heidegger s'attache ainsi à exhiber le paradoxe constitutif de l'énigme de l'être : il est un « néant » qui doit cependant être conçu, non pas comme un pur « rien » mais au contraire comme une inquiétante dimension Autre ou encore *hétérogène*. Dans la conférence de 1929 – dont le sens est précisé par l'importante Postface de 1943 – Heidegger accède donc pour la première fois à cette idée que l'énigme de l'être n'est pas d'abord celle du *temps*, mais bien celle de *l'étrangeté*, ou encore de la dimension d'*altérité* abyssale dans et par laquelle se déploie l'étant dans son ensemble.

Et Heidegger affirme en même temps que cette énigmatique dimension Autre est cependant totalement *attenante* à l'étant au point de ne pouvoir être sans lui. Cette solidarité totale de l'être et de l'étant dans leur différence même est, en effet, le sens même de la différence ontologique.

---

169. Op. cit. in *Questions* I, Paris, Gall. 1976, p. 80.

Heidegger affirme, en effet avec force, nous l'avons vu plus haut, que l'être et l'étant ne se laissent *en aucune manière* concevoir l'un sans l'autre, et que par conséquent la pensée de l'être ouvre à « … l'unique réalité : que l'étant est »[170]. La conférence *Qu'est-ce que la métaphysique ?* pose donc que l'être *n'est rien d'autre* que la dimension d'altérité abyssale dans et par laquelle *l'étant dans son ensemble* se déploie *originellement*. L'être est donc ce à partir d'où l'étant dans son ensemble se déploie, ou encore, le *fondement* de l'étant dans son ensemble. Mais, dans la mesure où l'être est sans appui dans l'étant, où il est un « néant », cela signifie alors qu'il doit être compris comme le fondement *abyssal* ou *sans fond* de l'étant en totalité. Ainsi que le posera, en effet, le cours de 1955 *Le principe de raison*, cette énigmatique dimension d'altérité qu'est l'être est le fond, le « *Grund* », lui-même « *abgrund* » de l'étant en totalité. L'être devra donc être conçu comme cet « inquiétant abîme » *à partir d'où* se déploie originellement *l'étant dans son ensemble*. Une telle épreuve de l'être de l'étant conduit alors Heidegger, dans la conférence *Qu'est-ce que la métaphysique ?*, a renverser totalement la thèse de la métaphysique traditionnelle, suivant laquelle : *ex nihilo nihil fit*. Il pose, en effet, au contraire, que : *ex nihilo omnes ens qua ens fit.*[171] C'est donc à partir de l'inquiétant abîme de l'être, c'est-à-dire sur « fond » de ce « néant », de cette altérité abyssale qu'est l'être, que se déploie *originellement* tout étant en tant qu'étant. Dans la mesure où cette énigmatique dimension hétérogène qu'est l'être constitue ainsi, et ne constitue rien d'autre, que l'être *de l'étant*, s'ouvrir à l'être dans l'angoisse, ce sera retrouver la *parfaite étrangeté* de l'étant dans sa manifestation originelle. L'étant n'est pas seulement caractérisé par la présence, mais aussi par une dimension d'altérité demeurant en retrait dans l'absence. Cette dimension « étrangère » qui appartient d'une certaine manière à l'étant, cette dimension d'altérité abyssale et incommensurable, demeurant en retrait et qui en porte la venue en présence originelle est le trait de l'être. La question de l'être bien comprise est une question ontico-ontologique, elle est la question *de l'étant dans son ensemble en son être*, c'est-à-dire finalement celle du *monde* en son sens originel. S'ouvrir à l'être c'est donc retrouver la manifestation originelle de l'étant en totalité, c'est-à-dire l'ouverture originelle du *monde* dans lequel nous séjournons, en tant qu'il est habité par une hétérogénéité fondamentale, qu'il se montre ainsi comme étant à la fois insondable et incommensurable, et qu'il apparaît alors comme *étrangement inquiétant*.

C'est pourquoi l'ouverture originelle du *Dasein* à l'être, qui est regagnée dans l'angoisse, n'est en aucune manière une ouverture à l'être *sans l'étant*. Au contraire, l'angoisse n'est rien d'autre qu'une ouverture à

170. Op. cit. in *Questions I*, Paris. Gall. 1976, p. 81.
171. Op. cit. P. 69.

l'inquiétante étrangeté de l'étant dans sa manifestation originelle. Telle est bien, en effet, la thèse fondamentale de la conférence de 1929. L'angoisse ouvre à l'étant en tant qu'il est *originellement* ordonné à cette dimension fondamentale d'altérité, à ce « néant » qu'est l'être. Et, en effet, si le *Dasein* n'était pas originellement ouvert par sa *transcendance* à cette dimension de néant et de retrait qu'est l'être, jamais quelque chose comme de l'étant pourrait se manifester à lui *en tant que tel*. C'est dans la mesure seulement où l'étant se montre comme participant de cette dimension *d'altérité* abyssale qu'est l'être qu'il peut alors apparaître en son *altérité* propre et donc, originellement, *comme étant*. L'étant ne peut donc être pris en vue comme *Zuhandene* ou *Vorhandene* que de manière *dérivée*. Il faut bien que l'étant se soit montré d'abord en son altérité, en son étrangeté (c'est-à-dire à partir de cette dimension hétérogène et abyssale qu'est l'être), pour qu'il puisse *ensuite* être pris en vue comme disponible ou subsistant.

C'est pourquoi l'angoisse, habituellement cachée et par laquelle le *Dasein* est fondamentalement ouvert au néant, « ...révèle l'étant dans sa parfaite étrangeté jusqu'alors voilée... » [172]. L'angoisse, parce qu'elle ouvre le *Dasein* à ce néant qu'est l'être, est donc cela même qui lui dévoile *simultanément* et *originellement* la *présence* de l'étant dans son ensemble comme telle et qui le met ainsi *devant l'étant*. Voici, en effet, ce qu'écrit Heidegger dans ce qui nous paraît être le passage capital de la conférence :

« le néant se dévoile dans l'angoisse – mais non point ... à l'état séparé, « à côté » de l'étant dans son ensemble ... Nous préfèrerions dire que dans l'angoisse, le néant se présente *d'un seul et même coup* avec l'étant. (...) C'est lui qui révèle l'étant dans sa parfaite *étrangeté* jusqu'alors voilée ... Dans la nuit claire du néant de l'angoisse se montre enfin la manifestation *originelle* de l'étant *comme tel* : à savoir *qu'il y ait de l'étant – et non pas rien*. Ce « non pas rien » que nous prenons la peine d'ajouter n'est *pas une explication complémentaire*, mais, *la condition préalable qui rend possible* la manifestation d'un étant en général. L'essence de ce néant... réside *en ce qu'elle met tout d'abord le Dasein devant l'étant comme tel* » [173].

L'angoisse a pour essence propre de révéler originellement au *Dasein* l'étant dans son ensemble « sur fond » de ce néant, sur fond de cette altérité abyssale qu'est l'être de l'étant. L'énigme de ce « néant » qu'est l'être est celle d'une dimension à la fois insondable et cependant *hétérogène*, constituant une altérité « étrangement inquiétante ». Cela signifie alors que l'angoisse révèle originellement l'étant à la fois en son *altérité* insondable et

172. Op. cit. in *Questions I*, Gall. Paris, 1976, p. 61-62.
173. Ibid. p. 62.

incommensurable, et en sa *précarité*. Elle fait ainsi apparaître originellement l'étant, à la fois comme cette altérité qui nous échappe et devant laquelle nous nous sentons « dans l'impuissance totale » [174], et cependant comme « miné » par le néant, « menaçant ruine » [175] (*hinfällig*), caractérisé par une précarité, une facticité (une contingence) fondamentale. Et c'est pour cela qu'elle laisse apparaître originellement l'étant *comme tel*.

La conférence *Qu'est-ce que la métaphysique ?* complète donc de manière essentielle les analyses de *Etre et temps*. Elle montre que le *Dasein* authentique n'est pas seulement ouvert à sa finitude radicale de mortel « jeté » au sein de l'étant, mais qu'il est *simultanément* ouvert, de manière originelle, à *l'inquiétante étrangeté* incommensurable de l'étant dans son ensemble et en son être, comme ce au milieu de quoi il est situé. Pour le *Dasein*, s'ouvrir de manière authentique à sa *finitude* radicale ne consiste donc pas seulement à *se* saisir lui-même, dans l'anticipation de la mort, comme mortel jeté dans le monde, mais bien simultanément à *laisser faire encontre* originellement à *l'étant dans son ensemble*, au sein duquel il se trouve jeté, en sa facticité propre et en son *inquiétante étrangeté*, c'est-à-dire *en tant que tel*. L'angoisse ne délivre pas seulement au *Dasein* l'inquiétante étrangeté de sa *Geworfenheit*, mais, elle lui révèle *simultanément* l'étrangeté originelle – insondable, incommensurable et donc *englobante* – de l'étant en son ensemble du monde - qui lui fait face de toute part. Dans l'angoisse le *Dasein* se *sent* originellement jeté au beau milieu de l'étant qui se montre alors à lui en son inquiétante étrangeté. C'est en ce sens que l'angoisse *l'ouvre au monde* en le mettant originellement *face à l'étant* comme tel. En effet, si l'étant ne se manifestait pas d'abord ainsi en son *étrangeté*, en son altérité et donc *comme tel*, il ne pourrait pas, ensuite, être pris en vue comme *Zuhandene* ou *Vorhandene*. La conférence de 1929 complète donc le paragraphe 40 de *Sein und Zeit*. Elle montre, en effet, que l'angoisse, en faisant s'effondrer le monde en tant « monde ambiant » et rassurant des occupations familières, le fait simultanément apparaître en son inquiétante étrangeté *originelle*. Elle révèle donc qu'il est, pour le *Dasein*, une ouverture à l'étant dans son ensemble bien *plus originelle* que l'ouverture à celui-ci comme constituant un réseau ustensilier, un « monde ambiant », et que cette ouverture originelle demeure habituellement voilée, en retrait. Si l'étant ne se montrait pas *d'abord* en sa parfaite étrangeté il ne pourrait jamais se montrer *comme étant*, et il ne pourrait donc *ensuite* être délivré à l'encontre comme ayant le caractère de la *Zuhandenheit*. Mais cette ouverture originelle à l'étant en son inquiétante étrangeté demeure habituellement en retrait et n'apparaît au grand jour que dans l'existence

174. Ibid. p. 60.
175. Ibid.

authentique. Cela signifie, notons le au passage, qu'il faudra s'interroger sur le statut de l'étant en sa manifestation *originelle*.

Au terme de cette analyse, non seulement la question du *sens de l'être* demeure encore sans réponse *suffisante*, mais aussi celle du statut de *l'étant* en sa manifestation originelle et en tant qu'il ne peut être ni *Vorhandene* ni *Zuhandene*. Ces deux questions qui n'en font qu'une se ramènent à celle de l'essence originelle du *monde* qu'il appartient au *Dasein* de dévoiler comme tel. La conférence *Qu'est-ce que la métaphysique ?* développe une analyse du sens ontologique de cette disposition affective fondamentale, qui porte l'existence du *Dasein*, et qui est l'angoisse. Or, le *Dasein* n'est pas seulement caractérisé par la disposition affective, mais aussi, simultanément, et *fondamentalement* par le « comprendre » (*Verstehen*) ou si l'on veut par la *pensée*. La disposition affective et le « comprendre » sont, en effet, des existentiaux cooriginalement constitutifs du *Dasein*. L'existential « monde » au niveau de l'existence authentique, comme cet horizon *a priori* du dévoilement *originel* de l'étant en son être et en son ensemble, ne sera donc *pleinement* exhibé que lorsqu'on aura fait apparaître le type de *pensée* ou encore de *connaissance* qui le déploie. Les analyses de la conférence de 1929 ne pourront donc prendre toute leur portée que si elles sont complétées par une analyse de l'essence originelle de la pensée ou encore de la connaissance constitutive du *Dasein* authentique. Or, cette essence originelle de la connaissance a été exhibée par *Kant et le problème de la métaphysique*.

CHAPITRE III

l'imagination transcendantale en tant que créatrice de l'horizon originel de dévoilement du monde

Il revient à *Kant et le problème de la métaphysique* d'avoir montré – dans le cadre de ce que Heidegger lui-même a nommé plus tard une « sur-interprétation » de la *Critique de la raison pure* – que la pensée originelle dans et par laquelle le *Dasein* authentique « configure » le monde relevait de ce que Kant a nommé *imagination transcendantale*. A travers son analyse du schématisme transcendantal comme travail *a priori* de l'imagination, Kant a entrevu quelque chose – mais dans le cadre tout à fait insuffisant d'un idéalisme – de l'essence originelle de la pensée comme dévoilement. Il est essentiel de noter cependant que *Kant et le problème de la métaphysique*, qui précède immédiatement la conférence *Qu'est-ce que la métaphysique ?*, est un texte très ambigu car il demeure encore, pour une part, sous l'influence de la problématique qui caractérisait *Les problèmes fondamentaux de la phénoménologie*. En effet, l'imagination transcendantale y est rattachée à la *Zeitlichkeit* (ce qui est d'ailleurs conforme à la conception proprement kantienne du schématisme, laquelle est, effectivement, temporale). Le schématisme transcendantal est ainsi présenté comme ne faisant qu'un avec la temporalité constitutive de l'ipséité du *Dasein*, laquelle aurait pour essence même de déployer *a priori* et de *se présenter à elle-même* un horizon de rencontre de l'étant. Les analyses du *Kantbuch* sont cependant essentielles et précieuses à condition de ne pas hésiter à en infléchir la lecture et à les réinterpréter sur les bases posées par la conférence *Qu'est-ce que la métaphysique ?*, et – nous le verrons – à la lumière de l'évolution ultérieure de Heidegger. Nous allons donc montrer que le *Kantbuch*, à condition de le lire sur les bases posées par la conférence de 1929 et de ne pas hésiter à le « surinterpréter » en fonction de l'évolution ultérieure de la pensée heideggerienne – de manière à exhiber ainsi ce qui est demeuré impensé en lui – recèle la clef de l'ontologie fondamentale.

L'intérêt fondamental de la *Critique de la raison pure* de Kant, aux yeux de Heidegger, est d'avoir – dans une certaine mesure et dans le cadre inadéquat d'un idéalisme – exhibé l'essence de la *finitude* humaine *sous l'angle de la connaissance* et ainsi comme étant *fondamentalement* porteuse d'un mode spécifique de connaissance. Envisagée sous cet angle la finitude humaine apparaît alors comme une assignation à la pré-donation de l'étant en son être[176]. En effet, nous l'avons déjà suggéré, la finitude ne consiste pas seulement dans la résolution devançante (l'anticipation de la mort), mais *simultanément* dans le fait de « laisser faire encontre » au déjà là de l'étant dans son ensemble comme tel et comme ce au sein de quoi nous sommes jetés. Or, ce *Begegnenlassen*, qui appartient fondamentalement à la finitude, est l'essence originelle du connaître humain. La connaissance humaine est structurellement finie en ce sens qu'elle est ordonnée à l'étant en son être, en tant qu'il est *déjà donné*, *qu'elle ne l'a pas créé* et qu'elle doit donc l'accueillir, le *recevoir*, de manière à le laisser apparaître comme tel en son altérité même. Or, la connaissance est en elle-même un « acte » et elle relève donc d'une *spontanéité*. Mais la *spontanéité* propre à la connaissance humaine, comme connaissance finie, se caractérise fondamentalement, structurellement, par le fait qu'elle est au service d'une *réceptivité*. Il revient ainsi à la connaissance humaine de rendre possible spontanément une telle réceptivité. Le connaître humain est donc assigné à l'altérité pré-donnée de l'étant en son être et il aura donc pour essence originelle de déployer « spontanément » un horizon *a priori* propre à lui laisser faire encontre *comme tel*, à le laisser ainsi apparaître comme ob-jet (*Gegenstand*). Kant est ainsi le premier à avoir vu que la connaissance humaine ne pouvait devenir un effort de saisie représentative de l'étant que parce qu'elle était *d'abord* secrètement un laisser faire encontre de celui-ci comme ob-jet. Voici ce qu'écrit Jean Beaufret à ce propos : « c'est à Kant qu'il va être réservé d'élever à la dignité d'un problème la singularité inaperçue du *faire face* effectif de toutes choses, que dit si bien pourtant le nom d'*ob-jet*. Kant, au lieu de se laisser aller à la tentation du connaître, fait sortir de l'implicite et du sous-entendu la condition d'*ob-jectivité* que suppose toute connaissance. En un mot, il cherche à restituer à la connaissance *humaine* sa dimension d'horizon. Comporter un horizon, entendu comme condition d'un faire face

---

176. Cf. sur ce point, Françoise Dastur, *Heidegger et la question du temps*, P.U.F., Paris, 1994 , p. 84.

de toutes choses en qualité d'*ob-jets*, c'est là, en effet, un trait spécifiquement *humain* de la connaissance. Disons plus précisément : un trait de *finitude* »[177].

Et Kant a saisi, en même temps, sur cette base, quelque chose d'essentiel : il a compris que cela signifiait que le processus de la connaissance, sous sa forme originelle, devait se déployer à travers les organes des sens, c'est-à-dire à travers la *perception.* L'étant ne peut, en effet, nous être donné que dans une intuition *sensible*, laquelle n'est donc possible qu'à travers la perception. Les sens, et eux seuls, nous ouvrent, en effet, originellement à *l'altérité* de l'étant, à l'étant comme cet autre que nous qui existe en soi et qui se montre à travers la manière dont il nous affecte. Cependant, les organes des sens ne sont pas susceptibles *par eux-mêmes* de nous permettre de *reconnaître* purement cette altérité comme telle, en la délivrant en et pour elle-même. Les organes des sens accueillent ce qui afflue dans la sensation, en l'interprétant de manière en quelque sorte « subjective », dans le cadre du processus vital et de ses exigences. Ainsi, l'animal a des perceptions, mais ce qui lui apparaît à travers les sens est *a priori* considéré comme utile ou nuisible. L'altérité de l'étant, comme ce qui existe de soi-même et se montre en son auto-consistance, n'est jamais purement délivrée et présentifiée, en et pour elle-même. Jamais l'animal n'est ouvert à l'étant *en tant* qu'étant. C'est pourquoi, ainsi que l'écrit Heidegger : « Le comportement de l'animal n'est jamais une perception de quelque chose en tant que quelque chose »[178]. L'animal n'a pas cette capacité ek-statique de s'ouvrir à l'étant afin de le laisser être. Il ne peut pas laisser *a priori* se montrer ce qui est perçu comme pure présence reposant en elle-même, se déployant à partir d'elle-même, et se manifestant ainsi à nous à partir de son propre quant à soi. Cela ne signifie pas que l'animal « ignorerait » que les choses présentent une altérité, mais il ne possède aucune faculté particulière qui lui permettrait de délivrer cette altérité comme telle, c'est à dire en et pour elle-même et indépendamment de ses propres intérêts vitaux. Les organes des sens nous ouvrent bien à l'existence en soi et à la présence « en chair et en os » de l'étant, mais ils ne permettent pas par eux-mêmes de la re-connaître comme telle. Que la connaissance humaine ait besoin des sens n'implique donc pas qu'elle se *réduise* à la perception, mais bien qu'elle doit s'accomplir *à travers* celle-ci, en mettant en quelque sorte les organes des sens à son service. Le déploiement de l'horizon de rencontre de l'étant – c'est-à-dire le « laisser faire encontre » originel de l'étant dans son ensemble et comme tel – requiert les organes des sens et s'accomplit à travers eux, mais dans la mesure où c'est lui qui les met à son service.

---

177. Jean Beaufret, *Leçons de philosophie* II, le Seuil, Paris, 1998, p. 93-94.
178. M. Heidegger *Les concepts fondamentaux de la métaphysique*, Gall. Paris 1992 p. 449.

Le livre de 1929, *Kant et le problème de la métaphysique* doit être alors compris comme une tentative pour exhiber le *Begegnenlassen* originel du *Dasein* en tant qu'il est déployé à même la *perception*, par le pouvoir *a priori* de *l'imagination*. L'une des raisons de l'importance du *Kantbuch* dans l'œuvre heideggerienne est qu'il pense – sous l'influence décisive de Kant – le *Begegnenlassen* originel comme se déployant à travers la perception. Or, dans le *Kantbuch*, ce rapport absolument *essentiel* entre l'imagination transcendantale et la perception demeure en même temps obscur. Cela provient de l'ambiguïté de ce texte dont le sens profond demeure en partie impensé. Le *Kantbuch*, nous l'avons déjà suggéré, demeure, en effet, en partie lié à la problématique du cours de 1927 *les problèmes fondamentaux de la phénoménologie*. Il faut donc en exhiber *l'impensé* et en infléchir ainsi l'interprétation, de telle manière qu'apparaisse alors comment il complète, et achève pleinement, la démarche accomplie de la conférence de 1929 *Qu'est-ce que la métaphysique ?*. Or – il est essentiel de le noter – ce qui est demeuré encore impensé dans *Kant et le problème de la métaphysique* sera exhibé, de manière discrète mais cependant claire, dans le cours de 1935 *Qu'est-ce qu'une chose ?* Ce point est capital et il n'a jamais été encore remarqué. Dans ce cours Heidegger affirme, en effet, que le sens proprement *ontologique* de la perception humaine a été exhibé pour la première et dernière fois dans la partie de l'Analytique des principes de la *Critique de la raison pure* qui est consacrée aux « anticipations de la perception ».

Dans *Qu'est-ce qu'une chose ?*, dont la deuxième partie est consacrée à la *Critique de la raison pure* – interprétée cette fois comme appartenant globalement à la métaphysique des modernes – Heidegger rend un vibrant hommage à Kant pour sa conception tout à fait étonnante et novatrice des « anticipations de la perception ». Il affirme que « la découverte kantienne des anticipations du réel dans la perception est particulièrement étonnante si l'on songe que d'une part l'estime dans laquelle il tient la physique newtonienne, d'autre part sa position fondamentale dans l'enceinte du concept cartésien du sujet ne sont absolument pas faites pour favoriser un libre regard sur ce qu'a d'inhabituel l'anticipation dans la réceptivité de la perception »[179]. Voici alors le jugement qu'il porte sur cette conception spécifiquement kantienne de la perception humaine : « ...elle reste principiellement distincte de toutes celles qui la précédèrent et la suivirent, c'est-à-dire qu'elle est supérieure à elles toutes »[180]. Et voici maintenant le point essentiel : dans un passage capital de son commentaire Heidegger affirme que le *Begegnenlassen* propre au *Dasein* relève fondamentalement des « anticipations de la perception ». Il y a là, il faut le noter, quelque chose de tout à fait nouveau par rapport à *Kant et*

179. M. Heidegger, *Qu'est-ce qu'une chose ?* Gall. Paris, 1979 p. 229.
180. Ibid. P. 219.

le problème de la métaphysique qui n'abordait pas directement cette question. Voici, en effet, ce qu'écrit Heidegger :

« La perception humaine est anticipante. L'animal a lui aussi des perceptions, c'est à dire des sensations, mais il n'anticipe pas ; il ne laisse pas d'avance ce qui afflue arriver comme un quid qui se tient en soi-même, comme l'autre qui l'aborde lui-même, animal, en tant qu'autre et ainsi se montre en tant qu'étant. Aucune bête, observe Kant, ne peut jamais dire Je. Ce qui signifie : elle ne peut se mettre dans la position de ce face à quoi un autre pourrait se tenir en vis à vis. Ceci n'exclut pas que l'animal soit en relation avec la nourriture, la lumière, l'air et d'autres animaux... Mais dans tout cela il n'y a aucun comportement envers l'étant, pas plus qu'envers le non étant. La vie de l'animal se déroule en deçà de l'ouverture de l'être et du non être »[181].

Le « laisser faire encontre » de l'étant en son être et dans son ensemble qui caractérise le *Dasein*, doit donc être pensé maintenant sur la base d'une ré-interprétation de ce que Kant avait nommé « anticipations de la perception ». C'est donc à partir de cette précision *capitale* apportée par ce cours de 1935, et dont Heidegger lui-même ne tirera pas toutes les conséquences, qu'il faut entièrement relire et réinterpréter le *Kantbuch*. Il ne s'agit donc pas ici, d'exposer les thèses du *Kantbuch*, mais bien *d'interpréter* cette œuvres, dans le seul but d'en exhiber *l'impensé*. Et c'est sur la base d'une telle interprétation que ce texte essentiel révèlera toute sa portée et en viendra à compléter de manière décisive la conférence *Qu'est-ce que la métaphysique ?* en nous donnant la clef, à la fois de l'essence originelle du *Dasein et* du sens impensé de l'être chez Heidegger. Or, pour montrer cela nous devons préalablement présenter le sens fondamental des anticipations de la perception, tel qu'il ressort de l'interprétation proposée par Heidegger dans le cours de 1935 *Qu'est-ce qu'une chose ?*[182].

Le point de départ de la méditation kantienne des anticipations de la perception est le suivant : l'étant ne pourrait nous apparaître dans la perception en son *altérité* propre d'ob-jet et en sa forme délimitée s'il ne se montrait pas *d'abord* implicitement, à travers l'obscurité quasi inconsciente des *sensations*, comme se déployant à partir de l'opacité irreprésentable, c'est-à-dire à partir de *l'altérité*, de ce pur divers qu'est la *matière* (laquelle renvoie finalement chez Kant à la chose en soi irreprésentable). Or, les sensations sont des états « subjectifs » de nous même de sorte qu'elles ne peuvent, par elles-mêmes, nous délivrer cette réalité informe et irreprésentable qu'est la matière *comme telle*. L'opacité informe, irreprésentable et sous jacente de la matière doit donc être d'abord *anticipée*, c'est-à-dire *imaginée* comme telle, à même l'obscurité du purement senti. La

181. M. Heidegger, *Qu'est-ce qu'une chose ?* Paris, Gall. 1979 p. 227. 228.
182. Op. cit. P. 214 à 229.

réalité « matérielle » informe (en tant qu'elle est un pur divers) qui constitue le soubassement caché à partir d'où se déploie l'objet, doit ainsi être anticipée à même l'obscurité des sensations. Elle doit être *spontanément anticipée*, de manière implicite et *a priori* par *l'imagination*, comme cela même qui est *reçu* à travers l'obscurité inconsciente du purement senti. L'altérité de la « matière » informe qui est sous jacente dans toute manifestation perceptive de l'étant ne peut donc être *reçue*, accueillie *comme telle* (à travers les sensations), qu'en étant d'abord *anticipée*, *imaginée* comme ce qui nous affecte obscurément à travers le purement senti.

La « quiddité » matérielle qui est constitutive de l'étant doit ainsi être imaginativement anticipée à même le senti en son opacité propre. Faute d'une telle anticipation les sensations demeureraient subjectives, elles ne seraient pas sensations de « quelque chose ». Tel est le sens profond des anticipations de la perception chez Kant. Voici, en effet, ce qu'écrit Heidegge : « Jamais un homme n'a senti un « quelque chose » et un « quoi ». Par quel organe sensoriel cela doit-il donc se produire ? Un « quelque chose » ne se laisse ni voir, ni entendre, ni flairer, ni goûter, ni toucher. Il n'y a pas d'organe sensoriel pour le « quoi », pour le « ceci » et pour le « cela ». La quiddité du sensible doit être représentée au préalable, posée d'avance (*vor-gestellt*) dans le cercle et comme le cercle de ce qui peut être accueilli ; elle doit être anticipé. Sans réalité pas de réel, sans réel pas de sensible »[183]. L'interprétation heideggerienne de l'*a priori* kantien comme « spontanéité réceptive » dans *Kant et le problème de la métaphysique* – par laquelle il « renverse » de l'intérieur l'idéalisme kantien – se trouve ainsi préfigurée par Kant lui-même à travers son analyse du schème transcendantal de la « réalité ». Il apparaît donc que la perception humaine, c'est-à-dire la conscience empirique, ne peut être conscience de *quelque chose* (en son *altérité* propre comme telle) que sur la base d'une anticipation imaginative *préalable* de l'opacité c'est-à-dire de l'altérité de la matière à travers l'obscurité inconsciente du purement senti.

Si nous n'anticipions pas implicitement et *a priori* par l'imagination, à même l'obscurité des sensations *et en deçà de celles-ci*, l'opacité et l'altérité de la matière à partir de laquelle se déploie l'étant, jamais celui-ci ne serait perçu *comme tel* c'est-à-dire en son *altérité* propre, en son « épaisseur de présence ». Ainsi, nous imaginons *a priori* un arrière plan des apparences, nous prêtons *a priori* une « épaisseur de présence » aux choses. Sans cette anticipation imaginative implicite et préalable de l'opacité matérielle constituant le soubassement de l'étant, jamais celui-ci ne pourrait être perçu comme tel, c'est-à-dire en sa « consistance » et en sa forme propre, en tant qu'elle est ce dans et par quoi s'épanouit sa présence et se manifeste sa « carrure ». Et l'imagination transcendantale anticipe, en même

183. Martin Heidegger, *Qu'est-ce qu'une chose ?* Gall. Paris, 1979, p. 227.

temps, *l'intensité* des sensations, leur degré, comme ouverture au jeu des forces cachées qui animent la matière de l'intérieur et qui président à la puissance d'éclosion souterraine qui porte le déploiement de l'étant. C'est ainsi que les sensations ne sont pas éprouvées seulement comme effet sur nous de la réalité, mais bien comme manifestation de son rayonnement propre, de sa venue en présence comme telle.

Cette interprétation capitale des anticipations de la perception dans *Qu'est-ce qu'une chose* ? va nous donner la clef du sens impensé de la connaissance ontologique propre au *Dasein*. Et, en tout premier lieu, c'est en partie sur la base d'une telle interprétation des anticipations de la perception que nous allons pouvoir exhiber la réponse – dans une certaine mesure impensée – à la question heideggerienne du sens de l'être.

Dans *L'origine de l'œuvre d'art*, qui est un texte contemporain du cours *Qu'est-ce qu'une chose ?*, Heidegger affirme que la pensée traditionnelle qui conçoit la chose – c'est-à-dire l'étant – comme *ousia*, constitue une agression (*Überfall*[184]) contre celle-ci. La pensée traditionnelle a mésinterprété l'essence des choses en réduisant celle-ci à la présence constante (*Vorhandenheit*), car elle n'a pas rendu compte de l'élément d'étrangeté, d'altérité, de retrait qui préside originellement à leur venue en présence. L'étant ne peut, en effet, se réduire à la présence constante et donc à la forme, à l'*eidos* – c'est-à-dire au « visage »[185] qu'il offre - car il se montre *en même temps* comme ce qui se dérobe et il comporte une dimension d'altérité. Or, cette dimension d'altérité, «...cette retenue, ...cette compacité reposant en elle-même, ...cet élément d'étrangeté ... »[186], qui appartient de manière essentielle aux choses *est le trait même de l'être*. C'est seulement dans la mesure où nous anticipons, implicitement et *a priori*, cette dimension d'altérité retirée à partir de laquelle se déploie l'étant, que nous pouvons le délivrer originellement à l'encontre en son altérité propre, c'est-à-dire *comme étant* ou encore *en son être*. Mais cet élément d'étrangeté et de retrait est cela même que Kant avait entrevu dans sa méditation des anticipations de la perception et avait nommé la *matière*, laquelle doit être implicitement anticipée à-même l'obscurité des sensations. Or, dans *L'origine de l'œuvre d'art* Heidegger va, sous l'influence de Hölderlin, penser pour la première fois sous le nom de *terre*, le sens véritablement *originel* de la matière (que Kant rattachait, quant-à lui, à l'opacité de la chose en soi).

---

184. M. Heidegger, *L'origine de l'œuvre d'art*, in *Chemins*... Paris, Gall. 1979. P. 29.
185. Sur l'*eidos* comme « visage », cf. *Introduction à la métaphysique*, Gall. Paris, 1980, P. 186-187.
186. M. Heidegger, *L'origine de l'œuvre d'art*, in *Chemins*..., Paris, Gall. 1979, P. 31.

Ce que Heidegger nomme la *terre*, n'est pas la matière « apprésentable » et ainsi réduite à l'ontique des matérialistes, mais elle est le fond *informe* et *irreprésentable* de l'étant en totalité. Elle est le fond *indistinct* et retiré à partir d'où se déploient les étants distincts et déterminés. Elle est cette dimension d'altérité insondable, à la fois inépuisable et indécelable qui se tient en constante réserve, en retrait dans l'étant, et qui est le sein d'où tout provient et à quoi tout retourne se perdre. La terre « ...fait se briser contre elle toute tentative de pénétration (...) La terre est par essence ce qui se referme en soi »[187] Elle est « ... le sein dans lequel l'épanouissement reprend en tant que tel, tout ce qui s'épanouit »[188]. La terre « ...est ce qui, ressortant, reprend en son sein (*das Hervorkommend-Bergende*), ...elle est l'afflux infatigué de ce qui est là pour rien »[189]. La terre est ainsi cet Autre de l'étant, cette altérité insondable qui est à la fois en retrait dans l'absence et qui est en même temps la source de toute venue en présence de l'étant. Elle n'est pas seulement l'indécelable, mais en même temps la profusion excédante d'où abonde la venue en présence de l'étant. Elle est donc ce néant, ce non être, ce *me on*, qui cependant n'est « rien qui soit un rien » et qui est l'essence même de l'être. Elle ne constitue, en effet, rien d'autre, on l'a compris, que la réponse heideggerienne – en partie impensée car jamais pleinement assumée – à la question fondamentale du sens de l'être.

Dans *L'origine de l'œuvre d'art* Heidegger pense, en effet, pour la première fois *l'ouverture* du monde sur la base d'un « combat » fondamental avec cette dimension *refermée* qu'est la terre. Il pense l'ouverture du monde comme « réciprocité adverse de l'éclaircie et de la réserve ». L'éclaircie, l'Ouvert du monde puise ainsi à cette dimension d'altérité retirée et indécelable qu'est la terre. Le déploiement du monde apparaît alors comme *fondamentalement ordonné* à cette dimension de retrait, à cette altérité, à la fois indécelable et recelant cependant l'inépuisabilité, qu'est la terre. Dans son livre *La pensée de Heidegger*, Otto Pöggeler a noté qu'à partir de *L'origine de l'œuvre d'art*, avec le concept de terre, «...le néant n'est plus – comme dans *Sein und Zeit* – un ne-pas vide et « nu », mais ce qui se refuse et se dérobe, précisément en accordant l'inépuisabilité »[190]. Heidegger, qui ne l'assumera jamais pleinement, a donc apporté dès 1935 une réponse *très précise* à la question de savoir ce qu'il en est de ce « néant » spécifique qu'est l'être. La *terre* est le nom de cette dimension insondable et retirée qui constitue le fondement abyssal de l'étant en totalité, c'est-à-dire, bel et bien, le nom de l'être.

---

187. Op. cit. p. 51-52.
188. Ibid. p. 45.
189. M. Heidegger, *L'origine de l'œuvre d'art*, in *Chemins*..., Gall. Paris, 1979, p. 49.
190. Op. cit. Aubier Montaigne, Paris, 1967, p. 292.

Et cette réponse heideggerienne à la *Seinsfrage* n'a pas été une réponse provisoire. Elle est encore présente quoique de manière discrète, dans *Le principe de raison* de 1955. Heidegger montrera, dans ce texte essentiel, que «... être veut dire fond (*Grund*)... »[191]. Cependant, ce que cela signifie exactement ne peut être compris, sans contresens, que si, d'abord, le mot allemand *Grund* est entendu en son sens originel. Voici donc ce qu'il signifie : « *Grund* désigne ce qui est en bas, le fond ...la terre, le sol ...Dans les parlers souabes et alémaniques, *Grund* est synonyme d'humus, ce qui est encore plus près de l'origine. C'est la terre qui s'est peu à peu formée, le terreau lourd et fertile ...Dans l'ensemble, *Grund* évoque l'idée d'un domaine situé plus bas et qui en même temps porte, soutient »[192]. Ce *Grund* qu'est l'être ne doit cependant pas être naïvement interprété comme une « masse matérielle » présente « là devant », mais bien comme cette dimension *abyssale* et indécelable d'où abonde la venue en présence de l'étant en sa profusion, et qui finit par reprendre en son sein tout ce qui est venu en présence. C'est pourquoi, dans les dernières pages du *Principe de raison*, Heidegger dira que l'être est ce fond, ce *Grund*, qui doit être fondamentalement pensé comme un fond lui-même sans-fond, comme un abîme. Il s'agit, non pas de la terre en tant que « masse matérielle », mais bien plutôt telle qu'elle a été prise en vue par le mythe grec, c'est-à-dire en tant qu'elle recèle en son tréfonds le *chaos originel* d'ou provient et à quoi retourne toute chose. La terre doit ainsi être pensée de manière grecque et originelle. Elle apparaît alors comme cette « *proté hulé* » informe et irreprésentable, cet *apeiron* hétérogène, insondable et incommensurable, d'où tout provient, à quoi tout retourne, et dans l'immanence duquel se déploie le *cosmos*. Dans *Les hymnes de Hölderlin : La Germanie et Le Rhin*, Heidegger dira de la terre, qu'elle est « ...l'abîme incréé où tremble et est contenu tout ce qui se prépare à survenir »[193].

Ainsi que nous l'établirons pleinement dans la partie suivante, c'est au cours des années trente, que Heidegger, guidé par la poésie-pensée de Hölderlin, et en particulier par le poème *Comme au jour de fête...*, sera conduit à renouer avec la pensée grecque la plus originelle, et ainsi à concevoir l'essence de l'être sur la base de ce que Hésiode, au vers 116 de sa *Théogonie*, avait nommé *Chaos*. L'essence de l'être est alors conçue comme cette « antique confusion » (*Uralte Verwirung*) que nomme Hölderlin à la fin du poème *Le Rhin*[194]. Or, nous le verrons dans la partie suivante, ce chaos ne doit pas seulement être conçu comme « *proté hulé* », comme un fond informe de l'étant, mais, en même temps de manière « dynamique », comme

191. Op. cit. Gall. Paris, 1988, P. 262.
192. Ibid. P. 211.
193. Op. cit. Gall. Paris, 1988. P. 106.
194. Cf. M. Heidegger, *Les hymnes de Hölderlin...*, P. 177.

Wirnis[195], comme cet enchevêtrement inextricable et insondable des forces antagonistes qui ne cesse de produire et de détruire toute chose. La *Terre* n'est ainsi en elle-même rien d'étant, parce qu'elle est – comme chaos de forces antagonistes – fondamentalement déchirée en elle-même, « béante ». Cette pensée du sens originel de l'être, Heidegger l'exhibe bel et bien à partir du milieu des années trente, mais, en même temps il ne l'assumera jamais pleinement, de sorte qu'elle demeure en partie impensée. C'est pourtant à une telle pensée de l'essence de l'être qu'il commence à accéder, pour la première fois, dans *L'origine de l'œuvre d'art* avec le concept de *Terre*. Avec le concept de *Terre* Heidegger commence donc à éclaircir l'énigme de l'être qui était présentée comme telle dans la conférence *Qu'est-ce que la métaphysique ?* Or, *L'origine de l'œuvre d'art* est un texte qui, nous l'avons déjà suggéré, est contemporain du cours *Qu'est-ce qu'une chose ?* lequel donne une interprétation décisive des anticipations de la perception chez Kant, et cela ne relève en aucune manière du hasard. Il apparaît ainsi que Hölderlin et Kant ont eu, chacun à leur manière, une influence fondamentale sur Heidegger, et ont joué un rôle essentiel dans le développent et l'orientation de sa pensée. Nous pouvons maintenant, sur la base de ce qui vient d'être établi, développer le sens impensé de ce qui a été entrevu dans ce texte fondamental qu'est *Kant et le problème de la métaphysique*. Nous allons ainsi exhiber le sens impensé de l'analytique du *Dasein* pleinement accomplie, c'est-à-dire de ce que Heidegger avait d'abord appelé l'ontologie fondamentale et que la troisième section de *Sein und Zeit* devait développer.

L'anticipation de la mort dans l'angoisse, est ce par quoi le *Dasein* en vient à retrouver le sens originel de la *transcendance* qui le caractérise radicalement. Ainsi que nous l'avons établi, en effet, l'homme n'est homme que par la *transcendance*, laquelle constitue le *Da-sein* en lui. Or, par la transcendance qui le caractérise, le *Dasein émerge* hors de l'étant et se tient ainsi *a priori* ouvert à cet au-delà de l'étant qu'est l'être, lequel au-delà est fondamentalement un *en-deçà* insondable. L'homme se tient ainsi, implicitement et *a priori*, toujours déjà ouvert à une dimension retirée, sous jacente à l'étant, laquelle constitue l'inquiétant abîme de l'être. Lorsqu'elle est élucidée sur la base de l'interprétation heideggerienne des anticipations de la perception, cette dimension abyssale et sous jacente à l'étant qu'est l'être se laisse connaître, nous venons de l'établir, comme n'étant rien d'autre que l'opacité abyssale de la *matière*, ou mieux encore, de la *terre*, laquelle est anticipée à travers cette obscurité du purement senti ou s'enracine la perception. Une telle ouverture *a priori* à l'inquiétante étrangeté de cette dimension insondable et hétérogène qu'est l'être, est portée par cette disposition affective fondamentale qu'est l'angoisse. Cette

195. Ibid.

dernière, qui est irréductible à la peur (laquelle est toujours liée à une menace ontique) est une disposition affective *pure* par laquelle nous sommes en permanence ouverts, implicitement, à cette dimension insaisissable abyssale et informe qu'est l'être. L'angoisse cachée dans le tréfonds de l'homme, latente en lui, est ce dans et par quoi il s'est toujours déjà laissé « toucher » *a priori* par l'être, c'est-à-dire par le fond informe et insondable de l'étant, comme ce qui se retire, et en tant qu'il se retire. Cette disposition affective doit être comprise comme une *spontanéité réceptive pure* [196] par laquelle l'homme a, toujours déjà, « anticipé » *a priori* l'être comme cet en-deçà insondable de l'étant qui, par essence, ne se donne qu'en se dérobant. L'angoisse a ainsi pour essence d'anticiper *spontanément* l'être, *comme* ce qui est en même temps *reçu* en son altérité effrayante comme telle. Il y a ainsi, d'une certaine manière, dans l'angoisse une «...identité existentiale du découvrir avec ce qui est découvert »[197], car elle est «... une assignation ouvrante... »[198] à l'être.

Mais dans la mesure où cette disposition affective qu'est l'angoisse, est ce qui anticipe et « présente » ainsi, de manière latente et *a priori*, l'être à l'homme, il faut comprendre qu'elle véhicule et abrite en elle un travail de la *pensée* dans et par lequel l'être est *manifesté* comme tel. Cette ouverture pensante à l'être, cette *présentation* de l'être *comme tel*, c'est-à-dire comme ce qui se dérobe, doit être fondamentalement comprise comme un *décèlement* de l'être. L'être, le fond informe abyssal de l'étant, qui est « anticipé » dans et par l'angoisse, est, en-effet, par là même extrait de sa retraite, décelé ; mais il est décelé comme ce qui se retire. Ce décèlement de l'être par la pensée, dans la mesure où il consiste à s'ouvrir à celui-ci *en tant* qu'il se dérobe, est nécessairement *latent*, c'est-à-dire implicite pour l'homme. L'homme a pour essence fondamentale d'avoir toujours déjà, *a priori*, dé-celé implicitement l'être comme tel, c'est-à-dire en tant qu'il demeure occulté ou celé, qu'il demeure *latent*, qu'il demeure en retrait dans l'étant. L'homme décèle l'être comme ce qui - demeurant en retrait, sous jacent, dans l'étant qui est perçu - se laisse pressentir à travers l'obscurité des sensations.

Or, ce travail de la pensée, latent dans le *Dasein*, de « présentation » de l'être comme tel, c'est-à-dire comme ce qui ne se donne qu'en se dérobant à travers l'obscurité du purement senti, se laisse connaître comme œuvre de *l'imagination transcendantale*. En effet, ainsi que l'établit *Kant et le problème de la métaphysique* compris jusqu'à son impensé – et sur la base de la « violence interprétative » par laquelle Heidegger s'approprie la

196. Sur ce point, cf. Françoise Dastur, *Heidegger et la question du temps*, P.UF. Paris, 1994, p. 51.
197. M ;Heidegger, *Etre et temps*, Gall. Paris, 1986, p. 237.
198. Ibid. Trad. Martineau, Authentica, 1985, p. 115.

Critique de la raison pure pour la mettre au service de l'analytique existentiale – l'angoisse est fondamentalement ce qui génère un travail de l'imagination pure par lequel s'opère dans le *Dasein* une *Darstellung* de l'être comme tel, c'est-à-dire en tant qu'il est cette altérité insondable qui ne se donne qu'en se retirant. L'imagination transcendantale, portée par l'angoisse, est ainsi ce par quoi le *Dasein* s'est toujours déjà présenté *implicitement* à lui-même, cette dimension cachée, dérobée, occultée derrière l'étant qu'est l'être, *comme telle.* L'imagination transcendantale est cette « spontanéité réceptive » pure, dans et par laquelle le *Dasein dévoile*, et ainsi se présente à lui-même de manière latente cette dimension occultée, retirée qu'est l'être. Elle est donc cette faculté dans et par laquelle seulement l'homme peut se définir en son essence même comme cet étant qui montre vers ce qui se retire. L'être, en tant qu'il ne se donne qu'en se dérobant, qu'en son absence, est l'objet propre de l'imagination transcendantale dans la mesure ou cette faculté a pour essence de suppléer à l'absence. L'homme est fondamentalement l'animal qui imagine, dans la mesure ou, par essence, il est ouvert à ce qui se dérobe dans l'absence. En même temps, à travers ce travail de l'imagination il se laisse bel et bien, d'une certaine manière, *toucher* par l'être, qui est pressenti à travers l'obscurité des sensations. Ainsi l'imagination transcendantale est bien spontanéité *réceptive.*

On peut comprendre maintenant pourquoi l'anticipation de la mort dans l'angoisse, qui enveloppe la reprise de la *Geworfenheit*, est fondamentalement, et *en elle-même*, ouverture à l'être. Nous allons voir, en effet, pourquoi la mort recèle *en elle-même* l'« abri » de l'être. Dans la résolution devançante le *Dasein* anticipe dans l'angoisse comme *avenir* indépassable, aussi bien pour lui-même que pour l'ensemble des autres étants, le retour (dans et par la mort) à cet *en-deça* informe et insondable de tout étant qu'est l'être, lequel apparaît alors simultanément comme le *passé* d'où ils proviennent, et comme ce dont ils ont été expulsés ou expatriés par la naissance. Dans l'anticipation de la mort, le *Dasein* s'ouvre ainsi à l'étant dans son ensemble et à lui-même (en tant qu'il est situé au beau milieu de l'étant), comme se tenant toujours dans l'entre-deux entre génération et perdition [199]. Il s'ouvre à l'étant dans son ensemble - et simultanément à lui-même en tant qu'être jeté en son sein - comme ce qui provient du fond chaotique de l'étant et y retournera. Il s'ouvre aux étants - aux choses « discontinues », distinctes, et déterminées - comme provenant d'un fond indistinct sous jacent dans lequel ils reviendrons se perdre. Or, l'angoisse qui ouvre ainsi le *Dasein* à ce fond chaotique hétérogène et abyssal d'où tout provient et à quoi tout retourne, et qui ouvre à celui-ci en tant qu'il se dérobe, génère un travail *a priori* de l'imagination. En effet, le *Dasein*

199. Cf. M. Heidegger, *La parole d'Anaximandre*, in *Chemins*...Gall. Paris, 1980, p. 427. A rapprocher de *Etre et temps*, Gall. 1986, p. 438-439.

imagine spontanément à la racine du purement senti en son obscurité, c'est-à-dire en deçà du perçu, le fond informe hétérogène de l'étant qui ne se donne à lui qu'en se dérobant. Le *Dasein se présente ainsi à lui-même* implicitement et comme une dimension située en-deçà de l'obscurité du purement senti, le fond informe sous jacent et inapprochable à partir duquel se déploie l'étant. Ce faisant le *Dasein* accède à un point de vue « ex-centrique » sur lui-même : il se saisit à partir du « point de vue » insondable de l'être comme un être jeté dans le monde, c'est-à-dire comme « exilé » de la vérité de l'être. Or, le *Dasein* imagine cette dimension sous jacente qu'il rejoindra dans et par la mort, comme ce dont il provient par la naissance. Il imagine cette dimension comme cet avenir qui est fondamentalement son passé immémorial. Ainsi, *l'imagination transcendantale* ne fait qu'un avec la *mémoire originelle* en tant qu'articulation à l'immémorial. C'est pourquoi Heidegger pourra affirmer que « le savoir est la mémoire de l'être »[200]. A travers l'anticipation de la mort l'imagination transcendantale, qui est fondamentalement mémoire, nous renvoie à notre origine perdue *comme telle*, elle nous ouvre à la dimension immémoriale dont nous provenons par la naissance. C'est pourquoi, ainsi que le dit un aphorisme de Ernst Jünger, « la mort est notre plus lointain souvenir »[201].

L'être est imaginé, implicitement, *a priori* et à travers l'anticipation de la mort dans l'angoisse, comme cet en-deçà de l'étant dans son ensemble qui se laisse à peine pressentir à travers l'obscurité inconsciente des sensations. Il est ainsi anticipé par l'imagination et *à travers* l'anticipation de la mort, comme ce fond informe abyssal et hétérogène, comme cette immédiateté effrayante et *inapprochable*, d'où tout provient et à quoi tout retourne. Il est donc imaginé comme cette dimension immémoriale et étrangement inquiétante d'où nous provenons par la naissance et que nous rejoindrons dans la mort. Cette dimension Autre, hétérogène et chaotique, à la fois effrayante et fascinante qui constitue le fondement abyssal, éternel et inapprochable de tout ce qui est, qui n'est imaginé qu'à travers l'anticipation de la mort, et à laquelle le *Dasein* est fondamentalement ouvert par la transcendance qui le caractérise, est pour Heidegger *l'essence originelle du sacré*. Heidegger l'a appris de Hölderlin, la *terre* originellement comprise n'est rien d'autre, en son fond, que cette immédiateté abyssale et inapprochable qui est le *Chaos*, lequel, plus ancien que les dieux, constitue l'essence originelle du *sacré*. Toute autre conception du sacré est dérivée par rapport à celle-là. Ce que le penseur nomme l'être est cela même que le poète nomme le sacré. C'est pourquoi pensée et poésie renvoient l'une à

200. M. Heidegger, *La parole d'Anaximandre*, in *Chemins*… Gall. Paris, 1980. P. 420.
201. Ernst Jünger, *Aphorismes*, La Délirante, Paris, 1979, p. 79.

l'autre[202]. L'être auquel nous sommes en permanence et fondamentalement ouverts *a priori* par l'imagination est en effet pour nous *l'inapprochable*, le « sauf » qui se laisse pressentir, mais qui demeure cependant irrémédiablement séparé de nous, et qui ne s'ouvre qu'à travers l'anticipation de cette possibilité dernière et incommensurable de l'existence qu'est la mort. L'être est cette « immédiateté », cette indistinction, cette confusion originelle, ce « Simple » indécelable, d'où tout provient par la naissance et à quoi tout retourne dans la mort. Il est ce fond éternel de l'étant, cette origine de toute chose, qui, pour nous, comme pour tout étant (pour toute chose déterminée), demeure l'inapprochable, *l'impossible*, c'est-à-dire ce qui se tient nécessairement dans une distance infranchissable car il est ce qu'on ne peut rejoindre sans mourir. C'est en ce sens, nous le verrons plus loin, que la pensée de Heidegger est une pensée du *tragique*.

Kant a pressenti à travers sa doctrine du schématisme que l'imagination transcendantale constituait l'essence originelle de la *pensée* en tant qu'elle est fondamentalement pensée de l'être. Le schématisme réinterprété comme élaboration imaginative d'une « esquisse de l'être » en tant qu'il se dérobe fondamentalement, est en quelque sorte pour l'homme un substitut de l'*intuitus originarius* divin. L'être est cet irreprésentable, cet objet transcendantal = X, qui ne se donne dans l'angoisse qu'en se dérobant et qui doit ainsi être imaginé, anticipé, c'est-à-dire élaboré en esquisse, par cette faculté « poétifiante »[203] qu'est l'imagination transcendantale. L'imagination transcendantale est définie par Heidegger comme « une réceptivité pure se donnant à elle-même (spontanément) ce qui s'offre »[204]. L'être doit être imaginé *spontanément* en deçà de l'obscurité inconsciente du senti, comme ce qui ne s'offre à nous qu'en se dérobant, et ce, de manière à pouvoir alors être *reçu* comme tel. Il ne peut, en effet, être accueilli comme tel et présenté qu'en étant simultanément esquissé par anticipation par l'imagination poétifiante pure. La *pensée* humaine comprise en son sens originel, est par essence « poétifiante ». Elle a pour essence de produire une « élaboration imaginative » de l'être, c'est-à-dire de l'anticiper imaginativement, de manière a pouvoir y renvoyer et l'accueillir comme tel en son altérité effrayante même. C'est ce que montre un passage essentiel du *Nietzsche*[205], qui complète et éclaire de manière essentielle l'interprétation heideggerienne du schématisme.

L'imagination transcendantale « esquisse » cet en deçà abyssal et informe de l'étant qu'est l'être (c'est-à-dire la « matière » informe) comme

---

202. M. Heidegger, *Qu'est-ce que la métaphysique ?* Postface, in *Questions I*, Gall. Paris, 1976, p. 83.
203. Cf. M. Heidegger, *Nietzsche I*, Gall. Paris, 1980, p. 452-453.
204. M. Heidegger, *Kant et le problème de la métaphysique*, Gall. Paris, 1994 , p. 211.
205. Cf. *Nietzsche* I, P. 452-453.

ce qui se dérobe et *en tant* qu'il se dérobe, c'est-à-dire de manière totalement implicite ou encore latente pour le *Dasein*. Le *Dasein* se *présente* donc l'être à lui-même de manière implicite en l'imaginant en deçà de l'obscurité du purement senti. Il opère ainsi une *Darstellung* de l'être. Il décèle ou dévoile ainsi – mais *implicitement* – l'être, et il le dévoile *comme* ce qui demeure en retrait, c'est-à-dire voilé et sous jacent. Or, un tel décèlement de l'être comme cet objet transcendantal = X qui demeure en retrait, ou celé dans l'obscurité du purement senti, est cela même qui va constituer *l'horizon* propre à rendre possible *a priori* le *dévoilement* de l'étant en tant qu'étant c'est-à-dire la manifestation originelle de celui-ci comme tel dans la *perception*.

Kant et le problème de la métaphysique montre – à condition de le comprendre jusqu'à ce qui est demeuré impensé en lui – qu'une telle ouverture imaginative et implicite à cette dimension hétérogène qu'est l'être se tenant *en retrait* dans l'étant va jouer, pour le *Dasein* le rôle d'un horizon d'identification déployé à même le dispositif perceptif, dans et par lequel l'étant pourra, alors seulement, être *reçu*, *accueilli*, de manière à se montrer *comme étant* à travers les sens. Dans et par sa transcendance le *Dasein* se suscite donc à lui-même et *a priori* un vis à vis, qui va constituer un horizon de rencontre de l'étant en tant qu'étant. Imaginer comme telle cette dimension sous jacente, retirée et insondable qu'est l'être dans et par l'anticipation de la mort a pour effet de *projeter*, en même temps, en deçà de l'étant un horizon transcendantal de dévoilabilité de celui-ci dans son ensemble et comme tel. En effet, cette anticipation imaginative – à travers l'obscurité du senti – de *l'altérité* insondable de l'être (de l'obscurité indécelable de la matière) à partir d'où se déploie l'étant, est cela seul qui va permettre à l'étant de se montrer originellement comme tel c'est-à-dire en son *altérité* propre et en sa facticité, dans la *perception*. Cet horizon, qui en termes kantiens, permet de déployer a priori l'objectivité des objets, n'ouvre en lui-même à aucun étant, mais à ce que Kant appelle l'objet transcendantal = X. L'ouverture *a priori* du *Dasein* à l'être est, en effet, une ouverture à quelque chose qui n'est rien d'étant, rien de déterminé, qui est donc en quelque sorte un quelque chose = X, lequel va jouer le rôle d'un horizon de rencontre de l'étant. Cette ouverture *a priori* à l'objet transcendantal = X, qui n'est aucun étant mais, en quelque sorte un néant, est ce dans et par quoi le *Dasein* se présente à lui-même, se suscite à lui-même de manière imaginative, un pur horizon d'identification de l'étant. « L'X est ... ce qui d'avance constitue le dépassement de tous les objets possibles en tant qu'objets, l'horizon d'une ob-jection. Cet horizon n'est pas un objet mais un néant

»[206]. Or, cet horizon d'identification, pro-jeté par la transcendance du *Dasein*, et qui n'est en lui-même rien d'étant, est, nous l'avons vu, déployé *a priori* par *l'imagination transcendantale*. Celle-ci constitue en elle-même la *pensée* du *Dasein* dans sa forme la plus originaire. « L'imagination forme d'avance, préalablement à l'expérience de l'étant, la *vue* de l'horizon d'objectivité. Cette formation de la *vue* ... n'est pas seulement préalable à telle ou telle expérience de l'étant, elle précède d'emblée et à tout moment *toute expérience possible* de celui-ci ... c'est seulement à l'horizon de cette présence que telle ou telle « présence » d'objet peut se manifester »[207].

Dans la mesure où cette dimension abyssale qu'est l'être ne se donne qu'en se dérobant, elle doit être imaginée comme telle. L'imagination *crée spontanément*, c'est à dire produit par elle-même et sans le secours de l'expérience, ce pur horizon d'ob-jectivation, lequel joue alors le rôle d'une structure de *réceptivité* de l'étant comme tel déployée à même le dispositif perceptif. Il apparaît ainsi que l'imagination transcendantale rend possible un dévoilement de l'être *en son retrait même*, lequel rend à son tour possible un dévoilement de l'étant comme ce qui, au contraire, *se manifeste* et surgit hors de ce retrait.

La fonction de cet horizon d'ob-jectivation que le *Dasein* se suscite lui-même *a priori*, est donc de laisser venir à l'encontre l'étant dans son ensemble, de le laisser apparaître à travers les sens, sur fond de l'inquiétant abîme de l'être à partir d'où il se déploie et comme ce au milieu de quoi le *Dasein* se trouve jeté. Il apparaît alors que, dans et par la résolution devançante, le *Dasein*, qui anticipe de manière imaginative le fond chaotique et abyssal de l'être, ne se délivre pas seulement à lui-même la facticité de sa propre existence, mais qu'en même temps, il laisse faire encontre originellement à l'inquiétante étrangeté de l'étant dans son ensemble, c'est-à-dire du « monde sensible » au sein duquel il est jeté. L'ouverture du *Dasein* à sa propre finitude ne fait qu'un avec le déploiement, par l'imagination transcendantale de la connaissance ontologique, c'est-à-dire de l'horizon originel de dévoilement de l'étant dans son ensemble et comme tel. C'est très exactement cela et uniquement cela, que veut dire Heidegger dans cette phrase célèbre et si souvent citée du *Kantbuch* : « Nous n'avons même pas à nous interroger sur la relation de la compréhension de l'être à la finitude dans l'homme ; cette compréhension *est* elle-même l'essence la plus intime de la finitude »[208].

L'imagination transcendantale, qui présente implicitement au *Dasein*, à travers l'anticipation de la mort, l'effrayant abîme sur le fond

206. M. Heidegger, *Kant et le problème de la métaphysique*, Gall. Paris, 1977, p. 180.
207. Ibid. P. 190.
208. Op. Cit. p. 285

duquel se déploie l'étant, laisse alors venir celui-ci à l'encontre à travers la perception comme cette présence étrangement inquiétante, sans fond et « poussée à rien ». Le néant, imaginé *a priori* à travers l'obscurité du senti, comme en-deçà abyssal et hétérogène de l'étant et horizon d'apparition et d'identification de celui-ci, a pour fonction de présentifier originellement l'étant comme cette altérité inquiétante, qui se tient en soi-même et qui, se montrant à travers nos sens, nous fait face à partir du déjà-là de sa propre présence. L'horizon de rencontre de l'étant, déployé *a priori* à même l'obscurité sous jacente des sensations, a ainsi une dimension « prospective »[209]; il anticipe sur toute présence effective de l'étant. L'étant est anticipé a *priori* sur « fond » de ce « néant » abyssal et effrayant qu'est l'être à partir d'où il se déploie, et donc comme ce qui, *par contraste*, va pouvoir être *accueilli* et se montrer dans la perception comme *étant*, en sa facticité propre, comme ce qui existe ainsi de soi-même en tant que cet autre, qui déjà-là hors de nous, nous fait face. L'imagination transcendantale qui anticipe ce « néant » qu'est l'être déploie un pur horizon d'ob-jectivation qui *seul* permet alors à l'étant de se manifester originellement comme tel. En effet, « ce n'est que si cette ob-jectivation s'expose au néant et se tient en lui que l'acte de représenter peut, au sein de ce néant, nous laisser rencontrer ce qui, au lieu d'être le néant, est le non-néant, c'est-à-dire l'étant. Cette rencontre se réalise dès que l'étant se manifeste empiriquement »[210].

L'imagination transcendantale est une « anticipation de la perception » qui, pro-jetant a priori son horizon de rencontre de manière implicite à même le dispositif perceptif, laisse venir à l'encontre ce qui afflue dans la sensation *comme étant*. Elle laisse *a priori* se montrer ce qui est perçu comme pure présence reposant en elle-même, se déployant à partir d'elle-même et se manifestant ainsi à nous à partir de son propre quant à soi. Un tel horizon fait donc de la perception *le lieu* d'une intuition sensible empirique, c'est à dire d'une saisie immédiate de l'étant comme tel, à travers la manière dont il nous affecte. Il fait donc de la perception le lieu d'une *intuition réceptive*. L'imagination transcendantale constitue donc cette connaissance ontologique qui nous ouvre *a priori* un horizon de dévoilabilité de l'étant, propre à le laisser venir à l'encontre dans son ensemble et comme tel dans la perception, comme monde sensible étrangement inquiétant. Ainsi la pensée de l'être investit la perception humaine, qui puise à l'obscurité inconsciente des sensations, d'un sens ontologique fondamental. Le *Dasein* authentique n'accède à sa propre ipséité, qui est celle d'un étant jeté dans le monde et en projet, que dans la mesure où il laisse d'abord venir à l'encontre l'étant dans son ensemble, comme n'étant rien d'autre que le « monde sensible » originellement dévoilé

---

209. M. Heidegger, *Kant et le problème de la métaphysique*, Gall. Paris, 1994, p. 241.
210. Ibid. P. 131.

en son inquiétante étrangeté. Le monde perçu, ou encore sensible, lorsqu'il est regagné en l'inquiétante étrangeté de sa manifestation originelle, épuise donc le sens de ce que veut dire originellement « monde ». Si la métaphysique compose l'essence du *Dasein*, c'est en un sens originel et totalement opposé au sens traditionnel. Le *Dasein* ne passe au-delà (*méta*-) de l'étant tel qu'il lui est présent à travers la perception, que pour le regagner comme tel et s'ouvrir enfin alors à l'étrangeté de l'éclosion originelle de celui-ci, se déployant à partir et en direction de l'inquiétant abîme de l'être.

L'homme est le seul « animal méta-physique » parce que lui seul, dans et par l'anticipation de sa mort, passe au-delà (*méta*-) de tout étant vers le néant et revient à lui-même à partir de là, pour se délivrer originellement le pur « *Dass* » facticiel de sa propre existence, dans l'acte même où il se délivre à travers la perception la pure présence adverse et facticielle du monde comme ce au milieu de quoi il est jeté. L'homme est le seul animal qui ait cette capacité ek-statique de laisser venir à l'encontre l'étant dans son ensemble, comme ce qui se montre de soi-même à travers les sens et apparaît comme nous faisant face de partout en tant que nous sommes jetés en lui. Il est ainsi le seul à pouvoir se délivrer à lui-même le « faire face » effectif de toute chose, comme ce à quoi on ne peut jamais échapper. Ainsi que Jean Beaufret l'écrit dans *Kant et la notion de Darstellung* : « Plus originelle que toute antériorité est que déjà l'étant nous fait face de partout à partir de lui-même et ainsi apparaît, qu'il s'agisse des choses les plus proches ou de ce qui s'en éloigne à perte de vue dans l'ampleur ouverte d'un paysage où de nouveaux visages ne cessent de percer »[211]. Il y a donc, bel et bien, chez Heidegger une forme tout à fait spécifique de *phénoménologie de la perception*. Cependant le dévoilement de l'étant comme tel dans la perception ne relève pas d'une intentionnalité, d'une « visée » perceptive, mais, plus originellement, d'un *Begegnenlassen* porté par l'imagination transcendantale, qui, opère à même les sensations. L'intuition sensible de l'étant ne relève pas d'une visée perceptive, mais plus radicalement d'un *Begegnenlassen* qui, avant toute visée intentionnelle, laisse *implicitement* se montrer, laisse surgir de soi-même l'étant en sa présence « en chair et en os » *à travers* la perception. Le dévoilement originel de l'étant n'est donc pas opéré *par* la perception, mais il s'opère plutôt *à travers* elle, il la requiert comme moyen à son service.

La préoccupation affairée, qui se rapporte à l'étant dans l'usage et le maniement, est notre mode le plus courant d'ouverture à celui-ci, mais elle n'est pas le plus profond. Lorsque nous regagnons notre ouverture originelle à L'être, laquelle demeure le plus souvent en retrait, l'étant dans son ensemble se montre alors *originellement* à travers la perception qui puise à l'obscurité du purement senti, comme un monde sensible étrangement

211. Jean Beaufret, *Dialogue avec Heidegger II*, éd. De Minuit Paris 1977 p. 100.

inquiétant, se déployant à partir de l'inquiétant abîme de l'être. Cette ouverture originelle à l'inquiétante étrangeté de l'étant à travers la perception demeure habituellement *implicite* pour le *Dasein* qui, dans son existence quotidienne, s'ouvre au monde comme monde ambiant de la préoccupation affairée, c'est-à-dire comme complexe ustensilier. Mais cette ouverture originelle à l'inquiétante étrangeté du monde comme monde sensible dans lequel il nous revient d'être « incarné » est cependant ce sans quoi nous n'aurions pas du tout de monde. Bien qu'elle demeure en retrait, elle *précède* donc l'ouverture quotidienne du monde comme monde ambiant, qui est *dérivée* et elle la porte ainsi secrètement. Le monde, en l'inquiétante étrangeté de sa manifestation *originelle*, apparaît donc bien comme *monde sensible*, mais il n'est pas cependant un monde sensible en ceci qu'il se réduirait à ce que nous en percevons ; il est sensible, au contraire en ceci qu'il est toujours susceptible d'apparaître *à travers les sens*, mais à partir de soi, en son altérité propre comme telle. Nous ne percevons qu'une toute petite partie de ce qui est, cependant l'étant a ce caractère d'être toujours susceptible de se donner aux sens. L'étant ne se réduit en aucun cas au perçu, mais la perception est bien cependant le lieu de la manifestation originelle de l'étant tel qu'il est en soi. Mais quel est donc le statut de *l'étant* lorsqu'il est ainsi regagné, dans l'inquiétante étrangeté de sa manifestation *originelle*, à travers la perception ? Cette question est essentielle, et le sens profond de la connaissance ontologique propre au *Dasein*, qui est portée par l'imagination transcendantale, ne pourra être *pleinement* exhibé que lorsque nous aurons répondu à celle-ci.

Retrouver le statut *originel* de l'étant c'est, pour Heidegger, rétrocéder vers la conception grecque de l'étant Or, pour les Grecs *ta onta*, l'étant, doit fondamentalement et d'abord être compris comme *phénomène* au sens originel, comme *ta phaïnomena*. Voici, en effet, ce que Heidegger affirmera au cours des *Séminaires du Thor* : « ...traduire *ta onta* littéralement par *l'étant*, n'avance à rien. On n'a pas, par là débouché sur ce qu'est l'étant pour le Grec. Or ...il est *ta phaïnomena*, ce qui de soi-même se montre »[212]. Un tel sens originel de l'étant a été totalement oublié depuis la pensée grecque présocratique, de sorte que « personne encore n'a été à la hauteur de l'épreuve grecque de l'étant comme phénomène »[213]. Penser à nouveau l'étant comme phénomène (au sens grec et originel du terme) est donc une tâche qui appartient de manière *essentielle* à l'ontologie fondamentale.

---

212. M. Heidegger, *Séminaires du Thor*, in *Questions III et IV*, Paris, Gall. 1996, p. 416. Cf. aussi, *Introduction à la métaphysique*, Gall. Paris, 1980, p. 109.
213. Op. cit. p. 419.

C'est seulement en 1929 dans *Kant et le problème de la métaphysique* que Heidegger commence à accéder, sous l'impulsion de Kant, à une telle conception de l'étant comme phénomène. Voici, en effet, ce qu'il écrit : « Si la connaissance finie est une intuition réceptive, il faut que l'objet connaissable se montre de lui-même. Ce que la connaissance finie peut rendre manifeste est donc essentiellement un étant qui se montre, c'est-à-dire qui apparaît, un phénomène. Le terme de « phénomène » vise l'étant lui-même comme objet de la connaissance finie. Plus précisément : à la connaissance finie seule peut être donnée une réalité du type ob-jet (*Gegenstand*). Elle seule doit s'exposer à l'étant qui est déjà[214]. Or, qu'en est-il de ce sens grec, originel et inouï, de l'étant comme phénomène auquel Heidegger commence à accéder dans le *Kantbuch* ?

L'imagination transcendantale, nous l'avons montré, anticipe implicitement, à travers l'obscurité quasi inconsciente des sensations, l'altérité de ce fond informe et insondable, déchiré par des forces antagonistes d'où abonde inlassablement et « sans raison » toute venue en présence de l'étant. Or, à partir de là, elle laisse apparaître *originellement* l'étant en son *altérité* propre, dans la *perception*. Elle le laisse, en effet, apparaître comme ce qui ne se réduit pas à une présence « sous les yeux » et offrant un « visage », mais comme ce qui est fondamentalement porté par un pur afflux surabondant de présence puisant à cette dimension sous jacente insondable qu'est l'être. L'étant ne se montre, alors, pas seulement comme ayant une « grandeur extensive », une forme délimitée, mais comme ayant une « grandeur intensive », c'est-à-dire comme étant porté par la surabondance d'une puissance d'éclosion abyssale laquelle se laisse pressentir à travers l'intensité des sensations, à travers l'éclat et la brillance des couleurs, la singularité des bruits etc. L'imagination le laisse entrer en présence à partir d'une puissance d'éclosion insondable, et ainsi avec un caractère d'altérité irréductible.

Or, laisser l'étant se montrer comme recelant en lui une dimension sous jacente cachée, laquelle est le fond auquel puise « l'éclosion drue » qui en porte le déploiement, revient à le laisser se montrer comme ce qui *de soi-même éclot*, à partir de l'altérité retenue en elle-même de son propre fond abyssal. Cela revient à le laisser apparaître avec un élément essentiel de retrait en soi, de retenue, et donc à le délivrer purement et originellement à *l'encontre* comme ce qui, depuis soi-même et d'avance, entre en présence et s'étend devant nous. L'étant apparaît ainsi comme *antikeimenon*, c'est-à-dire comme ce qui, à partir de soi, d'avance, s'étend devant nous et se montre, dans une distance ouverte, en son altérité propre. Voici ce qu'écrit Heidegger à propos de l'*antikeimenon* dans le *Séminaire de Zähringen* : « ...*antikeimenon*...veut dire : à partir de soi, d'avance, s'étendre (« *von sich*

214. Cf. Op. Cit. Gall. Paris, 1994, p. 91-92.

aus schon vorliegen »). …L'*antikeimenon* se tient, c'est-à-dire s'étend (*liegt vor*) à partir de lui-même »[215]. Il apparaît donc comme nous faisant face de toute part, en se déployant « sans raison » à partir d'un fond insondable indistinct et caché, que l'obscurité confuse des sensations nous laisse seulement pressentir.

L'étant dans son ensemble se montre alors originellement, à travers nos sens, comme ce qui de soi-même éclot et nous fait ainsi face de toute part, en étant porté par un pur afflux de présence surabondant et insondable. Or, tel est le sens originel de l'étant comme *phénomène*. Que l'étant soit d'abord *pur* phénomène au sens grec et originel, ne signifie pas *seulement* qu'il se montre à nous de lui-même, en son altérité propre (qu'il soit *antikeimenon*), mais *simultanément* qu'il se montre comme se déployant à partir de l'hétérogénéité du fond chaotique abyssal de l'être, c'est-à-dire *sans fond* et *pour rien*. L'étant apparaît comme pur phénomène lorsqu'il se montre ainsi, en son inquiétante étrangeté, comme *pur déploiement de présence*, abyssale et « poussée à rien », c'est-à-dire comme épuisant son sens à *être*. L'étant est donc phénomène lorsqu'il apparaît – nous faisant face de toute part – comme pure éclosion qui se lève hors du retrait (se déployant à partir de la dimension abyssale de l'être). Et c'est à travers l'intensité des sensations - la brillance des couleurs, la singularité des bruits etc. - que se laisse pressentir la puissance d'éclosion cachée qui le porte. C'est à cette épreuve de l'étant comme pur phénomène qu'ouvrait le *thaumazein* grec, et c'est ce que regagne, de manière encore plus originelle, *l'angoisse* – qui porte et oriente le travail de l'imagination transcendantale – comme épreuve de l'inquiétante étrangeté du déploiement abyssal de l'étant en totalité.

L'étant originellement dévoilé comme *phénomène*, présente un double aspect. Ce double aspect est ce que Heidegger appelle, nous l'avons vu dans la première partie, « l'ambiguïté secrète de l'*on* ». En effet, il se caractérise pour une part par la présence, c'est-à-dire par l'*ousia* (et donc aussi par la forme, par l'*eidos*), mais il ne se *réduit* pas à cela. Il n'est pas seulement *ousia*, car sa venue en présence est *fondamentalement* portée par une puissance d'éclosion qui puise à une dimension d'absence retirée et insondable. Il ne réalise donc une *présence* (permanente et déterminée) que de manière *relative* et seulement *pour un temps*, car il provient d'un fond informe retiré auquel il retournera se perdre[216]. L'étant pensé originellement comme phénomène n'est donc pas seulement *ousia*, car, en même temps (et plus profondément), il *participe* du déploiement abyssal de l'être qui le porte. Pour Heidegger l'interprétation traditionnelle de l'étant comme pure et

---

215. Martin Heidegger, *Le séminaire de Zähringen*, in *Questions III et IV*, Gall. Paris, 1996, p. 480.

216. Cf. sur ce point, Martin Heidegger, *La parole d'Anaximandre*, in *Chemins*… Gall. Paris, 1980, p. 443.

simple *ousia* (ou *hupokeimenon*), n'est pas totalement inexacte, mais elle est *réductrice*. C'est en ce sens qu'elle est dérivée et non originaire. L'interprétation de l'étant comme *Vorhandene* réduit, en effet, le phénomène à ce qui n'est que l'un de ses aspects. Le phénomène (au sens originel) est l'étant regagné en son « ambiguïté duelle », ou encore en termes grammaticaux, pris en vue comme *participe*. Il apparaît donc que la pensée de l'étant comme phénomène apporte la réponse au questionnement heideggerien sur cette participation de l'étant à l'être (dont il se distingue cependant en même temps), qui est constitutive de la différence ontologique. On voit ainsi que la philosophie heideggerienne n'en reste pas à un perpétuel questionnement, mais qu'elle apporte bel et bien des réponses aux questions qu'elle soulève.

L'étant pensé de manière originelle est constitué de manière privilégiée – nous l'avons vu dans la première partie - par ce que nous appelons les *choses*[217]. Et les choses ne sont plus « insultées », nous le savons maintenant, lorsqu'elles ne sont plus réduites à leur caractère d'*ousia*, mais regagnées en l'« ambiguïté duelle » de leur manifestation originelle, c'est-à-dire considérées comme phénomènes. Or, il appartient à l'essence même du *Dasein* – en tant qu'il est le « là » de l'étant en son être - d'être ouvert aux choses comme telles. C'est pourquoi, pour Heidegger la question de l'essence de l'homme ne fait qu'un avec celle de l'essence des choses. Voici ce qu'il écrit à la fin de *Qu'est-ce qu'une chose ?* : « La question : Qu'est-ce qu'une chose ? est la question : Qui est l'homme ? Cela ne signifie pas que les choses se ramènent à un produit humain, mais cela veut dire au contraire : il faut comprendre l'homme comme celui qui depuis toujours saute par dessus les choses, mais de telle sorte que ce saut n'est possible qu'en tant que les choses s'offrent et ainsi restent précisément elles-mêmes »[218] Et c'est lorsqu'elles sont prises en vue originellement, c'est-à-dire comme phénomènes, que les choses restent ainsi en elles-mêmes.

Il nous est maintenant possible, sur la base des analyses précédentes, d'exhiber, dans toute sa portée, le travail de l'imagination transcendantale comme cette *connaissance ontologique originelle* de l'étant en son être, qu'il appartient à l'essence même du *Dasein* de déployer.

---

217. Cf. M. Heidegger, *L'origine de l'oeuvre d'art*, in *Chemins*..., Gall. Paris, 1980, p. 19 ; et *Qu'est-ce qu'une chose ?*, Gall. Paris, 1979, p. 13 et sq.
267. Op. cit. p. 249-250.

CHAPITRE IV

L'aletheia comme essence du Dasein

Le schématisme transcendantal – pensé à nouveaux frais sur la base d'une réinterprétation des anticipations de la perception – est d'abord un *décèlement*, implicite ou latent, de l'être en son retrait même, au moyen de l'imagination. L'être (la matière informe) est ainsi imaginé comme cette dimension hétérogène insaisissable et abyssale qui se tient en retrait et se dérobe en deçà des sensations, lesquelles le font seulement pressentir. Et ce dévoilement, nécessairement *latent* dans le *Dasein*, de l'être, à même l'obscurité quasi inconsciente des sensations, comme ce qui *se dérobe* et se retire, est ce qui, *simultanément*, va jouer le rôle d'un *horizon transcendantal* propre à *accueillir* originellement l'étant comme ce qui, *au contraire*, surgit quant à lui hors de ce retrait, apparaît de soi-même, et se montre ainsi en tant que *Phénomène*. L'imagination transcendantale qui anticipe l'être à même l'obscurité du senti rend donc *simultanément* possible un *double décèlement*. Ce double décèlement simultané, de l'être comme ce qui *demeure voilé*, et de l'étant dans son ensemble comme ce qui, au contraire, *se montre phénoménalement* en son altérité même à partir de ce voilement, de ce retrait, est l'essence la plus originelle de ce que Heidegger a nommé *dévoilement*, *Unverborgenheit*[219]. Heidegger utilise de nombreux termes pour désigner cette notion, essentielle dans sa pensée, de dévoilement (le mot *Entdecken* par exemple), mais le mot fondamental est *Unverborgenheit*. L'*Unverborgenheit*, compris en son essence originelle, est donc, à la fois, dévoilement de l'être *en son voilement même* à travers l'obscurité des sensations, *et* simultanément dévoilement de l'étant en totalité, dans la

219. Cf. M. Heidegger, *De l'essence de la vérité*, *Questions I*, Gall. Paris, 1976, p. 176.

perception, comme ce qui *se manifeste* en tant que *phénomène* à partir de ce retrait et comme ce au milieu de quoi l'homme est situé. L'*Unverborgenheit* est cette « non-occultation » de l'étant qui puise nécessairement à une *Verborgenheit* essentielle, en laquelle *se manifeste comme telle* l'occultation de l'être. C'est pourquoi : « le dévoilement a besoin de l'occultation ... la non-occultation a besoin de l'occultation ... comme de la réserve où puise pour ainsi dire le dévoilement »[220]. Or, ainsi que nous le verrons plus loin, par cette notion d'*Unverborgenheit* Heidegger se réapproprie ce que les Grecs avaient nommés *aletheia.* L'*Unverborgenheit* déployé par le schématisme transcendantal est, et n'est rien d'autre, que le *Da-sein* en l'homme. Dans les *Séminaires du Thor* Heidegger dira que ce dévoilement primaire de l'étant, qui est anté-prédicatif, consiste à rendre possible une *nomination* originelle de l'étant propre à le laisser apparaître en son altérité propre, laquelle précède aussi bien l'*Auslegung* immanente à la relation d'usage que et toute forme d'*énonciation* portant sur lui[221]. Ce pouvoir de nomination de l'étant, porté par l'imagination, qui le laisse d'abord apparaître comme tel, est ainsi l'essence originelle de la langue toujours déjà oubliée dans l'existence quotidienne dominée par l'énonciation et que la poésie a pour essence de retrouver.

L'*Unverborgenheit* – qui constitue la connaissance ontologique propre au *Dasein* – n'est rien d'autre que l'essence même de ce qui par la suite prendra le nom de *vérité.* La vérité, nous l'avons vu plus haut, est définie traditionnellement par l'accord ou encore la concordance (l'adéquation) de la représentation avec l'étant sur lequel elle porte. La représentation est elle-même conçue comme un enchaînement d'énoncés, de jugements, portant sur l'étant pré-donné. Cependant, pour que les énoncés puissent se régler sur l'étant pré-donné en sa subsistance (*Vorhandenheit*), il faut bien que celui-ci ait *déjà* été dévoilé comme tel. Pour que la représentation puisse s'accorder avec l'étant et ainsi le représenter tel qu'il est sous tel ou tel aspect, il faut bien qu'il ait été originellement arraché à l'occultation, décelé en tant qu'étant. L'*Unverborgenheit* est ce décèlement originel de l'étant *en tant qu'il est et tel qu'il est,* qui précède radicalement tout autre mode de dévoilement de celui-ci. Toute représentation ultérieure de l'étant, qu'elle soit philosophique ou scientifique suppose le dévoilement primaire de celui-ci en son « ambiguïté duelle », c'est-à-dire comme ce qui se manifeste d'abord dans la perception – laquelle puise à l'obscurité du purement senti – à partir de cette inquiétante dimension de retrait et d'altérité qu'est l'être. L'*Unverborgenheit* est donc le sens originel de la vérité ; plus précisément encore, il est le sens originel de ce qui *ultérieurement* sera nommé vérité, car sans ce dévoilement primaire de l'étant en son être à

220. M. Heidegger, *Logos*, in *Essais et conférences*, Gall. Paris, 1976, p. 267.
221. M. Heidegger, *Séminaires du Thor*, in *Questions III et IV*, Paris, Gall. 1996 , p. 417.

même le dispositif perceptif la notion même de vérité (*veritas*, *Wahrheit*) n'existerait pas. Tout effort pour représenter adéquatement l'étant suppose, en effet, le dévoilement primaire de celui-ci comme tel. Il est donc nécessaire de « ...dire l'*essence* de la vérité dans le mot : *Unverborgenheit* »[222].

S'il est vrai que l'être même du *Dasein* doit être compris à partir de l'*Unverborgenheit*, cela signifie alors que celui-ci est fondamentalement *dans la vérité*. Ainsi que l'affirme *Etre et temps* : « Le *Dasein* est « dans la vérité » »[223]. Il est structurellement « ouvert » au monde comme tel et à lui-même comme être au monde. Et c'est précisément parce qu'il est ainsi dans la vérité, qu'il peut être la proie de l'erreur et de l'illusion. C'est parce qu'il est fondamentalement dans la vérité, qu'il peut être dans la non-vérité, ce qui arrive le plus souvent. Cela signifie alors que « Le *Dasein* est cooriginalement dans la vérité et dans la non-vérité »[224]. C'est dans la mesure où le *Dasein* est fondamentalement dans la vérité que la possibilité de l'inauthenticité, de la déchéance, lui appartient de manière tout aussi essentielle. Dans la mesure où le dévoilement est à la fois dévoilement de l'être *et* dévoilement de l'étant, il a, nous l'avons vu, un double sens. La vérité pensée en son sens originel a donc un sens « ontico-ontologique ». Elle est à la fois vérité de l'être, c'est-à-dire vérité ontologique et vérité de l'étant, c'est-à-dire vérité ontique. Cette vérité « ontico-ontologique », qui précède le sens de la vérité comme accord ou concordance de la proposition avec l'étant, est donc le sens originel et antéprédicatif de la vérité. Voici ce qu'écrit Heidegger dans *Ce qui fait l'être-essentiel d'un fondement ou « raison »* : « La vérité de la proposition est enracinée dans une vérité (une mise à découvert) *plus haute en origine*, dans un état manifeste de *l'étant* qui est anté-prédicatif, et que nous appellerons *vérité ontique* »[225]. Et il ajoute un peu plus loin : « C'est seulement parce que *l'être* est dévoilé qu'il devient possible à l'étant de se manifester. Ce dévoilement entendu comme vérité sur l'être, tel est ce que nous désignons du nom de *vérité ontologique* »[226]. La vérité comprise en son sens originel comme *Unverborgenheit* a donc bien un double sens simultané, c'est-à-dire un sens « ontico-ontologique ». Ce point est confirmé dans *Kant et le problème de la métaphysique*, où Heidegger écrit que « ...la vérité...doit être entendue à la fois comme dévoilement de l'être et comme caractère manifeste de l'étant »[227].

La vérité originelle, comprise comme *Unverborgenheit*, présente fondamentalement et nécessairement ce sens double, parce qu'elle constitue

---

222. M. Heidegger, *L'origine de l'œuvre d'art*, in *Chemins...*, Paris, Gall., 1980, p. 55.
223. Op. cit. P. 272.
224. Op. cit. p. 274.
225. Op. cit. in *Questions I*, Gall. Paris, 1976, p. 96.
226. Ibid. p. 97.
227. Op. cit. Gall. Paris, 1994, p. 180.

l'ouverture originelle de l'homme à l'être en tant que celui-ci est et n'est rien d'autre que l'être *de l'étant*. C'est dans la mesure où la pensée de l'être doit être comprise comme une pensée « ontico-ontologique » du déploiement duplice de l'être et de l'étant, c'est-à-dire de la différence ontologique, que l'ouverture de l'homme à l'être, l'*Unverborgenheit*, a nécessairement elle-même un tel sens « ontico-ontologique ». Le *Dasein* est, en quelque sorte la « réplique existante » du déploiement duplice de l'être et de l'étant, c'est-à-dire de la différence ontologique, de cette solidarité totale de l'être et de l'étant dans leur différence même. Voici ce qu'écrit Heidegger dans *Ce qui fait l'être-essentiel d'un fondement ou « raison »* : « Vérité ontique et vérité ontologique concernent chacune différemment *l'étant dans* son être et *l'être de* l'étant. Elles forment un tout essentiellement solidaire, en raison de leur rapport avec la *différence entre l'être et l'étant* (différence ontologique). Avec cette inévitable bifurcation en ontique et ontologique, l'essence de la vérité comme telle n'est possible que dans l'éclosion simultanée de cette différence. Si par ailleurs, la marque distinctive du *Dasein* tient à ce que c'est en comprenant l'être qu'il a rapport avec l'étant, il faut alors que *le* « pouvoir différencier », par lequel la différence ontologique devient effective, ait enraciné sa propre possibilité jusque dans l'essence du *Dasein*. C'est ce fondement de la différence ontologique que nous désignons...comme la *transcendance* du *Dasein* »[228]. Ce sens fondamentalement double de la vérité originelle, porté par la transcendance du *Dasein*, confirme *définitivement* la justesse de notre interprétation du questionnement ontologique heideggerien comme questionnement sur le sens originel de l'être comme *être de l'étant*. Or, nous connaissons maintenant le sens profond de la différence ontologique.

En effet, nous savons ce qu'il en est de la différence ontologique parce que nous connaissons maintenant – dans une certaine mesure – la réponse à la question de l'être en tant qu'elle enveloppe fondamentalement celle du sens originel de l'étant. Nous avons établi, en effet, que, pensé en son sens originel, l'étant est et n'est rien d'autre que l'étant *phénoménal* qui se manifeste à travers la *perception*. L'être, cet Autre de l'étant qui en est cependant totalement solidaire, apparaît alors comme l'altérité insondable et effrayante de la matière, informe et inapprochable, qui constitue le fond retiré de l'étant phénoménal, c'est-à-dire du monde sensible. Le mystère de l'être est donc un mystère en pleine lumière. C'est celui de l'étrangeté *intrinsèque* du monde sensible – du monde des *choses* - en tant qu'il est insondable et incommensurable parce qu'il se déploie dans et par l'opacité abyssale et indécelable de la terre c'est-à-dire dans l'immanence même du chaos, de l'« illimité ». La différence ontologique exhibe donc cette *hétérogénéité* inhérente au monde, en tant qu'il se déploie (comme ensemble

228. Op. cit. in *Questions I*, Paris, Gall. P. 100.

d'étants distincts et déterminés) à partir d'un fond informe retiré ; hétérogénéité à laquelle nous sommes *a priori* et implicitement ouverts par les « anticipations de la perception » portées par l'imagination. L'*Unverborgenheit*, portée par l'angoisse et déployée par l'imagination transcendantale à même le dispositif perceptif, nous a ainsi toujours déjà ouverts à la *vérité originelle* du monde, c'est-à-dire à ce mystère en pleine lumière qu'est le règne – étrangement inquiétant – de la présence insondable et incommensurable du monde sensible phénoménal se déployant sans fond et pour rien. Tel est le sens plein et entier de ce que la conférence *Qu'est-ce que la métaphysique ?* ne faisait encore qu'esquisser de manière insuffisante.

Le sens originel de la vérité comme dévoilement, comme *Unverborgenheit* avait été compris par les Grecs bien qu'ils ne l'aient pas suffisamment médité. En effet, ce que nous nommons vérité (*veritas*, *Wahrheit*) se dit en grec *aletheia*, c'est-à-dire, dé-cèlement, non-occultation. Or, lorsqu'on traduit *aletheia* par vérité, en croyant donner ainsi une traduction exacte, le sens et la force élémentaire de ce mot sont totalement aplatis. Voici ce qu'écrit Heidegger à ce propos dans *Etre et temps* : « La traduction par le mot vérité bouche le sens de ce que les Grecs, dans leur entendre pré-philosophique, mettaient « tout naturellement » à la base de l'emploi terminologique d'*aletheia* »[229]. Ce n'est pas, en effet, à partir du mot « vérité », qu'il faut comprendre ce que les Grecs ont nommé *aletheia*, mais c'est à l'inverse à partir de l'*aletheia*, comme *décèlement* de l'étant en son être qu'il faut penser l'essence *originelle* de ce qui à partir de l'époque romaine se nommera *veritas*. C'est pourquoi : « il faut penser la vérité au sens de l'essence du vrai. Nous la pensons à partir de la recollection du mot grec *aletheia* en tant qu'il désigne l'être à découvert de l'étant »[230].

Le mot grec *a-letheia*, qui a un sens privatif, doit être compris comme « non-latence » ou encore « non-voilement ». Cette expression privative signifie que le dévoilement de l'étant, la non-occultation de celui-ci, doit puiser à un retrait essentiel, à une latence dans et par laquelle l'être se montre d'abord *comme ce qui se dérobe ou se voile*. Il est dans le *Dasein* une ouverture *a priori* « oubliée », c'est-à-dire latente, implicite, à l'être en tant qu'il se dérobe, qui rend simultanément possible un décèlement de l'étant dans son ensemble comme ce qui, au contraire, surgit hors de ce retrait. Voici, en effet, ce qui est requis, selon Heidegger, pour que le sens profond de la notion d'*aletheia* puisse être compris : « nécessaire…est une appréciation de ce que l'essence « privative » de l'*aletheia* contient de positif. Ce contenu positif doit être, en premier lieu, appréhendé comme le trait fondamental de l'être lui-même »[231]. Cela signifie que la *léthé* à laquelle

229. Op. cit. Paris, Gall. 1986, p. 271.
230. M. Heidegger, *L'origine de l'oeuvre d'art*, in *Chemins…*, Gall. Paris, 1980, p. 55.
231. *La doctrine platonicienne de la vérité*, in *Questions II*, Gall. Paris, 1977, p. 163.

puise l'*aletheia* doit être pensée *positivement* : elle n'est pas seulement un voilement de l'être qui se retire dans la latence, mais bien un *dévoilement* « positif » de celui-ci *comme* ce qui se voile. Elle est un décèlement de l'être en tant qu'il s'occulte, c'est-à-dire un décèlement occulte, latent, de celui-ci dans le *Dasein*. C'est pourquoi « l'*aletheia* est, comme le dit son nom, non une pure ouverture, mais le dévoilement *de* l'occultation »[232]. Et c'est pour cette raison que la *léthé* de l'*aletheia*, est le *cœur* de celle-ci[233].

Cette notion grecque de l'*aletheia*, telle que Heidegger l'interprète, ne sera cependant pleinement comprise que lorsqu'on aura exhibé le rapport *essentiel* et *indissoluble* qu'elle entretient avec la *perception*, et donc avec le « monde sensible » comme tel. Ce rapport *essentiel* et *indissoluble*, qui élimine tout horizon théologique de la pensée heideggerienne, est, nous allons le voir, clairement mis à jour par Heidegger, mais il semble aussi parfois « oublié ». Cet « oubli » est fondamentalement lié à l'impensé de Heidegger. L'*aletheia* doit être pensée, nous l'avons vu, à partir de la *léthé* qui en constitue le cœur. Elle est *d'abord* ce dévoilement, implicite pour le *Dasein*, de l'être en son retrait ou en sa latence. Or, ainsi que le montre *L'origine de l'œuvre d'art*, la *léthé* de l'*aletheia* ouvre à la *terre*, pour la déceler comme telle, c'est-à-dire comme ce qui demeure indécelable. Cela signifie que l'*aletheia* n'est rien d'autre que le dévoilement, latent ou occulté dans le *Dasein*, du fond chaotique, abyssal et « béant », de l'étant dans son ensemble. Cette relation *indissoluble* entre la *léthé* à laquelle puise *l'aletheia* et le fond « matériel » déchiré en lui-même, chaotique d'où se déploie l'étant en totalité est affirmée dans un passage essentiel du *Nietzsche*. Voici, en effet, ce qu'écrit Heidegger : « Chaos, *Chaos*, *Chaïno*, signifie le bâillement, le béant, ce qui se fend en deux. Nous entendons *Chaos* en étroite connexion avec une interprétation originelle de l'*aletheia* en tant que *l'abîme qui s'ouvre* (cf. Hésiode, *Théogonie*) »[234]. Et il faut comprendre à partir de là, que l'*aletheia* est ce décèlement du fond chaotique de l'étant, qui anticipe celui-ci comme ce qui se tient en retrait, en-deçà de l'obscurité des sensations, en-deçà du purement senti, en deçà « de toute sensibilisation ». Or, un tel décèlement du fond chaotique, anticipé en deçà de l'obscurité du senti, de toute sensibilité, est cela même qui va ouvrir fondamentalement et *originellement* l'horizon de toute *perceptibilité*, de toute *visibilité* de l'étant dans son ensemble *comme tel*, c'est-à-dire en tant que *phénomène*. Voici en effet ce qu'affirme Heidegger dans un texte écrit à l'occasion d'un voyage en Grèce et intitulé *Séjours* : « Faire l'épreuve du séjour dans l'*aletheia* et

---

232. GA, t. 55, p. 175. Cité in Marlène Zarader, *Heidegger et les paroles de l'origines*, Vrin, Paris, 1986, p. 64.
233. Cf. *La fin de la philosophie et le tournant*, in *Questions III et IV*, Gall. Paris, 1996, p. 303.
234. Op. cit. T. I, Gall. Paris, 1980, p. 274.

éprouver celle-ci comme ce qui accorde séjour consiste à apercevoir ce qu'elle a d'invisible comme ce qui est invisible en toute chose, ce qui seul doue chaque étant qui entre en présence de visibilité et de perceptibilité et l'y maintient, apercevoir cet invisible qui, en tant qu'abri d'où se déclôt l'étant, s'abstient de toute sensibilisation »[235]. L'*aletheia* est donc une ouverture *a priori* à cet invisible situé en deçà du sensible, qui a pour essence propre d'ouvrir alors originellement l'horizon, l'éclaircie, rendant possible toute *perceptibilité* de l'étant comme tel. On ne saurait mieux dire que l'*aletheia* est, et n'est rien d'autre, que le dévoilement originel du monde comme monde sensible ou « perceptible » et en tant qu'il puise à l'inquiétante étrangeté invisible d'un fond chaotique abyssal.

L'essence de l'*aletheia* doit ainsi être comprise comme un « ...jeu adverse...entre éclaircie et réserve »[236]. Elle est, pour le *Dasein*, cette ouverture nécessairement latente, à « la dissimulation de ce qui est obnubilé »[237]. L'« éclaircie » dans laquelle l'étant peut seulement se montrer est en effet, ordonnée à une réserve essentielle à laquelle elle puise. « Dans le cercle immédiat de l'étant qui nous entoure, nous nous croyons chez nous. L'étant y est familier, solide, assuré. Néanmoins, une perpétuelle réserve court à travers l'éclaircie...L'assuré, au fond, n'est pas assuré ; il n'est pas rassurant du tout »[238]. L'*aletheia* dit, par conséquent, l'essence originelle du dévoilement *dans son sens double*, c'est-à-dire comme ce dévoilement du fond chaotique effrayant de l'être en sa latence même, sur la base duquel est rendu possible le dévoilement originel de l'étant comme ce qui apparaît, en son inquiétante étrangeté, à travers les sens à partir de ce retrait. Ce qu'est fondamentalement l'*aletheia* a été clairement exhibé dans *Séjours*. Ce texte n'est pas le récit d'un voyage en Grèce, mais bien une méditation unique de l'*aletheia*, qui est fondamentalement pensée dans le rapport *Délos* (l'é-vidente) / *Aphaïa* (la non-apparaissante). L'*aletheia* est cet horizon *a priori* de dévoilement de l'étant, cette ouverture du champ de toute visibilité de l'étant comme tel, ou encore cette é-vidence dans laquelle l'étant peut seulement apparaître, laquelle est fondamentalement *ordonnée* à une dimension non-apparaissante et sous jacente. Le champ de toute visibilité de l'étant comme tel qu'ouvre l'*aletheia* se « découpe » fondamentalement sur le fond d'une ouverture première à la dimension retirée, obscure et invisible de l'être. Cette dimension obscure et retirée est ce qui « borde » fondamentalement le champ de la perceptibilité. L'ouverture de l'Ouvert est fondamentalement ordonnée à une dimension refermée qui la fonde et la « borde ».

---

235. M. Heidegger, *Séjours*, Editions du Rocher, 1992, P. 57.
236. *L'origine de l'œuvre d'art*, in *Chemins...*, Gall. Paris, 1980, p. 60.
237. *De l'essence de la vérité*, in *Questions I*, Gall. Paris, 1976, p. 183.
238. *L'origine de l'œuvre d'art*, in *Chemins...*, Gall. Paris, 1980, p. 59.

Or, les Grecs se mouvaient « tout naturellement » dans cette essence originelle de la vérité en tant que dévoilement, bien qu'ils ne l'aie jamais thématisée. C'est sur cette base qu'ils conçoivent le *noein* et le *logos* ainsi que nous le verrons plus loin. C'est, en effet, à partir de l'*aletheia* qu'il faut comprendre le sens du fragment III de Parménide (*to gar auto noein estin te kaï einai*), qui signifie que la pensée se définit fondamentalement par ceci qu'elle est dévoilement de l'être de l'étant. La conception heideggerienne de la pensée originelle comme imagination transcendantale – laquelle est cette « spontanéité réceptive » qui a pour essence de déceler l'être *a priori*, en tant qu'il se dérobe et de le présenter comme tel – procède d'un effort pour exhiber le sens et les conditions de possibilité de ce qu'affirme le fragment III de Parménide. C'est aussi à partir de ce sens originel de l'*aletheia* qu'il faut comprendre l'affirmation d'Aristote, dans le *De anima*, suivant laquelle « la *psuché* est d'une certaine manière tous les étants »[239]. Cette proposition signifie selon Heidegger que « l'« âme » qui constitue l'être de l'homme, dévoile…tout étant par rapport au fait qu'il soit et par rapport à son être tel, c'est-à-dire le dévoile toujours aussi dans son être »[240]. A travers cette proposition Aristote esquisse une conception de la *psuché* qui approche ce que Heidegger nommera *Dasein*.

Si les Grecs se « tenaient » dans cette essence originelle de la vérité, ils ne l'ont cependant pas *thématisée* comme telle. « L'essence de la vérité en tant qu'*aletheia* reste impensée dans la pensée grecque et, plus encore dans la pensée qui lui succède. L'être à découvert est, pour la pensée, ce qu'il y a de plus clos dans le *Dasein* grec, mais, simultanément, ce qui y est présent dès son aurore »[241]. Conformément à l'orientation de la pensée grecque qui tend à penser l'être comme pure présence (comme présence constante), l'*aletheia* sera très vite conçue comme pure et simple ouverture à la présence, comme « ouvert sans retrait ». Le retrait essentiel à laquelle elle puise sera ainsi oublié. Très vite la vérité sera alors conçue comme justesse de la représentation qui s'ouvre à la pleine présence de l'étant. C'est pourquoi, Platon et Aristote ne demeureront pas à la hauteur du sens originel de la vérité, tel qu'il se manifeste dans le mot grec *aletheia*, et tel que l'avaient compris les Présocratiques, mais ils vont initier la conception ultérieure de celle-ci comme concordance parfaite de la représentation et des choses. En concevant le sens originel de la vérité comme *Unverborgenheit* sur la base de l'imagination transcendantale, Heidegger se réapproprie donc l'*aletheia* des Grecs, mais de telle manière qu'il la *fonde* et la *pense*, enfin, ainsi de manière radicale.

239. Cf. Aristote, *De anima*, III, 8, 431 b 21.
240. M. Heidegger, *Etre et temps*, Gall. Paris, 1986, p. 38.
241. M. Heidegger, *L'origine de l'oeuvre d'art*, in *Chemins…*, Gall. Paris, 1980 , p. 55.

Il apparaît alors que le *Dasein* doit être fondamentalement compris à partir de la notion d'*aletheia* elle-même prise en vue comme *Unverborgenheit*. Le *Dasein* a donc pour essence même de « se tenir » dans l'*aletheia*, dans l'être à découvert de l'étant dans son ensemble se déployant à partir du retrait de l'être. C'est bien ce qu'affirme Heidegger dans sa première lettre à Jean Beaufret. Voici, en effet, ce qu'il écrit : «« *Da-sein* » est un mot clef de ma pensée, aussi donne-t-il lieu à de graves erreurs d'interprétation. « *Da-sein* » ne signifie pas tellement pour moi « *me voilà !* », mais, si je puis m'exprimer en un français sans doute impossible : *être le-là* et *le-là* est précisément *Aletheia* : décèlement – ouverture »[242]. Ainsi que le dit François Vezin, qui commente ce texte dans la Postface qu'il a joint à sa traduction de *Aufenthalte*, « on ne saurait établir plus clairement la connexion entre *Aletheia* et *Dasein* »[243]. Cette connexion est telle que c'est seulement à partir de la notion d'*aletheia* que celle de *Dasein* en vient à s'éclairer véritablement. Cette notion de l'*aletheia* est, en effet, encore plus originelle et fondamentale, dans la pensée de Heidegger, que celle de *Dasein*. C'est au fil conducteur d'une réflexion sur le sens de l'être comme *alethes* et *pseudos* chez Aristote, que Heidegger parvint à saisir le sens originel de l'*aletheia*. Or, c'est au service d'une tentative pour concevoir alors la *psuché*, la pensée humaine, l'âme, comme ouverture à l'*aletheia*, comme « se tenir » dans le dévoilement, que Heidegger forgea son concept du *Dasein*. L'interprétation Heideggerienne du sens originel de l'*aletheia* grecque comme *Unverborgenheit* ou encore comme *Entdecken* (découverte) est donc ce sans quoi le concept de *Dasein* ne peut en aucune manière être compris dans la plénitude de son sens. C'est pourquoi la notion de dévoilement ou de « découverte » (*das Entdecken*) est présente dès les premières analyses de *Sein und Zeit*. Cependant, dans *Sein und Zeit* la question de la vérité et celle du sens originel de celle-ci comme *aletheia* ne sont abordées *thématiquement* qu'au paragraphe 44 ! C'est pourquoi l'accès au traité de 1927 est si difficile.

S'il est vrai que *l'aletheia* constitue l'essence même du *Dasein*, il faut comprendre alors, et ainsi que nous l'avions déjà suggéré, que c'est bien exclusivement à partir de celle-ci qu'il faut penser le « monde » comme existential *fondamental* et prioritaire du *Dasein*. Le « monde », comme existential, appartient, en effet, au *Dasein* sans que cela ait un sens idéaliste. Le *Dasein* « institue » d'une certaine manière le monde : il l'« imagine » par anticipation en sa structure d'être, il le configure ainsi « spontanément » et *a priori*, mais de manière à lui laisser faire encontre, à l'accueillir *comme tel*, bref à le dévoiler. Le *Dasein* a ainsi pour essence de se tenir toujours *a priori*

---

242. M. Heidegger, *Lettre à monsieur Beaufret*, in *Lettre sur l'humanisme*, Aubier, 1977, Paris, p. 183-184.
243. M. Heidegger, *Séjours*, Editions du Rocher 1992, Postface de François Vezin, p. 93.

dans un décèlement du monde comme tel et comme ce en quoi il se sent jeté. L'*aletheia*, pensée radicalement à partir de son enracinement dans l'imagination transcendantale et comprise dans la plénitude de son sens est donc l'essence même du *Dasein* comme *In-der-Welt-sein*. Le *Dasein* a pour essence même d'avoir toujours déjà esquissé, de manière imaginative, et ainsi anticipé pour la dévoiler, la structure d'être du monde comme monde sensible phénoménal se déployant à partir de son propre fond chaotique insondable.

Et l'*aletheia* n'est pas seulement, pour le *Dasein*, un dévoilement de l'inquiétante étrangeté de l'étant dans son ensemble, mais elle est *simultanément*, ce dans et par quoi il *se délivre* à lui-même l'inquiétante étrangeté de *sa propre présence* « jetée » au beau milieu de l'étant. Le *Dasein* accède ainsi *originellement* à lui-même non pas comme un étant subsistant et assuré de lui-même se rapportant « extérieurement » aux autres étants situés devant lui, et hors de lui, mais comme à cet étant facticiel et en projet, jeté au beau milieu de l'inquiétante étrangeté de l'étant dans son ensemble, lequel lui fait face de toute part. Le *Dasein* n'accède ainsi originellement à lui-même, et ne peut ainsi constituer une ipséité, que dans et par l'acte même par lequel il laisse venir à l'encontre l'étant en totalité en son altérité propre, comme ce au sein de quoi il est jeté. C'est en ce sens profond qu'il accède à lui-même comme étant *dans la vérité*.

Le fait que Heidegger pense l'homme comme *Dasein* à partir de l'*aletheia*, de l'*Unverborgenheit*, et donc comme un étant à qui il revient fondamentalement de « se tenir » dans la vérité originelle, n'implique cependant aucun privilège du comportement théorique, bien au contraire. En effet, l'*Unverborgenheit* devra être comprise comme cette ouverture *originelle* et non thématique à l'étant en son être qui porte et détermine secrètement, mais fondamentalement, *l'ensemble* des *comportements* du *Dasein*. L'*aletheia* est, en effet, ce qui est secrètement *mis en œuvre*, en permanence dans l'ensemble des comportements et des manières d'être du *Dasein*. Heidegger pense ainsi l'ouverture du *Dasein* à l'étant en son être, c'est-à-dire l'« être dans la vérité » de celui-ci, *en deçà* de la distinction du « théorique » et du « pratique ». Prendre en vue l'essence de l'homme comme être humain et non plus comme être vivant doté d'une faculté rationnelle (comme *animal rationale*) c'est donc expliciter l'ensemble de ses comportements, y compris et d'abord, son existence quotidienne la plus banale, comme mise en œuvre de *l'aletheia*. Pour comprendre cela il faut mesurer que le dévoilement quotidien du monde comme réseau ustensilier ayant le caractère de la *Zuhandenheit* s'inscrit *toujours* dans le cadre plus vaste de l'*aletheia* sous sa forme originelle, c'est-à-dire dans le cadre du dévoilement originel du monde comme *phénomène*. Il y a nécessairement pour le *Dasein* un monde ambiant sur lequel l'habileté humaine a prise et qui *s'inscrit* cependant dans le cadre plus vaste de l'ouverture à l'inquiétante étrangeté du monde phénoménal insondable et incommensurable. Conformément à la conception grecque, les étants sont donc à la fois *pragmata* et *phaïnomena*. L'étant qui est dévoilé comme réseau ustensilier dans le cadre de la *Besorge*, est donc simultanément - et toujours déjà - dévoilé, *de manière implicite*, comme phénomène dans la perception, sur la base des anticipations de la perception. Il y a ainsi, nous allons essayer de l'expliciter, une double ouverture au monde, laquelle n'est cependant pas encore thématisée dans *Etre et temps*.

La perception des phénomènes comme tels n'est pas conçue par Heidegger à partir d'une visée intentionnelle, mais plus originellement sur la base d'un *Begegnenlassen implicite* et non thématique, qui opère à-même l'obscurité du senti. La perception de l'étant comme tel, qui puise à l'obscurité quasi inconsciente du purement senti, demeure ainsi en partie *implicite* et se tient pour une part en retrait dans le cadre même de la *Besorge*. Nous percevons, en effet, beaucoup plus que ce que nous visons intentionnellement, nous n'avons d'ailleurs même pas besoin de « viser » pour percevoir l'étant comme tel, et la perception se perd par degrés dans l'obscurité du purement senti. C'est pourquoi elle peut coïncider avec la *Besorge*. Cette articulation fondamentale de la perception, comme perception des phénomènes, et de la *Besorge*, est très clairement explicitée par Heidegger, dans un texte de 1934 où il évoque son existence à Todtnauberg au cœur de la Forêt Noire. Comme toujours chez Heidegger, ce texte n'a pas une simple portée autobiographique, mais il a une portée philosophique fondamentale. Après avoir décrit la « *Hütte* » et le cadre naturel majestueux dans lequel elle est située, il ajoute :

« Tel est mon univers de travail – du point de vue d'un observateur, visiteur ou vacancier. Moi-même à vrai dire je n'observe jamais le paysage. J'éprouve son changement d'heure en heure, le jour et la nuit, dans les grands essors et déclins des saisons. La pesanteur des montagnes et leur dure roche immémoriale, la prudente croissance des sapins, la splendeur lumineuse et modeste des prés en fleur, le mugissement du torrent dans l'immense nuit d'automne, la rigoureuse simplicité des étendues recouvertes de neige épaisse – tout cela glisse et pénètre dans l'existence quotidienne là-haut et y demeure en suspens. Non pas dans les instants calculés d'une jouissance où l'on s'abîmerait et d'une artificielle identification, mais seulement quand le *Dasein* est à son *travail*. C'est *seulement* le travail qui *ouvre* la place à cette réalité effective de la montagne. La marche du travail demeure insérée dans ce qui dans cette contrée advient »[244].

---

244. M. Heidegger, *Pourquoi restons nous en province ?* in *L'Herne*, *Martin Heidegger*, Paris, 1983, p. 23.

En dépit des apparences, ce texte ne disqualifie pas la perception au profit du travail comme mode d'accès originel à l'étant. Il invite, en premier lieu, à penser la perception humaine de l'étant de manière *originelle*, c'est-à-dire non pas comme une *observation*, mais sur la base des sensations qui laissent implicitement faire encontre à la présence insondable et à la puissance d'éclosion de l'étant en son être. Il conduit ainsi à penser la perception à partir des « anticipations de la perception » et il montre alors que c'est dans le cadre même de la *Besorge* qu'elle nous délivre l'étant en sa manifestation phénoménale originelle. La *Besorge* est en quelque sorte portée et « dépassée » de l'intérieur par le dévoilement primaire du monde phénoménal à travers les sensations. Au sein même de la préoccupation affairée, le *Dasein éprouve*, en effet, « la pesanteur des montagnes » ainsi que « la prudente croissance des sapins », tandis que se laisse *entendre* « le mugissement du torrent » et que se *montrent* « la splendeur lumineuse des près en fleur » ou les « étendues recouvertes de neige épaisse. » La puissance d'éclosion de l'étant dans son ensemble puisant à l'obscurité abyssale et immémoriale de la *terre* se dévoile donc bien *dans* la perception et cependant *à travers* la *Besorge*.

On peut comprendre alors que l'existence authentique du *Dasein*, dans l'ouverture à l'inquiétante étrangeté des phénomènes, puisse s'enraciner dans la préoccupation affairée dont elle émerge en même temps. L'existence authentique peut-elle, cependant, être assumée en permanence ? La pensée de Heidegger ne semble pas tranchée sur ce point. Il lui est arrivé de dire que l'existence authentique - qui enveloppe une épreuve de la finitude radicale – représentait une hauteur sur laquelle le *Dasein* ne pouvait se tenir en permanence. Voici, en effet, ce qu'il affirmait à Davos, en 1929, lors de son débat avec Cassirer : « La forme la plus haute de l'existence du *Dasein* ne se laisse ramener, dans toute cette durée du *Dasein* qui s'étend entre la vie et la mort, qu'à un très petit nombre de rares instants. En d'autres termes, ce n'est qu'en de rares instants que l'homme existe à la pointe de ses propres possibilités ; en dehors de ces instants, il ne fait que se mouvoir au milieu de son étant »[245].

245. E. Cassirer et M. Heidegger, *Débat sur le kantisme et la philosophie*, Beauchesne, Paris, 1972, p. 45.

Au terme de cette présentation du sens impensé des premiers développement de la pensée de Heidegger, entre 1927 et 1929, il apparaît que celle-ci s'oriente dès le début – encore obscurément mais pourtant *fondamentalement* - vers une pensée de l'être comme n'étant rien d'autre que cette dimension chaotique insondable dans et par laquelle *le monde*, comme monde sensible ou phénoménal, se déploie. Heidegger pense ainsi l'étant comme étant toujours susceptible d'apparaître, de se manifester, de se donner dans et par les sens. Le monde semble donc pensé, d'emblée, comme n'étant rien d'autre qu'un monde sensible ou phénoménal, abyssal à lui-même, mais ne renvoyant cependant à rien d'autre qu'à lui-même. Dès le début, Heidegger fait ainsi descendre la philosophie du ciel sur la terre et développe un sens phénoménal de l'être, ainsi que Gérard Granel, à sa manière, l'avait vu. Ce sens de l'être vers lequel la pensée de Heidegger s'oriente sera explicité et développé, ainsi que nous le verrons dans la partie suivante, à partir de la fin des années trente. Mais, en même temps, et curieusement, il ne sera jamais totalement assumé.

Il nous a fallu, cependant, *réinterpréter* la pensée de « Heidegger I » (et même dans une certaine mesure la « surinterpréter ») à la lumière de ses développements ultérieurs, pour en faire apparaître le sens profond. En effet, le sens de la pensée heideggerienne demeure encore obscur, équivoque, et parfois méconnaissable dans ses premiers développements pour une raison précise que nous avons mise à jour. Ainsi que nous l'avons montré, en effet, la raison en est que Heidegger, à la fin des années vingt voulait encore penser la relation *a priori* entre l'être et le *Dasein* sur la base de l'ipséité du *Dasein* et de la temporalité qui la porte. Or, cela le conduisit inévitablement, et contre son intention de départ, à faire de l'être un simple horizon transcendantal de rencontre de l'étant pro-jeté par le *Dasein.* Les deux structures fondamentales de « comme » (*als-struktur*), à savoir celle que porte le *Bewendenlassen* dans le cadre de la préoccupation affairée et celle, plus profonde, que porte l'imagination transcendantale, risquent alors de se réduire à des horizons transcendantaux projetés par l'ipséité du *Dasein.* Dans *Les problèmes fondamentaux de la phénoménologie* (et encore dans une certaine mesure, nous l'avons montré, dans *Kant et le problème de la métaphysique*), Heidegger ne peut faire autrement, finalement, que de penser le sens de l'être en le réduisant à la temporalité ekstatique horizontale, constitutive de l'ipséité du *Dasein.* Il finit donc par réduire la temporalité (*Temporalität*) de l'être à la temporalité originaire (*Zeitlichkeit*) du Dasein, dans la mesure où cette « ...temporalité décrit l'horizon à partir duquel nous comprenons l'être » [246]. C'est en effet l'ipséité du *Dasein* qui déploie en elle-même la différence ontologique dans et par la transcendance constitutive de

246. M. Heidegger, *Les problèmes fondamentaux de la phénoménologie*, Gall. Paris, 1985, p. 277.

sa propre *Zeitlichkeit*, au risque de l'y réduire. Heidegger écrit en effet que « la distinction de l'être et de l'étant est temporalisée dans la temporalisation de la temporalité »[247]. La philosophie de Heidegger, dans ses premiers développements, risquait donc de s'emmurer – contre son intention – dans l'impasse d'une philosophie transcendantale du sujet. C'est certainement pour cette raison que la troisième section de *Etre et temps* ne fut pas publiée : Heidegger ne pouvait se satisfaire d'un tel aboutissement. En effet, dans la *Lettre à Richardson* Heidegger affirme que, dès 1927, « l'« être » que cherchent à atteindre les questions de *Etre et temps* ne peut pas rester posé par le sujet humain »[248]. Et il ajoute que « C'est bien plutôt l'être en tant que présence ... qui s'adresse au *Dasein*, qui le concerne »[249]. La pensée de Heidegger est donc dès le début appelée à un *tournant*, à une modification dans la manière de penser le rapport entre l'être et le *Dasein*. Cette modification va nécessairement conduire à penser le *Dasein* lui-même sur la base d'une structure implicite ou latente, plus profonde que son ipséité. En effet, ainsi que cela ressort clairement de l'analyse que nous avons développée, l'*Unverborgenheit* (l'*aletheia*) ne peut être portée par l'ipséité du *Dasein* mais elle doit *nécessairement* renvoyer à une structure plus profonde qui demeure *latente* dans le *Dasein*. C'est cette évolution qui constitue le sens impensé de la *Kehre*, ainsi que nous l'établirons. Dans son livre sur Nietzsche, Heidegger se livrera à une autocritique, en affirmant que les premiers développements de sa philosophie reconduisaient, contre son gré, une philosophie du sujet et c'est ainsi qu'il expliquera l'interruption et donc l'inachèvement du traité de 1927. Voici ce qu'il écrit : « Cette interruption est motivée en ceci que sur le chemin où cette tentative s'est engagée, elle risque, contre son gré, de devenir à son tour une consolidation de la subjectivité »[250].

Les premiers développement de la pensée de Heidegger à partir de 1927 appellent donc nécessairement une évolution. Cependant en dépit de ses insuffisances et de ses obscurités, elle dessine déjà les contours de la pensée ultérieure et en commande l'orientation. Une telle pensée de la finitude radicale de l'homme, comme être-jeté dans le monde, et une telle pensée concomitante de l'être comme dimension abyssale, dans et par laquelle le tout de l'étant se déploie et se manifeste comme monde phénoménal ne renvoyant à rien d'autre qu'à lui-même, devaient nécessairement conduire Heidegger à se tourner vers la pensée grecque originelle et pré-platonicienne, ainsi que vers les Tragiques grecs. La critique de la métaphysique, qui conduisit Heidegger à « réhabiliter » le monde

---

247. Ibid. p. 383.
248. M. Heidegger, Op. cit. in *Questions IV*, Gall. 1976 p. 186
249. Ibid.
250. M. Heidegger, *Nietzsche II*, Gall. 1980 p. 156

sensible phénoménal en son déploiement abyssal à lui-même, comme seul et unique monde, ne pouvait que l'amener à méditer ces vocables matinaux par lesquels les Présocratiques ont dit le tout englobant de l'étant en tant que monde phénoménal, tel qu'il s'ouvre originellement à nous dans le *thaumazein* : *To pan, En panta, Panta ta onta*. Et il devait être conduit, alors, en tout premier lieu, à méditer le mot *fondamental* des Grecs pour dire l'étant en totalité et en son être (c'est-à-dire le monde comme monde phénoménal), celui qui commande le sens de tous les autres, le mot *phusis*.

TROISIEME PARTIE

La réponse de Heidegger à la question du sens de l'être

A partir du milieu des années trente Heidegger s'est tourné vers la poésie de Hölderlin et y a trouvé une impulsion absolument décisive pour le développement et l'accomplissement de sa propre pensée. Il a découvert, en effet, à cette époque, que Hölderlin n'était pas un poète comme les autres mais que sa « poésie-pensée » avait, en quelque sorte, *devancé* sa propre pensée de l'être. C'est pourquoi, il dira dans l'entretien qu'il a donné à la revue *Der Spiegel*, en 1966 que sa pensée « ...se tient dans un rapport incontournable avec la poésie de Hölderlin »[251]. La proximité avec le poète est telle, aux yeux de Heidegger, qu'il ne s'agit même pas de mettre à jour chez lui un impensé, mais seulement de dégager sa poésie des mésinterprétations romantiques et idéalistes qui empêchent de la lire vraiment. C'est pourquoi le travail de Heidegger concernant Hölderlin se veut seulement, ainsi qu'il l'écrira dans l'Avant-propos de *Approche de Hölderlin*, une approche, au cours de laquelle « ...l'éclaircissement doit viser à se rendre lui-même superflu »[252], et ce, de telle sorte que « le dernier pas ... de toute interprétation consiste à disparaître avec tous ses éclaircissements »[253]. Or, cette approche de la poésie hölderlinienne va bel et bien mettre Heidegger sur le chemin de la *réponse* à la question fondamentale du sens de l'être. Ainsi que nous allons le voir, Heidegger va, en effet, être conduit par Hölderlin à se réapproprier le concept fondamental de la poésie et de la pensée grecque matinale pour dire l'être, le concept de *phusis*.

---

251. Martin Heidegger, *Réponses et questions sur l'histoire et la politique*, Mercure de France, 1977, p. 63.
252. Martin Heidegger, *Approche de Hölderlin*, Gall. Paris, 1979, p. 8
253. Ibid.

CHAPITRE I

La « Nature » chez Hölderlin et le concept de Phusis

Dans le premier cours qu'il consacre à Hölderlin en 1934 – intitulé *Les hymnes de Hölderlin : La Germanie et Le Rhin* – Heidegger dit que l'importance de Hölderlin tient au fait qu'il inaugure « ...une autre métaphysique, c'est-à-dire une nouvelle expérience fondamentale de l'être »[254], propre à en retrouver le sens originel. Or, ainsi qu'il l'affirmera dans ce cours, l'être, conçu en son sens originel, est nommé « *Nature* »[255] par Hölderlin. Le mot de « *Nature* » est, en effet, dès l'époque d'*Hypérion*, le mot fondamental de la poésie de Hölderlin, il est pour lui le nom de l'être. Et Heidegger précise que la *Nature*, telle que la conçoit Hölderlin, n'est en aucune manière la nature du paysage, car « la Nature c'est le Tout englobant (*das umfangende All*) » [256]. Ce que Hölderlin nomme déjà dans *Hypérion* (1797) la *Nature* – ce qu'il entend exactement par là – ne sera cependant explicité et précisé que dans le poème fondamental *Comme au jour de fête...*, écrit en 1800, auquel Heidegger se réfère dès le cours de 1934 et auquel il consacrera un important commentaire en 1939. La *Nature* est le Tout englobant incommensurable et insondable, c'est-à-dire *l'omniprésence*, qui est au dessus même des dieux, et qui ne cesse de produire les étants de manière immanente, dans et par le temps, avant de les détruire en les reprenant en son sein. C'est pourquoi, conçue de manière originelle, la *Nature* n'a rien à voir avec un décor champêtre idyllique, et elle ne doit pas être conçue d'abord et seulement de manière ontique, mais bien de manière

254. M. Heidegger, Op. Cit. Gall. Paris, 1988, p. 182.
255. Ibid. P. 232 à 238.
256. Ibid. P. 235.

ontologique. Ainsi que l'interprétation heideggerienne le fera apparaître, la conception de la nature propre à Hölderlin s'oppose totalement à la conception « romantique » de celle-ci comme un tout organique « vivant ». D'une certaine manière, nous allons le voir, Hölderlin a déconstruit toute vision romantique et « naturaliste » de la nature.

En s'appropriant, à partir du milieu des années trente, la pensée Hölderlinienne de l'être comme Nature, Heidegger ne fait que porter à son plein accomplissement la pensée de l'étant en son être vers laquelle il s'orientait depuis le début. Ainsi que nous l'avons vu dans la partie précédente, Heidegger s'oriente, dès le début de son itinéraire, vers une pensée de l'étant en son être comme monde sensible phénoménal. Dans la mesure où le *Da-sein* se définit *fondamentalement* par le fait qu'il est *In-der-Welt-Sein*, il va apparaître, en effet, nous l'avons vu, que *Sein* = Welt, et il est donc logique que l'être soit finalement pensé comme l'essence même du monde, lequel n'est rien d'autre que ce monde ci dans lequel nous séjournons.

Pour Hölderlin, la Nature n'est pas un simple secteur de l'étant mais elle est l'omniprésence qui englobe tout et qui préside à toute venue en présence de l'étant. C'est pourquoi, conçue de manière originelle elle ne s'oppose pas à la culture et à l'histoire, mais elle les englobe. Elle est, en son essence, ce *chaos* sacré, effrayant, inapprochable, incommensurable et insondable, qui n'est en lui-même rien d'étant, mais qui produit et détruit, dans et par le temps, l'ensemble des étants de manière immanente. Comme telle, elle est pour Heidegger ce qui se laisse à peine *imaginer* et pressentir dans l'angoisse et à travers les sensations, comme constituant la source féconde des phénomènes. Ainsi que l'écrit Beda Allemann dans *Hölderlin et Heidegger*, la Nature est pour Hölderlin « ...le chaos originel d'où, comme de l'Un-Tout, provient tout ce qui est temporel, et auquel tout retourne »[257]. La *Nature* chez Hölderlin n'est donc pas un secteur de l'étant, mais elle est l'« englobant total suprême », qui déploie en lui l'étant en totalité, elle est l'omniprésence « chaotique », insondable et incommensurable qui devance tout et contient tout en elle. Elle n'est rien d'autre que le *monde* compris en son sens originel.

Voici ce que dira Heidegger dans un séminaire tenu en 1940, à propos du poème *Comme au jour de fête*... et de sa troisième strophe qui est essentielle : « « Nature » devient ici le nom pour ce qui est *au-dessus* des dieux et « plus ancien que les âges », ces âges où, chaque fois, de l'étant devient étant. « Nature » devient le nom pour l'« être » ; car l'« être » est antérieur à tout étant, qui emprunte de lui ce qu'il est et *sous* l'« être » sont

257. Op. cit. P.U.F., Paris, 1987, p. 19.

aussi tous les dieux, dans la mesure où ils *sont*, et quelle que soit aussi leur manière d'être »[258]. A travers ce qu'il appelle la *Nature* Hölderlin a donc regagné le sens originel de l'être et c'est d'abord à cela que tient l'importance de ce poète unique aux yeux de Heidegger. La *Nature* est le nom que donne Hölderlin à cette dimension hétérogène, abyssale et incommensurable, qui n'est rien d'étant mais qui préside à la venue en présence de tout ce qui est, en le « laissant être » chaque fois pour un temps, dans sa propre immanence. Elle est cet Autre « chaotique » de tout étant qui, cependant, lui est totalement attenant, car il précède et englobe tout étant. C'est donc au contact de Hölderlin que Heidegger fut conduit sur le chemin de la *réponse* à la question fondamentale du sens de l'être. Cette réponse à la *Seinsfrage*, qui s'inscrit de manière cohérente dans le cadre de l'orientation de sa pensée et que nous développerons longuement, n'a jamais été pleinement assumée par Heidegger (qui semble parfois vouloir préserver à tout prix le « mystère » de l'être), mais elle apparaît cependant très clairement dans son œuvre, et dans de très nombreux textes.

Or, il est essentiel de comprendre maintenant que pour Heidegger, à travers cette notion de *Nature*, Hölderlin a retrouvé le sens originel de ce que les penseurs et poètes grecs les plus anciens avaient nommé *Phusis*. Mais il a retrouvé ce sens originel du mot *phusis* sans vraiment le savoir, car « ...Hölderlin n'a pas connu la portée du mot initial, *Phusis* »[259]. Le concept hölderlinien de *Nature* est ce qui mit peu à peu Heidegger sur la trace de ce que les Grecs avaient nommé *phusis*. En 1934 dans *Les hymnes de Hölderlin : La Germanie et Le Rhin* Heidegger hésite cependant, encore, à identifier ce que Hölderlin appelle *Nature* à la *phusis* de Grecs. Il suggère, sans vraiment s'expliquer, que la conception hölderlinienne de l'être comme Nature est «... plus originale que celle des Grecs, celle qui s'exprime dans le mot *phusis* »[260]. C'est pourquoi, certains commentateurs ont pu croire que le concept de *phusis* ne pouvait constituer la réponse heideggerienne à la question de l'être [261]. Mais en 1939, dans son commentaire du poème *Comme au jour de fête...*, Heidegger affirmera au contraire ceci : « Dans ce poème le mot *Nature* dit son essence à partir de la vérité réservée du mot initial *Phusis* »[262]. Et c'est bel et bien exclusivement à partir du concept grec de *phusis* qu'il interprètera le sens du mot « Nature » chez Hölderlin dans le

---

258. M. Heidegger, *Ce qu'est et comment se détermine la phusis*, in *Questions II*, Paris, Gall. 1977, p. 180.
259. M. Heidegger, *Comme au jour de fête*, in *Approche de Hölderlin,* Gall. Paris, 1979, p. 74.
260. Op. cit. p. 182.
261. Cette erreur d'interprétation se trouve, par exemple, chez Rémi Brague. Cf : *La phénoménologie comme voie d'accès au monde grec*, in *Phénoménologie et métaphysique*, sous la direction de J.-L. Marion et G. Planty-Bonjour, P.U.F. Paris, 1984, p. 251, note 15.
262. Op. cit. in *Approche de Hölderlin*, Gall. Paris, 1979, p. 74.

profond commentaire qu'il donnera de ce poème. C'est Hölderlin qui a conduit Heidegger vers la pensée de l'être comme *phusis*, qui est celle des penseurs et les poètes grecs originels, mais c'est à partir des Grecs qu'il explicitera en retour la « poésie-pensée » de Hölderlin. Ainsi, ce que Hölderlin nomme « Nature » est ce qui permet de retrouver la *phusis* des Grecs et non pas le contraire. C'est pourquoi la réponse pleine et entière à la question du sens de l'être est pour Heidegger recelée dans le mot fondamental des Grecs anciens, le mot *phusis*. L'importance capitale de Hölderlin aux yeux de Heidegger est ainsi d'avoir retrouvé – mais sans en avoir pleinement pris la mesure – à travers ce qu'il nomme *Nature*, le sens originel de l'être tel qu'il parle chez les Grecs à travers le concept de *phusis*. La « poésie-pensée » de Hölderlin conduira donc Heidegger à se tourner vers la pensée grecque la plus originelle, celle des poètes et des philosophes présocratiques, pour y trouver le sens originel de l'être.

Le mot *phusis* est le mot fondamental des poètes et des penseurs grecs les plus anciens pour dire l'être. Il ne s'agit pas là d'une invention de Heidegger. Voici, par exemple, ce qu'écrit Kostas Papaioannou, dans un ouvrage sur l'art et la civilisation des Grecs, à propos de la *phusis* : « De cette *phusis*, éternel mouvement de procréation, les dieux sont le produit et non pas le principe. (...) Jamais encore l'homme ne lui avait prêté une telle autonomie et une telle solidité. (...) Au dessus des dieux se trouve la *Moïra*, le destin, un ordre impersonnel et indifférent auquel personne ne peut échapper et qui délimite souverainement la puissance et la durée des êtres »[263]. Or, l'intérêt fondamental de cette notion de *phusis* tient au fait qu'elle ne représente pas seulement la conception *proprement grecque* de l'être, mais qu'à travers elle s'exprime ce que désigne originellement et secrètement le mot « être ». A travers leur concept de *phusis* les Grecs ont rejoint *l'universel*, ils ont exhibé ce à quoi ouvre le mot « être » tel qu'il parle secrètement dans toute langue. Ils ont exhibé ce qui généralement demeure en retrait : ce que révèle ou dévoile en secret le mot « être » qui porte la langue et, à travers elle, l'ouverture du *Dasein* au monde. Ils ont donc mis à jour cela même que dévoile en secret l'imagination transcendantale, ce à quoi ouvre fondamentalement l'*Unverborgenheit*.

A travers le mot *phusis* – comme à travers le mot « *Nature* » chez Hölderlin – ne s'exprime, en effet, rien d'autre que l'expérience du « miracle de l'omniprésence »[264], insondable et incommensurable, habitée par une hétérogénéité fondamentale, et dans l'éclaircie de laquelle les étants viennent *originellement* en présence *comme tels* c'est-à-dire comme phénomènes. Le mot *phusis* ne dit rien d'autre que cette merveilleuse – et cependant inquiétante – omniprésence, à la fois insondable et surabondante, révélée par

263. Kostas Papaioannou, *L'art grec*, Citadelles, Mazenot, p. 68.
264. Cf. Françoise Dastur, *Hölderlin, le retournement natal*. Encre marine, 1997, p. 149.

le *thaumatzein* grec, dont il faut comprendre qu'il s'enracine secrètement dans l'angoisse. Il dit cette épreuve du « Tout englobant » incommensurable et insondable (« chaotique »), qui, dans l'existence facticielle authentique est imaginé *a priori* comme ce qui se laisse seulement *pressentir* à travers l'obscurité des sensations, tandis que seuls les étants se montrent et apparaissent alors originellement comme phénomènes (En effet, ainsi que nous le verrons dans la partie suivante, c'est à l'art, qui en son essence est poésie, qu'il revient d'abord d'exhiber pleinement la *phusis* comme telle). A travers le mot *phusis* se dit donc l'expérience originelle et étrangement inquiétante de l'être comme « matière » (traversée par des forces contradictoires), omniprésente, toujours déjà là, informe, hétérogène, indécelable, réservée et cependant surabondante, et dans l'immanence de laquelle l'étant en totalité se déploie et vient en présence originellement *comme tel*. A travers ce mot se dit le déploiement originel de l'étant en totalité à partir du « chaos » abyssal (de l'« être » indéterminé, indistinct), c'est-à-dire en tant qu'il vient en présence « sans fond » et « pour rien », en tant qu'il épuise son sens à « *être* ». Le mot *phusis* ne dit rien d'autre, par conséquent, que le miracle du « il y a ». Il n'exprime rien d'autre que cette « ... merveille des merveilles : que l'étant est »[265]. Il n'a pas d'autre signification que de dire et d'expliciter le sens de ce qu'il y a de plus étonnant : que l'étant en totalité se montre comme recueilli dans l'être, qu'il apparaisse originellement dans la lumière de l'être[266]. Expliciter le sens originel de ce mot fondamental et intial des Grecs qu'est le mot *phusis*, ce sera donc tout simplement expliciter ce que veut dire originellement « être ». Ce sera expliciter ce à quoi ouvre l'imagination transcendantale en tant qu'elle est ce qui donne originellement son sens au verbe être. L'omniprésence insondable et incommensurable de la *phusis* est, en effet, ce qui est implicitement anticipé par l'imagination transcendantale à travers l'obscurité quasi inconsciente des sensations. Dire ce qu'est véritablement la *phusis* des Grecs, cela reviendra donc à répondre à la question fondamentale du sens de l'être, à la *Seinsfrage*. C'est pourquoi la pensée de la *phusis* représente le point culminant et le plein aboutissement de la méditation heideggerienne sur l'être.

Dès le milieu des années trente Heidegger a compris, en effet, que si l'être, regagné en son sens originel, ne pouvait être pensé comme présence *constante*, il devait cependant être conçu en un sens bien plus radical comme *présence*. La pensée du sens de l'être est une pensée originelle de la *présence* qui est irréductible à la présence constante (*Vorhandenheit*), laquelle n'est que la défiguration du sens originel de la présence. Dans un

265. Cf. M. Heidegger, *Qu'est-ce que la métaphysique ?*, Postface, in *Questions I*, Gall. 1976, p. 78.
266. Cf. M. Heidegger, *Qu'est-ce que la philosophie ?* in *Questions II*, Gall. Paris, p. 21-22.

cours de 1941 *Concepts fondamentaux*, Heidegger dit que « l'être est présence, mais non nécessairement persistance au sens de la crispation sur la constance »[267]. Et il ajoute ceci : « l'être est bien venue en présence, mais non nécéssairement constance dans la consistance appelée à durer. Est-ce à dire que la consistance est la défiguration, l'inessence monstrueuse (*Unwesen*) de la présence ? Est-ce à dire que la consistance par conséquent prive la présence de ce qui lui est essentiel ? Assurément »[268]. La présence constante est une *réduction* de ce qu'est fondamentalement la présence. L'être, compris en son sens originel, n'est pas présence *constante*, car il est bien plutôt *l'omniprésence* en tant qu'elle est à la fois insondable et incommensurable, qu'elle est ainsi fondamentalement hétérogène, qu'elle est donc ordonnée à un retrait essentiel et qu'elle inclut alors l'absence de manière *essentielle*. L'être est bien d'un certain point de vue et paradoxalement la même chose que le « néant », mais, en ce sens que, de manière *essentielle*, « ce néant …n'est rien qui soit un rien …il appartient à la présence »[269]. Cela signifie que l'être, dans la mesure où, précisément il est l'omniprésence, n'exclut pas mais inclut au contraire *fondamentalement* en lui le retrait, l'absence, le néant, et qu'il est intrinsèquement habité par une négativité essentielle. C'est bien pour cela que le concept de la *phusis*, comme « merveilleuse omniprésence » englobante qui, dans et par le temps, produit et détruit successivement tout ce qui est sans jamais renoncer à sa plénitude surabondante, apporte la réponse à la *Seinsfrage*.

La pensée de l'être comme *phusis* est donc bien le sommet de la méditation heideggerienne sur l'être. Cette pensée commence à apparaître au milieu des années trente sous l'influence de Hölderlin, mais, nous l'avons suggéré, elle ne sera pleinement assumée qu'en 1939 dans la conférence consacrée au poème *Wie wenn am Feiertage…* C'est pourquoi cette conférence est d'une importance capitale et *décisive* pour toute interprétation de la pensée de Heidegger, ainsi que pour comprendre le sens de la lecture heideggerienne de Hölderlin. L'importance de ce texte de 1939 a été largement sous estimée par les commentateurs de heidegger, mais elle a cependant été notée par Jean Greich, qui dans son article *Hölderlin et le chemin vers le sacré* insiste sur « …l'importance décisive de l'hymne *Wie wenn am Feiertage…* »[270] dans l'itinéraire de Heidegger.

C'est donc sur la base de sa lecture de Hölderlin, et en particulier de l'hymne *Comme au jour de fête…* que Heidegger fut conduit à se tourner vers les penseurs grecs présocratiques de manière à retrouver le sens originel

267. Op. cit. Gall. 1985, p. 145.
268. Ibid. p. 146.
269. M. Heidegger, *Contribution à la question de l'être*, in *Questions I*, Gall. Paris, 1976, p. 243.
270. In L' Herne, *Martin Heidegger*, 1983, p. 405.

de l'être comme *phusis*. Il s'agissait alors de penser de manière radicale et originelle ce qui a été seulement *entrevu* – et pour la première et dernière fois – par la pensé grecque la plus matinale. Il s'agissait ainsi de dégager, à travers l'interprétation des fragments présocratiques, *l'impensé* de la pensée grecque de la *phusis*, et ce, dans la mesure où dès l'origine les Grecs tendent à penser l'être comme présence constante et à rabattre l'ontologique sur l'ontique. Dans ce travail d'interprétation trois grands Présocratiques seront privilégiés par Heidegger. Il s'agit d'Anaximandre, de Parménide et d'Héraclite, dont les pensées bien comprises ne s'opposent pas, mais s'éclairent au contraire mutuellement, car ils ont tous trois – chacun à sa manière – explicité la notion fondamentale de *phusis*. La lecture heideggerienne des Présocratiques est ainsi entièrement au service d'une explicitation du concept fondamental de *phusis* et elle ne peut être comprise qu'à partir de là. Ceci n'a jamais été suffisamment remarqué. Dans *Heidegger et les paroles de l'origines*[271] Marlène Zarader a bien noté l'importance du concept de *phusis*, mais elle ne semble pas avoir suffisamment mesuré que ce concept est véritablement, pour Heidegger la clef de la compréhension des Présocratiques et donc de l'ensemble des autres concepts fondamentaux de leur pensée.

Cependant, la méditation de la pensée d'Aristote a tenu une place très importante dans le cadre de ce travail d'interprétation des Présocratiques, car celui-ci, ainsi que le disait Heidegger, est « plus Grec » que Platon. En dépit de l'orientation résolument métaphysique de sa pensée il a renoué partiellement, quoique de manière inapparente avec la pensée grecque initiale de la *phusis*, en particulier dans sa *Physique*. L'influence d'Aristote sur Heidegger a été considérable, et ce, dès l'origine de sa formation. Et cette influence est telle qu'on peut aller jusqu'à dire que le développement de l'ontologie de Heidegger, à partir des années trente procède presque entièrement – sur la base de l'impulsion donnée par Hölderlin – d'une interprétation de la philosophie d'Aristote, et notamment de la *Physique*, totalement repensée à partir des Présocratiques. L'ontologie heideggerienne, la réponse à la *Seinsfrage*, peut effectivement être considérée comme une « déconstruction » de la philosophie aristotélicienne à la lumière des Présocratiques, eux-mêmes médités jusqu'à leur impensé. Inversemment il nous semble qu'il est parfois difficile de mesurer la pertinence et toute la portée des interprétations heideggeriennes des fragments présocratiques si on ne saisit pas, à travers elles, la référence sous-jacente et implicite à Aristote et à la conception de la *phusis* développée dans la *Physique*. Pour Heidegger, la *Physique* d'Aristote, dont les bases essentielles sont posées dans le chapitre 1 du Livre II, est un texte d'une importance considérable par son effort approfondi pour comprendre la

271. Op. cit. Vrin, Paris, 1986.

phusis. Cela n'apparaît, cependant, que si l'on exhibe l'impensé de ce texte en l'arrachant à l'orientation métaphysique qui le porte. Or, Heidegger a consacré un commentaire à ce texte, visant à en exhiber l'impensé, dans un séminaire de 1940 intitulé *Ce qu'est et comment se détermine la phusis*. Et voici ce qu'il écrit alors à propos de la *Physique* d'Aristote : « Ce premier travail d'une pensée serrée sur elle-même pour comprendre la *phusis* est aussi déjà le dernier echo de l'élan initial et suprême dans lequel a été découverte la dimension pour une pensée de ce qu'est la *phusis* – tel qu'il nous est encore conservé dans les fragments d'Anaximandre, Héraclite et Parménide »[272]. Ce texte de 1940, qui a été sous-estimé par les commentateurs de Heidegger, est donc d'une importance capitale pour l'appréhension de l'interprétation heideggerienne de la conception présocratique et originelle de la *phusis*.

Mais pour Heidegger, il ne s'agit pas de se tourner vers la *Physique* d'Aristote et vers les Présocratiques par « amour de ce qui est grec », par nostalgie de la Grèce, mais bien pour s'approprier cette pensée originelle de l'être qui est totalement oubliée en nous, mais qui est cependant secrètement constitutive de notre *Dasein*. Le détour par les Grecs est finalisé par un effort unique et fondamental pour regagner *notre* séjour, *notre* propre ouverture originelle – mais oubliée – au monde. L'importance des Grecs réside, en effet, exclusivement en ceci qu'ils ont entrevus, à travers leur concept de *phusis* ce que veut dire – toujours et partout - « être ». C'est pourquoi, nous l'avons déjà suggéré, l'interprétation heideggerienne de la *phusis* des Grecs est exclusivement au service de la recherche d'une réponse à la *Seinsfrage*. A travers l'interprétation heideggerienne de la *phusis* il s'agit donc exclusivement d'apporter la réponse à la question : que veut dire « être » ?

Pour tenter de mettre à jour la réponse à la *Seinsfrage*, c'est-à-dire la pensée de l'être – tout en la déployant jusqu'à son propre impensé – il nous faudra donc rassembler en une seule vue, l'essentiel de l'interprétation heideggerienne des Présocratiques, l'interprétation de la *Physique* d'Aristote, et bien sûr l'interprétation du poème de Hölderlin *Comme au jour de fête...* Mais nous aurons aussi à nous appuyer sur d'autres textes essentiels, comme *L'origine de l'œuvre d'art*, car la pensée de la *phusis* est véritablement omniprésente dans l'œuvre heideggerienne à partir du milieu des années trente.

Pour qui prend véritablement en compte les textes de Heidegger consacrés à la *phusis* – ce qui englobe l'ensemble de ceux qui sont consacrés aux Présocratiques – il n'est plus possible de dire sérieusement que la pensée heideggerienne de l'être demeure inaboutie et énigmatique. Si l'on rassemblait les textes de Heidegger consacrés à la *phusis* et ceux qui, sans y

---

272. Martin Heidegger, *Ce qu'est et comment se détermine la phusis*, in *Questions II*, Gall. Paris 1977, p. 184.

être consacrés, comportent cependant des commentaires important sur celle-ci, on s'apercevrait alors qu'une très grande partie de la *Gesamtausgabe* à partir de 1934 est concernée. Il est temps de ne plus minimiser l'importance de la méditation heideggerienne de la *phusis*. La publication intégrale de l'œuvre complète et sa traduction en français confirmeront, à n'en pas douter, cette remarque. Les cours de Fribourg entre 1940 et novembre 1944, sont, par exemple, dans leur grande majorité, consacrés à l'interprétation de Hölderlin et des Présocratiques. Et il est remarquable de constater que Heidegger ne remettra jamais en cause cette pensée de la *phusis* et qu'il s'y référera jusqu'à la fin de sa vie, comme ce à quoi ouvre l'*aletheia* radicalement comprise. Or, en même temps, et bien qu'elle soit omniprésente et disséminée dans toute l'œuvre heideggerienne, cette pensée de l'être comme *phusis* n'est jamais pleinement assumée comme telle – et elle est même parfois reniée par Heidegger – de telle sorte qu'elle devra être reconstituée par un minutieux travail d'interprétation. Cela tient au paradoxe de l'impensé de Heidegger qui est en quelque sorte un impensé « à ciel ouvert ».

CHAPITRE II

Première approche de la Phusis à partir de la temporalité

Heidegger écrit dans *Introduction à la métaphysique* : « A l'époque du premier et décisif déploiement de la philosophie occidentale chez les Grecs, par lequel le questionner sur l'étant comme tel et en totalité prit son véritable départ, on nommait l'étant *phusis* »[273]. Il écrit aussi dans *Approche de Hölderlin* à propos de ce mot de *phusis* : « C'est le mot fondamental des penseurs du commencement de la pensée occidentale »[274]. Ainsi que nous l'avons vu, le mot « *phusis* », est donc bien selon Heidegger le mot essentiel de la pensée grecque initiale pour nommer l'étant en son être. Et c'est en suivant la méditation heideggeriènne de ce mot que la pensée du sens de l'être – ce que Heidegger avait d'abord appelé ontologie fondamentale – pourra être développée. Ce mot a été traduit en latin par *natura* et il a pris un sens plus restreint que celui qu'il avait chez les Grecs. Chez les Grecs, la Nature ne désigne pas un domaine particulier de ce qui est, mais bien l'étant en totalité et en son être. La Nature, écrit Hölderlin dans *Comme au jour de fête...*, en retrouvant le sens grec du mot, « est plus ancienne que les temps et au dessus des dieux du soir et d'orient ». La Nature ici englobe et dépasse même les dieux, elle n'est pas un simple domaine de ce qui existe qu'on pourrait distinguer par exemple du surnaturel. Elle est nommée par Hölderlin « la merveilleuse omniprésence ». Heidegger écrit dans *Introduction à la métaphysique* : « L'étant comme tel et en totalité, les Grecs le nomment *phusis* »[275]. La *phusis* est l'étant pris en vue comme un tout englobant et en

273. Op. Cit. Gall. Paris, 1980 p. 26
274. Op. Cité p. 73
275. Op. Cité p. 28

son être. La *phusis* désigne donc le monde dans sa manifestation originelle, l'ensemble de ce qui est ou existe, le tout de l'étant, l'*En-Panta*.

Mais le mot *phusis* doit être rattaché au verbe *phuein* qui signifie croître, pousser. La croissance, ici, ne doit pas être pensée au sens d'une augmentation, mais d'un épanouissement. La *phusis* ne désigne donc pas *seulement* l'étant dans son ensemble, mais aussi, en même temps, et *d'abord*, le mouvement interne par lequel celui-ci se déploie. Ce qui caractérise la nature, c'est donc qu'elle se produit d'elle-même, en elle-même. La *phusis*, comprise en ce deuxième sens, de croissance ou d'éclosion, ne désigne plus l'étant dans son ensemble, mais le principe de déploiement interne par lequel il accède à l'existence, par lequel il entre en présence. La *phusis* désigne donc ici l'être de l'étant au sens de l'essence (de ce qui « essencifie »). C'est donc à travers l'étude de ce principe *immanent* de déploiement de l'étant qu'est la *phusis* que le sens de l'être pourra être compris en une première approche. C'est dans son commentaire du chapitre 1 du Livre II de la *Physique* d'Aristote intitulé *Ce qu'est et comment se détermine la phusis*[276], que Heidegger donne le développement le plus approfondi de son interprétation de la *phusis*, comme principe de déploiement de l'étant. Dans ce texte Heidegger essaie de dégager l'impensé d'Aristote, et ce faisant, il rapproche sa *Physique* de la pensée présocratique, celle d'Héraclite en particulier, tout en la détachant de ses fondements métaphysiques. C'est donc à partir de ce texte que nous allons essayer de prendre une première vue d'ensemble sur la pensée heideggeriènne de la *phusis*.

La thèse fondamentale d'Aristote est que les choses naturelles, les *phusei onta*, ont en elles-mêmes un principe de mouvement et de repos. Ce principe ou cette « cause » est la *phusis* des *phusei onta*. Elle est cette *kinesis* ou encore cette *metabolé*, qui doit plus profondément encore être comprise comme *genesis*, c'est à dire comme ce mouvement interne dans et par lequel les choses naturelles accèdent à la consistance de leur présence, c'est à dire à leur existence. Elle est ce par quoi les choses accèdent à l'étance c'est à dire à leur *ousia*. Chez Aristote le mouvement, ne doit pas être compris seulement à la manière moderne c'est à dire comme « mouvement local » mais essentiellement et d'abord comme *metabolé* c'est à dire comme transformation interne. La *phusis* est ce mouvement interne dans et par lequel les choses se produisent d'elles-mêmes, en elles-mêmes. Elle est chez Aristote le mouvement de s'installer dans la forme par quoi chaque étant accède à la présence. Chaque étant entre en présence, s'épanouit, en ceci qu'il prend forme, qu'il acquiert une configuration. En prenant forme, la chose en vient aussi en même temps à offrir un visage, à apparaître (en grec *eidos*, veut dire non seulement forme, mais aussi visage).

---

276. in M. Heidegger, *Questions II*, Paris, Gall. 1977.

Aristote précise sa pensée en opérant une distinction entre les *phusei onta* et les *poïoumena* : les choses qui se produisent par nature et celles qui sont fabriquées par la technique. A la différence des choses produites par la *techné* humaine, qui ont leur principe de production en dehors d'elles-mêmes, les *phusei onta* se produisent d'elles-mêmes en elles-mêmes. Cette distinction permet de comprendre qu'Aristote ne fait pas intervenir de causes occultes dans sa détermination de la *phusis* contrairement à ce qui a été affirmé par la suite. Il veut dire simplement – mais cette simplicité est redoutable et n'est pas facile à regagner – que les *phusei onta* se produisent d'elles-mêmes de manière aveugle, sans pour autant « s'auto-fabriquer ». C'est ce que nous voulons dire, encore aujourd'hui, lorsque nous parlons de phénomènes naturels. C'est pourquoi les exemples pris dans le monde végétal ne doivent pas nous induire en erreur en nous donnant à penser qu'il y a dans la *phusis* une finalité régie par des causes occultes : les orages et les irruptions volcaniques appartiennent tout autant à la *phusis* que la croissance des plantes.

Pour Aristote, ainsi que nous l'avons dit, la *phusis* est le principe interne de l'entrée en présence des choses, de leur épanouissement. Le mouvement de la *phusis* se produisant *dans* les choses (en elles-mêmes), cela signifie, par conséquent, qu'il se produit en permanence *à partir* d'elles et *vers* elles. Aristote suggère par là, selon Heidegger, mais sans en tirer toutes les conséquences, que le mouvement de s'installer dans la forme qui caractérise la *phusis* est simultanément un mouvement de dépossession, d'abolition, de telle sorte que la *morphé* et la *stérésis*, la privation, s'entre-appartiennent. Aristote écrit en effet : « La forme et la nature se disent en deux sens, car la privation est forme en quelque façon »[277]. Heidegger commente ce texte en écrivant que : « l'installation dans le visage, la *morphé*, a un caractère de *stérésis*, et cela veut dire maintenant : la *morphé* est *dikos*, et *dikos* en soi-même double, entrée en présence de l'absentement »[278]. La *phusis* est toujours à la fois forme et privation, ce qui, nous le verrons a pour conséquence qu'elle est toujours à la fois forme et matière.

Portant la pensée d'Aristote jusqu'à ce qui est demeuré impensé en elle, Heidegger affirme alors que la *phusis* est un « aller-hors-de-soi », un épanouissement permanent, qui est toujours en même temps un retour en soi, une dépossession de soi dans son épanouissement même. Il établit donc, en « forçant » le texte d'Aristote, pour en dégager l'impensé, une relation parfaitement réciproque entre la forme et la privation. Ceci le conduira à concevoir le mouvement de la *phusis* comme un mouvement circulaire et

277. Aristote, *Physique*, II,1, Les belles lettres 1973 193 b 20.

278. M. Heidegger, *Ce qu'est et comment se détermine la phusis*, in *Questions II*, Gall. Paris, 1977, p. 270

autonome. La conséquence implicite de cette interprétation sera tout à fait considérable : la *phusis* n'aura plus à être rattachée à un premier moteur, à une pure forme, ainsi que nous le verrons. Heidegger écrit en effet : « L'épanouissement qui se déploie est, quant à soi, un retourner-en-soi »[279]. Et il développe plus loin son explication de la manière suivante : « La *phusis* est cheminement, cheminement en tant qu'ouverture pour s'épanouir, et ainsi bien sûr, c'est un aller-en-retour-en-soi (*ein Insich-zurück-Gehen*), vers soi, qui ne cesse d'être un épanouissement »[280]. Cette caractéristique essentielle de la *phusis* ne peut cependant être comprise si l'on conçoit celle-ci comme une augmentation quantitative. Il faut comprendre que la *phusis*, tout en ne cessant jamais d'être un épanouissement n'entraîne cependant aucun accroissement quantitatif dans l'étant en totalité. Voici, en effet, ce qu'écrit Hölderlin dans *Hypérion* : « La Beauté éternelle, la Nature ne peut souffrir nulle perte, pas plus qu'elle ne peut tolérer de surcroît »[281]. La *phusis* est donc le perpétuel mouvement qui porte dans l'unité même de sa lancée la simultanéité de l'épanouissement et de l'anéantissement. Dans son livre sur Nietzsche Heidegger écrit : « *Phusis* pour les Grecs est le premier nom, le nom essentiel de l'étant même dans sa totalité. L'étant constitue pour eux ce qui, croissant de soi-même et poussé à rien, s'éclot et se produit, ce qui rentre en soi et s'évanouit : le règne qui va s'épanouissant et se repliant en soi-même »[282].

On peut comprendre ce mouvement de la *phusis*, en une première approche, sur l'exemple de l'épanouissement de la plante au cours duquel l'apparition de la fleur, ne fait qu'un avec l'abolition du bouton qui l'a porté, avant qu'elle ne soit elle-même abolie dans le développement du fruit. Mais, au plus profond, la *phusis* doit être comprise à partir du *cycle temporel* qui entraîne le surgissement et l'évanouissement de toute chose. Ce point essentiel est cependant demeuré en partie impensé par Aristote. Or, selon Heidegger, c'est cette connexion de l'être pensé comme *phusis* et du *temps* compris en un sens originel qui a été entrevue par Anaximandre. Nous pouvons donc comprendre Anaximandre dans sa connexion avec la conception aristotélicienne de la *phusis* qu'il permet en retour de préciser.

La parole d'Anaximandre, dont deux phrases seulement nous ont été conservées, s'énonce ainsi :

« L'Illimité est le principe et l'élément des choses qui sont (...) Ce dont la génération procède pour les choses qui sont, est aussi ce vers quoi elles retournent sous l'effet de la corruption, selon la nécessité ; car elles se

279. Ibid. p. 202
280. Ibid. p. 262
281. F. Hölderlin, *Hypérion*, Poésie Gall. 1973 p. 116
282. M. Heidegger, *Nietzsche*, Gall. 1980 p. 79

rendent mutuellement justice et réparent leurs injustices selon l'ordre du temps »[283].

Ce texte est commenté par Heidegger dans un essai intitulé *La parole d'Anaximandre* (1946) qui se trouve dans les *Holzwege*, et il avait déjà été commenté dans la seconde partie de *Concepts fondamentaux* (1941). Nous allons essayer de dégager l'essentiel de l'interprétation heideggeriènne à partir de ces deux textes. Nous respectons l'ordre choisi par Heidegger qui donne la priorité à la deuxième phrase, composée elle-même de deux membres de phrases, pour éclairer la parole d'Anaximandre. La première phrase n'est d'ailleurs citée que dans les toutes dernières pages du commentaire des *Holzwege*, et elle n'est interprétée dans *Concepts fondamentaux* qu'à l'occasion d'une digression. Nous laisserons pour le moment de côté le problème que soulève ce choix et l'embarras que, peut-être, il trahit.

Anaximandre dit que le principe de manifestation des choses, ce par quoi elles entrent en présence, est un double mouvement simultané de génération (*génésis*) et de corruption (*phtora*). La génération et la corruption ne doivent pas être pensées selon Heidegger comme deux mouvements distincts, mais elles doivent être comprises de manière grecque, c'est à dire dans l'unité de la *phusis*, bien que ce mot ne figure pas chez Anaximandre. Heidegger écrit en effet : « *Génésis* et *phtora* sont bien plutôt à penser à partir de la *phusis* et à l'intérieur de celle-ci comme guises de l'épanouissement-anéantissement s'éclaircissant »[284]. Anaximandre dit ici, mais avec d'autres mots, la même chose qu'Aristote, c'est à dire l'unité à l'intérieur de la *phusis* du mouvement de s'installer dans la forme et de la dépossession ou de l'abolition (*stérésis*). Le surgissement dans la présence est en même temps retrait dans l'absence pour les étants. Cette unité de l'éclosion et du retrait est nommée *to khréon* par Anaximandre, qu'on traduit par Nécessité ou « Maintien ». *To khréon*, la Nécessité est donc le nom d'Anaximandre pour l'être, pour l'entrée en présence. Les notions de justice et d'injustice ne doivent pas être comprises, bien entendu, en un sens humain. Les étants doivent se soumettre à la « loi » de l'être. La *diké* (la justice) est un autre nom de ce Maintien ou de cette Nécessité (*to khréon*) qu'est la *phusis*. Or, qu'en est-il de cette « loi » de l'être, de ce « Maintien » ?

Cette « loi » signifie que les étants doivent se succéder dans et par le temps. En effet, chaque étant est transitoire, son séjour se déploie comme arrivée transitoire vers le départ. Tout ce qui se déploie en présence se tient donc, en son séjour, dans un entre-deux, entre-deux absences : génération et perdition. Cela veut dire, en même temps, que les étants doivent se faire

283. *Les Présocratiques,* Paris, Gall. la Pléiade Trad. Par J. P. Dumont, 1988 p. 27.
284. M. Heidegger, *La parole d'Anaximandre*, in *Chemins*..., Gall. Paris, 1980 p. 411.

mutuellement place dans le temps. Chaque étant doit donc être conduit à surmonter sa tendance à « résister » à cette « loi » de l'être, c'est à dire sa tendance à prolonger sa présence. Chaque étant doit être conduit à dépasser la résistance à la « Nécessité », par laquelle, s'obstinant dans la persistance de la présence, il ne laisserait pas place et séjour à un autre, ce qui serait une « injustice ». C'est de cette manière, c'est à dire en s'ajointant dans la succession temporelle, que les étants se rendent mutuellement justice et surmontent leur tendance à l'injustice, leur tendance au « durcissement » dans la présence. Ils doivent en effet se faire tour à tour place dans le temps. Ce qui affleure, tout en étant en partie impensé dans ce texte, c'est la connexion de l'être, c'est à dire de la *phusis* ou de la « Nécessité » et du temps. Le temps est ce qui porte cette entrée en présence permanente, qui cependant diffère en soi sur le mode de l'unité du surgir et du s'évanouir. Il est ce Même dans l'unité duquel la simultanéité du surgir et du s'évanouir en leur différence se déploie. La *phusis* comme temporalité est ainsi ce processus permanent qui ne cesse de produire et de détruire les étants.

Dans *Concepts fondamentaux* Heidegger commente, dans une digression, le premier fragment qui dit que « l'Illimité est le principe et l'élément des choses qui sont ». Il interprète *l'apeiron* à partir de *to khréon*, c'est à dire à partir de l'éclosion-retrait temporelle de la *phusis*. La nécessité étant, comme « loi de l'être », ce qui donne à chaque étant sa limite (*peras*) dans le temps, elle est en même temps, ce qui dépasse les limites, ce qui est sans limite (*apeiron*), et qui empêche tout étant de se durcir, de se figer en constance dans ses limites. Elle est donc *to apeiron*.

Anaximandre dit l'être dans la « mêmeté » de l'unité du surgir et du s'évanouir. Il conduit ainsi à penser la *phusis* de la même manière qu'Aristote, lorsque ce dernier est compris jusqu'à son impensé, mais il établit implicitement une connexion entre l'être et le temps. Cette connexion de la *phusis* et du temps, enveloppe *implicitement* l'idée que celle-ci doit être comprise dans et par un jeu cyclique de contrastes temporels, dont l'alternance de la vie et de la mort fournit un premier exemple. Un telle conception de la *phusis*, comme jeu de contrastes demeure cependant en partie implicite dans la parole d'Anaximandre et elle n'est pas du tout explicitée dans le texte d'Aristote commenté par Heidegger. On sait cependant qu'une telle conception se trouve dans le développement de sa physique, en particulier dans *De la génération et de la corruption*. Aristote écrit en effet que « La génération des choses va vers les contraires et vient des contraires »[285].

Il revient à Héraclite d'avoir éclairé le premier cet aspect de la *phusis* tout en disant sur le fond la même chose qu'Anaximandre. On sait que, pour Heidegger, Héraclite n'est pas, contrairement à ce qu'affirme une

---

285. Aristote, *De la génération et de la corruption*, Les belles lettres 1966, 331. à 15.

tradition héritée de Platon, le philosophe du devenir et du multiple, mais qu'il pense toujours ceux-ci à partir et dans la dimension de l'unité ou du Même. « *En Penta* » : « Tout est Un », dit le fragment cinquante. Cette unité, dit Heidegger dans l'article *Logos* des *Essais et conférences*, doit elle-même être comprise à partir du *logos*, qui ne signifiait pas d'abord à l'origine, la parole ou la pensée, mais le recueil qui unifie. Or, l'unité du *logos* doit être à son tour pensée à partir de la *phusis* comme mouvement permanent d'entrée en présence ou d'éclosion qui porte dans l'unité de sa lancée l'épanouissement et l'anéantissement en leur opposition différentielle. La *phusis* déploie en recueillant, en ce sens, qu'elle est cette « différence unitive »[286], qui activement disjoint l'étant en contrastes temporels, comme le jour et la nuit, l'hiver et l'été, la veille et le sommeil, pour d'autant mieux le rapporter à lui-même, l'ajointer, à travers sa divergence même. Voici ce qu'affirmait Heidegger dans les *Séminaires du Thor* : « Au lieu d'accoupler méthodiquement les contraires en jouant l'un contre l'autre les deux termes d'une relation, il (Héraclite) dit le *diaphéromenon comme sunphéromenon* : « Le dieu ? – jour – nuit ! » C'est là le sens même de la *phusis*. En d'autres termes, Héraclite dit l'appartenance à une présence unique de tout ce qui s'écarte d'un autre pour, d'autant plus intimement, lui faire face »[287]. Dans l'article *Logos* Heidegger précise sa pensée : « *L'En Penta* laisse étendu – devant ensemble dans une même présence ce dont l'être est divergent, donc opposé, comme le jour et la nuit, l'hiver et l'été, la paix et la guerre, la veille et le sommeil, Dionysos et Hadès. Ce qui est ainsi trans-porté (vers son contraire) à travers l'extrême distance qui sépare le présent de l'absent, ce *diaphéromenon*, la pose recueillante le laisse étendu dans son trans-port. Le fait même de la pose est, dans ce trans-port, ce qui porte. *L'En* lui-même est trans-portant »[288]. Et, c'est en l'éclosion même de la *phusis* que réside un tel transport.

Or, les contrastes qui alternent de façon cyclique dans le temps doivent être référés à des contrastes dans l'espace. Il faut, en effet, comprendre que c'est le temps qui originellement déploie l'espace. Cela mérite précision, parce que l'espace, qui doit être conçu originellement à partir de la *phusis*, ne doit en aucun cas être confondu avec celui de la science moderne. Pour la science moderne l'espace est cette extension uniforme qui a une existence indépendante des corps qui l'occupent. Pensé originellement, à partir du déploiement de la *phusis*, l'espace doit au contraire être conçu à partir de *l'espacement*, ainsi que Heidegger l'affirme

---

286. Cette expression est de Jean Beaufret : cf. *Dialogue avec Heidegger* III, Minuit, Paris, 1974, p. 188-189.
287. Op. cit. In *Questions IV*, p. 205- 206.
288. Op. cit. In *Essais et conférences*, p. 268.

dans *L'art et l'espace*[289]. Il doit être pensé à partir de cette séparation, de cette différence, par laquelle s'ouvre l'opposition des lieux contrastant d'une contrée, se rapportant les uns aux autres et s'accordant dans et par leur contraste même. Les lieux eux-mêmes ne font qu'un avec les choses qui les occupent parce qu'ils en constituent seulement la limite ainsi que le montre Aristote dans le livre IV de la *Physique*. L'espace est d'abord cet espacement qui permet l'éclosion des lieux d'une contrée, il est ce qui ouvre la délimitation de ces lieux. C'est à partir de là qu'il faudrait lire le fragment VIII d'Héraclite : « ce qui est taillé en sens contraire s'assemble, de ce qui diffère naît la plus belle harmonie. » Et il faut comprendre, en dernière analyse, l'éclosion des lieux à partir d'une opposition première entre ces lieux opposés fondamentaux qui rendent possible tous les autres lieux et qui sont la Terre et le Ciel. Sans cette opposition de *l'ouverture* du Ciel, et de la Terre comme ce qui est *fermé* en soi, qu'elle rend possible, la *phusis* n'est pas compréhensible. La *phusis* est donc déploiement originel de l'étant en totalité comme jeu spatio-temporel de contrastes. Ce déploiement, qui est *d'abord* d'essence temporelle et qui scelle le finitude radicale des étants, porte en lui l'unité du « surgir » et du s'« évanouir », de la *genesis* et de la *phtora*. La *phusis* déploie, comme jeu de contrastes, les étants qu'elle ne cesse, en même temps, de produire et détruire successivement.

Dans *Ce qu'est et comment se détermine la phusis*, auquel nous revenons à présent après ce détour éclairant par la pensée d'Anaximandre et celle d'Héraclite, Heidegger illustre la conception aristotélicienne de la *phusis* par quelques exemples. L'intérêt de ceux-ci est qu'ils montrent, quoique de manière inapparente, comment l'ouverture primitive de la Terre et du Ciel avec les oppositions spatiales qu'elle fonde est toujours impliquée dans le cycle temporel de la *phusis*. Le mouvement temporel de la *phusis* comme « aller-hors-de soi-en-retour vers soi », comme ce qui ne surgit hors de soi qu'en s'affermissant, en même temps, dans le retrait est originairement porteur de l'ouverture de cette différence qui oppose le Ciel et la Terre tout en les ajointant comme unité de contrastes. Voici ce qu'écrit Heidegger : « La plante, tout en germant, s'épanouit et se déployant dans l'ouvert, retourne en même-temps en ses racines qu'elle affermit dans le fermé, prenant ainsi son site. L'épanouissement qui se déploie est, quant à soi, un retourner en soi »[290]. La plante, en s'épanouissant, en s'élevant vers l'ouverture du ciel, s'affermit simultanément dans la terre en y plongeant profondément ses racines. Or, dans le cours de son épanouissement, elle est peu à peu conduite vers sa mort qui la ramènera à la terre. Mais, au cours de ce cheminement, la plante produit des fruits lesquels sont porteurs de graines, qui germeront et s'épanouiront à leur tour vers le ciel, tandis qu'elle

---

289. Op. cit. in *Questions IV*.
290. Op. Cit. p. 202.

retournera dans les profondeurs de la terre et s'y abolira. Dans le cheminement de la *phusis*, le retrait en soi ne fait qu'un avec la constance d'un épanouissement par lequel l'étant ne cesse jamais de prendre forme et d'offrir un visage. C'est pourquoi Heidegger peut écrire : « Chaque étant produit...est dans son mouvement d'approche simultanément aboli, par exemple la fleur par le fruit. Mais dans cette abolition, l'installation dans le visage ne renonce pas à soi ; au contraire : comme fruit la pousse retourne à son germe qui d'après son déploiement n'est pas autre chose que s'épanouir dans le visage »[291].

En dépit de sa profondeur, l'analyse aristotélicienne de la *phusis* ne représente aux yeux de Heidegger qu'« ...un écho tardif de la grande emprise de la philosophie grecque »[292]. La *phusis*, telle qu'elle est pensée par Aristote n'est qu'«...un rejeton de la *phusis* initiale. Un tout faible, un irreconnaissable écho de cette *phusis*... »[293]. Pour Aristote la *phusis* ne représente qu'une région bien délimitée de l'étant ; elle doit être rattachée à un premier moteur immobile, c'est à dire au divin, qui est situé au-delà de celle-ci. Autrement dit le processus de la *phusis* n'est pas autonome. C'est ce que montrera le livre VIII de la *Physique* dont les thèses seront reprises dans le Livre L de la *Métaphysique*. La *phusis* s'épuise à imiter par son cycle permanent de naissance et de mort, et par son jeu spatio-temporel de contrastes, la perfection immobile et la plénitude en acte de la pure forme. Le premier moteur immobile, pensée de la pensée, pure forme, acte pur, est dans sa perfection autarcique la cause finale de la *phusis*, le modèle éternel auquel elle aspire, mais qu'à cause de la matière qui la constitue, elle ne peut qu'imparfaitement imiter. Le cycle étant le type de mouvement qui imite le mieux l'immobilité, la *phusis* se déploie de manière cyclique, trahissant par là son impuissance à résorber la matière et à s'accomplir comme pure forme, c'est à dire son impuissance à accéder à la plénitude immobile et ressaisie en elle-même de l'acte pur. La *phusis* est perpétuellement mobile parce qu'elle demeure toujours partiellement en puissance, en quête de la pure forme qui lui permettrait d'atteindre son *telos*, c'est à dire la plénitude de son accomplissement. L'analyse aristotélicienne de la *phusis* est donc insuffisante. Qu'a-t'il donc « oublié » ou insuffisamment pensé dans sa méditation ? Comment la *phusis* doit-elle être pensée pour être prise en vue dans la plénitude de son essence ? Ce qu'a « oublié » Aristote c'est que dans le processus de la *phusis*, le retrait, le retour en soi, ne fait qu'un avec le processus de déploiement. Il n'a donc pas suffisemment pensé la réciprocité parfaite et « autonome » de l'éclosion et du retrait dans le processus de la

291. Ibid. p. 271.
292. Ibid. p. 274.
293. Ibid. p. 274.

phusis. Il n'a donc pas suffisamment pensé la *phusis* en tant qu'elle est « *ein Insich- zurück-Gehen* ».

Cette essence de la *phusis* a été mise à jour, pour la première et dernière fois, par Héraclite, dans le fragment 123 qui dit : « *Phusis krupthesthaï philei.* ». Ce fragment est souvent traduit de façon littérale par : « la nature aime se cacher ». Cette traduction n'est conforme ni à la pensée grecque, ni à la langue grecque, en particulier parce qu'elle ne rend pas compte de la tension que fait apparaître cette phrase entre le mouvement actif de sortie hors de soi propre à la *phusis* en son éclosion, et le retrait en soi, le retour en soi-même qui l'anime simultanément. Cette phrase d'Héraclite signifie qu'éclosion et retrait s'entre-appartiennent, qu'ils sont la même chose. Nous suivons donc ici la leçon de Jean Beaufret qui traduit : « Rien n'est plus propre à l'éclosion que le retrait. » Or voici le commentaire heideggerien de ce texte d'Héraclite : « Se retirer, s'héberger soi-même en son propre retrait appartient à la prédilection de l'être, c'est à dire à ce en quoi il a affermi son déploiement. Et le déploiement de l'être, c'est de se déclore, de s'épanouir, de ressortir dans l'ouvert du non retrait – *phusis*. Seul ce qui, suivant son déploiement, s'ouvre et se déclot, et ne peut que se déclore, seul cela peut aimer se reclore. Seul ce qui est ouverture de déclosion peut être reclosion. Et c'est pourquoi il ne convient pas de « dépasser » le *kruptesthaï* de la *phusis*, le lui extirper ; bien plus lourde est la tâche de laisser à la *phusis*, dans toute la pureté de son déploiement, le *kruptesthaï* comme partie intégrante de la *phusis* »[294]. Il y a donc dans la *phusis* une relation parfaitement réciproque entre le mouvement de l'éclosion et celui du retrait, l'un renvoyant à l'autre dans une circularité autonome, et ainsi dans le cadre d'un mouvement permanent d'entrée en présence qui ne laisse aucune place à une transcendance. Il faut donc comprendre que la *phusis*, qui puise à un retrait essentiel, ne renonce cependant jamais à être une entrée en présence permanente. La *phusis* est, en quelque sorte, une et immuable en sa mobilité même. C'est sur cet aspect que Parménide a mis l'accent.

L'interprétation heideggeriènne de Parménide, on le sait, consiste à montrer, contre la tradition héritée de Platon, que l'être en son unité et en sa permanence immuable et immobile, ne doit pas être placé au-delà des choses sensibles (*dokounta*), elles-mêmes considérées comme de simples apparences[295]. Heidegger, rétablissant la cohérence du poème de Parménide, dont la seconde partie est consacrée au monde sensible, a montré qu'il fallait, penser la permanence immuable de l'entrée en présence de l'être et son unité au sein même du monde sensible et comprendre que les étants en

294. Op. cité p. 275. 276.

295. Cette interprétation apparaît dès 1935 dans *Introduction à la métaphysique* (IV, 2). Cf. aussi, Jean Beaufret, *Dialogue avec Heidegger* I, Minuit, Paris, 1977.

leur diversité changeante, ne sont qu'autant de manifestations phénoménales de celui-ci en sa plénitude ne renonçant jamais à elle-même. L'être est la *Moïra* qui donne à chaque étant son partage. Parménide insiste ainsi sur cette solidarité totale de l'être et de l'étant en leur différence même qu'est la différence ontologique. Il met l'accent sur le fait, que les étants, en leur diversité, ne sont qu'autant de manifestations particulières, de participants fugitifs, d'un unique et constant déploiement de présence ne renonçant jamais à lui-même et « se reprenant » toujours en lui-même. Ce faisant, l'originalité de Heidegger consiste à montrer que Parménide ne dit rien d'autre que la *tautologie* de l'être ou mieux encore l'être comme tautologie de l'entrée en présence ce reprenant toujours en elle-même. Cette tautologie de l'être est celle de la merveilleuse omniprésence ne renonçant jamais à sa plénitude à travers la naissance et la mort des étants qui se succèdent.

Son interprétation de Parménide culmine en effet, dans le *Séminaire de Zärhingen* où il interprète le « *esti gar einaï* » du fragment 6. voici ce qu'il écrit : « Ce qu'il s'agit de penser c'est donc : *esti gar einaï* – « entre en présence en effet entrer en présence ». Une...difficulté surgit : cela est une tautologie manifeste. En effet ! C'est une authentique tautologie : elle nomme une fois seulement le Même, et à la vérité en tant que soi-même. Nous sommes ici dans le domaine de l'inapparent : *entre en présence entrer en présence même* »[296]. Il affirme dans ce séminaire rétrospectif qui est comme l'aboutissement de son œuvre : « La pensée qui est ici demandée, je l'appelle la pensée tautologique. C'est le sens originaire de la phénoménologie »[297]. Et il ajoute que par rapport à Héraclite, « Parménide est plus profond et plus essentiel »[298], et qu'il faudrait « ... lire Héraclite à partir de la tautologie parménidienne »[299]. Dans son séminaire sur la *Physique* d'Aristote, Heidegger avait déjà insisté sur le fait que les Grecs pensent toujours la mobilité et la transformation à partir du repos. Le repos doit en effet être lui-même conçu à partir du déploiement de ce qui « ...se *reprend* et est mobilité déployée »[300].

Les trois grands Présocratiques ont donc dit la même chose, ils ont tous trois mis à jour l'essence de la *phusis*, chacun mettant particulièrement l'accent sur un aspect de celle-ci. C'est pourquoi pour Heidegger, *to Kréhon*, *diké*, *Moïra* et *logos*, disent la même chose, ils disent cette « loi de l'être » dont la *phusis* est porteuse. Héraclite l'a pensée comme éclosion d'un jeu de contrastes se déployant dans et par un retrait essentiel, Parménide nous invite à la comprendre en même temps comme permanence d'une entrée en

296. Op. Cit. In *Questions IV*, Gall. 1976, p. 336.
297. Ibid. p. 338.
298. Ibid. p. 339.
299. Ibid.
300. Op. cit. in *Questions II*, p. 246.

présence ne renonçant jamais à elle-même, et Anaximandre, quant-à lui, en a véritablement approché l'essence *temporelle*.

Essayons maintenant de résumer notre parcours concernant la *phusis*. La *phusis* est la venue en présence permanente qui, en tant qu'« aller-hors-de-soi-en-retour-vers-soi », porte dans l'unité de sa lancée la simultanéité de ces contrastes que sont l'épanouissement et l'anéantissement. Ce faisant, elle déploie l'étant comme jeu spatio-temporel de contrastes dans l'ouverture de la Terre et du Ciel. La *phusis* est donc ce qui déploie et unifie le monde comme jeu de différences. Elle est ce qui unifie l'étant en totalité, en le portant toujours vers soi dans le mouvement même où elle le déporte hors de soi. Elle est la « dif-férence unitive » de l'étant. La *phusis*, comme ce qui est présupposé partout où il y a de l'étant, n'est quant à elle aucune chose qui est, elle est le « tout autre » que l'étant en tant que « foyer » de sa présence. Les étants à leur tour ne sont que des participants évanescents de l'être, c'est à dire de ce jeu cyclique de différences qui demeure le même cependant que tout apparaît et disparaît en lui. La *phusis* est cette identité ou cette unité de l'étant qui, comme telle, demeure toujours manquante puisqu'elle se donne dans et par la différence, c'est à dire dans et par un retrait, une absence. En son essence, elle est fondamentalement d'essence temporelle : elle est le temps. Le temps est, en effet, cette unité « ek-statique » de l'étant, ce dans et par quoi il ne peut-être présent et le même qu'en échappant toujours à lui-même, qu'en se manquant toujours à lui-même, ce qui implique la finitude essentielle de tout ce qui est, lequel est voué à naître et à périr. En son essence temporelle la *phusis* est ce règne de la *présence* qui porte en elle *l'absence* et le *retrait* de façon essentielle. La *phusis*, ne cessant jamais d'être un épanouissement, est donc ce déploiement unique dont chaque étant n'est qu'un participant évanescent. Elle est cette « loi », cette *diké*, ce *logos* ou cette *Moïra*, qui ajointe les étants dans leur succession temporelle.

La *phusis* doit donc être comprise à partir du *temps*, tel est l'impensé d'Aristote et des Présocratiques eux-mêmes. La temporalité de l'être est la clef du processus de la *phusis* comme « *In-sich-zurück-Gehen* ». Le temps, la temporalité de l'être, n'est pas une succession de maintenants morcelés en ces trois parties distinctes que sont le passé, le présent et l'avenir. Le temps est « cyclique » car il est à penser à partir de la *présence* dont passé et futur sont des ek-stases. La temporalité de l'être est ce déploiement permanent de la *présence* qui porte en elle *l'absence*. La *phusis* qui déploie temporellement l'étant dans un jeu de différences est donc, ce faisant, ce qui *donne être* à l'étant ; elle est l'être de l'étant. Elle est cette puissance active de ségrégation, de différentiation qui déploie les étants et ainsi les « fait être » originellement comme choses déterminées, séparées les unes des autres, et donc pourvues de formes et de limites. Ces limites sont, à chaque fois, non seulement spatiales mais aussi temporelles.

Dans les textes consacrés à la parole d'Anaximandre, mais aussi dans bien d'autres textes[301], Heidegger semble vouloir penser la *phusis* uniquement à partir du temps. Cependant, la détermination de l'être comme *phusis* à partir du temps n'est pas, loin s'en faut, le dernier mot de Heidegger concernant la *phusis*. Elle ne représente qu'une première approche de celle-ci. En effet, nous l'avons déjà vu dans les parties précédentes, si l'être se déploie et « donne être » dans et par le temps, il ne se *réduit* pas lui-même au temps. Ce qu'est fondamentalement la *phusis* n'a donc pas été pleinement et suffisamment établi dans les pages qui précèdent. L'essence de la *phusis* n'est pas facile à cerner ainsi que Heidegger le reconnaissait lui-même dans *Ce qu'est et comment se détermine la phusis*. Dans ce texte Heidegger souligne, en effet, la difficulté d'une telle description de la *phusis* en son double mouvement contradictoire d'éclosion et de retrait : « Il est manifeste que cette relation de l'homme à ce qui se montre par avance de soi-même tout en se retirant à toute entreprise de démonstration ne peut qu'être difficile à maintenir dans son originaire vérité »[302]. Cela provient de ce que « ...Nous n'avons plus guère qu'un soupçon de ce que pouvait être la notion grecque de l'être... »[303]. Or, ainsi que nous allons le voir maintenant, dès 1935, dans *L'origine de l'œuvre d'art*, Heidegger pense l'essence de la *Phusis* non pas à partir du temps, mais de manière bien plus originelle.

301. Cf. par exemple les dernières pages du cours de 1955, *Le principe de raison* où Heidegger identifie le *Logos* d'Héraclite au Temps (*Aïon*).
302. Op. cité p. 216.
303. Ibid. p. 245.

CHAPITRE III

Détermination de l'essence de la phusis : La terre, le chaos

La conférence de 1935, *L'origine de l'œuvre d'art*, fait partie des premiers textes dans lesquels Heidegger commence à mesurer l'importance véritable du concept de *phusis*. Or, dans ce texte il pense d'emblée la *phusis* à partir de la notion de *Terre*. Voici, en effet, ce qu'il écrit à propos de l'éclosion et de l'apparition de l'étant : « Cette apparition et cet épanouissement mêmes, et dans leur totalité, les Grecs les ont nommés très tôt *Phusis*. Ce nom éclaire en même temps ce sur quoi l'homme fonde son séjour. Cela, nous le nommons la *Terre*. De ce que ce mot dit ici, il faut écarter aussi bien l'image d'une masse matérielle déposée en couches que celle, purement astronomique, d'une planète. La *Terre*, c'est le sein dans lequel l'épanouissement reprend, en tant que tel, tout ce qui s'épanouit »[304]. Cette notion fondamentale de *Terre*, que nous avons déjà rencontrée dans la partie précédente, est donc ce à partir d'où il faut penser l'essence même de la *phusis*. En effet, la *Terre* ici n'est pas prise en vue comme une masse matérielle « apprésentable », ou comme une planète, ou même comme simple opposé du Ciel, mais bien comme ce tréfonds retiré et abyssal de l'étant dans son ensemble qui ne cesse de produire les étants avant de les reprendre en son sein.

Dans *L'origine de l'œuvre d'art* la Terre est pensée comme ce fond indistinct, sous jacent, insondable de l'étant, qui demeure irréductiblement indécelable, qui se tient donc en retrait, en constante réserve, et qui a pour essence même de se renfermer en soi. Or, dans ce texte capital de 1935, la

304. M. Heidegger, *L'origine de l'oeuvre d'art*, in *Chemins...*, Gall. Paris, 1980, p. 45.

Terre ainsi pensée, est comprise, à la fois comme ce qui ne cesse de produire originellement les étants déterminés de manière surabondante, *et* comme ce qui reprend ensuite tout en son sein. La Terre est ce fond sous jacent indistinct de l'étant qui est la source originelle et inépuisable de toute venue en présence des étants, et qui est en même temps ce qui reprend tout en son sein, reconduisant toute chose à la dissolution et à la corruption, à l'indistinction retirée et fermée sur elle-même. Voici, en effet, le passage essentiel de *L'origine de l'œuvre d'art* concernant la Terre, que nous avons déjà cité dans la partie précédente mais qu'il nous faut reprendre ici : « Elle est ce qui, ressortant, reprend en son sein (*das Hervorkommend-Bergende*). La Terre est l'afflux infatigué et inlassable de ce qui est là pour rien »[305]. Par essence, la Terre est donc cette profusion qui inlassablemement fait jaillir hors d'elle l'étant, mais pour mieux le reprendre ensuite en elle et le reconduire dans son propre tréfonds indistinct. Elle est ce fond informe sous jacent de l'étant, qui est toujours déjà là pour rien, et qui ne cesse de produire les étants de manière surabondante avant de les reprendre en son sein. Elle est ce fond insondable, indécelable, inapprochable, *hétérogène*, de l'étant en totalité, qui, toujours déjà là, est à la fois la source abondante d'où les étants proviennent et ce vers quoi ils retournent se perdre. La *Terre* ainsi conçue est donc bien le principe fondamental du déploiement de la *phusis* comme « *In-sich-zurück-Gehen.* », c'est-à-dire comme cet « aller-hors-de-soi-en-retour-vers-soi » qui ne cesse d'être un épanouissement, et qui est le principe de la génération et de la corruption de toute chose. La *phusis* se déploie bien *dans* le temps, cependant son *essence* n'est pas le temps, mais bien ce que Heidegger, dans *L'origine de l'œuvre d'art*, appelle la *Terre*. L'étant en totalité, déployé comme jeu spatio-temporel de contrastes, est, en effet, fondamentalement *ordonné* à ce fond abyssal retiré, inapprochable et indistinct, d'où tout provient et à quoi tout retourne.

Or, ce que Heidegger appelle la *Terre* dans ce texte de 1935, n'est pas, nous l'avons vu, la Terre comme simple opposé du Ciel, mais bien le *tréfonds retiré* de celle-ci en tant qu'origine radicale de l'étant en totalité. Il s'agit, si l'on veut, de ce que la poésie grecque originelle, chez Hésiode, avait nommé l'Erèbe ou le Tartare. Il s'agit donc de ce tréfonds des Enfers qui rejoint le fondement dernier indistinct et insondable de tout ce qui est, c'est-à-dire le *Chaos*. Il faut comprendre alors – et ce point est essentiel – qu'avec le concept de *Terre* qui apparaît dans *L'origine de l'œuvre d'art*, Heidegger s'oriente vers une conception de l'essence de la *phusis*, c'est-à-dire de l'être, comme *Chaos* à laquelle il n'accèdera pleinement, et explicitement, qu'en 1939 dans sa conférence sur le poème de Hölderlin *Comme au jour de fête...* Ce que Heidegger appelle la *Terre* dans *L'origine*

305. Ibid. p. 49.

de l'œuvre d'art est cela même qu'il appelera *Chaos* à partir de 1939, sous l'influence fondamentale de Hölderlin.

C'est donc dans la conférence de 1939 sur le poème *Wie wenn am Feiertage...* que Heidegger accède véritablement, et pour la première fois, au sommet de sa méditation sur l'être. Dans la toisième strophe de ce poème Hölderlin, renouant avec Hésiode, dit, en effet, que le *Chaos* constitue le fondement même de la *Nature*, et le principe du déploiement de celle-ci dans l'ouverture du Ciel et de la Terre. Voici, en effet, ce qu'il écrit :

> « La Nature maintenant s'est éveillée avec tumulte,
> Et haut de l'Ether jusqu'à l'abîme en bas
> Selon un ferme statut, comme jadis, tiré du
> Chaos sacré ... »[306].

Le *Chaos*, parce qu'il est considéré par Hölderlin comme l'essence originelle de la *Nature*, n'est pas nommé uniquement dans l'hymne *Comme au jour de fête...*, mais aussi dans bien d'autres textes. Il est évoqué à la fin du poème *Le Rhin*, et il est désigné comme « l'antique confusion » (*Uralte Verwirung*). Cette confusion, cette *Verwirung* est parfois nommée *Wirrnis* (embrouillement, désordre, confusion) par Heidegger[307]. Dans la mesure où, comme confusion originelle, le chaos est l'immédiateté indistincte et donc inapprochable, menaçante pour les étants, il représente pour Hölderlin l'essence même du *sacré*. C'est pourquoi Hölderlin, dans *Les Titans*, nomme ce désordre originel, la « sainte sauvageté », et parle aussi des « sauvagetés sacrées ». Le *Chaos* originel – tel que Heidegger le pensera à partir de Hölderlin et de la poésie grecque matinale – doit être conçu comme ce fond indistinct de la *phusis* qui est, *à la fois*, une puissance productrice inépuisable *et* une puissance destructrice qui finit par reprendre en elle ce qu'elle a produit.

Dans les profondeurs primordiales la tendance *fondamentale* au retour vers l'indistinction totale bute sur une limite, car elle entre en contradiction avec une tendance inverse, c'est-à-dire avec cette puissance productrice sauvage, surabondante et inépuisable qui est, elle aussi, constitutive du *Chaos*. Dans et par cette contradiction « dynamique », il ne cesse de surmonter sa propre surabondance excédente et productrice en se renfermant en soi, en se reprenant en lui-même, en se raffermissant dans le « refermé » de sa propre indistinction foncière. Cette contradiction originelle, cette « démence du fond » dans laquelle, en quelque sorte, la mort

---

306. F. Hölderlin, *Comme au jour de fête...*, trad. Par François Fédier, in M. Heidegger, *Approche de Hölderlin*, Paris, Gall. 1979, p. 65-66.

307 Cf. M. Heidegger, *Les hymnes de Hölderlin : La Germanie et Le Rhin*, Paris, Gall. 1988, p. 177.

et la vie vivent ensemble, est l'essence même de la *Wirnis* constitutive des profondeurs primordiales. Le *Chaos* est, de manière intrinsèque, ce « foyer discordant » hétérogène, d'où tout provient et à quoi tout retourne. Il est une puissance productrice inépuisable, qui ne cesse de puiser à la source de sa propre indistinction foncière, pour mieux s'y replonger et s'y raffermir en y reconduisant finalement tout ce qu'elle a produit. Ainsi, non seulement le *Chaos* est, du point de vue de l'étant, fondamentalement hétérogène et insaisissable, à la fois en retrait et en excès, mais il est *intrinsèquement* hétérogène. Il est fondamentalement marqué par l'*éris* : il est en lui-même conflit et contradiction[308]. Il est l'Autre comme tel, l'altérité insaisissable par exellence. Déchiré par une contradiction fondamentale, il est le monstrueux par excellence, l'absolument autre, l'extrême altérité.

Dans la mesure où le *Chaos* est ainsi *déchiré* en lui-même par une contradiction fondamentale et qu'il est la puissance productrice aveugle et originelle de l'étant, il n'est pas seulement le fond informe de l'étant, mais aussi fondamentalement *l'ouverture béante* et sans fond à partir de laquelle se déploie, « pour rien », le *cosmos* comme jeu de contrastes. Il apparaît ainsi que la différence ontologique (entre l'être et l'étant) renvoie elle-même à une différence constitutive de l'être lui-même. L'être n'est certes pas pure différence, mais la différence, la béance appartient à l'être de manière essentielle à cause de son hétérogénéité. Or, cette hétérogénéité foncière du *Chaos* déchiré en lui-même, « béant », implique une part *essentielle* de contingence, d'irrationalité, au principe du déploiement des étants. C'est en ce sens que le *Chaos* rend possible la dimension libre de l'Ouvert : la dispensation de l'être est semblable à l'innocence d'un enfant qui joue, elle a la légèreté de ce qui se déploie sans raison et pour rien[309]. Ainsi, pour une part, le *Chaos* « laisse être » les étants qui présentent alors, d'une certaine façon, une singularité irréductible en étant coupés de leur origine. A l'instar du *Dasein*, qui lui seul cependant le « prend en charge » et le sait, tous les étants sont pour une part facticiels, « jetés » dans le monde, et ainsi parfaitement singuliers, pleinements individués. Dire de l'étant dans son ensemble qu'il provient du *Chaos* revient donc à dire – pour une part – qu'il y a une contingence fondamentale du monde, qui, d'une certaine manière, se « fonde » sur le néant. La pensée heideggerienne de l'être comme *Chaos* prolonge ainsi et complète la conférence de 1929 *Qu'est-ce que la métaphysique ?* qui affirmait : « *ex nihilo omnes ens qua ens fit* »[310]. La dernière page du cours *Le principe de raison* qui dit que l'être est le « sans

---

308. Cf. M. Heidegger, *Les hymnes de Hölderlin : La Germanie et Le Rhin*, p. 121 à 123.
309. Cf. sur ce point les dernières pages du cours de 1955 *Le principe de raison*. Cf. aussi, *L'affaire de la pensée*, *T.E.R.*, Mauvezin, 1990 p. 65, où Heidegger pense la *Lichtung* non plus seulement comme éclaircie, mais comme légèreté.
310. M. Heidegger, *Qu'est-ce que la métaphysique ?* in *Questions I*, Gall. Paris, 1976, p. 69.

fond », l'abîme, et donc qu'il se « fonde » ainsi sur le « néant », complète et précise le sens de l'affirmation de la conférence de 1929.

Le *Chaos* est cette ouverture « béante » abyssale, ce gouffre sans fond entrebâillé, qui a toujours déjà laissé se déployer l'opposition du Ciel et de la Terre, ainsi que le dit Hésiode aux vers 116 et suivants de la *Théogonie*. Cette dimension abyssale et *béante* du *Chaos*, déployant l'étant avec une part essentielle de contingence, c'est-à-dire « sans fond » et « pour rien », peut être aussi exhibée à partir de l'étymologie. Le mot grec *Chaos* est de même racine que le mot *kaïno* qui signifie s'ouvrir ou s'entrouvrir. Le mot *keilos*, lèvres, est lui aussi de même racine ainsi que l'adverbe *koris*, qui signifie séparément. La notion de *Chaos* renvoie donc originellement à celle d'ouverture béante et de séparation ; l'idée même de gouffre, de profondeur abyssale liée à cette notion semble seconde par rapport à celle de séparation ou de béance. Le *Chaos* en tant qu'il est cette puissance productrice déchirée en elle-même n'est donc pas *seulement* un fond indifférencié de l'étant, mais il est fondamentalement cette béance, ce gouffre entrebâillé d'ou s'ouvre l'Ouvert dans lequel les étants se déploient « sans raison ». C'est pourquoi, pour Heidegger, voir seulement le *Chaos* comme confusion originelle serait un dévoiement de ce que veut dire fondamentalement ce mot, et pourrait conduire à s'en faire illusoirement une image « ontique ». Voici ce qu'il affime dans sa conférence de 1939 sur le poème *Comme au jour de fête*... :

« ...*Chaos*, signifie premièrement le béant, le gouffre entrebâillé, l'Ouvert qui s'ouvre d'abord, en quoi tout est englouti. Le gouffre refuse tout appui pour une distinction et un établissement. C'est pourquoi pour toute expérience qui ne connaît que le médiat, le *Chaos* paraît être l'indifférencié et ainsi la simple confusion. Le « chaotique », en ce sens, n'est que le dévoiement de ce que veut dire « *Chaos* ». Pensé à partir de la *Nature* (*phusis*), le *Chaos* reste cette béance, d'où l'Ouvert s'ouvre afin d'accorder à toute distinction sa présence délimitée. C'est pourquoi Hölderlin nomme sacré le *Chaos* et la sauvageté. Le *Chaos* est le Sacré lui-même. Nul réel ne précède cette béance ; il ne fait jamais qu'y rentrer. Tout ce qui apparaît est à chaque fois déjà devancé par elle »[311].

Ce texte représente, nous semble-t-il, le sommet de la méditation de Heidegger sur l'être. Il ne s'agit pas, cependant, d'un hapax, car la référence fondamentale au *Chaos* comme essence de l'être se trouve aussi dans deux passages précieux du *Nietzsche*. Nous avons déjà cité l'un de ces passages dans la partie précédente, mais l'importance de cette notion est telle que nous allons reproduire ces deux extraits situés dans le premier volume du *Nietzsche*. Voici donc le premier :

311. Op. cit. in *Approche de Hölderlin*, Paris, Gall. 1979, p. 80-81.

« Chaos, *Chaos*, *Kaïno* signifie le bâillement, le béant, ce qui se fend en deux. Nous entendons *Chaos* en étroite connexion avec une interprétation originelle de l'essence de l'*aletheia*, en tant que l'*abîme qui s'ouvre* (cf. Hésiode, *Théogonie*) »[312].

Voici maintenant le deuxième qui est situé vers la fin du volume :

« *Chaos* entend initialement l'*entrebâillant* et renvoie au sens de l'Ouvert sans base, sans fond, abyssal, de la fente béante (cf. Hésiode, *Théogonie*, 116.) »[313].

Ces extraits confirment que Heidegger, dans sa pensée de la Nature et de son fond chaotique, se réfère à la poésie d'Hésiode et qu'il identifie donc ce que Hölderlin appelle « Nature » à la *phusis* des Grecs. La référence à l'*aletheia* dans le premier extrait et à l'Ouvert dans le deuxième montrent que c'est bien l'essence *originelle* de l'être qui est pensée comme *Chaos*. Dans ces trois textes Heidegger insiste sur le *Chaos* comme béance ou encore comme bâillement. Or, cela ne signifie pas qu'il écarte l'autre sens du *Chaos*, c'est-à-dire le *Chaos* compris comme immédiateté et indistinction. Voici, en effet, ce qu'il écrit, dans la suite de son commentaire de la troisième strophe de *Comme au jour de fête...* à propos du *Chaos* en tant qu'il est le sacré inapprochable ou encore le « sauf » :

« L'originellement sauf donne par son omniprésence à chaque réel l'heur de son séjour. Mais ce sauf, ainsi donateur, renferme en soi comme immédiat toute plénitude et tout ajointement. Ainsi il est inapprochable pour tout ce qui est pris isolément, qu'il soit un dieu ou un homme. Le Sacré comme inapprochable rend, du médiat, vaines toutes les tentatives immédiates d'approche. Le Sacré expulse toute expérience de son paysage et lui arrache ainsi l'assise. Ainsi dépaysant, le Sacré est l'effrayant même... »[314].

Le *Chaos* n'est donc pas *seulement* pensé par Heidegger comme pure béance mais *aussi*, en même temps, comme cette immédiateté sous jacente qui renferme en soi toute plénitude et qui est donc inapprochable pour tout ce qui est médiat, déterminé, individué. C'est bien parce qu'il représente l'indistinction première et abyssale, d'où tout provient et à quoi tout reviendra se perdre, que le *Chaos* est l'inapprochable et l'effrayant par excellence pour les hommes comme pour les dieux et qu'il est ainsi le Sacré ou encore le sauf.

L'identification paradoxale de l'être et du néant chez Heidegger en vient à prendre tout son sens. Le *Chaos* n'est rien d'étant, en tant que *Wirrnis* il est en quelque sorte néant, il est un *me on* et il est ce qui reconduit toute chose à la mort ; mais en même temps il est cette omniprésence

---

312. M. Heidegger, *Nietzsche*, t. I., Paris Gall. 1980, p. 274.
313. Ibid. p. 437.
314. Op. cit. in *Approche de Hölderlin*, Gall. Paris, 1979, p. 81-82.

merveilleuse qui déploie dans sa propre immanence la totalité de l'étant : il est la plénitude de l'être. Et le *Chaos* constitue bel et bien l'essence ou le fondement de la *phusis* car il n'est pas seulement fond indistinct, mais puissance productrice et ouverture béante. Il a donc toujours déjà ouvert l'opposition originelle du Ciel et de la Terre, et déployé les étants comme jeu de contrastes. Le *Chaos*, paradoxalement, est donc en même temps *Nomos*. Il déploie l'ordre du *Cosmos* dans son *immanence*. Et l'être, en tant que puissance originelle de ségrégation, qui déploie – depuis toujours et pour toujours – l'étant en totalité comme jeu spatio-temporel de contrastes, et qui laisse ainsi être à chaque fois les étants différenciés pour un temps avant de les reprendre en son sein, se dispense bien dans et par le temps, mais il n'est pas lui-même de l'ordre du temps. En effet, il est cette « matrice » originelle et informe du monde déchirée en elle-même, qui ne cesse de produire – de « laisser être » pour un temps – et de détruire, les étants, mais qui est *toujours déjà là* (qui est en elle-même éternelle) et qui ne cesse de se répéter soi-même dans la différence.

La pensée de la *phusis* exclut radicalement toute idée de création : elle est, par essence, ce qui est toujours déjà là et qui règne depuis toujours et pour toujours. En son essence profonde la *phusis* n'est rien d'étant, mais elle ne s'identifie pas non plus au temps. Elle est « matière » informe et déchirée en elle-même, elle est *Wirrnis*. Comme *Wirrnis* hétérogène et radicalement irreprésentable, agitée par des forces contradictoires et déchirée ainsi en elle-même, elle n'est cependant pas de l'ordre du *Vorhandensein*. La *phusis* en son essence dernière n'est ainsi rien d'étant, rien de déterminé, et on ne peut rien en dire d'autre sinon qu'elle est de l'« *être* » *indéterminé*. Elle est l'omniprésence de l'être indéterminé et hétérogène, qui, toujours déjà là sans raison, ne cesse de rentrer en soi, de revenir s'affermir en soi-même, à travers un processus permanent et immanent de production et de destruction des étants, qui n'en sont que des participants fugitifs et des manifestations particulières. Elle cette merveilleuse omniprésence à fois insondable et surabondante, qui ne cesse de produire les étants de manière immanente, qui en elle-même n'est rien d'étant, mais l'être indéterminé et hétérogène, et qui, régnant depuis toujours et pour toujours, est pure répétition « tautologique » de soi. Ainsi, la *Phusis* épuise son sens à « être » au sens transitif (à faire être), éternellement, sans fond et « pour rien », l'« être » indéterminé qu'elle est toujours déjà en elle-même. Elle n'est ainsi rien d'autre que la « tautologie de l'être ».

Il appartient donc à l'essence même de la *phusis* d'être toujours déjà là, c'est-à-dire de régner à partir d'elle-même et de se déployer ainsi de son propre fonds. Voici, en effet, ce qu'écrit Heidegger : « La *phusis* … est ce qui déploie sa présence de son propre fonds. *Phusis* est le terme initialement fondamental de la langue grecque désignant l'être même au sens de la présence qui va s'épanouissant et ainsi régnant à partir d'elle-même »[315]. La *phusis* en son essence est « ...cette pure et simple présence qui est sans pourquoi, dont tout dépend et sur laquelle tout repose »[316] ; et elle est ainsi « ... ce qui, pour tout étant, est déjà là et le porte ...cette présence qui porte et devant laquelle nous ne pouvons que rester en arrêt »[317]. La *phusis* comme règne « éternel » de la présence est donc toujours déjà là et elle ne connaît, par delà ses métamorphoses, ni perte ni surcroît. C'est pourquoi il est dans l'être quelque chose de plus profond encore que le jeu contradictoire des forces qui l'anime. C'est le règne incommensurable, englobant et informe d'une *présence* qui ne cesse de se reprendre en elle-même à travers le jeu des forces qui la déchire et qui est finalement immuable et immobile à travers sa mobilité même et ses métamorphoses. Au plus profond, l'être n'est pas puissance ou jeu des forces, mais il constitue le règne calme de la présence insondable et incommensurable. L'être est l'*a priori* radical, il est cette dimension abyssale et hétérogène qui a toujours déjà précédé tout étant et qui en porte la venue en présence.

C'est dans la mesure où la notion de *phusis* bien comprise ne désigne ainsi rien d'autre que le toujours déjà là omniprésent – et éminemment étonnant – de *l'être indéterminé* et hétérogène ne cessant de se reprendre en lui-même, de se répéter, à travers le processus permanent de production et de destruction des étants, qui n'en sont que des déterminations particulières et fugitives, qu'elle constitue la réponse et la seule réponse possible à la question de l'être telle que la pose Heidegger. Elle exprime ce que veut dire « être ». Elle exhibe et déploie le sens *caché* du mot « être ». Le concept de *phusis* explicite le sens du *thaumazein* grec, c'est-à-dire le sens de cette épreuve de « la merveille des merveilles : que l'étant *est* ».

Ce que Heidegger regagne, à travers sa pensée de l'étant en son être comme *phusis*, c'est le sens profond de la poésie grecque originelle. En dépit des apparences, cette poésie mythique n'a rien à voir avec ce qui, à partir de l'époque romaine a pris le nom de religion. Les dieux ne sont pas séparés de la nature et ils ne sont que des manifestations de sa propre splendeur divine. C'est donc la nature elle-même qui est sacrée, et ce, non pas parce qu'elle serait animée par des forces occultes de nature spirituelle, et qu'elle aurait un sens caché, mais *au contraire* par l'excès même de sa présence à la fois insondable et surabondante, qui est toujours déjà là en deçà de tout sens. La nature n'est donc insondable et étrangement inquiétante que par la surmesure irreprésentable de sa présence, irréductible à tout sens, précédent toutes les formes qu'elle peut prendre. Cette spécificité du mythe a été aperçue par W.

---

315. M. Heidegger, *Nietzsche*, I, Gall. Paris, 1980, p. 165-166.
316. M. Heidegger, *Le principe de raison*, la conférence, Gall. Paris, 1983, p. 266.
317. Ibid. p. 265.

F. Otto qui écrit dans l'introduction de son livre *Les dieux de la Grèce,* que ce qui caractérise le mythe grec, c'est « ...la capacité à voir le monde à la lumière du divin. Non pas un monde de l'aspiration et de l'espérance, ou un monde mystiquement présent dans les inquiétantes expériences de l'extase. Mais notre monde : celui auquel nous sommes nés, celui dont nous faisons partie, celui auquel nous sommes liés par les sens... »[318]. Le mystère de la Nature, englobante et démesurée ne renvoie donc à aucun sens caché, c'est donc un mystère en pleine lumière, et c'est même, plus précisément encore, le mystère de l'excès de lumière.

La pensée du sens originel de l'être comme *phusis* est à la fois pleinement développée par Heidegger, ainsi que nous venons de l'établir dans le chapitre précédent, et cependant, paradoxalement, elle n'est pas toujours assumée jusqu'au bout. Et non seulement Heidegger ne l'assume pas toujours, mais il lui arrive de la renier. C'est pourquoi, ainsi que nous allons le voir, la « déconstruction » de la *Physique* d'Aristote qu'il opère dans *Ce qu'est et comment se détermine la Phusis*, n'est pas portée jusqu'à son terme, et c'est pourquoi aussi son interprétation des Présocratiques, en particulier celle d'Anaximandre, s'arrête en chemin. L'interprétation heideggerienne de la pensée de la *phusis* chez Anaximandre demeure, en effet, nous allons le montrer, nettement *en retrait* par rapport à la conception de celle-ci telle qu'elle apparaît dans la conférence sur le poème *Comme au jour de fête...* Il est étonnant de constater que Heidegger semble parfois reculer devant ce vers quoi il s'oriente cependant. En effet, Heidegger qui recule parfois devant les audaces de sa propre pensée, n'a pas donné d'Anaximandre l'interprétation qui aurait du logiquement être la sienne. Nous allons donc *établir* maintenant que Heidegger recule bel et bien devant sa propre pensée de l'être, et ce, très certainement, pour préserver intact le « mystère » de l'être.

318. Op. cité éd. Payot 1984 p. 31.

CHAPITRE IV

Le séminaire sur la Physique d'Aristote et l'interprétation d'Anaximandre

Le séminaire de 1940 *Ce qu'est et comment se détermine la phusis* est explicitement consacré à une « déconstruction » de la pensée Aristotélicienne de la *phusis*. Il s'agit de rétrocéder de la *Physique* d'Aristote vers la pensée la plus matinale des Grecs telle que Hölderlin l'a retrouvée. Il s'agit d'arracher la *Physique* d'Aristote à son orientation métaphysique et de retrouver ce qu'elle ne dit plus que de manière impensée et souterraine. Le propos de Heidegger est donc de retrouver, à partir d'Aristote, le sens originel de la *phusis* dont son œuvre ne contient plus qu'un faible écho. Heidegger affirme, en effet, que « … la *phusis* portée au concept par Aristote ne peut qu'être un rejeton de la *phusis* initiale. Un tout faible, un irreconnaissable écho de cette *phusis* … »[319], et il demande alors « …comment faut-il penser la *phusis* telle qu'elle a été initialement pensée ? »[320]. Il est d'ailleurs tout à fait remarquable que ce séminaire s'ouvre sur la troisième strophe de *Comme au jour de fête*... qui, nous l'avons vu, regagne le sens originel de la Nature en tant qu'elle est tirée du « Chaos sacré », et qu'il se termine par un commentaire du fragment 123 d'Héraclite. Le séminaire de 1940 sur la *Physique* d'Aristote est donc, en quelque sorte, inséré dans le cadre d'une double évocation du sens originel de la *phusis*, celle de Hölderlin et celle d'Héraclite. Or, en dépit de cela, et ainsi que nous allons le montrer, Heidegger s'arrêtera en chemin et ne portera pas à son terme la « déconstruction » qu'il opère.

---

319. Op. cit. in *Questions II*, p. 274.
320. Ibid.

La *phusis* est pensée par Aristote comme un mouvement, un processus, qui doit être compris d'abord comme transformation interne, comme *métabolé*. Et on s'en souvient, Heidegger interprète ce processus comme « *Insich-zurück-Gehen* », comme un « aller-hors-de-soi-en-retour-vers-soi » qui ne cesse d'être un épanouissement. Cela implique, ainsi que l'affirme Heidegger, que la *phusis* soit toujours à la fois forme et privation. Elle est ce mouvement permanent de s'installer dans la forme qui est toujours en même temps une abolition de soi, une privation. Cela a pour conséquence, en même temps, et fondamentalement, que la *phusis* soit toujours à la fois forme et matière. Or Heidegger, suivant ici Aristote, affirme que « Bien que *hulé* et *morphé* constituent toutes deux l'essence de la *phusis*, elles ne s'équilibrent pas dans une égalité d'importance ; la *morphé* a la préséance »[321]. Et il ajoute plus loin, de manière encore plus tranchée que « ...la *morphé* est non seulement plus *phusis* que la *hulé*, mais qu'elle l'est même seule complètement »[322]. Ces deux textes, et en particulier le second, sont d'une portée capitale, parce qu'ils font apparaître clairement que Heidegger demeure ici en retrait par rapport à l'audace de sa propre déconstruction d'Aristote. Heidegger recule ici devant les implications dernières de sa propre déconstruction de la pensée Aristotélicienne. Définir la *phusis* uniquement par la forme, en suivant ici Aristote à la lettre, c'est, en effet, en rester à la logique même que Heidegger veut briser dans son interprétation, c'est à dire à une logique qui devrait aboutir, inévitablement, à reconduire le premier moteur en rattachant la *phusis* à la pure forme, qui comme objet d'imitation et de désir en est la cause finale. Heidegger s'arrête ici bel et bien en chemin. Sa conception de la *phusis* devrait le conduire à lui attribuer non seulement la forme, mais aussi la matière comme caractéristique essentielle.

Mais il faut aller encore plus loin si l'on veut suivre dans toute sa rigueur une telle logique de la déconstruction. Il faut en effet, tirer toutes les conséquences du fait que la *phusis*, sans jamais renoncer à être un épanouissement, doit toujours se déployer en même temps, *à partir* du retrait, c'est à dire de la privation (de la *stérésis*) qui est en elle, et *en direction* de celle-ci. La primauté de la privation entraînant alors une primauté de la matière, c'est cette dernière qui devrait donc être conçue finalement comme le cœur et le véritable « moteur » de la *phusis*. La *phusis* est toujours à la fois matière et forme, mais contrairement à ce que dit Heidegger, c'est la matière qui doit avoir la préséance. Or, Heidegger s'oriente bien vers cette voie, mais sans jamais s'y engager pleinement. Voici, en effet, le texte qui nous paraît être le point culminant de ce séminaire sur Aristote : « ...Il se peut que mourir soit « l'acte » suprême du

---

321. Ibid.
322. Ibid. p. 258.

vivre. La *phusis* est l'abolition d'elle-même qui se produit elle-même »[323]. Si l'on tient compte du fait que l'abolition, ou privation, renvoie en dernière instance à la matière, voici ce que signifie ce texte déployé dans toute sa portée : dans le processus de la *phusis*, c'est l'abolition elle-même, c'est à dire donc finalement la matière, qui ne se déploie dans et par des formes distinctes que pour mieux revenir à elle-même et retrouver sa propre indétermination. La *hulé* en sa surabondance excédante, transgresse et abolit dans le processus même de son déploiement, toutes les formes qu'elle ne cesse cependant de produire, pour se « reprendre » aveuglément en elle-même, en regagnant l'obscurité absente à soi-même de sa propre indistinction foncière. La *phusis* est donc un épanouissement qui est un « retourner en soi en allant hors de soi »[324]. Elle doit par conséquent être comprise comme cet épanouissement permanent, au cours duquel, sans cesse, la matière informe et abyssale se reprend. Comme épanouissement ne renonçant jamais à soi, elle est cette reprise même dans et par laquelle la matière ne cesse de rentrer en elle-même et de s'affermir dans le fermé de son indistinction. La déconstruction de la pensée aristotélicienne de la *phusis* aurait donc dû conduire Heidegger, si elle avait été développée dans toute sa logique, à opérer un renversement complet des présupposés de cette philosophie. La *hulé* aurait du prendre la place du premier moteur immobile en devenant le moteur sous-jacent mais *immanent* de la *phusis*. Un tel renversement est en effet seul à même de rendre à la Nature, qui ne renvoie plus alors à aucune surnature, son statut de « merveilleuse omniprésence ».

Il va de soi qu'une telle conception, non seulement n'est pas aristotélicienne, mais qu'elle prend à contre pied cette pensée en ses présupposés mêmes. Cette déconstruction de la *Physique* aristotélicienne aurait du en effet, logiquement, conduire Heidegger à penser la *phusis* comme il le fait dans *L'origine de l'œuvre d'art*, c'est-à-dire à partir de ce qu'il appelle la *Terre*. Ce que Heidegger appelle la *Terre* n'est rien d'autre que cette essence même de la matière, en tant qu'elle est ce qui se renferme en soi, qu'elle est informe et irreprésentable, et dont demeure un écho dans ce que les Grecs nommaient *proté hulé*. Sur cette question Aristote demeure cependant ambigü, car il semble que pour lui la matière soit toujours, d'une certaine manière, pourvue de forme. Il semble, en effet, que les quatre éléments (eau, air, terre, feu) qui constituent l'ensemble des substances individuelles soient irréductibles. Or, Platon avait quant à lui une conception plus profonde de la matière. Il pensait que les quatre éléments renvoyaient eux même à une *proté hulé* irreprésentable et totalement informe. Cette *proté hulé* est pour lui le fond informe totalement indéterminé, et, comme tel,

---

323. M. Heidegger, *Ce qu'est et comment se détermine la phusis*, in *Questions II*, Gall. Paris, 1977. p. 271.
324. Ibid. p. 255.

irreprésentable, qui constitue le substrat permanent mais insondable de toutes les transformations substantielles dans le monde sensible.

On trouve en effet chez Platon l'idée que la *hulé* est une matrice informe et irreprésentable du monde sensible. C'est pourquoi il affirme dans *le Timée* qu'« …elle se laisse très difficilement saisir »[325]. Aussi paradoxal que cela puisse paraître et bien qu'il ait fait de la matière le degré le plus bas de l'être, il nous semble que le fondateur de la métaphysique a eu une conception de celle-ci beaucoup plus profonde et conséquente que celle qui a toujours été défendue par les matérialistes eux-mêmes. En effet, la matière devrait toujours être définie, à cause de son indétermination, comme ce qui résiste, d'une certaine manière, à la pensée et qui excède toujours le *logos*, comme un *alogon*. Un matérialisme conséquent devrait donc concevoir la matière comme cet informe irreprésentable, qui est le substrat des formes et de toutes les transformations substantielles, mais qui les entache toujours d'une part irréductible d'irrationalité. La matière est, en effet, intrinsèquement hétérogène et donc « déchirée » en elle-même.

Une pensée authentiquement matérialiste devrait aboutir à cette idée d'un « toujours déjà là » du monde, insondable par son excès même de positivité irréductible et tautologique, et donc à l'idée d'un mystère du monde en pleine lumière. La matière devrait alors être conçue, comme cet « au-delà » des *phusei onta*, qui est cependant la base informe irréductible et immanente de toutes les métamorphoses, à la fois toujours absente, en deçà des formes, et cependant omniprésente à travers celles-ci, toujours en excès par la surmesure de sa présence. Le monde devrait être conçu comme énigmatique par son excès même de « positivité ». Or, le matérialisme s'est engagé dans la voie inverse. Dans le premier livre du *De rerum natura,* Lucrèce se félicite d'avoir élaboré « … Un système qui pénètre l'essence même du ciel et des dieux »[326], et il rend hommage à Epicure pour avoir réussi à « …Forcer le premier les portes étroitement closes de la nature »[327]. L'épicurisme ne poursuit en effet pas d'autre but que de rassurer les hommes, et de leur permettre d'atteindre l'ataraxie dans et par le repli sur soi de *l'autarkeia*, en prétendant dissiper définitivement l'illusion dérangeante ou « étrangement inquiétante » d'un mystère de la présence. C'est ainsi que le matérialisme a pu devenir, dans les temps modernes, l'auxiliaire zélé d'un positivisme scientifique qui n'est qu'un avatar de la métaphysique de la subjectivité. Or, ce faisant, les matérialistes ont galvaudés la profondeur que recelait leur propre pensée. C'est certainement pour cela qu'Ernst Jünger

325. Platon, *Timée*, 51a
326. Lucrèce, *De la nature*, Les belles lettres 1978 1. 55.
327. Ibid. 1. 70. 71.

aimait à dire que le matérialisme recèle une profondeur que les matérialistes eux-mêmes sont bien loin d'avoir sondée.

La référence à ce fond informe, à cette *proté hulé*, qui, dans certaines limites, doit être rapprochée de cela même que regagne Heidegger avec son concept de *Terre*, est le seul moyen de comprendre comment le monde peut se déployer dans et par le temps et ouvrir originellement cette opposition des lieux qui constitue l'espace. Le temps n'est lui-même qu'un effet de la matière informe ou indifférenciée se séparant d'elle-même en elle-même et vers elle-même, sous l'effet de sa propre surabondance, et ainsi se déployant en un monde en ouvrant l'opposition du Ciel et de la Terre.

Il est remarquable que Heidegger en reste, dans sa déconstruction de la pensée d'Aristote, à un primat absolu de la forme, alors même que le séminaire de 1940 s'ouvre, nous l'avons déjà dit, sur la troisième strophe de *Comme au jour de fête...* qui évoque le Chaos comme fondement de la Nature. Cependant, c'est à propos de l'interprétation d'Anaximandre que le « recul » de Heidegger devant les conséquences de sa propre pensée de la *phusis* est le plus frappant.

Dans ses commentaires des fragments d'Anaximandre, que nous avons présentés précédemment, Heidegger a totalement privilégié le deuxième fragment, lui-même composé de deux membres de phrases. Nous avions suggéré, tout en respectant ce choix dans notre présentation, qu'il y avait là un problème et que ce choix traduisait certainement un embarras. Selon Heidegger, rappelons le rapidement, Anaximandre pense la *phusis* à partir de *to khréon*, la Nécessité ou le Maintien. La Nécessité est ce « même » dans et par lequel se déploie l'étant dans l'unité du surgir et du s'évanouir. La Nécessité est cette entrée en présence permanente incluant en elle l'absentement comme modalité de son déploiement. Comme telle, la Nécessité doit être finalement identifiée au *temps*. Cette pensée de l'être (*to Khréon*) comme temps serait donc le non dit fondamental de la pensée d'Anaximandre[328]. Le premier fragment d'Anaximandre qui, rappelons le, énonce que « l'Illimité (*to apeiron*) est le principe et l'élément des choses qui sont », est totalement relégué au second plan. Il est à peine commenté dans le texte de *Chemins...,* et il est significatif que dans *Concepts fondamentaux,* il ne soit interprété que dans une simple digression.[329] Dans cette digression il est pensé à partir de *to khréon*. *To khréon* étant, comme « loi » de l'être, comme *diké*, ce qui donne à chaque étant sa limite temporelle, son *peras*, il est donc lui-même ce qui dépasse les limites : *to apeiron*. Il faudrait donc identifier *to apeiron* à *to khréon* et ainsi au temps.

328. Cf. M. Heidegger, *Concepts fondamentaux*, Gall. Paris, 1985, p. 156.
329. Op. Cit. p. 139.

Or, cette lecture d'Anaximandre va à l'encontre d'une lecture plus traditionnelle qui non seulement est plus « logique », mais qui aurait du être celle de Heidegger, étant donnée sa propre conception de la *phusis*.

Dans *Mythe et pensée chez les Grecs,* Jean-Pierre Vernant a montré que chez les Présocratiques, et en particulier chez les philosophes Ioniens comme Anaximandre et Héraclite, le *logos* philosophique n'avait pas encore vraiment rompu avec la poésie mythique, avec le *muthos*. Les structures de la pensée mythique se retrouvent en effet dans leurs philosophies et en particulier dans celle d'Anaximandre. Voici ce qu'il écrit : « Les notions fondamentales sur lesquelles s'appuie cette construction des Ioniens : ségrégation à partir de l'unité primordiale, lutte et union incessante des opposés, changements cycliques éternels, révèlent le fond de pensée mythique où s'enracine leur cosmologie »[330]. Et il ajoute de façon encore plus nette : « Entre la philosophie d'un Anaximandre et la *Théogonie* d'un poète inspiré comme Hésiode...les structures se correspondent jusque dans le détail »[331]. Or cela le conduit à montrer que ce qu'Anaximandre appelle *l'apeiron*, n'est pas autre chose que le *Chaos* originel tel que le nomme le mythe cosmogonique grec dans l'exposé qu'en donne Hésiode aux vers 116 et suivants de la *Théogonie*[332]. Cela signifie donc que *to apeiron* ne saurait être identifié à l'ordre du temps, c'est-à-dire à l'être conçu lui-même comme temps. Et ce qu'affirme Jean-Pierre Vernant conduit bel et bien à confirmer l'interprétation traditionnelle d'Anaximandre qui était proposée par Simplicius, lequel nous a transmis les fragments dans son *Commentaire sur la Physique d'Aristote*. Voici le commentaire de Simplicius dans lequel sont présentés les fragments :

« Anaximandre, fils de Praxiadès, de Milet, successeur et disciple de Thalès, a dit que « l'Illimité est le principe et l'élément des choses qui sont », étant du reste le premier à user du terme de principe. Il dit qu'il n'est ni l'eau, ni rien d'autre de ce que l'on dit être des éléments, mais qu'il est une certaine autre nature illimité dont sont engendrés tous les cieux et tous les mondes qui se trouvent en eux. « Ce dont la génération procède pour les choses qui sont est aussi ce vers quoi elles retournent sous l'effet de la corruption, selon la nécessité ; car elles se rendent mutuellement justice et réparent leurs injustices selon l'ordre du temps », dit-il lui-même en termes poétiques. Il est évident qu'après avoir observé la transformation mutuelle des quatre éléments, il ne pouvait estimer qu'on pût assigner à l'un un rôle de substrat, mais qu'il fallait bien qu'il y eût quelque chose d'autre en plus de ces quatre éléments. Il ne pense pas que la génération se produit par

330. J. P Vernant, *Mythe et pensée chez les Grecs*, T. II, Maspéro, Paris, p. 100.
331. Ibid. p. 97.
332. Ibid. p. 99.

altération élémentaire mais à l'opposé par dissociation des contraires sous l'effet du mouvement éternel »[333].

Pour Simplicius, l'Illimité, *to apeiron*, n'est pas d'abord la Nécessité, elle même identifiée au temps, mais bien l'équivalent de ce que Platon appellera plus tard *proté hulé*. L'Illimité n'est pas d'abord un processus d'illimitation, de dépassement des limites, mais un *fond indifférencié* qui précède toute limitation. D'après Simplicius, Anaximandre considérait *to apeiron* comme l'élément dernier dont sont constituées les choses qui sont. En tant que matière première et originelle dont sont constitués les quatre éléments, il est totalement informe, indéterminé et donc illimité. Simplicius écrit en effet : « Il dit qu'il n'est ni l'eau, ni rien d'autre de ce que l'on dit être des éléments, mais qu'il est une certaine autre nature illimitée dont sont engendrés tous les cieux et tous les mondes qui se trouvent en eux. » Il ajoutera plus loin que ce fond illimité de l'étant est le substrat de celui-ci. Il va donc de soi que c'est à partir de ce premier fragment qu'il faut lire les deux autres membres de phrases qui constituent le deuxième fragment. *To apeiron* est ce fond informe, cette *hulé* indifférenciée, à partir d'où surgissent les choses qui se succèdent dans le temps et vers où elles retournent pour s'y perdre. Et c'est donc à partir de *to apeiron* qu'il faut penser *to khréon*, c'est à dire la « loi » de la *phusis*. *To apeiron* est non seulement l'élément des choses, mais aussi, dit Anaximandre, leur principe : il est cet aller-hors-de-soi en-retour-vers-soi de l'illimité, de l'indifférencié, qui ne se déploie hors de soi dans et par des choses déterminées, c'est à dire pourvus de formes et de limites, que pour retourner en soi et se reprendre en lui-même en les abolissant. C'est pourquoi Simplicius affirme que l'étant se déploie par dissociation des contraires. Il y a dans l'illimité un principe de séparation qui déploie le jeu de différences qui constitue l'étant. On pourrait dire encore que l'informe, c'est à dire le fond continue et hétérogène de la Nature, se déploie en lui-même et à partir de lui-même, dans et par des choses discontinues, pour retourner à lui-même en conduisant, en permanence, tout ce qu'il produit à se dissoudre à nouveau en lui.

Ce qui est le plus frappant dans l'interprétation de Heidegger, ce n'est pas qu'il va à l'encontre de la lecture traditionnelle d'Anaximandre, mais ce n'est pas non plus le fait qu'il s'oppose à une lecture qui paraît être plus claire et plus « logique », pour lui préférer une lecture beaucoup plus « forcée », difficile et obscure. Le plus étonnant c'est qu'il semble reculer devant une interprétation qui non seulement est la plus simple, mais qui va tout à fait dans le sens où conduit *sa propre démarche*. Encore une fois, il

333. Simplicius, *Commentaire sur la physique d'Aristote* in *Les Présocratiques*, Gall. La Pléiade p. 27.

apparaît que Heidegger recule devant les conséquences de sa propre démarche.

Développée jusqu'à ce qui demeure en partie impensé en elle, la philosophie de Heidegger conduit, nous l'avons établi plus haut, à penser l'être à partir de ce qu'il nomme la *Terre* dans *L'origine de l'œuvre d'art* et qu'il pensera, plus précisément encore, comme *Chaos* à partir de 1939. Or, ce fond informe abyssal de l'étant, déchiré en lui-même, est cela même qu'Anaximandre a nommé *to apeiron*. Ce que Platon nommera plus tard *proté hulé* est un écho, une irreconnaissable trace, de ce sens originel de l'être. Le *Chaos* ou l'illimité, c'est-à-dire la matière, la *hulé* comprise en son sens originel, est cette *Wirrnis* insondable qui, déchiré en elle-même, est le substrat éternel de l'ensemble des métamorphoses que produit le déploiement de la *phusis*. Comme base indistincte de l'étant cette *hulé* n'est donc rien d'étant, elle n'est que le toujours déjà là de la présence informe d'un « être indéterminé », lequel n'est le fond c'est-à-dire l'essence de ce qui est, qu'en étant cependant, en quelque sorte, pure existence, c'est à dire pure présence sans fond. De cette base insondable de l'étant, on ne peut rien dire d'autre sinon qu'elle est de *l'être*, puisqu'elle est indéterminée. Elle ne nous renvoie à rien d'autre qu'au « fait d'être » insondable, au toujours déjà là « tautologique » de sa propre présence illimitée qui précède et excède tout sens, toute raison d'être, et toute forme.

Heidegger, on le sait, rétrocède en-deçà de la distinction métaphysique de l'existence et de l'essence. Si l'on veut cependant utiliser « librement » ces termes pour les appliquer à sa pensée, et donc en les arrachant totalement à leur contexte métaphysique, voici alors ce qu'il faudrait dire. L'être, pour Heidegger, est en quelque sorte, parce qu'il est sans raison, « pure existence » informe et hétérogène, toujours déjà là et insondable, et qui ne cesse d'« essencifier » en elle-même en déployant les étants de manière immanente. Et il faut ajouter que ce fond informe indéterminé ne se sépare de lui-même dans le processus de la *phusis* que pour se reprendre en lui-même, c'est à dire pour répéter le déjà là tautologique de sa propre présence : le monde n'a pas d'autre sens qu'« être ». Le verbe être dit le mystère en pleine lumière du monde, qui est abyssal à lui-même par l'excès même de sa propre présence indéterminée et « tautologique ».

Mais l'être n'est pas seulement ce fond informe, illimité, qui ne se sépare de soi que pour, en permanence se reprendre en lui-même car, ce faisant, il se déploie comme être *de l'étant*. Le processus de la *phusis* est en effet ce qui ne retourne à soi-même, qu'en se séparant d'abord de soi. L'illimité, se différencie sous l'effet de sa propre surabondance, il est cette disjonction qui déploie originellement les étants comme jeu de différences et donc en les différenciant activement et originellement les uns des autres, pour les ajointer dans leur contraste même. Il est donc, comme principe, ce qui distingue les étants les uns des autres, ce qui les délimite et les fait éclore chacun en sa limite, non seulement temporelle mais spatiale. La *phusis* est ce qui donne forme, limite, et détermination, à partir de l'informe abyssal et en direction de celui-ci. C'est en ce sens que l'être en sa « simplicité », en son immédiateté, a cependant pour essence de déployer les étants, et se déploie ainsi lui-même nécessairement dans le « pli en deux » de la différence ontologique.

Les étants sont déployés dans et par un ordre spatio-temporel de contrastes qui constitue la *diké*, la *Moïra*, le *logos* ou encore ce qu'Anaximandre nomme *to Krhéon* (la nécessité). Cependant cet ordre n'exclut pas, mais *inclut* de manière essentielle - en tant qu'il est un ordre de la *différence* renvoyant à l'hétérogénéité de l'être – une part de *contingence*. Cela signifie, nous l'avons déjà suggéré, que, dans une certaine mesure, cet ordre « laisse être » les étants, les « délaisse ». D'une certaine manière et dans certaines limites, les étants se déploient donc sans raison et sont ainsi pleinement individués. C'est pourquoi Heidegger reprend à son compte, dans *le principe de raison*, la sentence suivante d'Angélius Silésius : « La rose est sans pourquoi, fleurit parce qu'elle fleurit, n'a souci d'elle-même ne désire être vue »[334]. Voici ce qu'elle signifie selon lui : « la floraison est fondée en elle-même ... elle est pure élosion hors de soi, pur éclat de ce qui brille »[335]. D'une certaine manière, chaque étant, en sa singularité insigne, vient en présence « sans pourquoi » et pour rien, de sorte que sa « raison d'être » est immanente à sa propre éclosion sans fond. On pourrait dire alors, en usant librement de la terminologie de Schelling, que l'étant en son déploiement originel, est pure ex-istence surgissant hors du fond retiré et abyssal de l'être[336]. Or, lorsque l'étant se montre ainsi au *Dasein*, c'est-à-dire de manière originelle à partir de la *phusis*, comme pure éclosion se déployant sans fond et « pour rien », c'est alors qu'il est véritablement pris en vue comme *phénomène*.

Ainsi que nous venons donc de le voir, l'être n'est pas seulement le fond illimité de l'étant, il est aussi le principe de différenciation, de ségrégation, qui « laisse être » les étants, c'est à dire qui les déploie en leurs limites. Or, l'illimité est à la fois la source inépuisable de toute venue en présence, et ce qui, en même temps, reconduisant toute chose à l'informe est un principe de dissolution et d'anéantissement. L'être n'est aucun étant, il est à la fois en lui-même et immédiatement, présence et absence, être et non être, et il serait un pur néant, s'il n'y avait en lui un principe de production qui déploie activement l'étant comme jeu de contrastes. L'être ne peut donc

---

334. Op. cit. Gall. Paris, 1978, p. 103.
335. Ibid. p. 141.
336. F. W. J. Schelling, *Recherches philosophiques sur l'essence de la liberté humaine*, in *Oeuvres métaphysiques*, Gall. Paris, 1980, p. 143-144.

être ce qu'il est, que s'il n'est pas seulement un fond indifférencié, mais aussi un principe de ségrégation qui donne être en déployant les étants en leurs limites, c'est à dire en leur finitude et ainsi - nous l'avons vu - avec une part essentielle de contingence. La finitude, la limite doit être pensée, comprise de manière grecque, non seulement comme quelque chose de négatif, mais en même temps, et plus profondément comme quelque chose de positif. La limite est ce dans et par quoi l'étant se déploie et s'épanouit comme tel ainsi que Heidegger le montre dans *Introduction à la métaphysique* : « La limite et le terme sont ce par quoi l'étant commence à être »[337]. Les Grecs ont développé un concept positif de la limite et de la finitude, parce que le fini ne se découpe pas sur le fond d'un absolu divin qui en ferait éclater l'insuffisance, mais sur un fond informe, qui, bien qu'étant la source de toute présence, est cependant le domaine de la mort et de l'anéantissement de toute chose.

Cependant, si Anaximandre affirme bien que *l'apeiron* est à la fois l'élément - c'est à dire le fond dont toute chose est constituée et d'où elle provient - et le principe, c'est à dire le « moteur » temporel du déploiement de la phusis en son éclosion, il ne dit pas cependant *comment* il peut l'être. Il ne permet pas de comprendre comment *l'apeiron* peut être à la fois le fond informe et en même temps, un principe de ségrégation. Pourquoi *l'apeiron* ne peut-il être ce qu'il est que dans le mouvement où, pour se reprendre en lui-même, il se sépare de lui-même en produisant des étants déterminés ? Comment *to apeiron* peut-il être en même temps *to khréon* ?

Regagné dans son sens originel, l'être est cette *Wirrnis* fondamentalement déchirée par une « contradiction dynamique », il est à la fois le fond, illimité et abyssal, d'où tout provient, à quoi tout retourne et qui reprend tout en lui, *et* le principe de production et de différenciation de l'étant en totalité. Il est ce qui *fondamentalement* tend vers l'indifférenciation totale, mais bute cependant en permanence sur sa propre surabondance productrice, inépuisable et demesurée. Or, très vite, et déjà chez Anaximandre, il commence à perdre sa dimension fondamentale de puissance productrice surabondante. Il n'apparaît plus alors que comme simple fond informe de l'étant.

Ce phénomène va s'accentuer lorsqu'il ne sera plus conçu que comme *proté hulé*. Bien qu'elle soit dévaluée chez Platon et qu'elle ne soit plus considérée que comme le degré le plus bas de l'être, « l'inessence » de celui-ci, la *hulé*, comme substrat insondable de toutes les transformations substantielles, demeure, au sein même de la métaphysique, comme l'écho tardif et irreconnaissable de la pensée matinale de l'être comme *Chaos*. Cependant, elle n'est plus alors considérée que comme le simple réceptacle amorphe des formes, ayant perdu sa dimension de principe productif.

337. M. Heidegger, *Introduction à la métaphysique*, Gall. Paris, 1980, p. 70.

L'*apeiron* chez Anaximandre, comme la *hulé* chez Platon et Aristote, comme aussi d'ailleurs le « feu » chez Héraclite, représentent donc bien des échos, des retombées, de l'essence originelle de l'être comme *Chaos*. Que Heidegger ne l'ait pas reconnu, qu'il n'ait pas voulu le voir, et ce en dépit de l'orientation de sa propre pensée, cela appartient à l'équivoque ontologique inhérente à sa philosophie.

Heidegger, nous l'avons vu, s'est tourné vers la poésie et la pensée grecques les plus matinales, de manière à regagner le sens originel de l'être comme *phusis*, c'est-à-dire le sens originel de ce que Hölderlin a nommé Nature. Mais, nous venons de le voir, il n'assume pas toujours cette pensée de l'être comme *phusis* qu'il a cependant bel et bien développée. Cela le conduit, en particulier dans sa lecture d'Anaximandre, à renier en partie, et dans toutes ses implications, cette pensée de la *phusis*, et à refuser alors une interprétation qui non seulement est « logique », mais qui va tout à fait dans le sens de sa propre démarche de pensée. Heidegger reculant devant ses propres audaces revient alors à une pensée de l'être comme temporalité qu'il avait pourtant bel et bien dépassée. Il préserve par là le mystère de l'être comme cette avancée d'absence qui se dispense dans le temps, conçu comme présence ordonnée à un énigmatique retrait. Et pourtant ce que va chercher Heidegger chez les Présocratiques, sans l'assumer pleinement, c'est bel et bien et ce n'est rien d'autre que l'écho de la *phusis* initiale dévoilée par la poésie grecque la plus originelle. Il se tourne vers l'essence originelle de la *phusis* qui, en sa simplicité, n'est rien d'autre que cette éclosion surabondante, omniprésente et englobante du monde – de la Nature – comme jeu de contrastes ; éclosion qui, retournant à elle-même, ne puise en permanence qu'en elle-même, qu'au « toujours déjà là » de sa présence informe et illimitée, c'est à dire à la source de sa propre indistinction foncière. Au terme de ces analyses il apparaît donc, en même temps, qu'en dépit de ce qui a parfois été affirmé, la pensée grecque de la *phusis* ne trouve pas son modèle dans le vivant, mais qu'elle a au contraire pour essence d'inscrire d'emblée celui-ci dans le cadre plus vaste de la nature inorganique dont le fond est conçu comme informe.

L'essence de la *phusis* des Grecs, telle que Heidegger se la réapproprie n'a cependant pas encore été *totalement* explicitée dans ce qui précède. En effet, la *phusis*, nous allons le voir, n'est pas seulement processus, cheminement, mais elle se déploie, en même temps, en un ordre spécifique et elle présente donc, en quelque sorte, une « structure ». La *phusis* est ce processus, cet épanouissement permanent qui se déploie fondamentalement dans et par un certain *ordre*. Elle se déploie, en effet, comme ajointement des tensions antagonistes, ou encore comme jeu de contrastes dans l'immanence du *Chaos*. Or il nous faut maintenant exhiber cet ordre spécifique, cette structure, de manière à faire pleinement apparaître l'essence de la *phusis*.

CHAPITRE V

La structure fondamentale de la phusis et le sens ontologique du tragique

La pensée Heideggerienne de l'être est fondamentalement une pensée de la *différence*. La différence y apparaît à trois niveaux : la différence ontologique (entre l'être et l'étant), la différence constitutive de l'être lui-même (la « béance » du Chaos), enfin la différence constitutive de l'ordre du déploiement des étants en tant que jeu de contrastes. Or, ces trois différences se ramènent finalement à une seule qui les fonde : il s'agit de la différence inhérente à l'être lui-même. La différence est, en effet, et d'abord, fondamentalement constitutive de l'être même en son essence. Dans *Acheminement vers la parole* Heidegger parle de celle-ci comme étant la différence par excellence qu'il nomme la Dif-férence. Elle est « l'unique » qui est « l'unissant de la *diaphora* »[338], en tant que telle, elle « porte à terme le monde en son déploiement en monde »[339], et elle est ainsi ce qui « approprie le monde à lui-même »[340]. Cette Dif-férence originelle qui porte le monde à son déploiement, évoquée dans *Acheminement vers la parole*, nous semble devoir être identifiée à la « béance » constitutive du Chaos. Ce que Heidegger appelle la Dif-férence devrait donc être compris comme cette béance originelle, cette déchirure primaire du fond indifférencié, qui rend originellement possible le déploiement du *cosmos*, comme jeu de tensions antagonistes entre des contrastes qui à la fois s'affrontent et s'accordent. Or, dans la mesure où cette béance inhérente à l'être implique une certaine

338. M. Heidegger, Op. Cit. Gall, Paris, 1976, p. 27.
339. Ibid.
340. Ibid. p. 29.

contingence dans le processus de déploiement des étants, on peut dire que l'être, « laisse être » les étants, les « délaisse » dans une certaine mesure, s'en sépare, tout en les ajointant en même temps dans un ordre de contrastes. C'est pourquoi les étants qui participent de l'être sont cependant différents de celui-ci. Il ressort de ce que nous venons de dire que c'est bien la Différence inhérente à l'être qui rend possible les deux autres différences.

Cependant cette Dif-férence inhérente à l'être n'est en aucune manière une *pure* différence, qui, comme telle, en tant que pur écart vide, suffirait à constituer le sens de l'être. C'est une telle conception qui distinguera Derrida de Heidegger. En effet, la différence chez Heidegger ne peut être assimilée à un pur écart originel et vide car la notion même de différence implique et présuppose *fondamentalement* celle de *l'indifférencié* se tenant en retrait. L'Ouvert que rend possible la béance puise, en effet, à un « *refermé* », à une dimension indécelable qui par essence se tient en réserve et se renferme en soi. Cette dimension, nous l'avons montré, est ce que Heidegger, dans *L'origine de l'œuvre d'art* a appelé la *Terre*. La « béance » originelle et l'hétérogénéité qui la rend possible ne constituent donc qu'un aspect du Chaos, car celui-ci est *aussi* et d'abord, l'indifférencié abyssal qui se renferme en soi. La Dif-férence est donc un principe originel de ségrégation, par lequel le *cosmos* comme jeu de contrastes entre des étants différenciés et individués, se déploie dans *l'immanence* même du Chaos, de l'illimité, qu'il doit ainsi *présupposer* et qui par conséquent le *borde* et *l'englobe*. Cela signifie que c'est le Chaos lui-même qui a déployé – aveuglément et sans raison - le cosmos dans sa propre immanence.

L'unité du *cosmos* et son ordre intrinsèque, comme ordre de la différence ou des contrastes est cette *Diké* ou cette *Moïra* qui est l'unité des tensions antagonistes. Cette *Diké* ou *Moïra* – qui est la même chose que l'*En* et que le *logos*, et qu'Anaximandre appelait aussi *to Khréon*[341] - est ainsi d'abord cette unité des tensions antagonistes, originellement déployée par l'hétérogénéité et la « béance », du Chaos. Or, cette *Moïra* porte en elle et *ouvre* originellement le *Zeit-Spiel-Raum*[342], le « jeu de l'espace-temps », dans lequel les étants viennnent prendre place en se déployant comme jeu spatio-temporel de contrastes. Le *Zeit-Spiel-Raum* fondamentalement porté par la *Moïra* comme unité des tensions antagonistes, est, très exactement ce que Heidegger appelle l'Ouvert. L'Ouvert est l'éclaircie constituée par l'ouverture spatio-temporelle *originelle*. Il est ce déploiement originel de l' « espacement » constitutif de la *Contrée*[343] - comme dimension de toute op-

---

341. Heidegger affirme, en effet, que *logos, En, Moïra* et *Khréon*, disent « le même ». Cf. *La parole d'Anaximandre*, in *Chemins*... Gall. Paris, 1980, p. 445.

342. Cf. M. Heidegger, *Acheminement vers la parole*, Gall. Paris, 1976, p. 200.

343. Concernant la Contrée ou Libre étendue, cf : M. Heidegger, *Pour servir de commentaire à Sérénité*, in *QuestionsIII*, Gall. Paris, 1980, p. 191 à 194 et p. 206. Cf. aussi, M. Heidegger, *L'art et l'espace*, in *Questions IV*, Gall. Paris, 1976, p. 101 à 105.

position des contrastes – qui est porté par le temps, et qui est la dimension « libre » et « vaste » dans laquelle les étants peuvent se déployer. L'Ouvert est ainsi la dimension ouverte, l'horizon dégagé, c'est-à-dire l'ouverture originelle de l'espace en Contrée dans et par le temps. La *Moïra* ouvre donc originellement et « activement » l'Ouvert, l'horizon spatio-temporel dans lequel les étants pourront se déployer.

Cependant, cet Ouvert est fondamentalement ordonné à une dimension *refermée* qui toujours déjà l'englobe, le précède, l'excède et à laquelle il puise. Cette dimension refermée se tient donc à la fois en retrait et en excès, elle est à la fois retirée, insondable, et en même temps excédente. Il appartient donc à l'essence même de l'Ouvert d'être fondamentalement ordonné à une dimension refermée et retirée qui l'englobe. Cette dimension est le fond indifférencié et « refermé » du Chaos en tant qu'il est non seulement fond abyssal mais, en même temps le Tout englobant. Cela signifie que l'Ouvert du monde « mondifie », s'« éploie » en monde, sans raison, comme ordre de la différence ou jeu de contrastes, sur la base d'une ségrégation originelle de l'indifférencié ou du Chaos qu'il doit présupposer, et donc dans *l'immanence* même de ce Chaos. Il apparaît ainsi que la *Diké* ou *Moïra* comme unité des tensions antagonistes déployant l'Ouvert est fondamentalement ordonnée à un *reste*, ou à un *excédent* hétérogène et inapprochable, demeurant en retrait, qui l'englobe et la porte, et qui est la dimension effrayante et « refermée » du Chaos. Le Chaos porte donc en lui-même le *Nomos*, en ce sens que le *cosmos* en son ordre est délimité et ainsi entouré par le Chaos qui le borde et l'englobe. Cette dimension englobante, inassimilable, hétérogène inapprochable, « refermée » et effrayante, mais qui est l'origine de tout ce qui est, est l'essence fondamentale du sacré. C'est la vérité de l'être. Ainsi, s'éclaire enfin pleinement le vocabulaire heideggerien de l'être qui demeurait jusque là énigmatique. L'être est, en effet, présenté comme cette dimension insondable, ce « néant », qui cependant, n'est pas une simple « avancée d'absence », mais toujours même temps une dimension hétérogène fondamentalement excédante et inquiétante. Il est, nous l'avons vu, l'incommensurable, la démesure, la surpuissance, et aussi le « monstrueux » par excellence (*das Ungeheuer*). L'ontologie de Heidegger apparaît alors, bel et bien, comme une *hétérologie.*

Cette structure de la *phusis* que nous venons de décrire, et qui apporte la réponse pleine et entière à la question de l'être, ne relève pas de ce qui serait seulement une interprétation de notre part, car elle a bel et bien été esquissée au cours du séminaire sur Héraclite de 1967 que Heidegger a dirigé avec Eugen Fink. C'est Eugen Fink qui, exposant la pensée d'Héraclite, présente d'abord cette structure, mais Heidegger va approuver implicitement, tout en le précisant, l'exposé de Fink. Voici d'abord ce qu'affirme Eugen Fink:

« Le domaine lumineux de l'éclair ou encore de l'*Hélios*, dans lequel les *panta* viennent au paraître et entrent dans leur contour, est délimité par un sombre abîme. *Hélios*, ne doit pas franchir les limites de son domaine, qui lui sont imposées, et ne doit pas aller dans le fond nocturne, parce qu'autrement les Erinyes qui surveillent la frontière du double domaine, lui demanderait des comptes »[344].

Ce domaine lumineux dans lequel les étants viennent au paraître est, bien entendu, en termes heideggeriens, la dimension de l'Ouvert. Le sombre abîme gardé par les Erinyes est le domaine « refermé » de la vérité de l'être qui constitue le « fond nocturne » d'où s'ouvre l'Ouvert. Or, Fink dit bien que le domaine lumineux est délimité par ce sombre abîme ou ce fond nocturne. Il suggère ainsi clairement que le domaine lumineux de l'Ouvert est entouré par le fond nocturne « refermé » qui ainsi le cerne et l'englobe. Or, Heidegger, non seulement ne rejette pas cette présentation de la structure de la *phusis*, mais il va la préciser. Fink a parlé, en effet, d'un « double domaine », à propos du domaine lumineux et du domaine constitué par le fond obscur « refermé » qui le délimite. Il a donc suggéré de cette manière qu'il y avait là, pour lui, deux domaines différents. Heidegger, ajoute simplement une précision décisive qu'il apporte sous la forme d'une question. Il ajoute simplement ceci : « S'agit-il ici de deux domaines ou d'un même unique domaine qui diffère en soi ? »[345]. Ce « même unique domaine qui diffère en soi » est la *structure* originelle de la *phusis* des Grecs, c'est le sens fondamental de l'être.

C'est sur cette base qu'il faudrait, alors, repenser le fragment 123 d'Héraclite : *phusis krupthestaï philei*, qui exhibe l'essence de la *phusis*. En effet, il ne doit pas être compris seulement comme exhibant un « processus » mais simultanément comme faisant apparaître une « structure ». Il ne signifie pas seulement que le processus permanent d'éclosion de l'étant est ce « cheminement » cyclique qui puise à un retrait essentiel dont il provient et à quoi il retourne, mais il signifie en même temps et fondamentalement que l'éclosion de la *phusis* dans l'Ouvert est ordonnée à la « crypte »[346] de l'être, qui la borde, l'entoure et l'englobe. L'ouverture ou encore l'éclosion de l'Ouvert, dans lequel les étants vont entrer en présence, se déploie dans *l'immanence* même d'un domaine effrayant et « refermé » qui borde et délimite cet Ouvert, et qui est la « crypte » de l'être. Le fragment 123 dit par conséquent le *cosmos* comme se déployant dans *l'immanence* même du Chaos demeurant en retrait.

---

344. Martin Heidegger et Eugen Fink, *Héraclite, Séminaire du semestre d'hiver 1966-1967.* Gall. Paris, 1973, p. 69.
345. Ibid.
346. Concernant le *Krupthestaï* comme « crypte » de l'être, cf. Jean-Louis Chrétien, *La réserve de l'être*, in *L'Herne, Martin Heidegger*, 1983, p. 264.

Au terme de ces analyses, il apparaît que l'être, pensé dans la plénitude de son sens, n'est pas seulement le fond retiré chaotique de l'étant. L'être comme fond chaotique absolument hétérogène, se tenant à la fois en retrait et en excès, est seulement la *vérité* de l'être, son *essence* dernière, ce qu'il y a de plus profond en lui. Mais, compris dans la plénitude de son sens l'être est *en même temps*, en lui-même *structure.* Il est l'Ouvert en tant que structuré par l'unité des tensions antagonistes, c'est-à-dire, par la *Moïra* comme « ordre des contrastes », et qui se déploie dans l'*immanence* du Chaos englobant lequel est à la fois le fond et le tout. Cette « structure » qui, dans son ensemble, constitue le sens originel de l'être est un « *ordre de la différence* ». Cet *ordre de la différence* pleinement compris est en lui-même constitué de trois différences étroitement imbriquées. Il repose d'abord sur une première différence qui est inhérente à l'essence même de l'être, c'est-à-dire sur la « béance » qui constitue l'un des aspect du Chaos en son hétérogénéité foncière. Il se déploie, à partir de là, dans et par la différence, (le contraste et la « tension antagoniste »), entre l'Ouvert et le domaine refermé qui le borde et l'englobe. Il se manifeste enfin, en même temps dans et par une troisième différence, laquelle est l'ordre spatio-temporel des contrastes (porté par la *Moïra*), qui structure l'Ouvert lui-même dans lequel se déploient les étants. Cet *ordre de la différence*, dans sa complexité et son unité, est ce qui constitue l'être dans toute sa dimension, en tant qu'il déploie en lui les étants (qui n'en sont que des déterminations particulières), c'est-à-dire en tant qu'il est l'Omniprésence, laquelle est l'Un et le Tout. L'être, c'est-à-dire la Nature comprise en son sens originel est l'Un-Tout, *l'En-Panta*, déchiré en lui-même, insondable et démesuré. L'Un-Tout, ainsi conçu comme jeu de différences, est fondamentalement ordonné à un *reste* qui est constitué par une dimension hétérogène englobante. Cette structure exhibe le sens plein de ce que Hölderlin, dans *Hypérion*, avait appelé l'*en diapheron eauto*. C'est la « version » *non idéaliste* ou encore non métaphysique de cet *En kaï pan* qui constituait la devise commune à Hegel, Schelling et Hölderlin au Stift de Tübingen.

Ainsi que nous l'avons montré, les trois différences doivent être finalement reconduites à une seule qui est la « béance » inhérente à l'être. La structure de la *phusis* est ainsi fondamentalement marquée par la *différence*, qui doit être comprise à la fois comme *brisure* (ouverture béante), c'est-à-dire écart, *et* simultanément, comme *dissemblance* et *dissension* intime (*éris*), c'est-à-dire *hétérogénéité*. Cela signifie fondamentalement que l'être n'est pas une *substance* caractérisée par la plénitude d'une présence ramassée en elle-même, mais qu'il est constitutivement hétérogène et déchiré en lui-même. Il est ainsi une *altérité* structurelle inhérente à l'être. Cette dissemblance et cette dissension intime, cette *éris*, qui déchirent l'être et en scellent l'hétérogénéité foncière apparaissent, par exemple, dans le mythe grec sous l'aspect de la lutte sans merci entre les anciens et les nouveaux dieux (Titannomachie, Gigantomachie). Au terme de ces luttes les anciens dieux « chaotiques », informes, monstrueux, ne sont pas éliminés, mais repoussés dans les confins du *cosmos* par les dieux « ordonnés » de l'Olympe. Cela signifie que le *cosmos* ne peut « éliminer » le Chaos, mais doit inévitablement se déployer dans l'immanence même de cette dimension effrayante, *hétérogène*, qui le « précède », le porte, le borde et l'englobe.

Or, cette hétérogénéité, parce qu'elle est irréductible, va alors inévitablement se retrouver – d'une certaine manière – dans l'ordre même du *cosmos*, lequel repose, en effet, sur les tensions antagonistes et où il n'y a pas d'accord sans lutte. Or, cela implique que les étants, qui sont déployés par l'être dans sa propre immanence, sont cependant relativement *disjoints* de celui-ci. Dans le cadre même de l'ordre imposé par la *Moïra* (ou la *Diké*), les étants sont cependant en partie « délaissés » par l'être, séparés de lui : ils sont contingents, périssables, singuliers, pleinements individués, en proie mutuellement à des dissensions, et ayant ainsi tendance à se *disjoindre* de l'être et à s'obstiner, à chaque fois, dans la rage de persister et de s'affirmer au détrimant des autres. Heidegger affirme ainsi, dans son deuxième commentaire des fragments d'Anaximandre, que la *Diké* n'est ce « Maintien », ce « *didonaï diken* » qui ne « rend la justice » - qui ne règle l'accord entre les étants – que dans la mesure où elle *assume* et *surmonte*, en même temps, à chaque fois, un discord (*adikias*), une part d' « injustice » *irréductible* entre les étants.

La dissension, l'hétérogénéité qui est inhérente à l'étant en son être et qui se manifeste dans la lutte des anciens et des nouveaux dieux, a donc pour conséquence de sceller une part de *dissension* irréductible entre les étants et une finitude radicale pour l'ensemble de ceux-ci qui ne pourrons jamais dépasser les « souffrances » inhérentes au principe d'individuation. Il n'y a pas de plénitude absolue et éternelle de l'être à laquelle il serait possible de s'unir. L'unité et l'ordre du *cosmos*, inclut une part d'hétérogénéité irréductible, le *didonaï diken*, doit *assumer* en lui une déchirure, un discord (*adikias)*, un éclatement, irréductibles. Cette déchirure, cette *différence* inhérente à l'être qui scelle l'individuation et la finitude radicale des étants, nécessairement coupés de l'être qui est cependant leur origine, est ce que Heidegger a nommé à plusieurs reprises *le tragique*. Voici, tout d'abord, ce qu'il écrit dans *La parole d'Anaximandre* à propos de l' « accord discordant » des étants dans l'ordre de la *phusis* – c'est-à-dire du « *didonaï diken* » dans l'assomption du discord, de l' « *adikias* » - tel qu'il est présenté par Anaximandre : « Ils laissent avoir lieu, eux-mêmes, accord (en l'assomption (*Überwindung*)) du discord. L'épreuve de l'étant en son être, qui vient ici à la parole, n'est ni pessimiste, ni nihiliste ; elle n'est pas non plus optimiste. Elle demeure tragique. Ceci est un mot bien prétentieux. Mais apparemment, nous sommes sur la trace du tragique, non pas quand nous l'expliquons psychologiquement ou esthétiquement, mais en essayant de penser d'abord sa guise essentielle : l'être de l'étant, en pensant le *didonaï diken ...tes adikias* »[347]. Ce texte, qui semble faire une allusion critique à Nietzsche, rejette toute conception psychologique et esthétique du tragique, pour penser celui-ci de manière strictement ontologique.

Il doit être rapproché d'un très bref, mais précieux passage de *L'origine de l'œuvre d'art* dans lequel Heidegger affirmait ceci : « Dans la tragédie il ne s'agit ni de présentation ni de représentation. La tragédie est le lieu de la lutte des anciens et des nouveaux dieux »[348]. La tragédie, ou le tragique, n'est pas d'abord de l'ordre de la représentation esthétique, mais il a fondamentalement un sens *ontologique*. Il est cette *différence*, cette déchirure et cette hétérogénéité fondamentales qui sont logées au cœur de l'être – qui dans le mythe se manifestent à travers la Titannomachie et la Gigantomachie – et qui scellent l'« éclatement » nécessaire et originel de celui-ci en des étants individués, voués ainsi à la génération et à la corruption, aux dissensions et aux souffrances liées au principe d'individuation, et irrémédiablement coupés de leur origine, c'est-à-dire nécessairement exilés de l'essence de l'être. La structure ontologique et originelle de la *phusis*, parce qu'elle est fondamentalement un « ordre de la différence », non-dialectique c'est-à-dire irréductible et articulé à un reste inassimilable, n'est pas métaphysique, elle est *tragique*. La pensée heideggerienne de l'être apparaît ainsi, fondamentalement, comme une ontologie tragique.

Pour faire apparaître l'originalité, la spécificité, de l'ontologie heideggerienne on peut essayer de la présenter en usant de la terminologie traditionnelle propre à la métaphysique. Depuis le début de la métaphysique l'être est pensé à travers l'articulation de trois sens principaux : il est pensé comme *existence*, comme *essence* et comme *unité*. Dans la métaphysique l'existence se fonde sur l'essence immuable laquelle est en même temps la raison ou le fondement intelligible et l'unité à laquelle l'étant se rattache. L'originalité de l'ontologie de Heidegger consiste à donner, au contraire, la primauté à l'existence, qu'il arrache à son identification métaphysique (et courante) à la subsistance (quoddité). Comprise en son sens originel, et comme étant en elle-même l'essence la plus profonde de ce qui est, l'existence désigne alors ce toujours déjà là de la présence informe et déchirée en elle-même, qui précède et excède, par sa surmesure englobante, l'ensemble des détermination et des formes à travers lesquelles elle se

347. M. Heidegger, *La parole d'Anaximandre*, in *Chemins...*, Gall. 1996, p. 431.
348. M. Heidegger, *L'origine de l'oeuvre d'art*, in *Chemins...*, Gall. 1996, p. 45-46.

manifeste. Cette présence hétérogène et insondable est donc ce qui – déployant en elle-même les étants dans et par un ordre de la différence – « essencifie » (sans raison) de manière immanente et unifie l'étant. Elle ne cesse de produire et de détruire les étants déterminés sous l'effet de sa propre hétérogénéité. Ce faisant, ce toujours déjà là insondable de la présence, ne cesse de se répéter dans la différence. Cette répétition dans la différence, cet « automatisme de répétition »[349] (qui renvoie à l'hétérogénéité de l'être, c'est-à-dire à la béance qui le déchire) est l'essence même du temps, la *Temporalität.* L'être qui se déploie et qui laisse être l'étant dans et par le temps, ne se réduit donc pas à celui-ci. Il est la pure tautologie abyssale à elle-même de l'existence illimitée et insondable, essencifiant en elle-même – depuis toujours et pour toujours – et déployant (sans fond et pour rien) de manière immanente l'unité du cosmos comme *En diapheron éauto.* Cette unité - comme ordre de la différence renvoyant à la dimension abyssale de l'être - inclut de manière essentielle la contingence, de telle sorte que les étants, se déploient, pour une part, sans raison et sont pleinement individués. L'être comme *phusis* est donc cette pure existence, au sens du toujours déjà là d'une présence informe et abyssale à elle-même, qui, essencifiant sans raison, déploie l'étant comme ex-istence en un deuxième sens proche de celui exhibé par Schelling. Il déploie, en effet, l'étant comme ce qui surgit - comme ce qui ex-iste - hors d'un fond retiré et abyssal[350]. Ce sens, en lui-même double, de l'existence est le sens originel de l'être. Nous avons vu, dans la première partie, que Heidegger questionnait l'être à partir du *mot* « être » tel qu'il « court » dans la langue. Or, ce mot veut bel et bien dire *existence.* Il s'agit cependant de l'existence regagnée en son sens véritablement *originel*, irréductible à la subsistance. Et c'est un tel sens originel de l'existence que permet de retrouver le concept de *phusis.*

En résumé, l'être est pure existence sans fond, toujours déjà là, fondamentalement marquée par la différence c'est-à-dire intrinsèquement hétérogène et « mondifiant » de manière immanente en déployant l'ordre des étants, sous l'effet de la béance qui la déchire. Une telle conception *tragique* du monde constitue la réponse, en partie impensée, de Heidegger à la *Seinsfrage.*

---

349. Nous empruntons cette expression à Jacques Lacan (*Le Séminaire, Livre XI*, p. 65.), qui propose de traduire ainsi le concept freudien de *Wiederholungzwang*. Cependant, nous usons ici librement de cette expression en l'arrachant à tout contexte psychologique et en lui donnant un sens strictement ontologique.

350. Cf. F. W. J. Schelling, *Recherches sur la liberté humaine...* in *Oeuvres métaphysiques*, Gall. Paris, 1980, P. 143-144. Cf. aussi, Martin Heidegger, *Schelling*, Gall. Paris, 1977, p. 187 à 193.

QUATRIEME PARTIE

Le sens impensé de l'analytique du Dasein après la Kehre

L'évolution de la pensée de Heidegger dans les années trente est entièrement commandée par la réponse qu'il a apportée à la question du sens de l'être. C'est, en effet, l'élaboration progressive du concept de *phusis* qui va entraîner une évolution profonde dans la conception heideggerienne du *Dasein*. Ainsi que nous allons le montrer, l'*aletheia* sera comprise, dès 1935, comme la vérité de la *phusis*. Il apparaîtra alors qu'elle ne peut plus être une structure existentiale portée par l'ipséité du *Dasein*, mais qu'elle est une structure latente de celui-ci. L'*aletheia* sera conçue, nous le verrons, comme une « reprise » dans le *Dasein* et pour lui, de la structure de la *phusis*, propre à anticiper celle-ci. Et cette structure, qui est portée par la langue, préexiste au *Dasein* qui doit l'intégrer en lui. Bien que cela demeure en partie impensé chez Heidegger, il apparaît donc que l'*aletheia* sera progressivement conçue, à partir des années trente comme une structure latente, présente dans les profondeurs du *Dasein*, qui est d'abord portée par la langue, et qu'il a du intégrer. Cette évolution qui implique la reconnaissance, implicite et jamais pleinement assumée, d'un inconscient du *Dasein* est, nous le verrons, le sens souterrain de la *Kehre*. Ce n'est plus le *Dasein* comme ipséité et temporalité qui déploie le sens de l'être, mais il est en lui une structure de pensée latente qui donne licence à l'être (à la *phusis*) de *se* dévoiler comme tel. Or, cette évolution – qui, nous l'avons dit, est entièrement commandée par la réponse à la question de l'être – conduira Heidegger, dans *Introduction à la métaphysique*, à repenser à nouveaux frais les fondements de l'analytique du *Dasein*. Il sera en effet conduit à repenser entièrement l'analytique du *Dasein* à travers une interprétation de la tragédie grecque.

Nous allons tout d'abord présenter l'évolution de la structure de l'*aletheia* et son sens accompli ; puis nous présenterons la reconstitution de l'analytique du *Dasein* à partir de la tragédie grecque. Nous serons alors en mesure de montrer que la psychanalyse, en particulier dans sa version lacanienne, a bel et bien approché - dans certaines limites et dans le cadre d'une mésinterprétation psychologique de celle-ci - la notion de *Dasein*.

CHAPITRE I

L'aletheia comme vérité de la phusis : le Quadriparti

Dès 1935, dans *Introduction à la métaphysique* Heidegger affirme que « pour les Grecs, l'essence de la vérité n'est possible qu'en accord avec ce qu'est pour eux l'estance de l'être comme *phusis* »[351]. Et il souligne l'existence d'une «...connexion d'essence, unique en son genre, entre *phusis* et *aletheia*... »[352]. La *phusis*, telle qu'elle est nommée par le fragment 123 d'Héraclite (*phusis krupthestaï philei*), manifeste, en effet, une tension entre l'éclosion et le retrait, à laquelle répond la réciprocité entre l'éclaircie et l'occultation dans la structure de *l'aletheia*. Cette « réciprocité adverse » dans l'essence de la vérité est soulignée dans *L'origine de l'œuvre d'art*, où Heidegger pense *l'aletheia* à partir de « ce jeu adverse à l'intérieur de l'essence de la vérité, qui réside, dans l'essence de la vérité entre éclaircie et réserve »[353]. Il y a donc bien une connexion d'essence entre l'*aletheia* et la *phusis*, qui montre que ces deux notions sont indissociables. Heidegger tient cela pour acquis dès 1935 car il écrit dans *Introduction à la métaphysique*, à propos de *l'aletheia* : « La vérité de la *phusis,* l'*aletheia*... »[354]. La reconnaissance par Heidegger de cette connexion d'essence unique entre la vérité originelle, l'*aletheia*, et l'être comme *phusis* confirme pleinement, notons le au passage, notre interprétation de l'ontologie heideggerienne. L*'aletheia* doit donc être pensée maintenant comme cette spontanéité réceptive par laquelle le *Dasein* anticipe implicitement, c'est-à-dire imagine

---

351. M. Heidegger *Introduction à la métaphysique,* Paris, Gall. 1967, p. 111.
352. Ibid.
353. Op. cit., in *Chemins...,* p. 60.
354. Op. cit., p. 189. Souligné par nous.

a priori, l'essence de la *phusis* de manière à la laisser venir à l'encontre comme telle.

L'*aletheia*, c'est-à-dire l'*Unverborgenheit*, comme pensée originelle de l'être, est donc le « laisser venir à l'encontre » de l'éclosion-retrait de la *phusis*, qui a toujours déjà eu lieu pour le *Dasein* et dans lequel il se « tient » toujours, de manière implicite. Dans l'article *Logos* des *Essais et conférences,* Heidegger, qui pense le *logos* humain à partir de l'*aletheia* et qui le conçoit comme un *Vorliegenlassen*, comme un « laisser étendu devant », comprend à partir d'Héraclite, la relation entre la pensée et l'être comme un « *homologein* ». Cependant, cet accord, cette « homologie » ne relève pas de la représentation extérieure, de la *mimèsis*, car le *logos* humain « ...ne fait jamais rien de plus que d'étendre, de laisser étendu ce qui déjà ... est étendu ensemble devant... »[355]. *L'aletheia* est donc pour le *Dasein*, cette pensée originelle, ce *logos*, ou ce *legein*, dans et par lequel il est donné licence à la *phusis* de se montrer ou de se dévoiler *comme telle* et en son propre « déjà là ». *L'aletheia*, comme essence originelle de la pensée, est cette anticipation dans le *Dasein* et pour lui, de l'essence de la *phusis* propre à la laisser se montrer *à partir d'elle-même*. Le *logos* comme pensée de l'homme déployant l'*aletheia* est donc une anticipation de la *diké*, de la *Moïra*, ou encore du *logos* en tant que structure de la *phusis*.

Nous avons montré dans la partie précédente que l'être, en tant que *phusis*, n'était pas seulement le fond abyssal de l'étant, mais qu'il était aussi la « structure » dans et par laquelle il se déploie, et que cette « structure » devait être comprise comme un « ordre de la différence ». Cela signifie que l'analyse de la notion d'*Unverborgenheit* que nous avions développé dans la deuxième partie doit maintenant être complétée. En effet, il faut comprendre que l'*Unverborgenheit* comme spontanéité réceptive portée par l'imagination transcendantale, n'anticipe pas seulement, à travers les sensations, l'être comme fond abyssal de l'étant, mais aussi comme cet « Ouvert » qui est constitué par un « ordre de la différence », lequel porte le *Zeit-Spiel-Raum*. L'*Unverborgenheit* est ainsi ce dévoilement, *latent* dans le *Dasein*, du fond insondable de l'étant en tant qu'il se retire, dans et par lequel est alors dévoilé l'Ouvert en son é-vidence, comme horizon (non thématique) de toute perceptibilité de l'étant. Et cette anticipation implicite de la *phusis*, en tant qu'elle n'est pas seulement le fond insondable de l'étant, mais bien la « structure », c'est-à-dire l'ordre de la différence ou des contrastes dans lequel il se déploie, va constituer l'horizon transcendantal du dévoilement originel des étants (des *phusei onta*) comme *phénomènes*. Le dévoilement implicite de la structure de la *phusis* comme ordre de la différence – qui est anticipée par l'imagination de manière non thématique c'est-à-dire latente, à même l'obscurité des sensations – est ainsi ce qui

355. Martin Heidegger, *Logos*, in *Essais et conférences,* p. 262.

rendra possible le dévoilement originel des étants comme phénomènes, pris dans un jeu de contrastes. Dans l'article *Logos* Heidegger dit, en effet, que le *logos* qui porte l'*aletheia* a *pour essence même* de dévoiler l'étant dans le cadre d'un ordre des contrastes. Il écrit que, par essence, le *logos* « ...laisse étendu devant ensemble dans une même présence ce dont l'être est divergeant, donc opposé ... »[356]. Le *logos* qui porte l'*aletheia* anticipe donc *a priori* l'unité de l'étant comme unité des tensions antagonistes, comme ordre des contrastes. L'*Unverborgenheit*, dans la mesure où elle est l'anticipation *a priori*, par le *Dasein*, de la structure de la *phusis*, constitue nécessairement elle-même, une structure *a priori* du *Dasein* fondamentalement rattachée à l'« être-pour-la-mort ». Il appartient ainsi à l'essence même du *Dasein* comme être-pour-la-mort d'être porteur, *a priori*, d'un dévoilement de la « structure d'être » du monde (de la *phusis*) comme jeu de contrastes ordonné à un fond chaotique hétérogène.

Cette conception de *l'aletheia* ne relève pas d'une interprétation arbitraire de notre part, car elle a été bel et bien esquissée par Heidegger lui-même, ainsi que nous allons le montrer. Le développement d'une telle conception de *l'aletheia* en tant que dévoilement de la structure du monde comme *phusis*, nous paraît être le sens fondamental de la pensée du *Quadriparti*, que Heidegger a exposée au début des années cinquante dans *Bâtir habiter penser* et dans la conférence *La chose*. L'importance considérable du *Quadriparti* dans la pensée heideggerienne après la *Kehre* a d'ailleurs été établie récemment par Jean-François Mattei[357]. Il nous semble, en effet, qu'en dépit de certaines apparences, et de son ton parfois poétique, la pensée heideggerienne du *Quadriparti* ne représente en aucune manière l'abandon de la rigueur de la pensée au profit d' « intuitions poétiques » plus ou moins arbitraires, mais qu'elle doit être considérée avec la plus grande attention et questionnée sur son sens fondamental, lequel demeure en partie impensé.

La pensée du Quadriparti, apparaît tout d'abord comme une tentative pour exhiber la « structure d'être » du monde sous la forme d'une structure à quatre termes interdépendants, qui sont la *terre*, le *ciel*, les *divins* et les *mortels*. Cette structure se présente sous la forme d'un jeu de contrastes – d'un jeu de différences – entre la terre et le ciel d'une part, les mortels et les immortels d'autre part. Cette structure à quatre termes, interdépendants et indissociables, est conçue par Heidegger comme Uniquadrité. Cela signifie que les Quatre forment un tout indissociable et qu'ils doivent être pensés à partir d'une « unité originelle »[358]. Les Quatre renvoient les uns aux autres et

356. Martin Heidegger, *Logos*, in *Essais et conférences*, Gall. Paris, 1976, p. 268.

357. Cf. Jean-François Mattei, *Heidegger et Hölderlin, le Quadriparti*, P.U.F, Paris, 2001.

358. Martin Heidegger, *Bâtir, habiter, penser,* in *Essais et conférences,* Gall., Paris p. 176.

constituent un « jeu de miroir »[359] dans lequel chacun reflète les autres. Ce jeu de miroir est la structure même du monde. « Ce jeu qui fait paraître, le jeu de miroir de la simplicité de la terre et du ciel, des divins et des mortels, nous le nommons « le monde ». Le monde est en tant qu'il joue ce jeu »[360].

C'est dans la conférence *La chose* que se trouve l'exposé et les développements les plus profonds concernant le Quadriparti. Dans cette conférence, Heidegger montre que ce « jeu de miroir » des Quatre s'institue autour d'un vide fondamental. Ce vide fondamental autour duquel se déploie et à partir duquel s'institue le jeu de miroir, ou encore le jeu de renvois du Quadriparti, est ce que Heidegger appelle la Chose. La Chose, telle qu'elle est pensée dans la conférence de 1950, n'est pas d'abord prise en vue comme *tode ti*, comme *ousia*. Dans le cadre de cette méditation, il s'agit plutôt pour Heidegger, dans le prolongement de la méditation concernant la chose qu'il avait esquissée dans les années trente, d'interroger radicalement ce qui habituellement demeure totalement en retrait dans la prise en vue des choses, et qui est la « choséité » des choses, l'essence des choses, c'est-à-dire finalement, l'être de l'étant. Or, l'essence profonde des choses, leur « choséité », a pour caractère propre et spécifique de se retirer, de se dérober, et de se révéler dans l'étant à travers le vide d'une absence, d'un retrait. La Chose, en tant qu'elle ne se donne fondamentalement que comme vide ou comme « manquante » pourrait donc être rapprochée, dans certaines limites, de l'objet transcendantal = X chez Kant lequel est parfois identifié à la chose en soi se tenant en retrait. C'est ce qu'affirme Jean-Marie Vaysse, qui a consacré une analyse à la conférence *La chose* dans *L'inconscient des modernes*. « La Chose, écrit-il, se dérobe à la représentation et n'est pas objet de connaissance, semblable en cela à la chose en soi kantienne »[361].

Dans la conférence de 1950, la Chose, bien qu'elle ne soit en elle-même rien d'étant, est cependant exhibée à travers l'exemple du vase ou de la cruche. Il est en effet possible de faire apparaître ce Rien qu'est la Chose sur l'exemple de la cruche, lorsque celle-ci n'est plus prise en vue seulement comme *tode ti* mais à partir du vide qui est en elle. La cruche n'est fondamentalement ce qu'elle est que par le vide qui est en elle, dans la mesure où elle n'est qu'un lieu de passage du liquide, qu'elle ne reçoit et ne retient momentanément que pour qu'il soit ensuite déversé. Or, ce vide, qui ne contient et ne retient le liquide que pour le déverser, fait apparaître cette absence, ce Rien, dans et par lequel, « autour » duquel, les Quatre sont rassemblés et mis en relation. Dans le vin versé, par exemple, cette réunion de « ...la substance nourricière de la terre et de la force solaire du ciel... »[362]

359. Martin Heidegger, *La chose,* in *Essais et conférences,* p. 215.
360. Ibid. p. 214.
361. Op. cit., p. 455.
362. Martin Heidegger, *La chose,* in *Essais et conférences*, Paris, Gall. 1976, p. 204.

qui a fait mûrir le fruit de la vigne, s'attarde et demeure présente. Mais le vin va apaiser la soif des mortels (tout en leur transmettant la force nourricière de la terre ainsi que la chaleur solaire qu'il retient en lui), non sans avoir été d'abord versé comme libation offerte aux dieux immortels. Le vide de la Chose (*Ding*), de la cruche, comme pur espace de relation, comme « lieu vide » de passage du liquide mettant les Quatre en rapport dans le versement, est donc un rassemblement (*Dingen*) qui « retient » en lui les Quatre, de manière à les conduire « … dans la clarté de leur être propre »[363]. Le vide de la cruche, c'est-à-dire de la Chose, est ainsi ce à quoi s'ordonne, ce autour de quoi s'organise, le jeu de miroir des Quatre qui sont toujours en rapport au point ne pouvoir être que dans et par leurs relations mutuelles. Dans la mesure où le jeu de miroir des Quatre se déploie autour de la Chose en tant qu'elle manque et qu'elle demeure invisible, il nous semble qu'il faudrait concevoir ce jeu de relation des Quatre comme un jeu de miroir *aveugle*. Le vide de la Chose est ce autour de quoi se déploie originellement le Quadriparti, comme dimension fondamentale dans et par laquelle seulement, les choses vont pouvoir apparaître comme telles.

Ainsi que nous l'avons déjà dit, le jeu de miroir des Quatre, ou encore l'Uniquadrité, qui s'institue autour du vide de la Chose, prend la forme d'un jeu de différences, entre la terre et le ciel d'une part, les mortels qui habitent sur la terre et les divins célestes d'autre part. Il apparaît alors clairement que la structure du Quadriparti n'est compréhensible que sur la base de la structure fondamentale de la *phusis* telle que nous l'avons exhibée. En effet, l'ordre de la *phusis*, comme jeu de différences dans l'ouverture du ciel et de la terre, s'institue autour d'une « *béance* » et ainsi d'une absence fondamentale, qui est celle du fond chaotique abyssal de l'étant lequel apparaît alors comme « Chose manquante», dans l'étant. Cette interprétation est celle de Jean Beaufret qui écrit : « Heidegger nomme une Quadrité, ou plutôt une Uniquadrité dont le centre n'est aucun des Quatre …Mais quel est alors le nom d'un tel centre ? Heidegger le nomme … le sacré …Mais comment penser le sacré ? C'est … le Chaos qui nomme le centre lui-même »[364].

Le vide de la Chose n'est donc rien d'autre que le Chaos comme «Chose manquante » dans l'étant, en ce sens qu'il est toujours à la fois en retrait et en excès dans le jeu de ses contrastes. Il est, en effet, la dimension obscure et *retirée*, qui dépasse et englobe ce jeu de contrastes. Il est la dimension « refermée » et *hétérogène* qui borde et englobe l'Ouvert, et à laquelle renvoie le jeu des contrastes entre les étants. La Chose est ce fond chaotique de l'ensemble de ce qui est, qui est en même temps le Tout

363. Ibid. p. 205.
364. Jean Beaufret, *Heidegger et la théologie,* in *Dialogue avec Heidegger III,* Paris, Minuit, 1985, p. 45.

incommensurable, et qui se rapportant à lui-même dans et par le jeu des contrastes de l'étant, se « manque » cependant à lui-même, et se manifeste ainsi comme « chose manquante », en tant qu'il est toujours à la fois en excès et en retrait dans le monde au sens ontique. Le Chaos comme essence de l'être, qui n'est rien d'étant, qui « comporte » en lui le néant et qui se tient toujours en retrait derrière les phénomènes lesquels n'en sont que des manifestations déterminées, peut dans une certaine mesure et dans certaines limites, nous l'avons dit, être rapproché de l'objet transcendantal = X de Kant, en tant que celui-ci est finalement identifié à la Chose en soi cachée.

La pensée du Quadriparti doit être comprise sur la base de la structure de la *phusis* et de l'ouverture du *Dasein* à celle-ci. La structure de la *phusis* est, nous l'avons vu, cette *diké*, cet ordre de la différence dont les dieux sont les représentants, dans et par laquelle l'Un-Tout chaotique de l'étant s'auto déploie de manière immanente, à la fois abyssale et démesurée, à travers le déploiement d'un jeu spatio-temporel de contrastes et dans le cadre de l'ouverture primaire de ces contrastes fondamentaux que sont le ciel et la terre. L'ordre de la *diké* représenté par les dieux ouraniens est ainsi ce par quoi la Chose (le fond chaotique abyssal de l'étant) – qui se dérobe dans le jeu de contrastes de l'étant, en tant qu'elle est tout à la fois en excès et en retrait – se rapporte « aveuglément » à elle-même, se « regarde » (sans se voir) à travers le processus *circulaire* de la phusis. C'est pourquoi le jeu de miroir des Quatre est compris en même temps, par Heidegger, comme une « ronde », comme un « tour encerclant », ou comme un « anneau » s'enroulant sur lui-même[365]. Le processus « circulaire » de la *phusis* comme unité des contrastes, c'est-à-dire comme unité ou identité dans la différence et dans la divergence même, est rapport contrarié et « aveugle » à soi-même de ce qui s'op-pose à soi-même et ainsi échappe en même temps fondamentalement à soi-même. Ainsi, le fond chaotique hétérogène et insondable de l'étant, qui est en même temps le Tout englobant, ne se donne qu'en se dérobant dans le jeu des contrastes constitutifs de l'ordre de la *phusis*.

Le sens profond, demeuré implicite, de cette pensée de l'Uniquadrité ou encore des Quatre, ne peut apparaître que si l'on comprend qu'elle ne représente fondamentalement rien d'autre qu'une tentative pour exhiber la structure *a priori* de dévoilement de la *phusis* pour le *Dasein*. Cela signifie qu'elle n'exhibe *pas seulement* l'ordre de la *phusis* mais bien *d'abord* la structure de *l'aletheia* comme structure *a priori* de dévoilement de celle-ci pour le *Dasein*. En effet, la pensée du Quadriparti, enveloppe de manière essentielle une pensée de l'homme, c'est-à-dire du *Dasein*, en tant qu'il ne peut être pensé maintenant que dans le cadre de ce jeu de miroir des Quatre. « …En disant « un homme », écrit Heidegger, je désigne déjà le séjour dans

365. Martin Heidegger, *La chose*, in *Essais et conférences*, Gall. Paris, 1976, p. 215.

le Quadriparti auprès des choses »[366]. Or, dans le Quadriparti, l'homme est pensé comme *le mortel*, c'est-à-dire, très précisément et exclusivement, à partir de cette *structure a priori* fondamentale du *Dasein*, exhibée dans la deuxième section de *Sein und Zeit*, qu'est l'être-pour-la-mort. Voici, en effet, ce qu'écrit Heidegger : « Les mortels sont les hommes. On les appelle mortels parce qu'ils peuvent mourir. Mourir veut dire : être capable de la mort *en tant que* la mort »[367]. La pensée du Quadriparti doit donc être rattachée à la deuxième section de *Sein und Zeit* qu'elle s'efforce de prolonger sur les bases de l'évolution de Heidegger. Ce que Heidegger appelle le Quadriparti représente alors une tentative pour penser cette structure *a priori* du *Dasein* qu'est l'être-pour-la-mort (en tant qu'elle enveloppe la reprise de la *Geworfenheit*) comme entretenant un lien *indissoluble* avec l'anticipation de la structure du monde comme « jeu de miroir » ; laquelle anticipation doit alors être considérée elle même comme une structure *a priori* du *Dasein*. La pensée du Quadriparti montre que le *Dasein* comme être-pour-la-mort anticipe a *priori* la structure du monde, de la *phusis*, de manière à la laisser venir à l'encontre comme telle et comme ce en quoi il est situé.

En effet, le Quadriparti, parce qu'il implique le *Dasein*, doit fondamentalement être pensé à partir de la notion d'habitation : « Les mortels sont dans le Quadriparti lorsqu'ils *habitent* »[368]. Or, l'habitation est elle même pensée comme le « ménagement » (*das Schonen*) par lequel le *Dasein* comme mortel laisse le Quadriparti « revenir à son être »[369]. Les mortels ménagent donc le Quadriparti lorsqu'à la fois et simultanément, ils laissent la terre « revenir à son être propre »[370], ils « accueille le ciel comme ciel »[371] et ils « attendent les divins comme tels »[372], tout en se délivrant à eux-mêmes la facticité de leur existence de mortels. Cela veut dire que le « ménagement » du Quadriparti doit être pensé à partir de ce que Heidegger a nommé d'abord *Begegnenlassen* puis *Vorliegenlassen*. Il doit ainsi être pensé comme une structure de dévoilabilité de l'étant dans son ensemble. Le monde comme Uniquadrité est donc d'abord une structure *a priori* du Dasein propre à rendre possible la dévoilabilité de l'étant dans son ensemble en tant que le *Dasein*, comme mortel, est jeté en lui. A travers sa pensée du Quadriparti Heidegger exhibe donc implicitement la structure de *l'aletheia*, comme cette anticipation, dans le *Dasein* et pour lui, de la structure de la *phusis* dont il participe, et en tant qu'elle joue le rôle d'une spontanéité

366. Ibid. p. 186.
367. Ibid. p. 177.
368. Martin Heidegger, *Bâtir habiter penser*, in *Essais et conférences,* p. 177.
369. Ibid.
370. Ibid. p. 178
371. Ibid.
372. Ibid.

réceptive. Cette pensée du Quadriparti est très certainement inspirée par Hölderlin, et elle est ce par quoi Heidegger se réapproprie l'ouverture proprement grecque au monde telle qu'elle apparaît dans la *Théogonie* d'Hésiode.

Le Dasein comme être-pour-la-mort a toujours déjà « intégré » et anticipé *a priori* la structure de la *phusis* dans le cadre de laquelle il se « situe » comme mortel en se tenant sous le regard des dieux (de la *diké*), qui lui «... font signe »[373]. Et cette structure, intégrée dans le *Dasein* comme « être pour la mort », joue donc le rôle d'une structure *a priori* de dévoilabilité de l'étant dans son ensemble en tant que le *Dasein* est jeté en lui. La pensée du Quadriparti relève ainsi d'une philosophie transcendantale, c'est-à-dire d'une pensée de l'*a priori*. Cela peut être montré sans équivoque possible sur l'exemple de l'espace, auquel ouvre le Quadriparti. Dans *Bâtir habiter penser* Heidegger affirme, en effet, que « l'espace n'est pas pour l'homme un vis-à-vis »[374], et il ajoute qu'« ...il n'est ni un objet extérieur ni une expérience intérieure »[375]. Il précise encore sa pensée en écrivant que « les espaces et l' « espace » avec eux ont « toujours déjà » reçu leurs place dans le séjour des mortels »[376]. Or, si l'espace n'est pas un vis-à-vis, s'il n'est pas seulement un objet extérieur et s'il a « toujours déjà » reçu sa place dans le séjour des mortels, cela signifie que l'ouverture du *Dasein* à l'espace est d'abord une ouverture *a priori*, une anticipation de celui-ci comme tel.

La pensée du Quadriparti nous apparaît donc comme l'esquisse d'une réinterprétation de l'analytique du *Dasein* sur les bases de la pensée de l'être comme *phusis*. Or, ce qui caractérise cette pensée, c'est qu'elle exhibe la structure de *l'aletheia* comme vérité de la *phusis*, en tant que cette structure – comme jeu de miroir « aveugle » - ne peut plus être portée par l'ipséité du *Dasein*. Cette structure relève, en effet, nécessairement d'une pensée *latente* et donc à fondements inconscients. Cependant il ne s'agit pas d'un inconscient profond, mais d'une *latence* essentielle (qui n'est rien d'autre que la *léthé* à laquelle puise l'*aletheia*), d'un implicite qui comporte des degrés, mais qui ne peut jamais devenir totalement explicite. C'est pourquoi, bien que cette structure puisse être extérieurement approchée et « décrite » ainsi que nous avons essayé de le faire, elle ne peut être rendue parfaitement claire. Ainsi que le reconnaît Heidegger, une telle structure ne peut être véritablement dominée et expliquée par la représentation, par la pensée conceptuelle. En reconnaissant cette impuissance de la pensée représentative à dominer et à fonder cette pensée du jeu de miroir des Quatre, Heidegger reconnaît du même coup de manière implicite, mais sans

373. Martin Heidegger, *Bâtir habiter penser*, in *Essais et conférences*, p. 177.
374. Martin Heidegger, Op. Cité p. 186
375. Ibid.
376. Ibid. p. 187.

le dire ni l'assumer pleinement, qu'une telle pensée relève d'une structure inconsciente. Voici, en effet, ce qu'il écrit dans la conférence *La chose :* « ...le jeu du monde ne peut être ni expliqué par quelque chose d'autre, ni appréhendé dans son fond à partir de quelque chose d'autre. Cette impossibilité ne tient pas à l'incapacité de notre pensée humaine pour une telle explication ou fondation. Au contraire ce qu'on ne peut, dans le jeu du monde, expliquer ni fonder réside en ceci que causes, fondements et choses du même genre demeurent inadéquats au jeu du monde. Aussitôt qu'ici la connaissance humaine réclame une explication, loin de s'élever au-dessus de l'être du monde, elle tombe au-dessous de lui. La volonté humaine d'expliquer ne pénètre aucunement dans le Simple de la simplicité du jeu du monde. Les Quatre, unis entre eux sont étouffés dans leur être, dès qu'on les représente comme des morceaux épars de réalité, qu'il faut fonder les uns sur les autres et expliquer les uns par les autres »[377]. La pensée originelle du jeu de miroir des Quatre ne peut pas être pleinement prise en vue, parce qu'elle est ce dans quoi nous sommes et qui a toujours déjà précédé toute pensée consciente.

Le *Dasein* comme être-pour-la-mort anticipe ainsi *aveuglément* et *a priori* l'ordre de la *phusis* se déployant autour du vide de la Chose – du Chaos en tant qu'il se dérobe – comme ce qui le « regarde » (de manière aveugle) et le concerne, en tant qu'il y est englobé et situé au titre de participant fugitif du jeu des contrastes de l'étant. Cette anticipation implicite et *a priori* de la structure de la *phusis* se déployant autour du vide de la chose, à travers l'obscurité des sensations, et en tant que le *Dasein* est englobé en elle, relève du travail aveugle de l'imagination transcendantale. L'imagination transcendantale, ainsi que Kant l'avait entrevu, est cette faculté « poétifiante »[378] par laquelle le *Dasein* s'imagine *a priori* « regardé » et « concerné » par l'étant en son être, en tant qu'il est englobé en lui et qu'il se délivre à lui-même sa propre présence comme participant fugitif (mortel) du jeu de ses contrastes. Cette *Darstellung* de l'être (de la structure de la *phusis*) propre à le laisser venir à l'encontre comme tel, est l'essence de *l'aletheia* comme vérité de la *phusis.*

Une telle *Darstellung* de l'ordre de la *diké* qui porte le « jeu de contrastes de l'espace-temps » se déployant à partir et « autour » de l'être comme fond informe dérobé de l'étant, consiste donc à la pro-jeter de manière imaginative dans un en-deçà sous-jacent de l'étant. Le *Dasein* imagine ainsi *a priori* cette structure, qu'il anticipe à même l'obscurité des sensations, comme un arrière plan caché des phénomènes, et il « prête » ainsi une « profondeur » ontologique à l'étant. Ce faisant il s'ouvre implicitement, de manière imaginative, au « point de vue aveugle » et « excentrique » de

377. M. Heidegger, Op. cit. p. 214.
378. Sur ce point, cf. Martin Heidegger, *Nietzsche*, T. I p. 452-453.

l'auto déploiement abyssal à lui-même de la *phusis* comme jeu de contrastes, et, se situant lui-même à partir de ce point de vue, comme participant transitoire de ce jeu de contrastes, il se laisse ainsi « regarder » à distance par l'être. Situé du point de vue « excentrique » de l'être, il se laisse « traverser » par le « regard aveugle » que l'être, comme rapport à soi hors de soi de la *phusis*, porte sur lui-même. Le *Dasein* déploie ainsi un horizon a priori de rencontre de l'étant, il déploie de manière imaginative le *schème* du *Zeit-Spiel-Raum* et se laisse situer ainsi, au titre de participant transitoire de la Contrée, dans le « jeu de miroir aveugle » de celle-ci. Cette structure est donc ce qui arrache le *Dasein* au point de vue qui serait celui d'un simple vivant ne rencontrant le monde qu'en fonction de ses intérêts vitaux, et qui l'ouvre *a priori* au monde et à lui-même comme « être-au-monde » du point de vue « excentrique » de l'être de l'étant. Elle est ce qui le transporte originellement dans la *vérité*.

Cette spontanéité réceptive qui anticipe *a priori* la structure de la *phusis* de manière latente est, fondamentalement, cela même qui rend « ensuite » possible le dévoilement des étants, c'est-à-dire des choses comme telles. La pensée du Quadriparti n'accomplit donc sa « fonction » que dans la mesure où elle est cela même qui permet le « laisser venir à l'encontre » originel des choses comme telles, en tant que le *Dasein* habite ou séjourne en elles. La pensée du Quadriparti, qui doit être comprise à partir de l'habitation, est ainsi ce dans et par quoi le *Dasein* en vient à se tenir et à se porter dans le dé-voilé de l'étant en tant que, comme mortel jeté dans le monde, il séjourne en lui. Voici, en effet, ce qu'écrit Heidegger : « L'habitation comme ménagement préserve le Quadriparti dans ce auprès de quoi les mortels séjournent : dans les choses. Le séjour parmi les choses, toutefois, ne vient pas s'adjoindre simplement, comme un cinquième terme, aux quatre modes de ménagement dont nous parlons. Le séjour parmi les choses, au contraire, est la seule manière dont le quadruple séjour dans le Quadriparti s'accomplisse chaque fois en mode d'unité »[379]. Or, ce séjour parmi les choses n'est possible que si d'abord, les choses « …elles-mêmes *en tant que* choses sont laissées dans leur être »[380]. Et, nous l'avons vu, c'est à travers les organes des sens, par leur entremise, que le Dasein, comme être dans le monde, est ouvert aux choses comme telles, comme *phénomènes*.

Le Quadriparti, si on le réduit à la pure structure qui le fonde, apparaît comme un ordre de la différence. On peut dire alors, que cet ordre de la différence constitue en quelque sorte, pour le *Dasein*, l'horizon catégorial *originel* de dévoilement de l'étant. Cet horizon de dévoilement, ce

379.Martin Heidegger, *Bâtir habiter penser*, in *Essais et conférences*, Paris, Gall. 1979, p. 179.
380. Ibid.

« ciel catégorial »[381] originel, par rapport auquel les catégories traditionnelles (ordonnées à l'*ousia*) sont seulement dérivées, est déployé de manière implicite et non thématique à même l'obscurité du purement senti. Il a pour fonction fondamentale de permettre le *Begegnenlassen* originel de l'étant dans son ensemble comme tel et comme ce en quoi le *Dasein* est jeté. Il n'est donc rien d'autre que cet horizon inapparent de dévoilement dans et par le quel le *Dasein* se délivre à lui-même sa propre présence comme celle d'un étant jeté au beau milieu du règne englobant et incommensurable des *choses*. Les choses sont alors délivrées à l'encontre de manière originelle c'est-à-dire comme purs phénomènes. Le *Dasein* est ainsi ouvert à ce règne englobant et étrangement inquiétant des choses qui, se déploient sans raison et « pour rien », comme jeu de contrastes, à partir et en direction du fond chaotique retiré de l'étant. Le Quadriparti est cette structure inapparente, par laquelle seulement, le *Dasein* peut se tenir originellement ouvert à l'étrangeté du règne englobant des choses, à leur éclosion phénoménale surabondante, se déployant « sans pourquoi » comme unité des tensions antagonistes, à partir du fond indistinct et retiré de l'étant auquel elles reviendront se perdre. Cet ordre de la différence est ce qui rend possible *a priori* le dévoilement originel et antéprédicatif de l'étant comme phénomène dans et par une parole qui est pure nomination. Il apparaît ainsi, finalement, que la philosophie de Heidegger sous sa forme accomplie est entièrement fondée sur trois concepts fondamentaux qui sont liés de façon indissoluble : *phusis*, *aletheia* et *phaïnomenon*.

Le *Dasein*, nous l'avons montré, n'est ouvert à la plénitude d'éclosion de la *phusis*, comme ce au milieu de quoi il est jeté, que dans la mesure où, à travers une position *inconsciente*, il se place (s'imagine) d'abord implicitement sous le « regard », ex-centrique, distant et apotropaïque de l'être comme *diké* – se manifestant à travers la figure des dieux – qui se déploie dans l'immanence englobante du *Chaos*. A travers le regard distant et effrayant des dieux posé sur eux depuis le Ciel, c'est donc bien à la dimension insondable et incommensurable du *cosmos*, porté et « englobé » par le *Chaos*, que les Grecs étaient ouverts. C'est pourquoi, Heidegger peut écrire ceci : « Dans la présence des dieux, dans leur regard tourné vers nous les Grecs ont perçu l'en face le plus inquiétant et le plus fascinant : *to deinon* »[382]. A travers le regard apotropaïque des dieux les Grecs étaient ouverts à l'inapprochable et au menaçant par excellence : ils étaient ouverts au sacré comme tel, c'est-à-dire à l'éclosion, à la fois ordonnée et cependant inapprochable et démesurée, de l'Un-Tout chaotique englobant de l'étant en totalité et en son être. Les Grecs ont eu cette capacité

381. Cf. Frédéric de Towarnicki, *Conversations avec Jean Beaufret*, in *A la rencontre de Heidegger*, Gall. Paris, 1993, p. 151.
382. M. Heidegger, *Le principe de raison*, Gall. Paris, 1976, p. 185.

ek-statique de se situer *a priori* du « point de vue aveugle » de l'être, ce qui signifie qu'ils se sont placés sous son regard aveugle et effrayant, qu'ils se sont ainsi imaginés regardés par lui. Voici, en effet, ce qu'écrit Heidegger à propos des Grecs dans *L'époque des conceptions du monde* : « ...l'homme est regardé par l'étant, par ce qui s'ouvre à la mesure de la présence auprès de lui rassemblée. Regardé par l'étant, compris, contenu et ainsi porté dans et par l'ouvert de la présence, pris dans le cycle de ses contrastes et signé de sa dissension : voilà l'essence de l'homme pendant la grande époque grecque »[383]. L'être, compris en son essence, en tant qu'il est anticipé *a priori* par l'imagination comme ce qui nous « regarde » tout en demeurant « hors garde » ; et qui par ce « regard d'en face » nous approprie à nous même en nous permettant de nous situer comme mortels dans l'ordre englobant de la *phusis*, est ce que Heidegger a appelé l'*Ereignis*[384]. Cette ouverture *a priori* à l'*Ereignis* par l'imagination transcendantale – c'est-à-dire au Chaos inapprochable en tant qu'il nous « concerne » - est ce dans et par quoi le *Dasein* anticipe *implicitement* l'ordre de la *phusis*, comme « ordre de la différence » et lui laisse faire encontre comme ce au milieu de quoi il est situé. Elle est l'essence même de l'*Unverborgenheit*, de la pensée originelle de l'être.

L'imagination transcendantale qui porte l'*Unverborgenheit* est donc la pensée originelle de l'être, elle est ce qui seul permet de rendre compte de l'essence fondamentale du *legein* et du *noein* tels qu'ils sont caractérisés dans le fragment III et VIII de Parménide. Il apparaît alors, nous l'avons établi, que la pensée heideggerienne du Quadriparti, accomplit pleinement la conception de l'*Unverborgenheit*, de l'*aletheia*, comme vérité de la *phusis*. La pensée du Quadriparti, telle qu'elle est présenté en particulier dans la conférence *La chose* doit donc être rattachée à la deuxième section de *Etre et temps* dont elle esquisse le prolongement à la lumière de l'évolution de la pensée heideggerienne de l'être. Or, cela signifie que Heidegger a esquissé, à travers sa réflexion sur le Quadriparti une nouvelle élaboration de la problématique qui était celle de *Kant et le problème de la métaphysique*. La réflexion heideggerienne sur le Quadriparti est, de manière inapparente, la pleine élaboration de la pensée de *l'aletheia* comme vérité de la *phusis*, elle est l'accomplissement plein et entier de ce que le « premier Heidegger » avait appelé l'ontologie fondamentale. Cette pensée du Quadriparti représente ainsi, l'aboutissement d'une déconstruction de la *Critique de la raison pure* qui avait trouvée une première forme, encore insuffisante, dans *Kant et le problème de la métaphysique*. L'analytique du *Dasein* sous sa forme accomplie, apparaît donc comme élaboration d'une philosophie

---

383. Op. Cit. In *Chemins...*, Gall. Paris, 1980, p. 119.
384. Cf. M. Heidegger, *Temps et être*, in *Questions III et IV*, Paris, Gall. 1996, p. 225, et *Le tournant* in Op. Cit, p. 317 à 321.

transcendantale inouïe, c'est-à-dire non idéaliste, et qui conçoit la structure *a priori* de la pensée comme étant à fondement inconscient.

Cette évolution de l'analytique du *Dasein* est le sens véritable, mais souterrain, de ce « renversement » dans la manière de penser le rapport entre l'être et le *Dasein*, qui apparaît dans l'œuvre heideggerienne à partir de la fin des années trente et qu'on appelle la *Kehre*. Ce « renversement », ce « tournant », bien compris, signifie que l'ouverture à l'être n'est plus conçue comme devant être portée par l'ipséité du *Dasein* en tant que *Zeitlichkeit*. Il signifie, en effet, qu'il est dans le *Dasein* une structure de pensée *latente*, plus profonde que celle déployée par son ipséité, dans et par laquelle il est donné licence à l'être (à la *phusis*) de *se* dévoiler à partir de son propre « point de vue » aveugle et comme ce en quoi le *Dasein* se trouve englobé. Cette structure, *latente* dans le *Dasein* - dans et par laquelle il se tient en même temps dans l'anticipation de la mort - rend ainsi possible, en quelque sorte, une pensée *de* l'être au sens double du génitif [385]. Ce n'est plus le *Dasein* qui s'ouvre à l'être à travers son ipséité, mais il est en lui une structure *a priori* plus profonde, qui est celle de l'*aletheia* pleinement élaborée, laquelle « laisse », en quelque sorte, l'étant en son être – le monde – *se* dévoiler de son propre point de vue insondable et comme ce en quoi le *Dasein* se trouve situé [386]. Le sens profond, mais secret, de la *Kehre* nous paraît être ainsi la reconnaissance d'un inconscient ontologique dans le *Dasein*. Cet inconscient ne doit strictement rien à Freud, ni à aucun autre apport extérieur, car il est impliqué de manière nécessaire par l'*aletheia* en tant qu'elle puise fondamentalement à une *léthé*, à une pensée *latente*. Cet inconscient qui n'est pas un inconscient « profond » et qui ne se distingue pas de l'implicite tout en étant irréductible, n'est rien d'autre que la structure de l'*aletheia*, elle-même bien comprise. Un tel inconscient ontologique est le sens *originel* de l'inconscient, par rapport auquel le sens psychologique de celui-ci n'est que dérivé. C'est pourquoi, ainsi que nous le montrerons plus loin, la théorie psychanalytique peut faire l'objet d'une « déconstruction » sur la base de l'analytique du *Dasein*, visant à la dégager de la gangue psychologique dans laquelle elle est prise.

La reconnaissance d'un tel inconscient ontologique qui ne fait qu'un avec la structure de l'*aletheia* n'a jamais été pleinement assumé par Heidegger. Elle est cependant la conséquence nécessaire de la pensée de l'homme comme *Da-sein*, dans et par le rejet de toute philosophie de la conscience et du sujet. C'est pourquoi l'analytique du *Dasein* était dès le début appelée à un tel « tournant », ainsi que Heidegger le dit dans la *Lettre*

---

385. Cf. Martin Heidegger, *Lettre sur l'humanisme*, Aubier, Paris, 1977, p. 35.
386. Cf. Martin Heidegger, *Séminaires du Thor*, in *Questions III et IV*, Gall. Paris, 1990, p. 433-434.

à Richardson[387]. Dans le *Séminaire de Zähringen* Heidegger semble tout près de reconnaître l'existence d'un inconscient du *Dasein.* Voici ce qu'il écrit : « ...passer de la conscience au *Da-sein* ...(constitue)... une révolution dans la localité du penser (*der Ortschaft des Denkens*)... où la pensée engagée avec *Etre et temps* dé-place ce que la philosophie a placé *dans* la conscience. Alors se remarque même que c'est la philosophie qui, situant le lieu dans la conscience, déplace tout, en remplaçant ce qui est nommé *Da-sein* chez Heidegger par ce lieu clos sur lui-même qu'est la conscience »[388]. Cette nouvelle « localité du penser » qui n'est plus la conscience et qui constitue l'essence même du *Dasein* est, bien sûr, l'*aletheia.* Or, l'*aletheia* est, dans le *Dasein*, cette pensée *latente* de l'être, en tant qu'il est cela même qui se dérobe et qui se manifeste comme tel, c'est-à-dire comme ce qui se tient dans la latence. Cette « révolution dans la localité du penser » consiste donc, bel et bien, à *déplacer* la localité du penser de la conscience claire et transparente à elle-même à la *latence* d'une pensée qu'il faut bien appeler inconsciente.

L'*aletheia* doit donc être pensée comme une structure *a priori* et inconsciente – ou latente – dans le *Dasein.* Cette structure latente a pour essence même de rendre possible une « spontanéité réceptive » dans et par laquelle le *Dasein* anticipe et esquisse, de manière imaginative et *a priori*, la structure de la *phusis* de manière à lui laisser faire encontre comme ce en quoi il est situé. Et c'est cette structure *a priori* que tente de décrire la pensée heideggerienne du Quadriparti. Or, cela signifie que, contrairement à ce qui est très souvent affirmé par les commentateurs[389], la philosophie de Heidegger est toujours demeurée une philosophie *transcendantale.* Tout d'abord, en dépit de certaines formulations qui prêtent à confusion, Heidegger a reconnu que l'*aletheia* n'appartenait pas à l'être lui-même, mais qu'elle était bien une structure propre à l'homme comme *Dasein.* Il écrit, en effet, dans *Hegel et les Grecs* que « ...l'*aletheia*, pensée en mode grec, se déploie évidemment pour l'homme »[390]. Par ailleurs, dans *Etre et temps* il est dit que « l'« *apriorisme* » est la méthode de toute philosophie ... qui s'entend elle-même »[391]. Or, en dépit de certaines apparences, Heidegger ne reviendra jamais là dessus. Pour Heidegger *toute* grande philosophie se caractérise par le fait qu'elle conçoit la relation entre l'homme et l'être comme une relation *a priori.* Dans *Qu'appelle-t-on penser ?* il écrit ceci : « Pas un chemin de pensée, pas même celui de la métaphysique, ne part de

---

387. Op. cit. in *Questions III et IV*, Gall. Paris, 1990, p. 346.
388. Martin Heidegger, *Séminaire de Zähringen*, in *Questions III et IV*, Gall. Paris, 1990, p. 473.
389. Cf. par exemple : Françoise Dastur, *Heidegger et la question du temps*, P.U.F., Paris, 1994, p. 112.
390. Martin Heidegger, *Hegel et les Grecs*, in *Questions II*, Gall. Paris, 1977, p. 65.
391. Martin Heidegger, Op. Cit. Gall. Paris, 1986, p. 83, note.

l'être humain et de là ne s'élève à l'être, ou inversement ne part de l'être pour revenir ensuite à l'homme. Bien plutôt tout chemin de pensée *va* toujours déjà *à l'intérieur* de la relation totale de l'être et de l'être humain – sinon ce n'est pas une pensée »[392]. Et en 1948, il dira à Jean Beaufret au cours d'un entretien, qu'une pensée étrangère au transcendantal était à ses yeux « *unphilosophisch* »[393]. Cela signifie bel et bien que la *Kehre* ne représente absolument pas l'abandon de la philosophie transcendantale mais bien l'accès à une conception plus originelle de celle-ci, qui l'arrache totalement à l'idéalisme. Il s'agit bien pour Heidegger de rétrocéder au sens ontologique originel, non idéaliste, de l'*a priori* tel qu'il était pensé dans la fragment III de Parménide.

Pensé de manière originelle l'*a priori* n'est pas ce qui nous donnerait un point de vue « subjectif » sur le monde, il est au contraire ce qui nous arrache au point de vue d'un simple vivant, et nous permet alors d'accéder au monde et à nous même du point de vue « excentrique » et inapprochable de l'être, à travers une position inconsciente. Il est ce qui nous transporte dans la *vérité originelle,* dans une ouverture au « se déployer » abyssal et aveugle de la *phusis*, comme ce au sein duquel nous sommes jetés. La structure *a priori* de l'*aletheia* est ainsi ce qui nous arrache au point de vue d'un vivant ne rencontrant le monde qu'à travers ses intérêts vitaux, et nous *ouvre* alors, originellement à l'étant dans son ensemble, au sein duquel nous sommes jetés, en son *altérité* propre, en tant qu'il *est.* Cette structure nous arrache au point de vue borné de la vie tournant dans son propre cercle, pour nous ouvrir au monde en tant qu'il est au plus profond et en dernière analyse inorganique et informe. Elle nous « transporte » dans l'« éclaircie », dans l'Ouvert, dans la « dimension libre », en laquelle les étants, viennent à chaque fois en présence sans fond et pour rien - pour un temps - avant de disparaître dans le retrait. Elle nous ouvre à cette « légèreté », à cette innocence de la venue en présence de l'étant dans son ensemble à fond perdu. Cela signifie que cette structure a pour essence même de nous ouvrir à ceci que l'étant *est* et qu'il épuise son sens à *être* sans fond.

Il ressort des analyses précédentes, que le *Dasein*, comme ipséité et comme projet, se tient toujours déjà et *implicitement* « dans » une ouverture à la structure de *l'aletheia* comme vérité de la *phusis*, et dans une ouverture simultanée à lui-même comme mortel. L'*aletheia*, comme pensée de la différence (c'est-à-dire comme anticipation de la structure de la *phusis* en tant que jeu de différences), doit être conçue comme une pensée fondamentalement articulée à une latence, et donc à fondements inconscients, dont la structure est toujours présente dans les profondeurs du *Dasein*. Il apparaît donc que l'*aletheia* est une structure *a priori* à

392. M. Heidegger, Op. cit. P.U.F., Paris, 1973, p. 121.
393. Jean Beaufret, *Dialogue avec Heidegger*, IV, Minuit, Paris, 1985, p. 21.

fondements inconscients, que le *Dasein* comme ipséité n'a pas lui-même déployée, mais dans laquelle il lui revient de se « tenir ». Or, cela signifie finalement que la structure de *l'aletheia* « préexiste » au *Dasein* comme individu, et que celui-ci doit d'abord *l'intégrer* et s'y tenir. Cette structure de *l'aletheia* à fondements inconscients, qui préexiste au *Dasein*, qu'il a du « intégrer », et que Heidegger décrit dans la conférence *La chose*, comme un ordre des contrastes se déployant autour du vide de la Chose, est finalement, ainsi que l'a montré Jean-Marie Vaysse dans *L'inconscient des modernes*, cela même que l'anthropologie structurale a nommé *ordre symbolique*. Voici, en effet, ce qu'il écrit : « Heidegger comprend le Quadriparti comme un jeu de miroir où chacun des Quatre reflète les autres. Ce jeu de reflet n'a rien à voir avec une image, mais est l'ordre symbolique s'instituant autour du vide de la Chose »[394]. Ainsi que nous le verrons plus loin, Heidegger a bel et bien découvert, à sa manière, l'ordre symbolique inconscient qu'exhibe de son côté le structuralisme, mais pour en comprendre le sens ontologique fondamental. Cela se déduit, en effet, de l'évolution de sa pensée à partir des années trente, car l'*aletheia* va être conçue comme étant d'abord portée par la langue laquelle est toujours la langue d'un peuple.

Dans la pensée de Heidegger, à partir du milieu des années trente, l'*aletheia* va apparaître comme étant toujours déjà portée par la *langue* (*Sprache*[395]), laquelle préexiste au *discours* (*Rede*) et doit être comprise comme la *langue d'un peuple*. Et la langue, dont l'essence même consiste à véhiculer la structure de l'*aletheia*, est cela même qui *fonde* l'être ensemble du peuple, ce que les Grecs appelaient la *Polis*[396]. Le *Dasein*, comme individu, n'advient donc à lui-même, que dans la mesure où, accédant à la langue qui lui préexiste, il s'inscrit simultanément dans l'ordre de la cité. C'est donc d'abord en tant que peuple que le *Dasein* est le « là » de l'étant en son être, de la *phusis*. Et l'essence même de la *Polis*, pour Heidegger, consiste alors à se tenir, et à « se porter », dans le dévoilement du monde comme tel.

Il faut ajouter à cela un point essentiel que nous ne pourrons cependant expliciter que plus loin : non seulement l'être est fréquemment oublié *par* le *Dasein* (c'est, en effet, ce qui caractérise la quotidienneté moyenne), mais il appartient, plus profondément encore, à l'être de *se dérober* à lui le plus souvent et donc de ne se « dispenser » dans l'*aletheia* que sur le mode du retrait. La structure de l'*aletheia*, véhiculée par la langue, n'est donc pas quelque chose de « fixe », dans la mesure où, le plus souvent,

---

394. Jean-Marie Vaysse, *L'inconscient des modernes*, Gall. Paris, 1999, p. 459.
395. Sur ce point, cf : M. Heidegger, *Hölderlin et l'essence de la poésie*, in *Approche de Hölderlin*, Gall. Paris, 1999, p. 48, *Lettre sur l'humanisme*, Aubier, Paris, 1977, p. 83 et *Introduction à la métaphysique*, Gall. Paris, 1980, p. 176.
396. Cf : GA 53 p. 102. Cité par Christian Dubois in *Heidegger, Introduction à une lecture*, Seuil, 2000, p. 295.

l'être, ne s'y « dispense »[397] que sur le mode du retrait, à travers un sens dérivé, c'est-à-dire en dérobant son essence originelle (laquelle s'exprime dans le Quadriparti). La structure de l'*aletheia* n'est donc pas toujours conforme à son essence originelle (comme vérité de la *phusis*), mais elle prend le plus souvent, et à des degrés divers, la forme de ce que qu'on pourrait appeler une « ontologie par dénégation »[398], laquelle enveloppe corrélativement un déni de la finitude.

Or, s'il est vrai que, d'une manière ou d'une autre - en son sens originel ou en un sens dérivé - « l'être parle partout et toujours au travers de toute langue »[399], et s'il est vrai, en même temps, que la langue est toujours la langue d'un peuple (et cela même qui *fonde* l'être ensemble de ce peuple), cela signifie alors, que l'histoire d'un peuple n'est, à chaque fois, rien d'autre que *la mise en œuvre* d'un certain mode de « dispensation » de l'être, d'une certaine manière d'être le « là » (d'une certaine structure de l'*aletheia*), d'un certain mode d'ouverture au *monde*. L'*aletheia* ne dévoile donc le monde, l'étant en totalité et en son être, qu'en ouvrant, en même temps, l'histoire de ce peuple. C'est pourquoi, « ...elle est l'ouverture ouvrant toute l'amplitude des options simples et décisives dans le destin d'un peuple historial »[400] C'est pourquoi aussi, le monde n'est pas l'ensemble des étants subsistants posés devant nous, mais « ...un monde est le toujours inobjectif sous la loi duquel nous nous tenons, aussi longtemps que les voies de la naissance et de la mort, de la grâce et de la malédiction nous maintiennent dans l'éclaircie de l'être. Là où se décident les options essentielles de notre histoire, que nous recueillons ou délaissons, que nous méconnaissons ou mettons à nouveau en question, là s'ordonne un monde »[401].

Dans la mesure où la structure de l'*aletheia* est véhiculée par la langue, elle préexiste au *Dasein* comme individu et elle ne peut donc plus être portée par les existentiaux de celui-ci rattachés à son ipséité. La question se pose alors de savoir comment le *Dasein* peut accéder à cette structure de manière à l' « intégrer ». Le développement de la pensée de Heidegger dans les années trente devait déboucher ainsi, nécessairement, sur une évolution de sa conception du *Dasein*. Or, nous allons le voir, dans *Introduction à la métaphysique*, Heidegger a, en effet, esquissé une reconstitution – à nouveaux frais – de l'analytique du *Dasein* sur la base d'une réappropriation pensante de la tragédie grecque.

---

397. Concernant la « dispensation de l'être » (*Geschick des Seins*), cf : *Le principe de raison*, chap. 8.
398. Nous empruntons cette expression à Jean-Luc Marion. Cf : *L'ontologie grise de Descartes*, Vrin, Paris, 2000, p. 185.
399. M. Heidegger, *La parole d'Anaximandre*, in *Chemins*..., Paris, Gall. 1986, p. 442.
400. M. Heidegger, *L'origine de l'oeuvre d'art*, in *Chemins*..., Gall. Paris, 1979, p. 52.
401. Ibid. p. 52.

CHAPITRE II

L'analytique du Dasein à la lumière de la tragédie grecque

Comment le *Dasein* peut-il originellement accéder à la structure de *l'aletheia* en tant que vérité de la *phusis* ? Pour apporter une réponse à cette question il faut reconstituer à nouveau frais l'analytique du *Dasein*. Or, il y a dans l'œuvre de Heidegger un texte fondamental dans lequel est tentée une telle élucidation radicale de l'essence du *Dasein*. Dans ce texte Heidegger va beaucoup plus loin que dans *Sein und Zeit* et il tente d'accéder au tréfonds même du *Dasein,* à ses conditions de possibilités dernières. Ce texte se trouve dans *Introduction à la métaphysique.* Il est situé dans le chapitre III de la quatrième partie du cours de 1935, qui est intitulé : *Etre et pensée* [402]. Ce chapitre, dont l'importance est capitale pour la compréhension même du sens de l'œuvre heideggerienne dans son ensemble, représente une tentative unique et radicale pour exhiber les « soubassements » de l'analytique du *Dasein*.

C'est seulement en se réappropriant la pensée originelle des Grecs concernant l'être qu'il a été possible de retrouver le sens fondamental de celui-ci. De la même manière, c'est seulement en se réappropriant la pensée grecque originelle de l'homme qu'il sera possible d'élucider l'essence de celui-ci en tant que *Dasein*. Or, Heidegger affirme, dans ce chapitre essentiel du cours de 1935, que cette essence de l'homme comme *Dasein* nous est délivrée par cette « poésie pensée » qu'est la *tragédie grecque*. C'est en effet dans la tragédie grecque, et là seulement qu'a été dit pour la première et dernière fois ce qu'il en est de l'homme comme *Dasein*. C'est pourquoi

402. Cf. Martin Heidegger, *Introduction à la métaphysique*, Gall. Paris, 1980. Le texte dont il s'agit ici ne représente qu'une partie du chapitre III de la Quatrième partie : p. 152 à 176.

Heidegger affirme, que la sentence de Parménide (*to gar auto noein estin te kaï einaï*), qui exhibe l'essence du *Dasein* ne pourra être comprise en ses conditions de possibilités radicales et ultimes qu'à partir de la détermination originelle de l'essence de l'homme qui apparaît dans la *tragédie grecque.* C'est donc seulement dans et par une analyse de la tragédie grecque que pourront être pleinement élucidés les fondements derniers du *Dasein*[403].

Voici alors comment Heidegger présente son analyse, qu'il va conduire à partir d'une étude du premier chœur de l'*Antigone* de Sophocle : « Nous allons maintenant interroger une poésie pensée des Grecs, qui appartient à la forme de création poétique au sein de laquelle se sont véritablement créés l'être et le *Dasein* (correspondant) des Grecs : la tragédie »[404]. Cette phrase est tout à fait remarquable et exige un commentaire approfondi. Heidegger reconnaît tout d'abord que la tragédie ne relève pas de la pensée philosophique au sens habituel, c'est-à-dire de la pensée conceptuelle, dans la mesure où elle relève de la « création poétique ». Or cela ne signifie absolument pas qu'elle est dépourvue de valeur philosophique, car il y a une très profonde et secrète parenté entre la poésie et la pensée. Contrairement à un préjugé répandu, ce n'est pas, en effet, de la science que la philosophie est proche parente, mais bien de la poésie. Car, si la science ne pense pas mais opère, dans la mesure où, de manière constitutive, il lui est impossible de prendre en vue les présupposés ontologiques qui la déterminent, la poésie quant-à elle est fondamentalement « mise en œuvre » de la vérité originelle, de *l'aletheia.* Et c'est pour cette raison que la pensée présocratique, la philosophie sous sa forme originelle, était encore une « poésie pensée ». Voici, en effet, ce qu'écrit Heidegger à propos des Présocratiques au début du paragraphe d'où est extrait le passage que nous avons cité : « Le penser de Parménide et d'Héraclite est encore poétique, c'est-à-dire ici : philosophique, et non scientifique »[405]. Mais si la philosophie, sous sa forme originelle, est, en elle même, poésie, cela signifie, inversement, que toute grande poésie doit avoir une teneur philosophique. C'est pourquoi la tragédie, comme poésie dramatique, est en elle même philosophique et qu'elle est donc une « poésie pensée ».

Concernant la tragédie, c'est-à-dire concernant cette « poésie pensée » qui recèle en elle le penser originel de l'être de l'homme, Heidegger écrit ceci : « le penser sur l'être de l'homme prend sa direction et sa mesure propres du fait que, dans ce penser créant poétiquement, c'est le penser qui a le primat »[406]. S'il est vrai que dans la tragédie, « c'est le penser

403. Cette analyse de la tragédie grecque développée dans le cours de 1935, sera reprise dans le cours de 1942 sur l'hymne de Hölderlin « *L'Ister* ». Cf. Martin Heidegger, *Hölderlins Hymne „Der Ister"*, GA 53.

404. Martin Heidegger, *Introduction à la métaphysique,* p. 152.

405. Ibid.

406. Ibid.

qui a le primat », cela veut dire que ce qu'il y a de plus important en elle n'est pas d'abord sa teneur dramatique mais bien sa dimension et sa teneur philosophiques. Ce qui paraît donc essentiel à Heidegger, dans la tragédie, ce ne sont pas les péripéties de l'action mais le *ressort* fondamental et unique qui les sous-tend et qui les porte. Ce ressort qui sous-tend toute tragédie et qui la signe comme telle, ce thème fondamental sur lequel est axé toute tragédie, cet « élément » proprement tragique, est ce qu'on peut appeler *le tragique.* Ainsi, ce qu'il y a de plus essentiel dans la tragédie, ce n'est pas l'ensemble des péripéties à travers lesquelles elle se déploie, mais bien *le* tragique qui la porte et qui sous tend ces péripéties (nous verrons plus loin qu'il est cependant essentiel et non pas secondaire que la tragédie soit une représentation théâtrale). Or, c'est à partir du tragique seulement que peut se déterminer l'essence de l'homme, ce qu'il y a de plus profond en lui. Le tragique est donc ce qui constitue fondamentalement l'essence de l'homme comme *Dasein.* Que les Grecs aient inventé la tragédie, et que celle-ci soit spécifiquement grecque, signifie donc qu'ils ont, eux les premiers et eux seuls, exhibés *le tragique* en tant qu'il constitue secrètement l'essence même de l'homme.

Cependant Heidegger dit plus que cela dans la phrase que nous avons citée. Il affirme, en effet, que la tragédie est cette « ...création poétique au sein de laquelle se sont véritablement créés l'être et le *Dasein* (correspondant) des Grecs. » Ce n'est pas seulement l'essence de l'homme que permet d'exhiber la tragédie, mais en même temps et du même coup celle de l'être. Pensée de l'être et tragédie semblent donc étroitement liées. Or, nous avons vu, en effet, dans la partie précédente que Heidegger, dans *La parole d'Anaximandre,* avait affirmé, sans plus de commentaires et de manière énigmatique, que la pensée originelle de l'être était fondamentalement *tragique.* La tragédie, comme création poétique, aurait donc une spécificité et un privilège tout à fait particuliers : elle exhiberait de manière originelle à la fois la vérité de l'être et celle de l'homme. S'il est vrai que tout art est poésie, et que toute création poétique est « mise en œuvre » de la vérité (de *l'aletheia*), la tragédie – en tant qu'elle véhicule *le* tragique – a cependant, parmi les arts, un privilège particulier. Il apparaît en effet, maintenant, que cette création poétique qu'est la tragédie se caractérise fondamentalement par ceci qu'elle est ce lieu absolument unique dans et par lequel ont été *simultanément*, et d'abord, « mis en œuvre » (« créés », c'est-à-dire originellement exhibés), aussi bien la vérité originelle de l'être, que la vérité originelle de l'homme comme *Dasein.* Mais cela signifie alors que *le tragique* est le maître mot et le dernier mot de la pensée heideggerienne. Comprendre Heidegger jusqu'à son impensé et exhiber l'essence du tragique sont donc une seule et même chose.

Ainsi que nous l'avons déjà suggéré, Heidegger affirme, dans le troisième chapitre de la quatrième partie du cours *Introduction à la métaphysique*, que l'essence même du tragique est « poétiquement esquissée » comme telle dans le premier chœur de l'*Antigone* de Sophocle (v. 332-375). Tel qu'il est très souvent traduit et commenté, ce texte célèbre se présente comme un éloge écrit à la gloire de l'homme. L'homme y apparaît comme un être extraordinaire, qui est même le plus merveilleux de tous, parce qu'il est plein de ressources, qu'il n'est jamais démuni devant rien si ce n'est devant la mort, et qu'il a su, ainsi, dompter la nature grâce à son ingéniosité, et instituer des cités. Pour Heidegger une telle lecture représente un contresens total. « Nous ne trouvons rien ici, écrit-il, qui ressemble à...une quelconque exaltation aveugle et niaise de l'essence de l'homme »[407]. La clef de ce texte est donnée par les deux premiers vers, lorsqu'ils sont convenablement traduits et compris. En effet, « ces deux premiers vers lancent, avant toute la suite du chant, ce que celui-ci cherche à rejoindre dans le détail de son dire et qu'il doit fixer dans la texture verbale »[408]. Voici donc la traduction que propose Heidegger de ces deux premiers vers :

> « Multiple est l'inquiétant (*Polla ta deina*), rien cependant au-delà de l'homme, plus inquiétant (*to deinotaton*), ne se soulève en s'élevant »[409].

Ces vers ne nomment pas le merveilleux, et ils caractérisent encore moins l'homme comme l'être le plus merveilleux de tous. Ces vers nomment l'inquiétant, *to deinon*, et ils caractérisent l'homme comme ce qu'il y a de plus inquiétant au sein de l'inquiétant, *to deinotaton*. *To deinon*, nous l'avons vu, désigne l'inquiétant et même le terrible, en tant qu'il est susceptible d'inspirer une terreur sacrée. Dans ce texte, Heidegger traduit *to deinon* par *das Unheimliche*, mais il lui arrive, dans d'autres œuvres, de le traduire (à la suite de Hölderlin) par *das Ungeheuer* : ce qui est formidable et même monstrueux par sa démesure. Ces vers affirment que l'inquiétant est multiple. Ainsi que le montrera la suite du texte, l'inquiétant ne désigne, en effet, pas seulement l'homme, mais aussi et d'abord la nature. Il nous faut donc tout d'abord exhiber cette essence inquiétante de la nature.

La nature, la *phusis*, est fondamentalement inquiétante – la suite du chant et le commentaire heideggerien l'établiront – parce qu'elle est la toute puissance ou la prépotence (*Übergewalt*) englobante dont le règne (ou encore la « perdominance » (*Durchwalten*)), s'épanouit sans limites et

---

407. Martin Heidegger, *Introduction à la métaphysique,* p. 156.
408. Ibid. p. 155.156.
409. Ibid. p. 153. „ *Vielfältig das Unheimliche, nichts doch über den Menschen unheimlicher sich regt.*“

s'étend souverainement. La *phusis* est fondamentalement inquiétante parce qu'elle est cette puissance d'éclosion-retrait souveraine qui déploie de manière immanente ou encore englobante l'étant en totalité, et qui sera définie comme « l'épanouissement perdominant »[410]. A travers la « férocité qui s'engloutit elle-même »[411] de la mer déchaînée, comme à travers la richesse inépuisable de la terre, apparaît la souveraine puissance (*das Durchwalten*) comme trait essentiel de la *phusis*. Dans l'éclosion de la *phusis*, cette toute puissance peut, cependant, rester en retrait, elle n'en demeurera pas moins inquiétante. « En faisant irruption, celle-ci peut retenir en elle sa puissance prépotente. Cependant elle n'en devient pas inoffensive, mais au contraire d'autant plus terrible et lointaine »[412]. Dans son commentaire du premier chœur d'Antigone Heidegger pense cette prépotence ou encore cette souveraine puissance (*Durchwalten*) de la *phusis* comme violence (*Gewalt*). La *phusis* est caractérisée par la violence, car elle est cette puissance démesurée, illimitée, absolument souveraine et englobante, qui produit et détruit de manière immanente l'ensemble des étants. Or, c'est parce qu'elle a fondamentalement le caractère de la violence (*Gewalt*) – que cette violence apparaisse ou qu'elle demeure en retrait – que la *phusis* est l'inquiétant, *to deinon*. L'épreuve grecque de l'inquiétante étrangeté de la *phusis* comme violence ne relève donc pas d'une expérience singulière et « subjective », mais bien d'une expérience ontologique radicale. Voici, en effet, ce qu'écrit Heidegger : « ...*deinon* désigne l'effrayant, le terrible, mais non pour de petites frayeurs...Le *deinon* est le terrible conçu comme la perdominance prépotente qui provoque aussi bien la terreur panique, la véritable angoisse, que la crainte respectueuse, recueillie, équilibrée, secrète. Le violent, le prépotent, c'est le caractère constitutif, essentiel de la perdominance même »[413]. Notre interprétation de l'essence de la phusis comme chaos, comme puissance chaotique au sens de la *Verwirrung* et de la *Wirrnis*, trouve donc ici sa confirmation.

Cependant, si la violence caractérise bien l'essence de la *phusis*, elle n'en épuise pas le sens. La *phusis* est certes, d'abord, la puissance démesurée et englobante qui déploie l'étant en totalité, mais elle déploie pourtant celui-ci comme jeu de différences et donc dans et par un ordre. La *phusis* est donc en même temps *diké*. Le règne prépotent de la *phusis* n'est pas seulement celui d'une puissance démesurée, mais celui d'un ordre englobant, d'une *diké*, d'une *Moïra*, d'un *Logos* (rassemblement, recollection), qui donne à chaque étant son partage. Nous avons montré dans la partie précédente, comment, sous l'effet de la contradiction interne qui l'anime (entre son

410. Ibid. p. 166.
411. Ibid. p. 161.
412. Ibid. p. 156.
413. Ibid. p. 156.

retrait et sa puissance d'éclosion), le déploiement démesuré de la *phusis* se brisait en quelque sorte sur lui-même, se limitait ainsi lui-même, et se déployait alors, en son éclosion-retrait, sous la forme d'un jeu spatio-temporel abyssal à lui-même entre des étants radicalement finis et discontinus. La *phusis*, qui s'est toujours déjà brisée sur elle-même, qui diffère ainsi d'elle même en elle-même, qui est déchirée en elle-même, se déploie dans et par un certain ordre, un certain ajointement qui prend la forme d'un jeu de différences entre des étants. Ce jeu de différences constitue l'unité propre à la *phusis*, son rassemblement, sa recollection originaire. Cette unité doit, en effet, être comprise comme « ...appartenance réciproque des efforts antagonistes »[414].

Or, la contradiction (la différence ou la béance) irréductible qui habite la *phusis*, constitue, en quelque sorte, pour elle, la « consigne » qui la « force » à se déployer en un ajointement. Cet ajointement – cette *diké* – est donc bien porté et déployé dans et par la puissance souveraine, englobante et étrangement inquiétante de la *phusis*. Le *deinon,* comme caractère fondamental de la *phusis*, ne se manifeste donc pas seulement sous les traits d'une puissance démesurée, d'une violence, mais simultanément sous les traits d'un ordre englobant qui force chaque étant, en sa finitude radicale, à s'adapter à lui et qui lui donne ainsi son partage. Voici, en effet, ce qu'écrit Heidegger : « Le *deinon*, considéré comme le prépotent, apparaît dans le terme grec de *diké*. Nous traduisons ce mot par *fug*, l'ordre qui joint et enjoint. Nous entendons par là, d'abord, jointure et ajustement ; puis la disposition, la consigne, que le prépotent donne à sa perdominance ; et, finalement, l'ajustement disposant, qui force à s'adapter et à se conformer »[415]. Cette « consigne que le prépotent donne à sa propre perdominance » est la limitation interne qu'il « doit » s'imposer (nécessairement) du fait de la contradiction, de la « déchirure », qui l'anime et sur laquelle il se brise. L'expérience fondamentale de l'être (de la *phusis*) comme *deinon*, est ainsi une épreuve de celui-ci comme violence se brisant sur elle-même, et se limitant ainsi sous l'effet de sa propre « déchirure », de sa propre contradiction, en se déployant dans et par un ordre, une *diké*. Ainsi, « la totalité de l'étant est, dans son être, jetée sans cesse d'un contraire à l'autre, l'être est la recollection de cette agitation antagoniste »[416]. Il ne s'agit donc pas seulement d'une expérience de la finitude radicale des étants, mais en même temps de la finitude de l'être lui-même. Or, une telle expérience radicale de la finitude est, nous l'avons établi dans la partie précédente, une expérience du tragique comme trait de l'être. L'être est cette plénitude de la présence qui est cependant marquée par la finitude, car elle se « manque »

---

414. Ibid. p. 146.
415. Ibid. p. 166.
416. Ibid. p. 141.

toujours à elle-même, en tant qu'elle est intrinsèquement déchirée et qu'elle « comporte » ainsi en elle l'absence, le néant. L'essence du tragique, dans sa dimension proprement ontologique, réside dans cette déchirure, dans cette béance qui anime la *phusis*.

Cependant, si la *phusis* est inquiétante, l'homme est, quant à lui, ce qu'il y a de plus inquiétant, il est *to deinotaton*, ainsi que l'affirme le deuxième vers du chœur d'Antigone. Et cette caractérisation de l'homme ne revient pas à lui attribuer une propriété parmi d'autres, mais elle ne nomme rien d'autre que le trait fondamental de son essence. C'est pourquoi, Heidegger peut affirmer que : « Le dit « l'homme est ce qu'il y a de plus inquiétant » donne la véritable définition *grecque* de l'homme »[417]. Heidegger précise sa pensée en affirmant que le « faire violence » est la caractéristique originelle de l'homme. C'est pourquoi, bien que le mot ne soit pas employé, il ne fait aucun doute que ce qui fait de l'homme l'être le plus inquiétant de tous, est à ses yeux cela même que la tragédie grecque a nommé *l'hubris*, la démesure. Pour la tragédie, *l'hubris* est l'essence profonde de l'homme. Seule une interprétation superficielle (et non grecque) de la tragédie peut, en effet, voir en elle la présentation du spectacle pathétique et touchant des malheurs qui s'abattent injustement sur des êtes innocents pour les accabler. La démesure des hommes, *l'hubris*, est au contraire au cœur même de toute tragédie et elle en constitue l'un des ressorts fondamentaux. Dans les tragédies grecques, le chœur ne cesse, en effet, de souligner cette *hubris* et de répéter que c'est chez ceux parmi les hommes, chez qui elle se manifeste le plus que les malheurs s'abattent inexorablement. Le ressort de la tragédie sera, en effet, la confrontation entre la démesure de l'homme qui transgresse les lois, et l'ordre de la *diké*, dont les dieux sont les gardiens.

Cependant, si l'homme est ce qu'il y a de plus inquiétant, c'est dans la mesure où l'*hubris* qui l'anime, n'est pas une simple caractéristique anthropologique, mais présente une dimension, en quelque sorte, *inhumaine*, car elle provient de l'être lui-même. Pour Heidegger l'homme n'est conduit à affronter l'ordre de la *diké* que par suite d'un entraînement qui provient originellement de l'essence de l'être lui-même. Voici, en effet, ce qu'il écrit : « C'est l'être lui-même qui jette l'homme sur la voie d'un entraînement qui, forçant l'homme à se mettre en marche au delà de lui-même, le lie à l'être... »[418]. La violence originelle, *l'hubris*, qui fait de l'homme l'être le plus inquiétant de tous, provient de sa collusion originelle avec l'essence de l'être. L'homme est cet étant insigne qui, se laissant revendiquer par l'être, en vient ainsi à le revendiquer pour soi et à s'« identifier » en quelque sorte à lui. C'est parce qu'il se laisse ainsi revendiquer par l'être, c'est parce qu'il

417. Ibid. p. 158.
418. Ibid. p. 169.

prétend trouver sa patrie véritable dans l'être et non pas au sein de l'étant, que l'homme tente d'échapper à ses propres limites, à sa finitude, et qu'il est ainsi en proie à la démesure, à *l'hubris*.

Or, il faut noter, et c'est remarquable, que cette interprétation des fondements du tragique est très proche celle qu'avait esquissée Hölderlin dans les *Remarques sur les traductions de Sophocle.* Il ne fait donc aucun doute à nos yeux, étant donné l'importance qu'a eu l'œuvre de Hölderlin dans le développement de la pensée de Heidegger au cours des années trente, que cette interprétation du premier chœur d'*Antigone,* dans *Introduction à la métaphysique* a été élaborée sous l'influence directe des *Remarques.* Or, ainsi que le montre Philippe Lacoue-Labarthe dans *Métaphrasis*, où il commente les *Remarques...*, Hölderlin pense l'essence du tragique à partir de *l'hubris*. Voici ce qu'il écrit : « Ce qui intéresse évidemment Hölderlin, au premier chef, c'est *l'hubris*, parce que c'est en elle, *l'hubris*, que se dissimule le secret de l'essence du tragique »[419]. Or, qu'en est-il de *l'hubris* en tant qu'elle recèle pour Hölderlin le secret du tragique ? Dans et par *l'hubris* s'accomplit ce que Hölderlin nomme dans les *Remarques* « le monstrueux » (*das Ungeheure*)[420]. Or, *das Ungeheure*, traduit toujours chez Hölderlin, *to deinon*. Qu'est-ce alors que le monstrueux pour Hölderlin ?

Le monstrueux, le *deinon*, est pour Hölderlin « l'accouplement » de l'humain et du divin. Il est ce dans et par quoi « le Dieu-et-homme s'accouple »[421], ou encore, il est ce par quoi le divin apparaît immédiatement comme « tout Un avec l'homme »[422]. Or, voici le bref passage, absolument essentiel et peut être unique dans l'œuvre de Hölderlin, dans lequel est très exactement définie cette essence du monstrueux. L'essence du monstrueux réside en ceci, écrit Hölderlin, que «... toute limite abolie, la puissance panique de la nature et le tréfonds de l'homme deviennent Un dans la fureur... »[423]. Pour Hölderlin le divin est la manifestation du sacré, lequel ne fait qu'un avec l'essence chaotique de la Nature. Ce que Hölderlin nomme « la puissance panique de la nature » ne désigne donc rien d'autre que la puissance d'éclosion prépotente, violente, englobante, et démesurée de l'Un-Tout chaotique de la *phusis*. L'*hubris* est donc la collusion de l'essence de l'homme, de son tréfonds, avec l'essence même de la phusis comme violence, comme puissance panique. L*'hubris* est une fureur, parce qu'elle est véritablement une possession, un enthousiasme insensé, par lequel l'homme, transgressant, abolissant, les limites qui lui sont assignées par sa finitude prétend s'égaler, s'identifier, au divin, au sacré, à l'immédiateté

419. Philippe Lacoue-Labarthe, *Métaphrasis,* P.U.F. 1998, p. 14.
420. Hölderlin, *Œuvres,* Gall. la Pléiade, p. 957.
421. Ibid.
422. Ibid. p. 963.
423. Ibid. p. 957.

chaotique de la *phusis*. Ainsi que l'écrit Philippe Lacoue-Labarthe, dans son commentaire des *Remarques...*, *l'hubris* est la « ...collusion avec l'immédiat ou l'in-fini...le devenir-Un il-limité avec l'En-soi, le franchissement des bornes de l'expérience finie »[424]. L'homme se laisse ainsi entraîner, et en quelque sorte intérieurement posséder, par l'être, c'est-à-dire par l'élan panique de la nature. A partir de la collusion originelle de son propre tréfonds avec l'être, l'homme laisse en quelque sorte se déchaîner en lui la puissance de l'être, dans la fureur. Cela signifie, finalement, que pour Hölderlin, il est en l'homme une dimension effrayante, non humaine, en laquelle se manifestent les puissances chthoniennes, chaotiques et aveugles, « infra-organiques », auxquelles il se rattache en son tréfonds.

Cet « accouplement » monstrueux avec le divin, cette collusion originelle avec la puissance chaotique et panique de la *phusis* est donc le tréfonds même du *Dasein*, ce qu'il y a de plus radical en lui comme être inquiétant. Ainsi que nous le verrons une telle caractérisation du *Dasein* ne suffit pas, bien entendu, pour en comprendre l'essence, mais elle est cependant ce à partir d'où seulement cette essence pourra être pleinement comprise. C'est, en effet, seulement à partir de là (à partir de cette collusion originelle avec l'être) que pourra, enfin, être pleinement et définitivement comprise la caractérisation heideggerienne de l'essence de l'homme comme *Da-sein* en ses conditions de possibilités ultimes. Dans *Introduction à la métaphysique,* à travers son commentaire du premier chœur d'*Antigone*, Heidegger exhibe ainsi ou encore arrache à l'occultation, une dimension sous-jacente qui représente véritablement le tréfonds radical du *Dasein*, ce qu'il y a en lui, de plus souterrain et de plus caché. Dans ce texte unique Heidegger rétrocède jusqu'à une profondeur cachée du *Dasein* dont *Etre et temps* ne soupçonnait pas encore l'existence. Il saisit le *Dasein*, ainsi qu'il l'affirme lui-même, à partir des « abîmes abrupts de son être »[425].

Cependant, pour Heidegger, si l'homme est ce qu'il y a de plus inquiétant c'est aussi, en même temps, parce qu'il est *doublement* inquiétant. En effet, l'homme est tout d'abord inquiétant parce qu'il est nativement « exposé » à la violence de l'être, c'est-à-dire, ainsi que nous venons de le voir, parce qu'il se laisse revendiquer par l'être, à partir de sa collusion avec lui. Mais l'homme est en même temps inquiétant, dans la mesure où, sur la base de cette collusion originelle avec l'être dans la « fureur », il va, ainsi que nous l'avons déjà suggéré, exercer en retour sa violence contre la prépotence de l'être, contre l'ordre de la *diké*. L'homme est en quelque sorte entraîné par l'être lui-même à faire violence contre la prépotence même de l'être pour tenter de la maîtriser. Dans la mesure où il se laisse revendiquer par l'être, et où il se tient ainsi dans une collusion immédiate avec l'être,

424. Philippe Lacoue-Labarthe, *Métaphrasis*, P.UF. Paris, 1998, p. 18.
425. Martin Heidegger, *Introduction à la métaphysique,* Gall. Paris, 1980, p. 156.

l'homme est nécessairement conduit, en même temps à revendiquer « violemment » l'être pour lui, c'est-à-dire à tenter de le maîtriser totalement, pour essayer de s'identifier pleinement à lui. Ainsi, l'homme est, de manière simultanée, doublement violent, dans la mesure ou, existant en collusion immédiate et intime avec la violence de l'être, il est conduit à exercer en retour sa violence contre la prépotence de l'être, « ... en se risquant à maîtriser l'être »[426].

Or, cet effort démesuré pour maîtriser l'être n'est pas seulement et d'abord de l'ordre du faire, de l'action, mais il est plus fondamentalement encore de l'ordre du savoir, de la pensée. L'homme, nativement en proie à *l'hubris*, est porté par la passion du dévoilement de l'être. L'ouverture originelle de l'homme à l'être dans *l'hubris* enveloppe un effort d'appréhension pensante qui relève du *noein*. L'homme, originellement revendiqué par l'être, le revendique violemment à son tour pour soi, en ce sens qu'il tente de s'en saisir immédiatement, de l'identifier totalement à lui, en l'arrachant totalement à l'occultation. On pourrait dire alors, en termes presque kantiens, que l'*hubris*, dans sa fureur, est en elle-même porteuse de l'exigence démesurée d'une capacité d'intuition intellectuelle, dans la transgression des limites de l'expérience finie. L'homme est l'étant le plus inquiétant, parce qu'il est originellement emporté par la passion démesurée du savoir, par la passion du dévoilement de l'être. Et si *Œdipe roi* est, pour Heidegger, la tragédie par excellence, c'est bien parce qu'elle est une tragédie du dévoilement. La tragédie de Sophocle est entièrement construite comme un combat contre l'apparence et la latence. « Le chemin qui va de ce début de gloire à cette fin d'horreur est un combat absolument unique entre l'apparence (latence et déguisement) et la non latence (l'être) » [427]. Ainsi, *Œdipe roi* est la manifestation la plus haute de ce qui constitue l'essence profonde et cachée du *Dasein*. C'est pourquoi « ...nous ne devons pas voir seulement en Œdipe la chute d'un homme, il faut le comprendre comme le type du *Dasein* grec, comme la figure où se hasarde le plus loin et dans ce qu'il y a de plus sauvage la passion fondamentale du *Dasein* grec, qui est passion du dévoilement de l'être, c'est-à-dire passion du combat pour l'être même » [428].

C'est à partir de cette passion démesurée pour le savoir, pour le dévoilement de l'être, originellement véhiculée par *l'hubris* qu'il faut comprendre le sens caché et l'origine secrète de la *techné*. Comprise d'une manière grecque, la *techné*, par laquelle l'homme affronte avec violence l'ordre prépotent de la *diké* n'est pas seulement une ingéniosité technique, mais elle est secrètement portée par la pensée, par le savoir, c'est-à-dire par

426. Ibid. p. 167.
427. Ibid. p. 115.
428. Ibid.

la passion du dévoilement de l'être. Si, comme le montre Sophocle dans le premier chœur d'*Antigone*, l'homme ne cesse de sillonner la mer avec ses navires, de capturer les animaux sauvages pour les mettre sous le joug et de retourner la terre avec ses charrues, ce n'est pas seulement pour maîtriser « techniquement » la nature, mais c'est aussi, *secrètement*, parce qu'il est emporté par la passion du dévoilement, parce qu'il cherche à arracher l'être à l'occultation. L'essence originelle de la *techné* est dévoilement de l'être, « mise en œuvre » de la vérité de l'être, c'est pourquoi, nous le verrons plus loin, la *techné* par excellence est l'art, lequel repose, fondamentalement, sur la poésie.

L'affrontement entre la violence de la *techné* et l'ordre de la *diké* est ce qui constitue le *thème central* développé par le premier chœur d'*Antigone*. Pour Sophocle, c'est cet affrontement entre la *techné* et l'ordre de la *diké* qui fait de l'homme ce qu'il y a de plus inquiétant parmi l'inquiétant, *to deinotaton*. Heidegger peut donc écrire que « le *deinotaton* du *deinon*, le plus inquiétant de l'inquiétant, réside dans l'affrontement de *diké* et de *techné* »[429]. Cependant, ce ne sont pas les engins que fabrique l'homme, pas plus que son ingéniosité technique prise en elle-même, qui font de lui l'être le plus inquiétant. Ce n'est pas parce qu'il ne cesse de sillonner la mer et de retourner la terre qu'il est le *deinotaton*, mais parce qu'à travers cela se manifeste, quoique de manière inapparente, qu'il est un être structurellement « hors de ses gonds », qui échappe toujours à ses limites, parce qu'il est porté par la passion démesurée du dévoilement de l'être. Or, l'affrontement entre la *techné* et l'ordre de la *diké*, est, nous allons le voir, cela même qui constitue le *ressort* de la tragédie. L'essence du tragique réside en ceci que l'*hubris*, la violence de la *techné*, doit d'abord *se briser* sur la résistance de l'être (de l'ordre de la *diké*). Et c'est seulement à partir de cette « ruine » de l'*hubris* que le *Dasein* pourra *alors* accéder à lui-même. Nous allons donc faire apparaître maintenant ce qui constitue l'essence même du tragique.

La tragédie exhibe cet affrontement inquiétant entre la *techné*, l'activité violente et démesurée du savoir qui s'efforce de dévoiler totalement l'être et se risque ainsi à le maîtriser, et l'ordre prépotent de la *phusis*, c'est-à-dire la *diké*. Dans cette confrontation originelle entre le *Dasein* et l'être, se manifeste, en premier lieu, une tension extrême entre l'activité violente du savoir et la résistance de l'être, de l'ordre de la *diké*, qui dans sa surpuissance ne se laisse pas maîtriser et demeure insondable. Cette confrontation violente, cette tension extrême conduit alors, et

429. Ibid, p. 168.

nécessairement, à un échec. La violence de l'homme doit donc *d'abord* échouer et se briser totalement sur la résistance de l'être. Dans le *Discours de rectorat*, où sont déjà esquissées et préfigurées les analyses d'*Introduction à la métaphysique,* Heidegger traduit et commente une sentence qui se trouve dans le *Prométhée enchaîné* d'Eschyle, laquelle exprime cette situation originelle et fondamentale du savoir, qui doit d'abord se briser sur la résistance de l'être. Voici donc cette sentence, qu'Eschyle fait prononcer à Prométhée, telle que Heidegger la présente et la commente : « « Mais le savoir est bien plus faible que la nécessité. » Ce qui veut dire : tout savoir sur les choses reste d'abord livré à la surpuissance du Destin et échoue devant elle »[430].

Cet échec fondamental de l'*hubris* signifie que le *Dasein* se brise sur les limites qui lui sont assignées par la *diké* ou la *Moïra*, c'est-à-dire sur sa finitude irréductible, sur l'absence d'issue de la mort. Pour le *Dasein,* se briser sur la prépotence de l'être, sur le Destin, et se briser sur sa propre finitude, c'est-à-dire s'ouvrir *a priori* à l'absence d'issue de la mort, sont en effet une seule et même chose. Le premier chœur d'*Antigone* affirme que l'homme, cet étant éminemment inquiétant qui fait violence au sein de l'étant et qui se risque ainsi à maîtriser l'être, doit se briser – ou mieux encore doit s'être toujours déjà brisé – sur sa propre finitude, c'est-à-dire sur l'absence d'issue de la mort face à laquelle il demeure impuissant. Voici ce qu'affirme Heidegger dans son commentaire : « il n'y a qu'une chose, écrit-il, qui fasse échec directement à tout faire-violence. C'est la mort. Elle surachève tout achèvement, elle surlimite toute limite »[431]. Or, nous allons le voir, l'*hubris* ne rencontre pas seulement la mort comme limite extérieure, mais bien aussi comme limite interne.

L'*hubris* est fondamentalement ambivalente. Comme effort violent et démesuré pour maîtriser totalement l'être dans la fureur et pour accéder ainsi à une pleine collusion avec lui, elle est cependant, en même temps, et secrètement, portée par une nostalgie de la confusion avec l'immédiateté chaotique de l'être. Ainsi que le montre la tragédie de Hölderlin *La mort d'Empédocle*, l'*hubris* du héros tragique est, par l'un de ses aspects, fondamentalement portée par la fascination mortifère pour la dissolution dans l'immédiateté de l'Un-Tout chaotique de l'étant. Cette contradiction originelle qui déchire *l'hubris* va alors, nécessairement, conduire l'homme à *renoncer* à celle-ci. Cela signifie, finalement, que L'*hubris* ne peut se manifester que comme cette fureur de la destruction qui conduit à l'autodestruction, et qu'elle est ainsi, pour l'homme, une dimension inassimilable et hétérogène en lui, qu'il doit rejeter. Or, ce renoncement à l'*hubris* – en tant que dimension hétérogène et inassimilable en lui – par

430. Martin Heidegger, *Discours de rectorat,* T.E.R. 1982, p. 9.
431. Martin Heidegger, *Introduction à la métaphysique,* p. 164.

lequel l'homme en vient à assumer sa finitude, est ce qui va l'ouvrir simultanément, et originellement, à l'être comme une dimension inaccessible, insondable qui se confond avec l'absence d'issue de la mort. La relation à l'être apparaît ainsi maintenant, comme une relation à l'insondable et à *l'impossible*, car il ne peut être immédiatement présent que « dans la figure de la mort »[432], suivant le mot de Hölderlin dans les *Remarques*.

Pour le *Dasein*, se briser sur la prépotence insondable de l'être et s'ouvrir à sa propre finitude, c'est-à-dire à l'absence d'issue de la mort dans et par le renoncement à *l'hubris* sont donc une seule et même chose. A travers sa méditation sur le tragique, Heidegger rétrocède ainsi vers un fondement plus radical de l'analytique du Dasein que celui qu'établissait *Etre et temps*. Il en vient à fonder de manière plus radicale les analyses du traité de 1927. En effet, si le *Dasein* est fondamentalement un « être-pour-la-mort », et s'il se tient ainsi dans l'anticipation de la mort (et la reprise simultanée de cette rupture qu'est la naissance), c'est dans la mesure où *l'hubris* originelle qui le constitue s'est toujours déjà brisée sur la prépotence insondable de l'être laquelle ne fait qu'un avec l'absence d'issue de la mort.

Mais s'ouvrir ainsi *a priori* à sa propre finitude comme telle, dans le renoncement à *l'hubris* originelle ne peut rien signifier d'autre que ceci : cela revient, pour le *Dasein*, à « intégrer » l'ordre de la *diké*, c'est-à-dire le jeu de différences de la *phusis* sur lequel il s'était d'abord brisé, et ce, de manière à s'ouvrir à lui-même comme un participant de cet ordre. Ainsi que le dit un texte des *Holzwege* que nous avons déjà cité, le *Dasein* authentique est non seulement ouvert au jeu des contrastes de l'étant, mais il est ce faisant lui-même « pris dans le cycle de ses contrastes »[433]. Le *Dasein*, en se brisant sur la résistance de l'être comme dimension insondable et ordre prépotent, renonce alors à *l'hubris* originelle, et en vient à « intégrer » l'ordre de la *diké* en assumant sa finitude, de sorte qu'il peut alors s'ouvrir à lui-même comme participant fugitif de celle-ci. La tragédie a ainsi pour Heidegger une issue positive ainsi que nous allons le voir. Cette issue positive n'apparaît cependant pas comme telle dans le théâtre tragique qui n'exhibe que la ruine de l'*hubris* se brisant sur la prépotence de l'être. Le héros, qui est porté par sa démesure et son aveuglement, transgresse l'ordre de la *diké*; il subit alors le châtiment et il doit expier. Le théâtre tragique n'exhibe ainsi que l'aspect négatif du tragique, car il est la répétition d'un processus qui a toujours déjà eu lieu dans le tréfonds du *Dasein*, mais qui a cependant été « dépassé ». La tragédie grecque, qui met toujours en scène des personnages mythologiques ayant existés en des temps immémoriaux, exhibe ce qui a toujours déjà eu lieu dans le *Dasein*, elle représente donc une manière de l'imaginer à nouveau (et de le donner à voir), c'est pourquoi elle

432. F. Hölderlin, Œuvres, Gall. Pléiade, p. 963.
433. In *Chemins...*, p. 119.

est *théâtre*. En elle se rejoue ce qui a déjà en lieu pour le *Dasein* de manière immémoriale. C'est pourquoi, aussi, elle ne montre que le côté négatif du tragique. Elle exhibe ce qui a été dépassé dans le *Dasein* mais qui cependant ne cesse de se « rejouer » en lui.

L'interprétation heideggerienne de la tragédie grecque demeure elliptique, il apparaît cependant que l'originalité de cette interprétation, sa spécificité propre, réside dans l'idée fondamentale d'une issue positive du tragique. L'échec radical de l'*hubris*, c'est-à-dire du savoir, de l'« intuition intellectuelle », qui se brise sur la résistance de l'être, lequel se montre alors en sa surpuissance comme totalement insondable, va avoir en effet, en lui-même, une issue et un sens positifs. La « brèche » qu'ouvre dans le *Dasein* le renoncement à l'*hubris*, l'épreuve ou le « trauma » que constitue pour lui l'expérience de sa « cécité ontologique », vont avoir *en eux-mêmes* une issue positive. Il y a pour Heidegger, une issue positive du tragique dans et par le tragique même.

La ruine du *Dasein* dont l'*hubris* se brise sur sa propre finitude ainsi que sur la prépotence insondable de l'être, et qui échoue ainsi dans sa tentative pour dévoiler totalement et pour maîtriser l'être, est, en effet, cela même qui va lui permettre d'intégrer l'ordre de la *diké*, et d'accéder alors à l'*aletheia* comme vérité de la *phusis*. Paradoxalement, c'est dans et par l'échec et la ruine de l'*hubris* que le *Dasein* va originellement accéder à lui-même comme *Da-sein*, c'est-à-dire s'ouvrir originellement à l'*aletheia*. En effet, c'est seulement par l'échec de la tentative démesurée pour dévoiler *totalement* la *phusis*, que celle-ci pourra se dévoiler *telle qu'elle est*, c'est-à-dire en son déploiement insondable et incommensurable. C'est l'épreuve douloureuse de la « cécité ontologique » du *Dasein* qui a échoué à s'approprier le tréfonds de la *phusis* par une « intuition intellectuelle », qui lui permet d'accéder originellement au dévoilement de la *phusis*, en tant qu'elle est cette omniprésence englobante, insondable, incommensurable, en quoi il est « jeté » en sa finitude radicale. Heidegger affirme bel et bien, en effet, que l'être ne pourra s'ouvrir originellement au *Dasein* comme tel que dans et par cette « brèche », qu'ouvre en lui l'échec de son « faire violence ». C'est seulement dans et par la brèche qu'ouvre en lui l'échec de l'*hubris* que l'être en son essence même pourra faire irruption et ainsi s'ouvrir à lui comme tel. Heidegger peut donc écrire que « ce faire violence exercé contre la prépotence de l'être *doit* se briser sur celle-ci, si l'être perdomine selon ce qu'il este, comme *phusis*, perdominance de ce qui s'épanouit »[434]. Cet échec est ainsi la condition de possibilité même de l'accès au *Da-sein*. C'est pourquoi Heidegger peut alors ajouter que « le *Dasein* de l'homme ...c'est : être exposé comme étant la brèche en laquelle

434. Martin Heidegger, *Introduction à la métaphysique*, Gall. Paris, 1980, p. 168.

la prépotence de l'être fait irruption en apparaissant, afin que cette brèche même se brise sur l'être »[435].

Dans l'*hubris*, le *Dasein* s'identifie immédiatement à « l'élan panique de la nature ». Il est ainsi porté par l'illusion d'une collusion immédiate et totale avec la *Gewalt*, la « puissance panique » éternelle, qui constitue le tréfonds de la *phusis*. Or, la *Gewalt* insondable de la *phusis* ne constitue qu'un aspect de celle-ci. La *phusis* se déploie en même temps comme *cosmos* dans et par l'ordre de la *diké*. C'est pourquoi le *Dasein* ne peut s'ouvrir véritablement à la *phusis* (telle qu'elle est) que si, d'abord, il se brise sur la *Diké*, qu'il devra ensuite intégrer en renonçant à l'*hubris*. L'accès à *l'aletheia* est donc fondamentalement subordonné à l'échec de l'*hubris* et à sa ruine. Ainsi que nous l'avons vu plus haut, l'être, comme violence (*Gewalt*), comme puissance chaotique, se brise (s'est toujours déjà brisé) sur la contradiction qui le déchire et se déploie ainsi comme *diké*, comme ordre de la différence, dans et par la finitude radicale des étants. Cette *déchirure* qui constitue le cœur même de l'être (comme présence qui « comporte » en elle l'absence) et qui en scelle la finitude est, nous l'avons établi, l'essence du *tragique* dans sa dimension proprement ontologique. Or, le *Dasein*, se tenant d'abord en collusion avec l'essence de l'être comme violence et faisant originellement violence contre la prépotence de l'être, se brise à son tour sur sa résistance et intègre ainsi l'ordre de la *diké*, en assumant sa finitude radicale et en s'ouvrant à l'être comme dimension insondable et hétérogène. L'essence du tragique réside ainsi pour le *Dasein* dans la « reprise » du tragique inhérent à l'essence même de l'être. L'essence du tragique est pour le *Dasein* cette « brèche », cette « déchirure » qu'ouvre en lui le renoncement à l'*hubris* qui s'est brisée sur la prépotence de l'être. C'est ainsi que le *Dasein* peut en venir à être la « réplique » existante de l'être.

C'est dans un bref passage du *Discours de rectorat*, que se trouve la présentation la plus ramassée et la plus claire de ce mode paradoxal d'ouverture originel du *Dasein* à l'être. Voici ce texte lapidaire et extrêmement précis, qui apporte à notre analyse sa pleine confirmation :

« Le savoir doit déployer sa résistance la plus haute, à laquelle seule la toute puissance de l'être-caché de l'étant se manifeste, pour échouer effectivement. Ainsi justement s'ouvre l'étant dans son insondable immuabilité, et ainsi fournit-il au savoir sa vérité »[436].

C'est en échouant d'abord et en se brisant ainsi totalement sur la résistance de l'être, que le savoir peut alors seulement s'accomplir « positivement », en devenant le lieu de la vérité, de l'*aletheia*. C'est en se brisant sur la résistance de l'être qui se montre comme insondable, que le

---

435. Ibid. p. 169.

436. Martin Heidegger, *Discours de rectorat*, T.E.R., 1982, p. 9.

Dasein peut seulement s'ouvrir à celui-ci comme jeu de différences puisant à une dimension insondable et incommensurable, c'est-à-dire comme *phusis*.

Le commentaire du premier chœur d'*Antigone*, dont les analyses sont préfigurées dans le *Discours de rectorat*, permet ainsi de comprendre comment le *Dasein* peut originellement accéder à la structure de l'*aletheia*, c'est-à-dire à ce que Heidegger appellera plus tard le Quadriparti. Il montre comment l'échec originel de l'*hubris*, c'est-à-dire de l'effort de collusion totale avec la puissance panique de la Nature, permet au *Dasein* de s'ouvrir à celle-ci comme cette *phusis* englobante, se déployant comme jeu des contrastes et au beau milieu de laquelle il est jeté en tant que mortel. Par cet échec radical de l'*hubris* et de l'« intuition intellectuelle » qu'elle véhicule, la dimension hétérogène insondable et inapprochable de l'être en vient à se montrer *comme telle* au *Dasein*, et il peut donc se la *présenter* à lui-même. Le *Dasein* en vient alors à s'ouvrir originellement à ce fond chaotique insondable et hétérogène de l'étant en totalité qui est en même temps le Tout incommensurable de celui-ci et qui se laisse à peine pressentir à travers l'obscurité des sensations. Il s'ouvre ainsi à cette dimension insondable et incommensurable, qui, implicitement et à travers l'obscurité du purement senti, lui apparaît *comme telle*, c'est-à-dire comme une dimension hétérogène, inapprochable, apotropaïque, et comme ce qui le « regarde » d'en face. A partir de là il s'ouvre alors simultanément au jeu de contrastes, porté par la *diké*, dans et par lequel l'étant en totalité se déploie dans l'immanence du Chaos englobant, et au beau milieu de quoi il est jeté en sa finitude radicale de mortel.

Le premier chœur d'*Antigone,* tel que l'interprète Heidegger, montre donc comment cet être éminemment inquiétant qu'est l'homme, en se brisant sur la prépotence de l'être et sur l'absence d'issue de la mort, intègre ainsi, en renonçant à l'*hubris* originelle, l'ordre de la *diké* auquel il s'ouvre *a priori*. Or, il accède ainsi au *logos*, dans et par lequel se déploie *l'aletheia*. Cependant, accéder à *l'aletheia*, au *logos*, revient à intégrer la langue, laquelle est toujours la langue d'un peuple. Il apparaît ainsi que l'ouverture originelle à l'être par l'échec du faire-violence originel qui se brise d'abord sur la résistance de l'être ne fait qu'un, pour le *Dasein*, avec l'intégration de la langue qui en son essence cachée est poésie originelle. Heidegger écrit en effet qu'« ...en même temps que le départ vers l'être, se produit le se-retrouver dans la parole, dans la langue »[437]. Or, nous l'avons vu plus haut, « se retrouver » dans la langue, qui est toujours la langue d'un peuple, et s'intégrer et se retrouver dans la communauté d'un peuple sont une seule et même chose.

437. Martin Heidegger, *Introduction à la métaphysique,* p. 176.

Le *Dasein*, faisant originellement violence au sein de la *phusis*, et étant ainsi « hors de ses gonds », est d'abord sans issue au sein de l'étant. Et, il devra donc se frayer ses chemins dans son rapport à l'étant, dans la mesure où il est d'abord sans issue et sans chemin. Il est, affirme Sophocle, *pantoporos aporos*. Or, cela signifie en même temps qu'il est originellement, comme être éminemment inquiétant, sans ville ni site, sans institutions ni frontières. Originellement, le *Dasein* n'a pas de *Polis*, de « site » pour son existence, il est, écrit Sophocle dans le premier chœur d'*Antigone, upsipolis apolis* : Au-delà de tout site, sans site. Les hommes sont d'abord, écrit Heidegger « ...des hommes sans ville, ni site..., inquiétants, sans issue au milieu de l'étant dans son ensemble..., sans institutions ni frontières, sans architecture ni ordre... »[438]. Or, c'est précisément pour cela qu'ils ont du d'abord fonder tout cela. C'est parce que le *Dasein* est originellement sans « site », sans limites et sans lois, qu'il a du instituer tout cela. S'il est vrai que le *Dasein* est d'abord le *Dasein* d'un peuple, et que *l'aletheia* est d'abord portée par la langue de ce peuple, cela signifie alors que le renoncement à *l'hubris* originelle et l'ouverture à l'être ne font qu'un avec la fondation de la *Polis*. Ainsi, l'institution de la *Polis*, et de ses lois fondamentales comme « site » du *Dasein*, ne fait qu'un avec le « dépassement » de *l'hubris* originelle. Et le *Dasein*, comme individu, ne peut donc accéder à lui-même que dans la mesure où il se retrouve, dans la communauté, dans la *Polis*, et qu'il s'insère en elle. Pour le *Dasein*, s'ouvrir de manière authentique à l'être et simultanément à sa propre finitude, par le renoncement à *l'hubris* originelle, ne fait qu'un avec le fait de s'intégrer dans ce jeu de différences qu'est la *Polis* (lequel doit « répéter » et dévoiler le jeu de différences de la *phusis*[439]). C'est parce que les hommes sont originellement inquiétants, sans limites et sans issue au milieu de l'étant qu'ils doivent s'inscrire, prendre place, dans l'ordre différencié d'une communauté organisée. C'est dans la mesure où les hommes sont originellement et fondamentalement des êtres inquiétants, sans ville ni site, sans institutions ni frontières qu'ils doivent instituer tout cela, y prendre place, et devenir, par exemple seulement des poètes, mais vraiment des poètes, seulement des stratèges mais vraiment des stratèges etc[440].

L'essence du tragique, telle qu'elle est exhibée dans le commentaire heideggerien du premier chœur d'*Antigone,* et telle que nous venons de la présenter, doit permettre, nous l'avions dit, de comprendre pleinement et en

---

438. Ibid. p. 159.
439. Cf. M. Heidegger, *L'époque des conceptions du monde*, in, *Chemins...*, Paris, Gall. 1980, p. 119.
440. Cf. M. Heidegger, *Introduction à la métaphysique*, p. 159.

ses fondements le fragment III de Parménide, qui pose la relation de la pensée à l'être comme relation *a priori.* Ce dont il s'agit, en effet, dans le commentaire heideggerien du premier chœur d'*Antigone,* c'est de parvenir à comprendre pleinement les conditions de possibilités de *l'aletheia*, portée par la pensée ou le *logos*, comme ouverture *a priori* à l'être. Comment *l'aletheia*, comme ouverture *a priori* de la pensée à l'être, comme essence du *noein* et du *legein*, est-elle possible ? Voici comment Heidegger présente la réponse à cette question au terme de son commentaire : « *Diké*, c'est l'ordre prépotent. *Techné*, c'est l'activité violente du savoir. Le rapport mutuel des deux est l'événement de l'inquiétance. Nous soutenons maintenant ceci : l'appartenance réciproque de *noein* (appréhension) et *einaï* (être), qu'énonce la phrase de Parménide, n'est rien d'autre que ce rapport réciproque »[441].

Nous avons vu que cette appartenance réciproque de la pensée et de l'être qui se déploie dans le *logos* « naissait » véritablement de l'échec du « faire-violence » originel du *Dasein* qui se brise sur la résistance de l'être. Et cet échec est constitutif du *Dasein* en son essence même. Heidegger écrit, en effet, qu'«… en tant que *Dasein*, il faut bien que dans tout faire violence, il se brise sur l'être »[442]. Le commentaire heideggerien du premier chœur d'*Antigone* essaie donc de montrer que l'échec originel du « faire-violence » du *Dasein*, qui se brise sur la dimension prépotente et insondable de la *phusis*, trouve une issue positive. C'est en se brisant d'abord sur la prépotence insondable de la *phusis*, que le *Dasein* va alors *seulement* pouvoir s'ouvrir « positivement » et *a priori* à celle-ci comme telle (dans et par le *logos*), tout en s'intégrant dans son ordre et en se délivrant à lui-même sa propre finitude.

Cette manière de penser l'ouverture du *Dasein* à l'être à partir du tragique, qui est le point le plus essentiel et l'articulation la plus délicate de la pensée de Heidegger, est cependant demeurée très elliptique parce qu'elle est porteuse, nous allons le voir, d'un *impensé* fondamental. Elle est porteuse d'un sens fondamental, sans lequel elle ne serait pas compréhensible mais qui est demeuré implicite. Il nous faut donc exhiber maintenant ce que la pensée heideggerienne du tragique implique et appelle sans jamais l'expliciter ni l'assumer, ou encore ce dont cette pensée dessine les contours en creux, mais sans jamais cependant le thématiser. Nous verrons à partir de là que Heidegger accède à une conception du tragique plus originelle que celle de Nietzsche, et plus originelle encore que celle de Hölderlin.

441. Ibid.
442. Ibid. p. 182.

CHAPITRE III

L'essence du tragique : Heidegger, Hölderlin, Nietzsche

L'originalité, la spécificité et le paradoxe, de la conception heideggerienne du tragique consiste à appréhender de manière pleinement positive l'essence, en elle-même négative de celui-ci, comme épreuve de l'échec et de la ruine. Or, cet échec de l'*hubris*, de l'effort démesuré de dévoilement total de l'être, ne peut ainsi avoir une issue positive et déboucher sur une ouverture originelle et *a priori* à l'être, que si, d'une certaine manière, à travers cet échec le *Dasein ne* renonce cependant *pas* totalement à sa collusion fondamentale avec l'être. A travers cet échec et cette ruine, et en dépit des apparences, le *Dasein* ne renonce pas complètement à sa collusion avec la puissance panique de la nature, mais elle devient pour lui une dimension *latente* et ainsi, étrangère, inaccessible. Si l'homme est fondamentalement *Da-sein*, c'est bien parce qu'il se tient *nativement* dans une collusion avec l'être et qu'il n'y renonce jamais. L'échec de *l'hubris* ne signifie donc rien d'autre que son accès à une position *latente*, donc *inconsciente*, c'est-à-dire son rejet en position de méconnue et de dimension inaccessible pour le *Dasein*. Si le tragique a une issue positive, s'il permet alors de penser l'essence même du *Da-sein*, c'est, en effet, parce qu'il rend originellement possible l'ouverture à l'être *en tant* qu'il se retire, qu'il demeure inapprochable, et qu'il se tient ainsi dans la *latence*. Bref, si le tragique, tel que le conçoit Heidegger, a une issue positive, c'est parce qu'il engendre l'inconscient. C'est le non-dit et le non-pensé de la pensée heideggerienne du tragique.

Dès l'Introduction de *Sein und Zeit* Heidegger envisage d'une manière très particulière la relation entre l'être et le *Dasein*. Il affirme, en effet, que l'être est pour le *Dasein* un *phénomène*, en ce sens qu'il *se montre* à lui ; mais il affirme, en même temps, qu'il n'est pas, un phénomène comme les autres, c'est-à-dire au sens courant. En effet l'être a pour spécificité de se montrer au *Dasein* comme ce qui se tient dans l'occultation et ainsi, paradoxalement, comme ce qui ne se montre justement pas ! L'être se montre donc au *Dasein comme* ce qui se dérobe, c'est-à-dire de manière *latente.* Le propre du *Dasein* est donc de se tenir – en permanence – dans une ouverture *latente* à l'être comme ce qui se tient en retrait[443]. La lecture de l'œuvre de Heidegger nous a habitué à ces textes, et on finit par les lire comme s'ils allaient de soi. On oublie alors de s'en étonner, d'en mesurer la difficulté, le paradoxe et ainsi d'en questionner le sens profond. Que peut bien vouloir dire cette relation paradoxale du *Dasein* à l'être comme ce qui ne se donne qu'en se refusant, en se dérobant, et ainsi de manière latente ? Ne faut-il pas reconnaître que ces textes supposent – de manière totalement implicite et impensée – la notion d'inconscient, et qu'ils ne sont même pas compréhensible sans elle ? La conception Heideggerienne du *Dasein* appelle la notion d'inconscient, qu'elle ne thématise cependant jamais, et cela apparaît en filigrane dans sa méditation du tragique.

Nous avons établi dans la première section que la structure de *l'aletheia*, parce qu'elle est fondamentalement ordonnée à une *latence*, relevait d'un inconscient, bien que cela soit demeuré impensé chez Heidegger. Or, le tragique, c'est-à-dire l'échec de *l'hubris* qui se brise sur l'ordre prépotent de la *diké*, doit être compris, nous allons le voir, comme cela même qui rend possible l'accès du *Dasein* à la structure de *l'aletheia* en tant qu'elle est une structure *inconsciente.* Le tragique tel que le conçoit Heidegger, et compris jusqu'à ce qui est demeuré totalement impensé chez lui, doit donc permettre de penser l'accès du *Dasein* à une position inconsciente, et il doit permettre alors, en même temps, de penser pleinement et de fonder définitivement la notion d'un inconscient ontologique du *Dasein.* Nous allons donc mettre à jour ce sens totalement impensé du tragique.

En se brisant sur l'ordre de la *diké* et sur l'absence d'issue de la mort, la collusion originelle du *Dasein* avec l'être qui se manifeste d'abord dans *l'hubris*, ne disparaît donc pas, mais elle accède à une position *latente* ou inconsciente. Elle est rejetée dans la *latence*, dans le tréfonds du *Dasein*, et devient une dimension inaccessible, une « part maudite » en lui, ne faisant qu'un avec la mort. Ce rejet de *l'hubris* originelle dans la latence, dans une position inaccessible et interdite, est bien ce que Freud a découvert de son côté sous le nom de « refoulement originaire », mais qu'il n'a pas, cependant, suffisamment pensé. Ainsi que nous allons le voir, en effet, ce « refoulement » a un sens fondamentalement ontologique. En étant rejetée

443. Martin Heidegger, *Etre et temps*, Paris, Gall. 1986, p. 62-63.

dans la latence, en devenant ainsi une dimension étrangère et absolument inapprochable dans le tréfonds du *Dasein*, la collusion originelle du *Dasein* avec l'être ne disparaît pas mais elle change de sens. Ne faisant plus qu'un avec la mort, elle prend le sens négatif d'un retour *impossible* à la confusion première avec le fond informe de l'étant.

Or, ce rejet de *l'hubris* dans la latence, qui en change le sens, et qui, comme Freud l'avait vu, engendre l'inconscient, n'a pas seulement pour effet de « creuser » une « profondeur » inaccessible dans le tréfonds du *Dasein*, et d'« ouvrir » ainsi celui-ci à une dimension d'altérité *en lui*. En effet, l'inconscient, engendré par le rejet dans la latence de la collusion originelle du *Dasein* avec l'être, a pour essence même de pro-jeter (de manière imaginative) à l'extérieur ce qu'il rejette à l'intérieur. Ce qui, par l'opération du « refoulement » accède à un statut d'altérité dans le *Dasein* et devient ainsi une dimension en quelque sorte *extérieure* et inaccessible *en lui*, lui apparaît alors aussitôt implicitement – c'est-à-dire en vient à être *imaginé* – par l'effet même de cette opération, comme une altérité *hors de lui*, tournée vers lui depuis l'extérieur (depuis le tréfonds de l'étant), qui le « concerne » fondamentalement et pose son « regard » étrangement inquiétant sur lui. Ce qui est *rejeté* dans le tréfonds du *Dasein* et accède au statut d'une dimension inaccessible en lui, est ainsi par là même *pro-jeté* et anticipé, c'est-à-dire imaginé, comme se tournant vers lui depuis l'extérieur à travers une distance infranchissable. Par l'effet d'un tel « rejet qui pro-jette » - qui joue le rôle d'une spontanéité réceptive - le *Dasein* se *pro-pose* donc implicitement (et *a priori)* à lui-même la dimension insondable et inaccessible de l'être comme horizon originel de dévoilement de l'étant dans son ensemble. Il va ainsi s'ouvrir originellement à lui-même et à l'ensemble des autres étants *du point de vue* inapprochable, ex-centrique et insondable de l'être. Il va alors accéder à lui-même comme un mortel « exilé » de l'essence insondable de l'être, et participant du déploiement incommensurable et englobant de la *phusis* comme jeu de différences, c'est-à-dire de l'ordre de la *diké*. Le « refoulement » de l'*hubris* qui engendre l'inconscient a donc pour effet, de *réfléchir* (de manière latente) dans le *Dasein* et pour lui, la structure de la *phusis*, mais de manière à *l'anticiper* en son altérité même *comme telle*. L'inconscient joue ainsi le rôle d'une spontanéité réceptive.

Ce que nous venons de décrire n'a jamais été dit explicitement par Heidegger. Cela peut, cependant, se déduire légitimement de sa pensée, car un tel rejet dans la *latence*, qui *fait apparaître* comme tel (comme ce qui se dérobe et demeure latent) cela même qui se retire, est l'essence même de l'*aletheia*.

Le « refoulement » de *l'hubris*, ne fait qu'un, pour le *Dasein*, avec son « intégration » dans l'ordre de la *diké* sur lequel il s'était d'abord brisé. Ce rejet de *l'hubris* dans la latence est, en effet, simultanément ce par quoi le

Dasein réfléchit (inconsciemment) en lui, de manière à l'anticiper et à l'intégrer, l'ordre de la *diké* comme cet ordre de la différence constitutif de la *phusis*, dans lequel il est englobé, et dont il est un participant fugitif. Le rejet de *l'hubris* dans la latence, dans le tréfonds du *Dasein*, est alors ce qui lui permet d'accéder à la structure inconsciente de *l'aletheia* comme vérité de la *phusis*, et en tant qu'elle est une spontanéité réceptive portée par l'imagination transcendantale. C'est donc à partir de là, que peut être pensé l'accès du *Dasein* à la structure du Quadriparti.

En se brisant sur l'ordre prépotent de la *diké*, le *Dasein* s'ouvre à cet ordre prépotent comme tel à travers une position inconsciente, c'est-à-dire en même temps l'« intègre » en lui (ou encore le réfléchit), le fait sien, et l'assume en tant qu'il en est un participant marqué par une finitude radicale. Le *Dasein* intègre donc en lui la *diké*, cette « loi du monde » qui implique l'existence déterminée et limitée, et il assume donc sa rupture avec la présence illimitée qui est le fond indisponible de l'étant. Le *Dasein*, renonçant à *l'hubris* originelle, c'est-à-dire à sa collusion originelle avec l'être, se situe cependant toujours du point de vue de l'être (et donc de sa propre collusion avec lui), mais dans et par une distance essentielle et infranchissable, car celui-ci devient alors un point de vue « aveugle » et ex-centrique. En intégrant ainsi l'ordre prépotent de la *diké*, il se place *a priori* (s'imagine) sous le « regard aveugle » et extérieur de l'être, comme regard à distance étrangement inquiétant, et il s'ouvre alors à sa propre finitude, c'est-à-dire à ceci qu'il n'est qu'un participant fugitif de cet ordre prépotent et englobant. Il en vient donc à se situer implicitement et *a priori*, à partir d'une position inconsciente, du point de vue « aveugle » de l'être, comme point de vue retiré et inapprochable (qui est le point de vue de la mort comme retour à l'informe), en tant que participant fini d'un jeu de différences, qui est le monde, et dans lequel tout ne provient du fond insondable de la nature que pour y retourner. Il se situe donc du « point de vue aveugle » de l'être qui est ce fond informe abyssal dont il a été exilé par la naissance et qu'il ne rejoindra que par la mort.

Le *Da-sein* n'est possible en son essence que par l'expresse capacité ek-statique de se placer – toujours déjà – du point de vue de l'être. Il est cet étant spécifique qui est « ex-centrique », c'est-à-dire qui est doté *a priori* de la capacité ek-statique de s'ouvrir à lui-même et à l'ensemble des autres étants du point de vue hétérogène, inapprochable et insondable de l'être. Cette capacité ek-statique est ainsi ce dans et par quoi le *Dasein* peut être cet étant insigne qui se rapporte à l'ensemble des étants en les prenants pour tels, c'est-à-dire en tant qu'ils *sont*. Cette capacité ek-statique est l'essence même du *Da-sein*, car elle est ce qui fonde l'*Unverborgenheit*, c'est-à-dire, cela revient au même, le *Begegnenlassen*. Cette spécificité du *Dasein* était déjà soulignée dans *Ce qui fait l'être essentiel d'un fondement ou « raison »*. Heidegger y caractérisait ainsi l'orientation fondamentale de sa démarche

« … tout l'effort consiste justement et uniquement à montrer que l'essence du *Dasein* … est ek-statique, c'est-à-dire « ex-centrique » »[444]. Et si les Grecs ont accédé, dans une certaine mesure, à l'authenticité du *Dasein* c'est bien parce qu'ils ont regagné cette dimension ek-statique. Ce qui caractérise les Grecs, c'est, en effet, dit Heidegger : « …l'expresse capacité ek-statique de se laisser adresser la parole par les phénomènes[445] ». C'est pourquoi on peut dire avec Jean Beaufret, qu'«…il s'est produit en Grèce un phénomène étrange : la tentative de dire l'apparition des choses à partir du foyer même de cette apparition »[446].

Une telle conception « ek-statique » du *Dasein* qui – originellement et de manière implicite – ne s'ouvre à lui-même et à l'étant dans son ensemble qu'à partir du point de vue « éloigné » inapprochable et insondable de l'être implique *nécessairement* l'idée d'une ouverture *a priori* à l'être *en tant qu'il se dérobe dans la latence*, et donc la notion d'inconscient. C'est pourquoi les premiers développements de la pensée heideggerienne n'ont pu être pleinement satisfaisants. En effet, les premiers développements de la philosophie de Heidegger à partir de *Etre et temps* à la fin des années vingt, l'ont, dans une certaine mesure, conduit à une impasse parce qu'il voulait alors faire porter cette capacité ek-statique par la *Zeitlichkeit* qui est constitutive de l'ipséité du *Dasein*. Il voulait montrer que l'ipséité du *Dasein* comme temporalité ek-statique était en elle-même ex-centrique, car elle était intrinsèquement porteuse d'un acte pur d'ob-jectivation. Il essayait ainsi d'établir qu'elle avait pour essence même de se susciter à elle même un vis à vis, c'est-à-dire de se *pro-poser* à elle-même *a priori*, un pur horizon de dévoilement originel de l'étant en son altérité même. Voici ce qu'il écrivait dans *Kant et le problème de la métaphysique* : « Le temps comme … auto-affection pure, forme la structure essentielle de la subjectivité.(…) L'acte pur d'ob-jectivation … définit l'aperception pure, le moi lui-même … En tant qu'affection pure de soi, il forme originellement l'ipséité finie de telle manière que le soi peut devenir « conscience de soi » »[447]. Or, cette démarche conduit à une impasse, car elle réduit inévitablement l'être à un simple horizon transcendantal de rencontre de l'étant pro-jeté par le *Dasein* comme ipséité, et elle reconduit donc une philosophie du sujet.

Il nous semble que c'est à travers sa méditation de la tragédie grecque que Heidegger réussit à sortir de cette impasse. Le *Dasein* n'est plus alors compris à partir de son ipséité mais bien plus radicalement, c'est-à-dire à partir des abîmes obscurs de son être. Il est pensé comme cet étant originellement inquiétant, en proie à l'*hubris*, car

444. Martin Heidegger, Op. Cit. In *Questions I*, Gall. Paris, 1976, p. 141, note.
445. Martin Heidegger, *Séminaires du Thor*, in *Questions III et IV,* Gall. Paris, 1996, p. 419.
446. Jean Beaufret, *Dialogue avec Heidegger III*, Minuit, Paris, 1974, p. 35.
447. Op. Cit. Gall. Paris, 1977, p. 244.

« nativement », immédiatement, identifié à l'être c'est-à-dire à la puissance panique de la nature,et qui d'abord, et nécessairement, va se briser sur la prépotence de l'être. Le résultat de cet échec et de cette ruine, qui constituent le tragique même, est que la collusion originelle du *Dasein* avec l'être ne disparaît pas totalement, mais est rejetée dans la *latence*, dans son tréfonds et devient ainsi inaccessible. Or, à partir de là, le « point de vue » de l'être, dont le *Dasein* se sait maintenant « exilé », va être *anticipé* de manière *latente* et *imaginative*, c'est-à-dire inconsciente, comme point de vue inapprochable, insondable et totalement ex-centrique. Le *Da-sein* accède alors véritablement à lui-même, c'est-à-dire acquiert de manière originelle cette capacité ek-statique de se rapporter à lui-même et à l'étant dans son ensemble du point de vue inoccupable excentrique et insondable de l'être, dont il « imagine » *inconsciemment* le regard « éloigné » posé sur lui.

Il est ainsi, dans les profondeurs du *Dasein*, une pensée latente, qui est pour lui une pensée Autre ou encore ex-centrique d'où son ipséité est exclue, et qui se présente comme une spontanéité réceptive manifestant et anticipant le point de vue même de l'être. Seule une telle « position inconsciente » qui ne fait qu'un avec le tragique permet, de penser véritablement le déploiement, par l'imagination, de l'horizon *a priori* de dévoilement de l'étant à partir du point de vue « ex-centrique » de l'être lui-même, c'est-à-dire en évitant l'impasse de la philosophie du sujet. La philosophie de Heidegger, comprise jusqu'à son impensé, apparaît alors, nous l'avons déjà suggéré, comme une philosophie transcendantale inouïe, c'est-à-dire faisant apparaître *un sens non idéaliste de l'a priori*. Ce sens non idéaliste et inconscient de l'*a priori* qui a pour fonction d'ouvrir originellement l'homme à l'étant dans son ensemble *comme tel* c'est-à-dire du point de vue « ex-centrique » de l'être, en l'arrachant au point de vue « subjectif » du vivant et de ses intérêts vitaux, est le sens originel de l'*a priori*. La mise à jour de l'*a priori* constitue l'essence originelle du philosophique, mais la philosophie traditionnelle l'a méconnu en l'interprétant de manière idéaliste. La découverte, du sens originel et non idéaliste de l'*a priori* comme spontanéité réceptive est le propre de la philosophie de Heidegger comprise jusqu'à son impensé. C'est pourquoi il disait à Jean Beaufret, nous l'avons vu, qu'une pensée qui ignore le transcendantal est « *unphilosophisch* ».

L'inconscient est ce dans et par quoi le *Dasein*, qui accède à sa finitude, intègre et *réfléchit* la structure de la *phusis* de manière à se la proposer (à l'anticiper) en son altérité même comme telle. Le *Dasein* projette ainsi *a priori* cette structure à même l'obscurité des sensations de manière à laisser venir phénoménalement à l'encontre, dans la perception, l'étant en totalité, au milieu duquel il est jeté, comme jeu abyssal de différences. Il se place, ce faisant, sous le regard distant et extérieur de l'être, qui ne se laisse pressentir qu'en se dérobant. Cette pro-jection inconsciente et *a priori* de l'ouverture à l'être – qui joue le rôle d'une spontanéité réceptive et qui doit être comprise à partir des anticipations de la perception – est l'essence originelle de ce que Kant a découvert sous le nom d'imagination transcendantale. Le *Dasein* qui a toujours déjà du renoncer à l'intuition originaire, qui s'est brisé sur le voilement de l'être, et qui est ainsi marqué par une « cécité ontologique » fondamentale, est conduit par là même, à « regarder sans voir »[448], c'est-à-dire imaginer inconsciemment, et ainsi à anticiper celui-ci, comme cette dimension insondable chaotique et effrayante, qui ne se donne qu'en se dérobant dans et par le jeu des contrastes de la *phusis*. Le *Dasein* s'imagine ainsi « regardé » depuis l'extérieur par l'être et se tient sous son regard distant, pressenti, dérobé et effrayant. Le rejet de *l'hubris* originelle dans la latence « génère » ainsi un travail de l'imagination, d'une pensée inconsciente et aveugle qui opère la *Darstellung* de l'être. Ce travail aveugle de l'imagination est l'inconscient même. L'inconscient est ainsi ce dans et par quoi l'être est anticipé *a priori*, par l'imagination, afin d'être « accueilli » comme ce qui, à partir de soi même, nous regarde aveuglément sans que nous puissions le voir. Une telle anticipation *a priori* est ce qui seul rend possible le *Begegnenlassen* de l'étant dans son ensemble, de sorte que l'inconscient apparaît comme la « *als-Struktur* » fondamentale du *Dasein*.

L'inconscient n'est pas l'intériorité psychologique d'un sujet qui serait d'abord « sans monde » et en proie à ses démons intérieurs. Il est, au contraire, ce dans et par quoi nous « prêtons » *a priori* une épaisseur de présence aux choses ; il est ce dans et par quoi nous imaginons *a priori* un arrière plan, une altérité, au delà des apparences. Il est cette spontanéité réceptive sans laquelle nous ne serions jamais ouverts à la « consistance » du monde, à son altérité irréductible et donc à sa présence *comme telle*. Loin de nous enfermer en nous même, l'inconscient est ainsi, au contraire, ce qui, littéralement, nous met au monde en nous ouvrant originellement à la présence phénoménale des choses elles-mêmes, en chair et en os, comme telles. L'inconscient est ce qui nous ouvre au règne calme et insaisissable (à la fois familier et inquiétant) de la présence (indéterminée), dans lequel l'étant en totalité se déploie de manière immanente, et par l'anticipation duquel seulement, il peut être re-connu *a priori* comme étant, en tant qu'il *est*. Il n'est ce qui voile et dissimule que pour montrer, *faire apparaître* implicitement ce qu'il dissimule. C'est pourquoi il n'est pas un inconscient « profond » et il ne se distingue pas de l'implicite, car il opère la *Darstellung* de l'être.

---

448. Cette expression est de Michel Guérin. Dans *Le génie du philosophe* (Le Seuil, Paris, 1979.), il esquisse, en effet, (p. 50 à 66), une analyse des fondements de la représentation qui, par certains aspects et dans certaines limites, peut être rapprochée de la notre.

Cette ouverture implicite à la présence insondable de l'être est ce dans et par quoi l'étant peut seulement être dévoilé comme étant, c'est-à-dire en sa facticité, en sa contingence. L'être, en tant qu'il se dérobe dans un arrière plan caché de l'étant, et qu'il nous regarde d'en face sans que nous puissions le voir, est ce « fond » insondable sur lequel les étants peuvent alors se « découper » et nous apparaître ainsi comme tels en leur « épaisseur » de présence. C'est en se retirant, et en se dérobant à notre « regard », que l'être laisse apparaître les étants comme tels. L'impossibilité de « voir » l'être est cela même qui fait apparaître les phénomènes. L'étant, en son jeu de différences, nous apparaît en quelque sorte « en marge » de ce que nous essayons de voir. C'est pourquoi le dévoilement de l'étant doit être pensé comme « réciprocité adverse de l'éclaircie et de la réserve », ainsi que l'affirme Heidegger dans *L'origine de l'œuvre d'art*, de sorte que « tout étant qui vient à notre rencontre et nous accompagne maintient cette opposition insolite de la présence, en se retenant toujours à la fois en une réserve »[449].

Le théâtre tragique met en scène, en l'arrachant à l'occultation, ce qui est toujours déjà dépassé dans le *Dasein*, et donc ce qu'il y a de plus profondément caché dans son tréfonds. Il répète et met ainsi à nouveau en scène la déchirure que le *Dasein* a du assumer pour être le *Dasein* qu'il est. La tragédie montre que le *Dasein* est nativement en proie à l'*hubris*, et qu'il n'a pu véritablement accéder à lui-même comme « là » de l'être qu'en s'étant d'abord brisé sur la prépotence et le caractère insondable de l'être. Elle montre ainsi que le *Dasein* a toujours déjà du faire son *deuil* de l'être – de sa collusion originelle avec l'être dans l'*hubris* – pour pouvoir s'ouvrir ensuite à celui-ci, dans une distance essentielle infranchissable, et dans l'assomption de sa finitude radicale. La tragédie (*Trauerspiel*) exhibe donc ce deuil (*Trauer*) comme tel. Elle montre qu'il y a dans le *Dasein* une blessure, une brèche, un *trauma*, qui ne fait qu'un avec l'expérience de sa finitude et qui rend possible son ouverture à l'être. Cependant, la spécificité, l'originalité, de l'interprétation heideggerienne du tragique est de montrer qu'il est une issue positive du tragique dans le cadre du tragique lui-même. L'échec de *l'hubris* est en effet ce dans et par quoi le *Dasein*, assumant sa finitude, s'ouvre positivement, de manière *latente*, à l'ordre de la *phusis* comme tel, pour en être le « là » et en tant qu'il en participe.

Si l'épreuve du tragique est bien le sens fondamental de *l'angoisse*, celle-ci conduit, cependant, et paradoxalement, à la sérénité (*Gelassenheit*). Heidegger écrit, en effet, que « l'angoisse … entretient une secrète *alliance*

---

449. Op. cit, in *Chemins*..., p. 58.

avec la sérénité et la douceur du désir créant et agissant »[450]. En effet, le tragique est la condition de possibilité positive du *Da-sein*, c'est-à-dire d'une ouverture *latente* à l'être, à la plénitude de la présence dans laquelle nous nous tenons toujours implicitement, dans et par la finitude, c'est-à-dire dans et par une distance essentielle. Bien que nous ne puissions jamais le rejoindre, bien que la finitude et le principe d'individuation soient indépassables, nous sommes cependant en permanence ouverts à la « plénitude » (déchirée en elle-même), englobante et étrangement inquiétante de l'être, et nous participons de sa « jouissance »[451]. Le tragique ne se réduit donc pas à une épreuve du déchirement et de la ruine, mais il n'est pas non plus cette exaltation de l'ivresse dionysiaque qui ne s'emparerait de nous qu'en certains instants privilégiés. Le tragique constitue bien plutôt l'essence même du *Dasein* ; il est ce dans quoi nous nous tenons *en permanence* de manière inapparente. Tout effort pour le rejoindre qui voit en lui une expérience exceptionnelle en a donc déjà manqué le sens originel. C'est pourquoi Hölderlin et Nietzsche ont vu, chacun à sa manière, un aspect du tragique, mais leur conception de celui-ci est demeurée insuffisante.

Hölderlin est le premier à avoir vu que le tragique devait être compris à partir de la relation de l'homme à l'être comme « accouplement monstrueux » et « insoutenable », c'est-à-dire comme relation à *l'impossible*. Sur cette base il distingue, dans les *Remarques,* deux formes du tragique : le tragique proprement grec, et le tragique moderne. Le tragique proprement grec est représenté par la tragédie d'*Antigone*. Il est le tragique de la proximité excessive et mortifère du divin qui devient « immédiatement présent dans la figure de la mort ». Il est porté par le « feu oriental », par la tension « sauvage », excentrique, vers la collusion immédiate avec l'« Un-Tout » chaotique de la *phusis*, c'est-à-dire par la fascination exercée par « le monde farouche des morts ». La tragédie d'*Œdipe roi*, quant-à elle, anticipe déjà le tragique moderne au sein même du monde grec. Elle est, au contraire d'*Antigone*, la tragédie du « détournement catégorique », de la séparation radicale provoquée par la *menace* de l'« accouplement monstrueux » avec le divin. *Œdipe roi* - qui sera suivi par *Œdipe à Colone* - exhibe ainsi, « le tragique du retrait, de l'éloignement du divin. Hölderlin dira : *Gottes Fehl ;* le défaut de Dieu »[452]. Œdipe est déserté par le divin qui se sépare et se détourne de lui, et il devra apprendre à endurer ce défaut de Dieu. Le tragique est donc défini, soit par une trop grande proximité (mortifère) avec

---

450. Martin Heidegger, *Qu'est-ce que la métaphysique ?*, in *Questions I*, Gall. Paris, 1976, p. 66.

451. Dans *La parole d'Anaximandre*, Heidegger parle, en effet, de la jouissance comme essence de l'être. Cf. *Chemins*..., Gall. Paris 1980, p. 443.

452. Jean Beaufret, *Hölderlin et Sophocle,* Gérard Monfort 1983, p. 15.

le divin, soit au contraire comme une trop grande distance. Hölderlin a bien vu la contradiction constitutive du tragique, en tant qu'il est relation à l'être comme relation à l'insoutenable, au « monstrueux », à l'impensable. Cependant, il revient à Nietzsche et à lui seul d'avoir compris pour la première fois, et en dépit des insuffisances de sa conception du tragique, le sens éminemment positif de celui-ci.

Heidegger, qui rejette la pensée nietzschéenne du côté de la métaphysique, n'a, apparemment, pas mesuré la proximité qui existe entre sa propre œuvre et certains aspects de celle de Nietzsche. Après Hölderlin et avant Heidegger, Nietzsche a pourtant, lui aussi, découvert l'existence d'une Grèce tragique antérieure au rationalisme et à la métaphysique. Et il a découvert chez les Grecs un sens du tragique très éloigné de la conception moderne de celui-ci, laquelle est pessimiste et nihiliste. Dans cette œuvre de jeunesse qu'est *La naissance de la tragédie*, Nietzsche a fait un pas décisif dans la compréhension du tragique et de son sens originel. Il a découvert chez les Grecs un tragique de la joie et de l'assentiment enthousiaste à l'effrayant, à la finitude, à la mort, au déclin, et il a partiellement mis à jour le sens ontologique profond d'une telle expérience « positive » du tragique. Pour Nietzsche, la tragédie grecque exhibe, en dépit de son pessimisme apparent, ce sens proprement grec, positif et joyeux du tragique.

Dans *La naissance de la tragédie,* c'est seulement au paragraphe IX, dans le cadre de ses réflexions sur le *Prométhée enchaîné* d'Eschyle, que Nietzsche met clairement à jour le ressort fondamental de toute tragédie. La tragédie met en scène cet effort, démesuré et voué à l'échec, du héros pour transgresser les limites de l'individuation et pour retrouver l'unité primitive de l'être, c'est-à-dire le fond dionysiaque de l'étant. Voici ce qu'il écrit : « Dans son élan héroïque vers l'universel, dans ses tentatives pour transgresser les frontières de l'individuation et pour se vouloir l'unique essence du monde, l'individu doit alors endurer sur lui-même la contradiction originaire qui est cachée au fond des choses. C'est-à-dire qu'il commet le sacrilège et qu'il en souffre »[453]. Or, à travers cet effort de transgression des limites de l'individuation, et en dépit de son échec inexorable conduisant au châtiment et à l'expiation, la possibilité de retrouver l'unité primitive, de la restaurer est cependant *pressentie.* C'est certainement pour cela que - ainsi que le montrera plus tard Karl Reinhardt dans son Sophocle, au cours du commentaire d'*Œdipe roi* - l'échec du héros, sa ruine et son malheur, s'accompagnent souvent et paradoxalement d'un sentiment d'ivresse, d'une étrange délectation face à l'horreur. Voici ce qu'il écrit à propos d'*Œdipe roi* : « L'ivresse face à l'effroyable, la délectation mêlée à l'horreur : ce phénomène caractéristique de la tragédie attique

453. F. Nietzsche, *La naissance de la tragédie*, Gall. 1989 p. 81-82

pénètre ici plus que nulle part ailleurs l'attitude du héros »[454]. L'ivresse du héros et la joie paradoxale liée au tragique proviennent du fait que la tragédie, a pour essence de faire pressentir la possibilité de la restauration de l'unité dionysiaque éternelle perdue, à travers la finitude et les souffrances liées au principe d'individuation.

Cela signifie, finalement, que la tragédie nous fait pressentir que le monde phénoménal des êtres discontinus et fugitifs, voués aux souffrances et aux malheurs de l'individuation est la manifestation, dans une distance essentielle, du fond dionysiaque et éternel de l'être d'où tout provient et à quoi tout retourne. Elle nous révèle – à travers *l'hubris* qui entraîne le héros à vouloir restaurer l'unité primitive dont l'individuation l'a séparé – que les individus discontinus et fugitifs participent, cependant, de l'éternité et de la plénitude de l'être, qui ne les produit que pour les reprendre ensuite en lui-même. La tragédie est ainsi ce dans et par quoi le monde phénoménal, c'est-à-dire le monde apollinien et organisé des choses discontinues individuées et fugitives, en vient à se montrer comme manifestation du fond dionysiaque et éternel de l'être dont il participe. En dépit des apparences la tragédie exhibe donc le tragique grec comme tragique de la joie. Elle est secrètement porteuse d'un profond assentiment enthousiaste à la finitude, à l'individuation et aux souffrances qui lui sont liées, parce qu'elle fait pressentir l'éternité du fond dionysiaque qui se manifeste à travers la discontinuité des existences individuelles fugitives. Elle fait pressentir l'unité chaotique éternelle du fond dionysiaque, c'est-à-dire la « chose en soi » à travers les phénomènes déterminés, à travers l'ordre apollinien, dans et par lequel elle se manifeste. La tragédie fait entrevoir au spectateur « la Mère originelle, qui crée éternellement sous l'incessante variation des phénomènes, qui contraint éternellement à l'existence et qui éternellement, ...(se) réjouit de ces métamorphoses »[455]. Elle est cet art dionysiaque qui exhibe « ...l'éternité de la vie par delà tous les phénomènes et en dépit de tous les anéantissements »[456]. Voici donc ce qu'exprime la tragédie : « « Nous croyons à la vie éternelle » voilà ce que proclame la tragédie »[457]». Et c'est pour cette raison que Nietzsche pourra affirmer que Dionysos est le seul véritable héros de la tragédie de sorte que « toutes les figures illustres du théâtre grec, Prométhée, Œdipe, etc., ne sont que des masques de ce héros primitif »[458].

La tragédie, nous conduit ainsi à voir - à travers les péripéties du drame - le monde apollinien des êtres voués à l'individuation et souffrant de

454. Karl Reinhardt, *Sophocle*, Minuit, 1990 p. 176.
455. F. Nietzsche, *La naissance de la tragédie,* Gall. P. 115.
456. Ibid. p. 114.
457. Ibid. p. 114.
458. Ibid. p. 83.

celle-ci, du point de vue du fond dionysiaque et éternel de l'être. Elle nous révèle que nous participons, en dépit de notre finitude, et par delà celle-ci, de l'éternité de l'être. Elle nous ouvre à notre propre collusion avec le fond dionysiaque de l'être, et elle nous conduit alors à voir le monde apollinien dont nous participons du point de vue de cette collusion originelle. Le spectateur assistant à la représentation de la tragédie voit, à travers le drame, le monde phénoménal et apollinien voué à la finitude dont il participe, du point de vue de sa propre collusion originelle avec le fond dionysiaque éternel de l'être. Le drame, qui présente une action organisée mettant en scène différents individus, appartient à l'univers apollinien des formes. Cependant, dans la mesure où il présente l'effort démesuré du héros pour transgresser les limites de l'individuation et pour restaurer l'unité dionysiaque, il apparaît au spectateur comme une manifestation, dans des formes apolliniennes, du fond dionysiaque dont lui-même, comme tous les êtres, participent. Le spectateur du drame tragique s'ouvre ainsi à sa collusion avec le fond dionysiaque de l'être tandis que le drame lui apparaît comme la manifestation apollinienne de ce fond. Le sens profond du spectacle tragique, tel qu'il est compris par la pensée nietzschéenne, ayant été mis à jour, nous allons pouvoir, maintenant, esquisser l'interprétation particulière que Nietzsche donne de la tragédie.

La tragédie est née du chœur, qui était au départ un chœur de satyres auquel les spectateurs étaient mêlés. Les satyres représentent l'homme ayant rompu les barrières de l'ordre culturel et étant retourné à la confusion dionysiaque avec la nature. Or, dans la mesure où il n'y avait pas de différence foncière entre le chœur et le public, les spectateurs pouvaient s'identifier aux choreutes. Dans l'enthousiasme de l'ivresse dionysiaque, le spectateur se voit alors, en quelque sorte, métamorphosé en satyre, et il « ...perçoit, extérieure à lui, une nouvelle vision qui est l'accomplissement apollinien de son état »[459]. Cette vision est le drame lui-même, l'action tragique. Le drame apparaît ainsi comme la projection, ou encore l'objectivation apollinienne, de l'ivresse dionysiaque du chœur, dont la contagion a gagnée le spectateur. Il apparaît alors finalement que la tragédie n'est rien d'autre que le chœur dionysiaque qui se « détend » de manière à projeter hors de lui un monde d'images apolliniennes. « ...La tragédie grecque, ce n'est pas autre chose que le chœur dionysiaque ne cessant de se décharger dans un monde apollinien d'images constamment renouvelé »[460]. Le drame tragique est l'objectivation, la transfiguration dans des formes individuées et dans le cadre d'une action structurée de l'état dionysiaque.

A travers cette interprétation audacieuse de la tragédie grecque Nietzsche a donc compris, pour la première fois, le sens positif du tragique

469. Ibid. p. 74.
460. Ibid. p. 74.

comme ouverture originelle à l'être, dans et par la finitude même et les souffrances liées au principe d'individuation. De ce point de vue il semble bien anticiper, à sa manière et dans un langage qui lui est propre, certains aspects des analyses de *Introduction à la métaphysique.* Cependant, dans sa façon de penser la contradiction et le déchirement inhérents au tragique, Nietzsche met finalement l'accent, de manière quasi exclusive, sur l'identification de l'homme au fond dionysiaque de l'être, et sur cette base, il fait du tragique une expérience véritablement mystique d'ivresse dionysiaque. L'expérience dionysiaque qui est l'essence même du tragique conduit, en effet, à « ...une ivresse...qui cherche...à anéantir toute individualité pour la délivrer en un sentiment mystique d'unité »[461]. La tragédie nous ouvrirait, finalement, à notre collusion totale, à notre identification avec l'être, et exalterait donc en nous le dynamisme de l'ivresse dionysiaque à travers lequel est préfigurée, dès *La naissance de la tragédie,* la philosophie ultérieure de la volonté de puissance. Or, une telle conception du tragique nous paraît déboucher sur une dénégation de celui-ci, car le principe d'individuation est indépassable. L'individuation est, à la fois relative, et cependant, absolument irréductible : tel est le paradoxe ou la contradiction propre au tragique, mis à jour par Heidegger dans *La parole d'Anaximandre.*

Le tragique, compris de manière originelle et relié à la notion d'inconscient, n'est pas une expérience exceptionnelle d'« ivresse dionysiaque », mais il est cela même qui rend originellement possible le *Dasein* en nous. Il rend possible notre ouverture primaire au monde et aux choses, c'est-à-dire au *Zeit-Spiel-Raum* ou encore à la « libre étendue » de la Contrée en tant que telle. En effet, « ...les choses sont choses par l'acte opposant de la libre Etendue »[462]. Et « la Contrée comme si rien ne se produisait, rassemble toutes choses, les mettant en rapport l'une avec l'autre et toutes avec toutes ; elle les ramène à reposer en elles-mêmes et à demeurer en ce repos »[463]. La Contrée est ce déploiement originel de l'unité des contrastes op-posés, ordonné à la dimension insondable et hétérogène de l'être. « La Contrée est à la fois l'étendue et la durée. Elle fait durer ce qu'elle conduit dans l'étendue du repos »[464]. La Contrée se déploie donc dans et par le temps. Or, « Le temps lui-même en l'entier de son déploiement ne se meut pas, il est immobile et en paix »[465]. Cette ouverture au règne « immobile » de la présence, ordonné à une dimension hétérogène, reposant en elle-même et déployée en Contrée, dans laquelle nous nous tenons, et

461. Ibid. p. 46.
462. Martin Heidegger, *Pour servir de commentaire à Sérénité*, in *Questions III,* Gall. Paris, 1980, p. 206.
463. Ibid. p. 193.
464. Ibid. p. 194.
465. Martin Heidegger, *Acheminement vers la parole*, Gall. Paris, 1976, P. 200.

dont nous sommes le « là », est la sérénité (*Gelassenheit*). « La sérénité vient de la libre Etendue, parce qu'elle consiste en ceci que l'homme tourné vers la libre Etendue, demeure serein et confiant »[466]. Cette sérénité dans l'ouverture à la « magie » de la Contrée, c'est-à-dire dans l'ouverture à la plénitude insondable de la présence, que rend possible le tragique, est présente en nous, *en permanence*, de manière implicite (ou encore inconsciente), et au sein même de la banalité quotidienne. Cependant, cette ouverture à l'être (à la *phusis*), qui demeure seulement *latente* ou implicite dans l'existence facticielle concrète, n'apparaît au grand jour que dans l'œuvre d'art.

466. Martin Heidegger, *Pour servir de commentaire à Sérénité,* in *Questions III,* Gall. Paris, 1980, p. 203.

CHAPITRE IV

L'essence de l'art et l'habitation poétique

Pour Aristote la *phronesis* qui porte la *Praxis* n'est pas l'accomplissement le plus haut de l'existence, car, au-dessus d'elle, s'élève encore la *théoreia*, qui est la *praxis* suprême. D'une manière un peu comparable (dans certaines limites), Heidegger va découvrir dans les années trente que ce n'est pas dans la « résolution devançante » en tant qu'accomplissement de la *praxis*, mais dans et par l'expérience de l'art que l'existence trouve son authenticité la plus haute. Cependant, cela ne peut apparaître que si l'art est d'abord arraché à son interprétation courante, c'est-à-dire à l'Esthétique. D'après cette conception moderne l'œuvre d'art serait un objet disponible, fabriqué dans le but de procurer, par sa forme, une jouissance esthétique[467]. L'art apparaît alors comme simple objet de consommation : il appartient à la consommation culturelle. Le questionnement heideggerien sur l'art, qui sera développé à partir des années trente et en particulier dans la conférence de 1935 *L'origine de l'œuvre d'art*, procède, tout d'abord, d'une tentative fondamentale pour arracher l'art à l'Esthétique.

Pour Heidegger l'essence de l'art ne peut être approchée que si l'on mesure qu'il est fondamentalement, *dévoilement de l'être*. Cela signifie que l'œuvre d'art a pour essence d'arracher à l'occultation la vérité originelle, l'*aletheia*, qui habituellement se tient en retrait dans le *Dasein*. Voici, en effet, ce qu'écrit Heidegger dans le Supplément ajouté en 1960 à la conférence de 1935 : « tout l'essai sur l'*Origine de l'œuvre d'art* se meut sciemment, et pourtant sans le dire, sur le chemin de la question de l'essence

---

467. Martin Heidegger, *L'origine de l'œuvre d'art*, in *Chemins…*, Gall. Paris, 1996, p. 90.

de l'être. La méditation sur ce qu'est *l'art* est entièrement et décisivement déterminée par la seule question de l'*être*. L'art n'est pas pris comme domaine spécial de réalisation culturelle, ni comme une des manifestations de l'esprit. L'art advient de la *fulguration* à partir de laquelle seulement se détermine le « sens de l'être » (cf. *Sein und Zeit*) »[468]. L'œuvre d'art comprise en son essence ne se réduit donc absolument pas à un objet disponible offert à la consommation culturelle, mais il est le lieu fondamental dans lequel la vérité de l'être, l'*aletheia*, est exhibée. Et, ainsi que le texte cité le suggère, c'est bien dans et par l'art que le *Dasein* s'accomplit comme tel.

Dans l'existence facticielle concrète, y compris sous sa forme authentique, le dévoilement (l'*Unverborgenheit*), comme dévoilement de l'être (de la *phusis*), demeure en retrait. Il demeure en effet latent et affleure seulement à travers l'obscurité des sensations. C'est par cette ouverture *latente* à la *phusis*, dans et par ce dévoilement de l'être *en son retrait*, que l'étant peut alors venir en avant comme tel et se déployer, originellement, comme *phénomène*, tandis que le *Dasein* s'ouvre à sa propre finitude radicale d'être jeté dans le monde, au sein des phénomènes. Dans l'existence facticielle concrète, la vérité originelle, l'*aletheia* comme dévoilement de l'être (de l'omniprésence insondable et incommensurable de la *phusis*), demeure donc en retrait, elle demeure latente. La vérité de l'être ne peut donc apparaître que si elle est arrachée à l'occultation, exhibée, portée au grand jour.

La vérité originelle, qui demeure généralement *latente*, devra alors, pour apparaître comme telle, être pro-duite et ainsi *mise en œuvre* (*Ins-Werk-Setzen*[469]). Pour être exhibée, la vérité originelle relèvera d'une *poiesis* et d'une *techné*, c'est pourquoi elle ne viendra au jour que dans et par l'œuvre d'art. L'art est cette pro-duction, ce pro-duire (*Her-vor-bringen*), qui a pour essence d'arracher l'être à l'occultation en le mettant en œuvre. Voici ce qu'écrit Heidegger dans *Introduction à la métaphysique* : « L'œuvre de l'art n'est pas au premier chef une œuvre en tant qu'elle est opérée, faite, mais parce qu'elle effectue l'être dans un étant. Effectuer signifie ici mettre en œuvre ; et dans cette œuvre vient au paraître l'épanouissement perdominant de la *phusis* »[470]. Dans la mesure ou la vérité doit ainsi être pro-duite, il y a, en quelque sorte, dans la vérité une *attraction vers l'œuvre*[471]. Cela signifie qu'il y a pour celle-ci une nécessité de se manifester et de s'accomplir dans et par l'œuvre d'art. Or, cette nécessité pour le dévoilement de l'être (pour l'*aletheia*), de s'accomplir par la production d'une œuvre exige une

468. Ibid. p. 97.
469. Martin Heidegger, *L'origine de l'œuvre d'art* in *Chemins...*, 1996, p. 93.
470. Martin Heidegger, Op. Cit. P. 166.
471. Martin Heidegger, *L'origine de l'œuvre d'art* in *Chemins*...p. 69.

explication précise, qui, seule, nous donnera la clef du sens, en partie impensé, de la méditation heideggerienne sur l'art.

L'*Unverborgenheit* comme dévoilement de la *phusis* se tient, nous l'avons dit, habituellement et nécessairement, *en retrait* dans le *Dasein*. Or, ainsi que nous l'avons montré dans la deuxième partie – dans le cadre de notre interprétation du sens impensé de *Kant et le problème de la métaphysique* – ce dévoilement originel de l'être, qui est habituellement *latent* dans le *Dasein*, est rendu possible par l'imagination transcendantale en tant que « spontanéité réceptive ». L'imagination transcendantale, articulée à la mémoire et portée par l'angoisse, est cette « spontanéité réceptive » qui laisse faire encontre à l'être (au *Chaos* déployant en lui la *diké*) *en tant* qu'il se dérobe et qu'il demeure irreprésentable. Elle est cette pensée originelle, qui a pour essence de produire spontanément, *a priori*, des « esquisses » de l'être, de manière à le *présenter* et à *l'accueillir* en tant qu'il se dérobe, et qui est toujours à l'œuvre *de manière latente* dans le tréfonds du *Dasein*. L'essence de l'art va consister à arracher à l'occultation et à *déployer pleinement* ce travail de l'imagination transcendantale, qui d'abord, s'accomplissait de manière seulement latente dans le *Dasein*. C'est donc sur la base d'une compréhension du sens impensé de l'interprétation heideggerienne de l'imagination transcendantale que son interprétation de l'essence de l'art peut seulement être approchée.

L'œuvre d'art est fondamentalement poésie, en ce sens que les autres arts ne sont possibles que sur la base du dévoilement primaire de l'être qui est porté par la langue, c'est-à-dire qui advient dans le dire poétique. Heidegger écrit, en effet, dans *L'origine de l'œuvre d'art*, que « ... l'architecture et la sculpture n'adviennent jamais que dans l'ouvert du dire et du nommer : elles en sont régies et guidées »[472]. C'est pourquoi, « ...tout art est fondamentalement poème »[473]. La poésie, ainsi comprise comme cet art fondamental qui porte, rend possible et enveloppe en lui, l'ensemble des autres arts, constitue l'essence originelle de la *poiesis*[474]. Elle est cette pro-duction qui arrache à l'occultation et ainsi développe, déploie pleinement, les esquisses de l'essence de l'être (de la structure de la *phusis* en tant qu'elle est ordonné au *Chaos* insondable) qui étaient déjà présentes, mais de manière seulement *latente* dans le *Dasein*. L'essence de l'art consiste donc à dévoiler l'être en son hétérogénéité irreprésentable même, et à l'accueillir comme tel, en l'imaginant « spontanément », « librement », à travers des « esquisses » ou des « schèmes ». L'être qui se dérobe et

472. Martin Heidegger, Op. Cit. in *Chemins...*, Paris, Gall. 1996, P. 84

473. Ibid. p. 81.

474. Martin Heidegger, *Achèvement de la métaphysique et poésie*, Paris, Gall. 2005, p. 126 à 128.

demeure inapprochable est ainsi exhibé à travers des « images poétiques » et des « figures », qui en sont les esquisses imaginatives.

La thèse centrale de *L'origine de l'œuvre d'art* est que l'art a pour essence de dévoiler, d'exhiber, de faire apparaître au grand jour, l'ouverture originelle du monde en tant qu'elle est ordonné à la dimension informe, refermée, insondable et indécelable de la *Terre*. Cette dimension effrayante et hétérogène qu'est la *Terre*, en tant qu'elle est ce à partir d'où et ce vers quoi se déploie le monde, est donc le thème fondamental de l'art. Ainsi l'œuvre d'art n'use pas de la *Terre* comme d'un matériau, mais elle « ...la libère précisément à elle-même »[475]. C'est pourquoi : « l'œuvre porte et maintient la terre elle-même dans l'ouvert d'un monde. L'œuvre libère la terre pour qu'elle soit une terre »[476]. Or, nous l'avons vu dans la partie précédente, ce que Heidegger nomme la *Terre* dans *L'origine de l'œuvre d'art* est ce fond informe hétérogène et insondable de l'étant dans son ensemble qu'il nommera *Chaos* dans son interprétation de l'hymne de Hölderlin, *Comme au jour de fête...* en 1939. C'est pourquoi le grand art a pour essence même, d'ouvrir à la dimension effrayante et hétérogène du *Chaos* dans l'immanence duquel se déploie l'ordre du monde, l'ordre de la *diké*. Les grandes œuvres nous arrachent donc à l'accomplissement quotidien, ordinaire et rassurant de l'existence de sorte que par elles « ... l'énormité (*das Ungeheure*) fait éclat, faisant éclater ce qui jusqu'ici paraissait normal »[477]. C'est pourquoi il y a un « choc » fondamental du « *quod* » de l'œuvre[478], qui tranche sur l'accomplissement quotidien de l'existence.

Dans la mesure où l'art *exhibe* et fait apparaître à travers des œuvres l'essence même de l'être en tant qu'elle est cette dimension hétérogène, inapprochable et effrayante à laquelle nous ne sommes habituellement ouverts que de manière *latente*, il nous reconduit ainsi vers notre propre « collusion originelle » avec celle-ci dans l'*hubris*. L'art fait apparaître à nouveau ce qui, en l'homme, a été rejeté dans la latence. Il exhibe cette dimension hétérogène et cachée en l'homme qui est sa collusion originelle avec l'être. Il exhibe à nouveau ce qu'il y a de plus inquiétant : « l'accouplement monstrueux » de l'homme et du divin, ou encore sa collusion originelle avec la puissance panique de la nature. L'art exhibe ainsi l'*hubris*, rejetée dans le tréfonds du *Dasein*, et il fait apparaître à nouveau ce qui est dépassé mais qui se « rejoue » en permanence en lui. Il montre ainsi comment l'*hubris* se brise sur la prépotence de l'être qui demeure insondable. Autrement dit, il appartient à la nature même de l'art d'exhiber le tragique qui constitue l'essence du *Dasein*. Exhiber l'être en tant qu'il est

475. Martin Heidegger, *L'origine de l'œuvre d'art*, Gall. Paris, 1996, p. 72.
476. Ibid. p. 50.
477. Ibid. p. 74.
478. Ibid. p. 74.

l'hétérogène inapprochable et exhiber le tragique comme épreuve propre au *Dasein* de cette dimension hétérogène et prépotente sont une seule et même chose. C'est pourquoi la tragédie est l'œuvre d'art par excellence, ainsi que le montre Heidegger, nous l'avons vu, dans *Introduction à la métaphysique.*

Pour Heidegger, la Grèce « pré-platonicienne » de la poésie mythique, de la tragédie et de la philosophie présocratique (qui est encore poésie), a été – dans une certaine mesure – à la hauteur du *Dasein* en son authenticité. L'art grec tel qu'il apparaît dans la poésie mythique et dans la tragédie exhibe donc, dans une certaine mesure, l'essence même de l'art. Mais il est cependant essentiel de *déconstruire* l'art grec, car il se présente comme mythe et il tend ainsi à se « figer » en religion. Il est essentiel de mesurer, en effet, que pour Heidegger le mythe doit être interprété comme *poésie* et comme *œuvre d'art* et *jamais le contraire.* Nous allons voir maintenant ce que cela signifie.

Dès *Les hymnes de Hölderlin : La Germanie et Le Rhin*, Heidegger affirme que la poésie possède un « contenu plastique » essentiel , en ce sens qu'elle produit des *images* et qu'elle se déploie fondamentalement par « ajointement d'images »[479]. Il appartient donc à l'essence même de la poésie d'être production plastique, *poiesis*, de produire des « figures » ou des images. C'est en ce sens que la poésie est fondamentalement *imagination* Or, le propre de l'image poétique est qu'elle n'explicite pas mais qu'elle voile au contraire. « L'image ne doit pas expliciter mais voiler, ne pas rendre familier mais exceptionnel, ne pas rapprocher mais situer à distance... »[480]. Dans la conférence de 1951, *« ...L'homme habite en poète... »*, Heidegger a développé et précisé le sens de cette analyse. Il affirme que les images poétiques ne sont pas des représentations, des copies ou des imitations, mais qu'elles sont, par excellence, des produits de l'imagination, parce qu'elles ont pour essence même de mettre originellement en image *l'Invisible.* La poésie a donc pour essence de présenter l'essence hétérogène et irreprésentable de l'être – du *Chaos* en tant qu'il déploie en lui la *diké* – à travers des « figures », c'est-à-dire en lui donnant l'apparence du « familier », du visible. Voici ce qu'écrit Heidegger : « L'essence de l'image est de faire voir quelque chose. Par contre les copies et les imitations sont déjà des variétés dégénérées de la vraie image qui, comme aspect, fait voir l'Invisible et ainsi l' « imagine », le faisant entrer dans une chose qui lui est étrangère. ...Aussi les images poétiques sont-elles par excellence des imaginations (*Ein-Bildungen*) : non de simples fantaisies ou illusions, mais des imaginations en tant qu'inclusions visibles de l'étranger dans

479. Op. cit. Gall. Paris, 1988, p. 114-115.
480. Ibid.

l'apparence du familier »[481]. Or, s'il est vrai que l'essence de la poésie est *imagination* et qu'elle est ainsi pro-duction et agencement d'images propres à présenter l'Invisible *comme tel*, cela veut dire alors que le mythe grec – déconstruit et regagné jusqu'à ce qui est demeuré impensé en lui – n'est rien d'autre qu'un dévoilement de l'essence irreprésentable de la *phusis* comme telle, à travers l'imagination, c'est-à-dire à travers la « création poétique » des « figures » des dieux.

Dans le séminaire sur Héraclite qu'il dirigea avec Eugen Fink, Heidegger déclara: « Les Grecs n'ont pas cru à leurs dieux »[482]. Cette phrase signifie tout d'abord que les Grecs étaient totalement étrangers à la notion de croyance ou de foi, laquelle ne prend son sens que dans le cadre du monothéisme. Mais elle peut signifier aussi, bien que Heidegger ne le dise pas, que les dieux grecs n'étaient finalement que des images poétiques, propres à dévoiler l'essence de la *phusis* comme telle, en tant que le *Dasein* se situe en elle et se sent « concerné » ou encore « regardé » par elle[483]. Dans le cadre de cette interprétation, qui nous paraît exhiber le sens, en partie impensé, de la conception heideggerienne de l'art, le mythe apparaît comme pure poésie, c'est-à-dire comme mise en œuvre de l'imagination transcendantale en tant que pensée originelle du *Dasein*. Il n'est rien d'autre alors qu'un dévoilement de la *phusis* en sa dimension insondable et incommensurable. Les dieux chthoniens, qui sont les plus anciens, sont des figures de la *Wirrnis* ou de la *Gewalt*, du fond informe hétérogène et insondable de l'être. C'est, en effet, à travers les images des monstres chthoniens apotropaïques, dont Méduse est la figure emblématique, que les Grecs ont tracés, en les élaborant *a priori* de manière imaginative, les esquisses poétiques de l'être et qu'ils se sont placés sous le « regard » insoutenable et effroyable du fond chaotique de l'étant en totalité. Voici ce qu'écrit Jean-Pierre Vernant à propos de la Gorgone : « Le masque monstrueux de Gorgô traduit l'extrême altérité, l'horreur terrifiante de ce qui est absolument autre, l'indicible, l'impensable, le pur chaos »[484].

Les figures multiples des dieux ouraniens, quant-à elles, exhibent à travers leurs rapports conflictuels, c'est-à-dire à travers leur accord dans la dissension, cet ordre de la différence déployant le *cosmos* qu'est la *Moïra* ou la *diké*. Par ailleurs, à travers la lutte des anciens et des nouveaux dieux le mythe dévoile le déploiement du *Cosmos* dans l'immanence même du

---

481. Martin Heidegger, *« ...l'homme habite en poète... »*, in *Essais et conférences*, Gall. Paris, 1976, p. 240-241.

482. Martin Heidegger et Eugen Fink, *Héraclite*, Gall. P. 22.

483. Il est essentiel de noter que de nombreux créateurs (peintres, poètes ou écrivains) ont dit s'être sentis regardés par les choses. Cf. par exemple : Ernst Jünger, *Le contemplateur solitaire*, Grasset, Paris, 1992, p. 40, et Maurice Merleau-Ponty, *L'œil et l'esprit*, Gall. Paris, 1964, p. 31.

484. Jean-Pierre Vernant, *La mort dans les yeux*, Hachette, Paris, 1986, p. 12.

Chaos. La *Moïra* comme ordre des contrastes est ce dans et par quoi le *Chaos* hétérogène, excédant et englobant « mondifie » (sans raison) et de manière immanente. Le mythe exhibe donc, à travers des figures, des images poétiques, le règne insondable, incommensurable et *irreprésentable* de la présence *illimitée* « mondifiant » sans raison de manière immanente. Il n'exhibe rien d'autre à travers des images poétiques, que la merveille irreprésentable de l'omniprésence, qui se déploie sans fond et épuise son sens à « être ».

Le mythe, compris jusqu'à ce qui demeure impensé en lui, n'est donc rien d'autre que poésie. C'est pourquoi il ne s'agit pas de retrouver le mythe mais bien la poésie comme essence du *Da-sein*. Il ne s'agit pas de répéter les Grecs, mais uniquement de devenir nous-mêmes. La poésie, en tant qu'œuvre de l'imagination transcendantale, est l'essence originelle de la pensée. Voilà ce qui demeure profondément méconnu : « Ce caractère de la pensée, qu'elle est œuvre de poète, est encore voilé »[485]. La poésie comme manifestation de l'imagination transcendantale regagne ainsi pour le faire apparaître en le mettant en œuvre, ce dévoilement originel de la structure ontologique du monde qui rend possible « ensuite » le dévoilement originel de l'étant en totalité comme phénomène. C'est pourquoi le « grand art », qui exhibe l'essence de l'être, rend ensuite possible la nomination poétique de l'étant comme phénomène. La poésie regagne et déploie l'ouverture primaire du *Dasein* au monde et, en tant que tragédie, elle regagne l'essence même du *Dasein*. Elle regagne ainsi simultanément, l'ouverture originelle du *Dasein* (aussi bien en tant qu'individu qu'en tant que peuple), au monde et à lui-même. La poésie, c'est-à-dire l'art, constitue donc secrètement l'essence du *Dasein* authentique.

L'œuvre d'art nous ouvre à l'en deçà insondable du monde visible, du monde phénoménal, à ses soubassements cachés qui dans l'existence quotidienne n'apparaissent pas. En même temps, dans et par la tragédie, il arrache à l'occultation ce qui, habituellement et nécessairement, demeure latent et caché dans le tréfonds du *Dasein*. Dans *La parole d'Anaximandre* Heidegger suggère, à travers l'évocation de la figure de Calchas, le devin des Atrides, que la création artistique – qui nous arrache au présent pour nous reconduire à la plénitude insondable de la *présence* incluant en elle l'absence (le passé et l'avenir), et d'ou surgit toute venue en présence – est « voyance poétique ». Voici les extraits essentiels de ce texte étonnant :

« Le voyant voit, dans la mesure où il a vu toutes choses comme présentes (…) Il en est capable de par la *mantosuné* que lui a accordée le dieu. Le voyant, *o mantis*, est le *maïnomenos*, le frénétique. Or, en quoi consiste l'essence de la frénésie ? Le frénétique est hors de lui. Il est parti

485. Martin Heidegger, *L'expérience de la pensée*, in *Questions III et IV,* Gall. Paris, 1996, p. 37.

...de la simple affluence de l'actualité immédiate, de ce qui n'est présent que présentement ... Le voyant est parti hors de lui-même, en l'amplitude unie de la présence de ce qui, en toutes guises, est présent (...) La frénésie de la transe voyante ne consiste pas en ce que le frénétique se démène, roulant les yeux et se tordant les membres. La frénésie de celui qui voit peut s'accompagner du calme non spectaculaire d'un recueillement du corps. Pour le devin, tout présent et absent est rassemblé et sauvegardé en une seule présence (...) Le voyant est celui qui a déjà vu le tout du présent dans la présence ...Avoir vu est l'essence du savoir (...) Le savoir est mémoire de l'être. C'est pourquoi *Mnemosuné* est la mère des muses »[486].

La création poétique arrache à l'occultation ce qui se tenait déjà en retrait dans la latence. C'est pourquoi l'imagination poétique est en même temps, et fondamentalement, mémoire. Cette anamnèse s'oppose totalement à la réminiscence platonicienne, car elle est dépossession de soi, ouverture à une pensée aveugle *de* l'être (au sens double du génitif) se déployant dans le *Dasein*. L'œuvre d'art permet alors une approche de l'être comme tel, dans une « expérience limite ».

En tant que relation étrangement inquiétante à l'impossible, à « l'insoutenable », l'expérience poétique propre à l'art, ne peut-être, en effet, qu'une « expérience limite » et fugitive, à partir de laquelle le *Dasein* est à nouveau et nécessairement *renvoyé* à l'existence facticielle enracinée dans la quotidienneté. Cette existence facticielle concrète, qu'elle soit déchue ou qu'elle soit au contraire authentique, est ainsi l'horizon absolument indépassable de toute existence. L'au-delà du monde sensible auquel nous ouvrent l'art et la poésie n'est que l'en deçà insondable et « inapprochable » de ce même monde qui est le seul monde. Notre ouverture à cet en deçà abyssal et effrayant est donc le détour qui nous renvoie au monde phénoménal, et nous ouvre à lui pour d'autant mieux nous y « enchâsser » en tant qu'il nous revient de l'habiter, dans et par l'existence facticielle concrète. C'est pourquoi, dans la conférence *« ...L'homme habite en poète... »*, Heidegger affirme que « la poésie ... est la prise de la mesure, par laquelle s'accomplit la mesure aménageante de la condition humaine »[487]. Le « choc » de l'œuvre d'art, qui nous ouvre à l'inconnu, à l'insoutenable et à l'inapprochable comme tels, c'est-à-dire au *sacré*, est ce par quoi l'existence est simultanément renvoyée à son « exil » *essentiel* hors de l'être, c'est-à-dire à sa finitude, à sa mortalité et à son *habitation* dans le monde phénoménal. Le *Dasein* trouve donc sa *mesure* en s'ouvrant et en se confrontant à *l'incommensurable* comme tel, à l'hétérogène, dans et par l'art. C'est pourquoi la poésie comme prise de mesure est fondamentalement un

486. Op. cit. in *Chemins*...Gall. Paris, 1996, p. 418-420.
487. Op. cit. in *Essais et conférences*, Gall. Paris, 1976, p. 235.

« faire habiter »[488]. Heidegger peut alors écrire que « la poésie est la puissance fondamentale de l'habitation humaine »[489]. L'ouverture du *Dasein* à ce qui n'est que l'« envers » inapprochable et effrayant du monde phénoménal lui-même, le *renvoie* et *l'ouvre* à ce monde qui est le seul monde et dont la plénitude de présence englobante et excédante épuise toute réalité possible. L'œuvre d'art, comme ouverture à l'insondable, à l'inapprochable, arrache l'homme à l'illusion d'une relation « extérieure » et « souveraine » avec le monde, conçu comme un ensemble d'étants présents « là devant ». Elle le renvoie à la finitude radicale de son être jeté au beau milieu du monde phénoménal englobant.

L'art, qui ouvre l'homme à l'en-deça « inapprochable » du monde phénoménal, le renvoie donc à son habitation en lui et ainsi à l'existence facticielle et quotidienne en tant qu'elle est indépassable. Or, la réciproque est vraie. C'est dans la mesure *seulement* où l'homme assume sa finitude et se délivre son être jeté dans le monde phénoménal – auquel il laisse faire encontre comme ce en quoi il habite – qu'il s'ouvre alors simultanément, de manière le plus souvent inapparente, latente, à la plénitude englobante et effrayante de l'être (de la *phusis*), c'est-à-dire au *sacré*. C'est seulement en assumant sa finitude d'« être-dans-le-monde » dont l'existence est toujours vouée, dans une certaine mesure, à la préoccupation affairée et à la banalité quotidienne, que l'homme peut s'ouvrir alors véritablement et originellement à la dimension hétérogène et étrangement inquiétante de l'être, c'est-à-dire au *sacré*, dans et par l'art et la poésie. L'« habitation poétique » ne requiert aucune performance particulière, mais suppose au contraire la capacité de reconduire nos pas là où, toujours déjà, nous avons séjour. C'est tout le sens de la formule célèbre – « ici aussi les dieux sont présents » - par laquelle Héraclite, qui se chauffait auprès d'un four de boulanger, encouragea des visiteurs à entrer. Voici ce qu'écrit Heidegger à ce propos dans la *Lettre sur l'humanisme* : « ... « ici aussi », près du four, en cet endroit sans prétention, où chaque chose et chaque situation, chaque action et chaque pensée sont familières et courantes, c'est-à-dire accoutumées, « en cet endroit même », en ce monde de l'accoutumé, *einaï théous*, c'est bien là que les dieux sont présents »[490]. Cette anecdote permet alors à Heidegger d'expliquer une sentence d'Héraclite qui révèle l'essence originelle de l'éthique, de l'*ethos*. Cette sentence est la suivante : « *ethos anthropo daïmon* ». Heidegger la traduit alors de la manière suivante : « le séjour accoutumé (*geheure*) est pour l'homme le domaine ouvert à la présence du dieu, de l'in-solite (*des Ungeheuren*) »[491]. C'est dans et par la finitude de l'être jeté dans le monde

---

488. Ibid. p. 227.
489. Ibid. p. 244.
490. Op. cit. Aubier, Paris, 1977, p. 151.
491. Ibid.

assumée comme telle – et donc à travers l'existence quotidienne banale vouée à la préoccupation affairée au sein du monde qu'implique cette finitude – que l'ouverture « poétique » à la vérité de l'être, c'est-à-dire à l'essence originelle et dépaysante du *sacré* devient alors seulement possible. Il ne s'agit pour Heidegger de rien d'autre que de rétrocéder vers le *Da-sein* qui nous constitue fondamentalement. Il s'agit de retrouver l'ouverture au monde dans laquelle nous sommes déjà, mais que nous avons toujours déjà, en même temps, franchi d'un saut.

Il apparaît au terme de ces analyses que l'existence du *Dasein* présente trois niveaux hiérarchisés. Ces trois niveaux sont respectivement : la préoccupation affairée au sein de l'étant dévoilé dans l'horizon de la *Zuhandenheit*; l'existence authentique dans l'ouverture aux *phénomènes*, comme liberté finie et temporalité originaire portée par l'anticipation de la mort, au sein de laquelle l'ouverture à l'être demeure *latente* ; enfin l'épreuve de la vérité de l'être *arraché à l'occultation*, c'est-à-dire l'épreuve de la dimension effrayante du sacré (ainsi que de l'essence tragique et inquiétante du *Dasein*), comme *expérience limite* dans et par l'œuvre d'art (dont l'essence est poésie), et en tant qu'accomplissement suprême de l'existence.

CHAPITRE V

Esquisse d'une déconstruction de la théorie psychanalytique de l'inconscient

L'inconscient, dans son sens ontologique originel, est présent chez les Grecs sans avoir besoin d'être nommé comme tel. Il se manifeste dans leur poésie mythique la plus ancienne, dans la mesure où elle est portée par l'*enthousiasmos* du poète, qui est, en quelque sorte, dépossédé de lui-même et intérieurement « transporté » par les Muses, c'est-à-dire les filles de *Mnémosuné* dont Heidegger dit qu'elle est « la mémoire de l'être ». Or, c'est à partir d'une méditation de la poésie mythique et tragique grecque que Heidegger s'est approché, sans avoir pu l'assumer comme telle, de la pensée d'un inconscient ontologique du *Dasein*. Freud, de son côté, et c'est remarquable, a forgé son concept d'inconscient, en puisant à la même source que Heidegger, celle de la tragédie grecque. Cependant, il n'a exhibé l'inconscient que pour en méconnaître le sens ontologique originel, en lui conférant immédiatement un sens psychologique. La psychanalyse doit donc, nous semble t-il, faire l'objet d'une déconstruction, sur les bases de la pensée heideggerienne, propre à mettre à jour ce qu'elle n'a exhibé que pour le défigurer et le méconnaître aussitôt. C'est seulement sur la base d'une telle déconstruction qu'elle pourra alors, en retour, apporter sa contribution à l'analytique du *Dasein*.

L'idée d'un narcissisme primaire, c'est-à-dire d'une *hubris* originelle, qui doit d'abord se briser sur la loi, et dont le refoulement permet à l'homme d'accéder à l'ordre symbolique (comme ordre de la différence), à travers une position inconsciente dans et par laquelle il va assumer sa finitude, son statut de « manque à être », et de « sujet décentré », est le noyau central de la théorie psychanalytique. Or, ce noyau central n'est rien d'autre qu'une ré-appropriation pensante de la conception de l'homme chez les poètes tragiques grecs. Profondément inspiré par une méditation de la tragédie, Freud a forgé son concept de l'inconscient à partir de l'idée de la nécessaire assomption par l'homme de sa propre finitude dans le dépassement de *l'hubris* originelle. Une telle pensée de l'homme, n'est ainsi rien d'autre qu'une ré-appropriation du tragique puisant en amont non seulement de la philosophie du sujet, mais de toute métaphysique. Cette démarche nous paraît, en dépit de l'orientation psychologique et purement anthropologique qui a été finalement la sienne, assez proche, par certains de ses aspects, de celle qu'a opéré Heidegger dans *Introduction à la métaphysique.* Il nous semble donc qu'elle doit pouvoir être « déconstruite » et réinterprétée sur les bases exclusives de la pensée heideggerienne et de son orientation ontologique.

Toutefois, ainsi que l'a établi Jean-Marie Vaysse dans *L'inconscient des_modernes,* Freud n'a pas seulement forgé son concept d'inconscient à partir d'une méditation des tragiques grecs, mais en même temps sous l'influence plus ou moins souterraine, mais profonde, de la philosophie moderne de la subjectivité. En effet, à partir du moment où l'homme s'est posé comme sujet souverain et présent à lui-même, il a aussitôt découvert sa part nocturne. Freud, en nommant l'inconscient n'a, d'un certain point de vue, fait qu'exhiber ce que la métaphysique des modernes implique et appelle sans jamais le nommer explicitement. Il apparaît alors que la psychanalyse, qui renie la métaphysique de la subjectivité, s'adosse cependant secrètement à elle et en est souterrainement tributaire. C'est pourquoi, en dépit de l'originalité de sa pensée – qui a fait véritablement de l'inconscient l'instance essentielle de l'esprit – Freud n'a exhibé l'inconscient que pour le réduire aussitôt à la profondeur psychologique d'un sujet. Il y a donc une profonde ambiguïté de la psychanalyse.

Mais a travers cette ambiguïté Freud et Lacan, ont bel et bien entrevus quelque chose des ressorts profonds du *Dasein.* On est donc en droit de se demander, comme le fait Jean-Marie Vaysse, « ...si la découverte freudienne telle qu'elle est prolongée par Lacan n'autorise pas une reprise à partir des questions de Heidegger, qui permettrait à la psychanalyse de s'émanciper de la métaphysique »[492]. La pensée de Freud et celle de Lacan, nous l'avons déjà suggéré, peuvent donc nous aider à approfondir notre compréhension de l'essence du *Dasein*, mais elles ne peuvent nous apporter cette aide qu'en étant entièrement réinterprétées sur les bases de l'analytique heideggerienne du *Dasein*. Ainsi, c'est seulement en étant « déconstruite » à la lumière de la pensée de Heidegger que la psychanalyse peut, en retour, venir l'éclairer. C'est en ce sens que nous interprétons et que nous reprenons

492. Op. cit. Gall. Paris, 1999, p. 475.

à notre compte l'injonction de Jean-Marie Vaysse dans *L'inconscient des modernes* : « là où était le sujet moderne l'inconscient devait advenir, là où est advenu l'inconscient la philosophie doit revenir »[493]. Or, revenir philosophiquement sur la notion d'inconscient c'est lui restituer le sens ontologique profond qui est le sien et que la psychanalyse a totalement méconnu. C'est une telle orientation que propose, nous semble-t-il, Jean-Marie Vaysse. Voici ce qu'il écrit : « Rassemblement, retrait, dévoilement, discordance et destin seraient ainsi autant de termes à partir desquels il faudrait repenser l'inconscient. Si le concept freudien tombe sous les coups de la destruction de la métaphysique, il conviendrait cependant de reprendre ce qui dans la psychanalyse remet en question toute métaphysique de la présence et du sujet, une fois déblayé le terrain des présupposés ontologiques. La démarche psychanalytique ne fait-elle pas alors écho à la convocation heideggerienne des paroles de l'origine ? »[494]. C'est l'esquisse d'une telle ré-interprétation que nous allons risquer maintenant.

C'est à travers l'interprétation lacanienne de Freud que ce qu'il y a de plus profond et de plus secret dans la théorie psychanalytique peut être exhibé. L'importance de la lecture lacanienne tient, pour une part, au fait qu'il a réinterprété la pensée freudienne à la lumière de la notion d'inconscient tel que le structuralisme l'avait, de son coté, exhibé. La notion d'inconscient, on le sait, n'est pas l'apanage de la pensée freudienne, car, le structuralisme, et en particulier l'anthropologie structurale de Claude Lévi-Strauss, ont mis à jour de leur côté, l'existence d'une pensée inconsciente portée par un ordre des signes appelé *ordre symbolique*. Or, cela exige un détour, car c'est dans le cadre de cette conception structuraliste de l'inconscient que l'essence originelle de celui-ci a été le mieux approchée.

Le structuralisme avait fait une extraordinaire découverte qui aurait pu s'avérer extrêmement féconde mais qui, curieusement, n'a eu que peu d'influence en philosophie. Il avait découvert que l'inconscient n'est pas seulement « pulsionnel », mais qu'il est de l'ordre de la pensée et du langage. Il avait ainsi découvert l'existence d'un ordre de la pensée et du langage, d'un ordre du *logos*, plus profond que l'ordre et le régime conscients de ceux-ci et ne relevant pas de la même logique. Le structuralisme, tel qu'il a été développé en particulier chez Claude Lévi-Strauss, avait, en effet, découvert l'existence d'une pensée inconsciente *organisée*, et relevant d'une logique autre que celle de la pensée consciente et rationnelle qui est ordonnée au principe d'identité. Si la pensée consciente et rationnelle relève, en effet, du principe d'identité, c'est dans la mesure où elle est fondamentalement rattachée à l'identité présente à elle-même de la conscience de soi.

---

493. Ibid. p. 23.
494. Ibid. p. 373.

Le *logos* à fondements inconscients, qu'a découvert le structuralisme et qui est appelé « ordre symbolique », est commandé, quant-à lui, par une logique de la différence, c'est-à-dire par un jeu structuré d'oppositions différentielles ordonnées à un « Tiers originaire », à un Autre inassimilable, lequel se caractérise par ceci qu'il « manque à sa place » et qu'il est le « point aveugle » qui fonde et commande la structure[495]. L'ordre symbolique, parce qu'il relève de l'inconscient, n'apparaît jamais comme tel, mais il est toujours recouvert par ses effets. Cet ordre symbolique – qui pour chaque individu est toujours déjà là et doit être « intégré » - est d'abord social et il est fondamentalement porté et déployé par le langage, lequel véhicule les règles et interdits fondamentaux constitutifs de l'ordre social. Cet « ordre de la différence », est un ordre des signes et des règles véhiculé par le langage, que tout individu doit d'abord intégrer et qui précède donc tout ordre des signes et des règles institués « consciemment » et volontairement par les hommes.

Cette structure, cet ordre de la différence inconscient, joue le rôle d'un « horizon transcendantal » inapparent, qui, presque toujours méconnu, « prédétermine » cependant *a priori* les comportements, (aussi bien sociaux qu'individuels) et le mode d'ouverture au monde. La pensée consciente et rationnelle apparaît alors comme étant toujours dérivée par rapport à l'ordre symbolique inconscient dont elle ne veut rien savoir mais qui la « prédétermine » cependant de manière inapparente. Le structuralisme avait esquissé une critique de la Raison, au sens kantien de la détermination des limites de celle-ci. Il avait établi, en effet, que la pensée rationnelle ordonnée à la conscience et au principe d'identité présuppose l'existence d'une pensée plus profonde, inconsciente, et relevant d'une logique autre.

Le structuralisme se caractérise cependant par ceci qu'il interprète l'ordre symbolique comme un ordre « formel » et purement « logique », dans lequel les relations précèdent les termes. C'est pourquoi, dans son *Introduction à l'œuvre de Marcel Mauss,* Claude Lévi-Strauss, conformément à l'orientation purement logique et « formaliste » de sa conception de la structure, propose de nommer « signifiant flottant » le Tiers originaire autour duquel se déploie l'ordre symbolique et auquel il renvoie. Ce Tiers originaire n'aurait aucun signifié et aucun référent, il serait un symbole à l'état pur, parfaitement vide et doté d'une « valeur symbolique zéro »[496]. Le structuralisme, en exhibant l'ordre symbolique, pense donc avoir fait seulement apparaître une structure mentale humaine inconsciente reposant sur une logique spécifique, qui est une logique de la différence.

---

495. Cf. Gilles Deleuze, *A quoi reconnaît-on le structuralisme ?,* in *Histoire de la philosophie,* F. Châtelet, T. 8, Hachette Paris 1975, p. 299-335.
496. Claude Lévi-Strauss, *Introduction à l'œuvre de Marcel Mauss,* in Marcel Mauss, *Sociologie et anthropologie,* P U F 1985, p. 50.

Il revient cependant à Jean-Pierre Vernant de s'être étonné de cette « logique » très particulière, propre à l'ordre symbolique, qu'il a vu à l'œuvre dans le mythe grec. Voici ce qu'il écrit dans les dernières lignes de *Mythe et société en Grèce ancienne* : « Le mythe met donc en jeu une forme de logique qu'on peut appeler, en contraste avec la logique de non-contradiction des philosophes, une logique de l'ambigu, de l'équivoque, de la polarité. Comment formuler, voire formaliser ces opérations de bascule qui renversent un terme dans son contraire tout en les maintenant à d'autres points de vue à distance ? Il revenait au mythologue de dresser en conclusion, ce constat de carence en se tournant vers les linguistes, les logiciens, les mathématiciens pour qu'ils lui fournissent l'outil qui lui manque : le modèle structural d'une logique qui ne serait pas celle de la binarité, du oui ou non, une logique autre que la logique du *logos* »[497].

Jean-Pierre Vernant pose à travers ces lignes l'importante question du sens véritable de cette « pensée de la différence » plus ancienne que la pensée rationnelle, mais il la pose mal, car il la formule dans les termes du formalisme structuraliste. C'est en effet le fait même de réduire cette pensée à une *simple* logique dont on pourrait exhiber le « modèle structural », qui fait obstacle à sa compréhension. Cependant, par delà ce problème de formulation, il faut reconnaître que cette question, soulevée par Jean-Pierre Vernant, du sens profond et véritable de la pensée de la différence est vraiment *essentielle*. Or, nous allons le montrer, la pensée de Heidegger, *et elle seule*, y apporte une réponse. Heidegger, nous l'avons déjà suggéré, est ce penseur de la différence qui a exhibé de son côté et à sa manière – en particulier à travers sa pensée du Quadriparti – cela même que le structuralisme a découvert à peu près en même temps, sous le nom *d'ordre symbolique*. Mais nous allons voir, qu'il a exhibé *le sens ontologique* profond de cette pensée du jeu des contrastes.

La notion de différence, comprise de manière originelle, renvoie à celle d'unité indifférenciée présupposée et englobante. Elle résulte d'une « auto-différenciation immanente » de celle-ci. La différence est donc rapport à l'unité indifférenciée présupposée, en tant qu'elle manque dans le jeu des différences, qu'elle ne s'y donne qu'en se dérobant, car elle est l'englobant incommensurable qui le « borde », en quelque sorte, de l'extérieur. Or, voici maintenant ce que cela signifie : il appartient fondamentalement à une pensée structurée par un jeu de différence ou de contrastes d'être *intrinsèquement* porteuse d'un *renvoi*, d'une *référence*, à l'unité indifférenciée *englobante* qu'elle présuppose et qui se tient à la fois en retrait et en excès. La pensée de la différence ne cesse de « dire » le rapport à l' « Un » en tant qu'il manque (dans le jeu des différences), qu'il est absent, hétérogène, et ce, parce qu'il est une dimension englobante et

497. Op. cit. Ed. *la découverte*, Paris, 2004, p. 250.

incommensurable qui « borde » extérieurement le jeu des différences. Ainsi, le jeu des contrastes dans le Quadriparti, est ordonné au vide de la Chose, lequel renvoie au Chaos englobant en tant qu'il manque dans le jeu des différences, qu'il ne se donne qu'en se dérobant toujours, qu'il demeure extérieur et hétérogène. La pensée de la différence est donc une pensée de l'unité comme totalité englobante à la fois insondable et incommensurable. Le « Tiers originaire » auquel ouvre la « case vide » qui « anime » la structure doit donc être compris à la fois comme une dimension *hétérogène* et *englobante* à laquelle renvoie intrinsèquement le jeu des différences.

Cette pensée ne relève donc pas d'une simple logique, mais elle a nécessairement un contenu et sens ontologique et elle devrait être comprise en rapport avec la perception (avec les anticipations de la perception). La pensée de la différence, comprise en son sens fondamental, n'exhibe en effet rien d'autre que la structure même de l'*aletheia* comme vérité de la *phusis*, en tant que la *phusis* comme jeu des contrastes, se déploie dans l'immanence du chaos hétérogène et englobant. Cette pensée, qui est l'ordre symbolique, est le *Da-sein* en l'homme. Elle présente la caractéristique suivante : à la fois elle déploie (en elle-même) la structure de la *phusis*, et en même temps elle y *renvoie* de manière intrinsèque comme à ce qui la déborde et l'englobe. Elle ouvre à l'altérité de la *phusis* comme telle et c'est pourquoi elle est fondamentalement dé-voilement : il appartient à son essence même de se *référer intrinsèquement* à ce dont elle pense la structure d'être. Elle pense donc l'omniprésence de la *phusis* depuis l'intérieur de celle-ci et en ouvrant à celle-ci comme telle. Cette pensée de la différence, cet ordre symbolique n'est rien d'autre que le lieu d'une *réflexion* (aveugle) de l'ordre de la *phusis*, propre à l'anticiper comme tel. L'ordre symbolique relève ainsi d'un *logos* qui n'est pas « auto-centré », mais qui est ouvert à un *alogon*, lequel l'excède et l'englobe. Il est, fondamentalement, « spontanéité réceptive », car il a pour essence même d'ouvrir à l'ordre insondable et incommensurable de la *phusis*, en lui donnant en quelque sorte licence de *se* dévoiler comme tel. Il appartient à l'essence même de cette pensée de la différence d'être plus « ancienne » que toute pensée « objectivante », c'est-à-dire d'ouvrir, originellement et *a priori*, l'homme au monde, comme une dimension hétérogène qui le dépasse et *l'englobe*. Cette pensée « pré-rationnelle » n'est pas le propre des peuples archaïques, mais elle est, toujours et nécessairement, présente en l'homme (ainsi que l'a bien vu à sa manière la psychanalyse lacanienne), parce qu'elle est ce sans quoi nous ne serions jamais, et en aucune manière, ouverts à quelque chose comme un monde en son altérité propre. Elle est, en effet, nous l'avons dit, la structure de l'*aletheia*, c'est-à-dire cette « structure originelle de comme » qui rend possible ce que Heidegger a d'abord appelé *Begegnenlassen* puis *Vorliegenlassen*.

Ce que la pensée structuraliste a exhibé sous le nom d'ordre symbolique, tout en le méconnaissant, n'est donc pas autre chose que la structure inconsciente de *l'aletheia* en tant qu'elle porte en elle les règles fondamentales qui fondent l'ordre social. L'ordre symbolique, pensé de manière originelle a donc bien un sens ontologique fondamental. L'être, tel que le questionne Heidegger, est ainsi, si l'on veut, le « signifiant flottant » auquel est ordonné la structure. Il faut comprendre cependant que ce « signifiant flottant » n'est pas vide, mais qu'il est intrinsèquement ordonné non seulement à un signifié, mais à travers ce dernier à un « référent flottant », c'est-à-dire à une *altérité inassimilable.* L'être en sa vérité, tel que Heidegger s'efforce de le penser, répond, en effet, très exactement, aux caractéristiques du « signifiant flottant ». Il demeure insaisissable par essence et il présente des attributs contradictoires : il n'est rien d'étant, il s'identifie au néant, mais il est cependant le fond de l'étant ; il n'est pas seulement le fond, mais il est le tout ; il est en retrait et cependant en excès ; il est à la fois le vide et la profusion etc. Le chaos, englobant et hétérogène qui ne se manifeste qu'en se dérobant à travers le vide de la Chose, est en effet par essence irreprésentable, insaisissable et représente une véritable « butée » pour la pensée, un *alogon.* Cette dimension intrinsèquement énigmatique et insaisissable de l'être a été très bien exhibée par Heidegger lui-même. Toute la première partie de *Concepts fondamentaux*, nous l'avons vu, est consacrée à exhiber ces attributs contradictoires qui scellent l'énigme de l'être. Le verbe être est ainsi le « signifiant flottant » par excellence, celui qui porte la langue et autour duquel elle se déploie. Dans la mesure ou il renvoie fondamentalement à un référent lui-même « flottant », c'est-à-dire à l'altérité insondable incommensurable et englobante de l'être, il est ce dans et par quoi le langage est originellement porté par un dévoilement de l'être, de la *phusis.*

Le sens *ontologique* de l'ordre symbolique a été totalement méconnu par la plupart des structuralistes, mais il a été pressenti par Lacan. C'est pourquoi, c'est seulement sur les bases de la pensée lacanienne que ce qui est demeuré impensé dans la psychanalyse pourra être exhibé, ainsi que nous allons l'établir.

Dans la lecture lacanienne de la pensée de Freud, deux concepts viennent au premier plan, celui de *phallus* et celui de *réel.* En apparence ces deux concepts n'ont pas véritablement de portée ontologique dans la pensée lacanienne, mais ils ne prennent de sens que dans la structure du sujet et dans le cadre de l'intersubjectivité. Le phallus est ainsi un pur signifiant, un symbole ; et le réel, bien que son statut soit très complexe et ambigu, est, au départ, la transposition lacanienne de ce que Freud appelait le « ça ». Cependant, ces deux concepts lacaniens fondamentaux, présentent une richesse de sens, une complexité et une ambiguïté, qui rendent possible leur réinterprétation dans un registre ontologique. Lacan a pressenti, en effet, quelque chose de la portée ontologique secrète des découvertes de la pensée freudienne. C'est l'une des raisons pour lesquelles, à nos yeux, c'est véritablement à partir de Lacan que la psychanalyse peut être véritablement dégagée de sa gangue psychologique.

Le concept de phallus est le concept fondamental de la pensée lacanienne. Dans l'interprétation lacanienne de Freud ce symbole du phallus, dont le sens profond dépasse totalement sa signification sexuelle, joue, en effet, un rôle absolument central. Or, bien qu'il ne soit qu'un symbole, Lacan semble parfois lui reconnaître une portée ontologique et en faire autre chose qu'un simple signifiant abstrait. Dans la conférence *La signification du phallus,* il affirme que le phallus symbolise le « ...flux vital en tant qu'il passe dans la génération »[498]. Le phallus symboliserait donc la continuité de la vie qui se perpétue à travers la reproduction et par-delà la discontinuité des individus voués à la naissance et à la mort. Pour autant, le symbole du phallus ne doit en aucune manière être compris en un sens biologique, mais bien *ontologique*, le flux vital n'étant qu'une manifestation particulière de la puissance productrice inépuisable, éternelle et aveugle de la nature Cette interprétation est confirmée par l'allusion, brève mais précieuse, que fait Lacan dans sa conférence à «...la peinture célèbre de la Villa de Pompéi »[499]. Il s'agit, bien entendu, d'une allusion à la célèbre fresque de la Villa des Mystères, qui représente une initiation dont le dévoilement du phallus est le centre. Dans l'antiquité gréco-latine, le symbole du phallus avait un sens ontologique ; il était, on le sait, l'objet d'un culte, dans la mesure où il représentait le mystère sacré de la puissance productrice surabondante et éternelle de la nature, qui ne cesse de se perpétuer et de se régénérer, à travers et par delà la mort des individus.

Le phallus peut donc être interprété en un sens ontologique, comme le symbole de *l'un des aspects* de la *phusis*. Il est le symbole de la mystérieuse puissance productrice de celle-ci, laquelle ne cesse d'être un épanouissement qui se « reprend » en permanence à travers le moment nécessaire de son propre retrait, de son propre anéantissement. Or, cette puissance productrice, cette fécondité éternelle et inépuisable – dont la continuité du « flux vital » n'est qu'une manifestation particulière – dépasse ou « transcende » chaque étant, qui n'en participe que pour la transmettre. C'est pourquoi le symbole du phallus est chez Lacan le signifiant du *manque* : de l'identité manquante, de la plénitude impossible, de la puissance, en tant qu'il est impossible d'en disposer totalement, mais qu'elle nous vient de l'Autre. Or, si le phallus devient un symbole et un signifiant fondamental,

---

498. Jacques Lacan, *La signification du phallus,* in *Ecrits* II, Seuil Points Paris 1971, p. 111.
499. Ibid.

c'est parce qu'il est *d'abord* l'objet d'une revendication immédiate, imaginaire et illusoire (comme « phallus tout puissant ») de la part de l'enfant, dans le cadre du narcissisme primaire.

Dans la pensée de Lacan, la structure du sujet se construit donc autour et à partir du symbole du phallus, de sorte qu'il est possible, en une première approche de présenter cette pensée, telle qu'elle est développée dans les *Ecrits*, à partir de ce concept central. Pour Lacan, le narcissisme primaire, est identification imaginaire au phallus. On peut dire alors que le narcissisme primaire est cette *hubris* originelle, par laquelle l'enfant revendique immédiatement pour soi la toute puissance éternelle de la *phusis* dans la collusion totale avec son origine. C'est pourquoi le narcissisme primaire est indistinction fusionnelle avec la mère. Cependant, dans cette indistinction fusionnelle entre l'enfant et sa mère, il ne s'agit pas de la mère comme personne, mais bien de celle-ci en tant qu'elle est porteuse de quelque chose d'impersonnel, d'« infra-humain » et d'aveugle, à savoir du flux vital comme manifestation de la productivité surabondante et éternelle de la *phusis*, que l'enfant revendique pour soi. L'indistinction fusionnelle de l'enfant avec sa mère au stade du narcissisme n'est donc que la manifestation existentielle-ontique d'une expérience fondamentalement ontologique. Il s'agit d'un « déni », spontané et originel, de la finitude, dans la collusion immédiate et imaginaire avec la « puissance panique » éternelle, de la *phusis*.

Cette *hubris* originelle doit d'abord se « briser » sur la loi, c'est-à-dire sur *l'ordre symbolique*, qui fonde l'ordre social et qui est l'Autre du sujet en tant qu'il le dépasse, qu'il est « transcendant » par rapport à lui. La règle fondamentale de l'ordre symbolique est, comme Lévi-Strauss l'a établi dans *Les_structures élémentaires de la parenté,* la loi de prohibition de l'inceste. C'est à partir de cet échec de *l'hubris* qui se « brise » d'abord sur la loi, que l'enfant pourra ensuite intégrer cet ordre symbolique, c'est-à-dire se situer à partir de l'Autre, en renonçant au narcissisme primaire (à l'identification au phallus), qui sera ainsi refoulé de manière à accéder à une position inconsciente. Or, ce refoulement originaire de *l'hubris* qui engendre l'inconscient, passe par la reconnaissance du père et l'identification à celui-ci, comme porteur de la loi, et en tant qu'il *n'est pas* le phallus, mais qu'il est bien cependant celui qui *l'a* (mais seulement pour le transmettre). C'est pourquoi l'accès à l'ordre symbolique à travers une position inconsciente et par le biais de la « métaphore paternelle », ne consiste pas – bien au contraire – à renoncer au phallus mais bien à renoncer à l'identification imaginaire et illusoire à celui-ci comme « phallus maternel ». Le phallus n'est, en effet, rien d'étant à quoi on puisse s'identifier. Mais il est cependant (comme symbole du flux vital passant dans la génération) ce dont on « participe » et qu'il est possible, non pas d' « être », mais d' « avoir » pour le transmettre, dans une relation, où, suivant son sexe, on va le donner ou le recevoir.

En effet, l'accès, par le biais de l'identification, à la « métaphore paternelle » ou encore au « Nom-du-Père », qui engendre l'inconscient en opérant le refoulement originaire du narcissisme primaire, est ce qui permet à l'enfant d'accéder à ceci qu'il n'est pas le phallus, mais qu'il peut cependant l'avoir pour le transmettre. L'être humain ne peut accéder au phallus qu'à partir du champ de l'Autre, c'est-à-dire de l'ordre symbolique inconscient. C'est ainsi qu'il n'est possible d'accéder véritablement au phallus (à son sens authentique de symbole), que par une « castration » symbolique (c'est-à-dire par le « complexe de castration »), dans la mesure où on ne peut l'avoir qu'en ayant renoncé à l'être, qu'en ayant accepté d'en être séparé. C'est pourquoi, la loi de prohibition de l'inceste ne peut être intégrée que dans et par le complexe de castration. C'est en renonçant à sa collusion originelle et imaginaire avec le phallus, revendiqué d'abord comme « phallus maternel », grâce à la mise en place de la métaphore paternelle, que l'enfant peut accéder véritablement à celui-ci, par le biais de la castration, comme signifiant du manque. Or, ce signifiant de l'identité manquante – de l'identité se manifestant dans et par la différence – est le signifiant fondamental autour duquel s'ordonne l'ordre symbolique. L'être humain accède ainsi à ceci, qu'il ne peut l'avoir que dans la mesure où, suivant son sexe, il le donne où il le reçoit, en assumant par là son inscription dans une chaîne de génération en tant que celle-ci implique sa finitude. La mise en place du phallus comme symbole, permet ainsi au sujet de se « situer » dans la différence des sexes, tout en assumant simultanément son inscription dans une chaîne de génération. Cet accès au phallus comme signifiant du manque (de l'identité, de la plénitude, de la puissance comme toujours manquantes), à partir d'une position inconsciente, ne fait qu'un pour l'homme avec l'assomption originelle de sa finitude radicale et de son statut d'être de désir. Il revient alors à l'homme d'assumer sa finitude et son « manque à être » fondamental, c'est-à-dire ce que Lacan appelle, après Freud, la *Hilflosigkeit* de l'existence.

Le phallus est bien le concept central de la pensée de Lacan, mais il y a cependant, dans cette pensée un dualisme irréductible. Le refoulement originaire n'ouvre pas seulement au phallus comme signifiant fondamental autour duquel se déploie l'ordre symbolique mais il ouvre en même temps, en effet, à un reste, à une altérité absolument irréductible et irrecevable qui précède tout sens et que Lacan nomme le *réel*. Le réel n'est pas la réalité, c'est-à-dire le monde phénoménal ontique, mais il est une dimension irreprésentable, sous jacente, qui se tient en-deça de toute réalité. Il est cette hétérogénéité irréductible, insituable et innommable que l'accès au symbolique ne fait surgir que pour l'exclure. Le réel est ce toujours déjà là insondable, qui est cet autre du symbolique que le symbolique pose hors de soi en se constituant. Il est cet « objet perdu » radical auquel le symbolique n'ouvre que pour l'exclure et en barrer totalement l'accès. En une première approche, il peut être pensé en relation avec ce que Freud nomme le « ça », comme fond pulsionnel en deçà de tout sens. Or, toute pulsion, comme aspiration à la satisfaction totale, à la jouissance absolue, est finalement pulsion de mort, c'est-à-dire, ainsi que le suggère Freud dans *Au-delà du principe de plaisir,* « tendance à se replonger dans le repos du monde inorganique »[500]. Le réel est cet « objet perdu » hétérogène auquel le symbolique renvoie, dans et par une « expulsion primordiale », une *Ausstossung*[501] et ainsi comme à son autre absolu, qui est ce lieu « mythique », toujours déjà là, lequel est à la fois celui de la jouissance et de la mort.

Le réel est cette dimension absolument refoulée qui, par définition, ne peut se montrer comme telle, mais dont quelque chose apparaît et fait irruption dans l'épouvante de la psychose et le passage à l'acte de la folie. Toutefois, dans son séminaire *Le moi dans la théorie de Freud et dans la technique de la psychanalyse* Lacan affirme qu'il est dans le rêve un point insaisissable, que Freud appelait l'ombilic du rêve, et dans lequel quelque chose du réel vient se révéler. Ainsi, selon Lacan, quelque chose du réel se révèle dans le rêve de Freud, relaté dans *L'interprétation des rêves*[502], et connu sous le nom de « rêve de l'injection faite à Irma ». Pour lui, c'est, en effet, le réel qui se révèle, à travers les étranges formations pathologiques que le rêveur observe au fond de la gorge d'Irma. Voici ce texte dans lequel Lacan dit ce qu'il en est du réel:

« La phénoménologie du rêve de l'injection d'Irma...aboutit au surgissement de l'image terrifiante, angoissante, de cette vraie tête de Méduse, à la révélation de ce quelque chose d'à proprement parler innommable, le fond de cette gorge, à la forme complexe, insituable, qui en fait aussi bien l'objet primitif par excellence, l'abîme de l'organe féminin d'où sort toute vie, que le gouffre de la bouche où tout est englouti, et aussi bien l'image de la mort où tout vient se terminer (...) Il y a donc apparition angoissante d'une image qui résume ce que nous pouvons appeler la révélation du réel dans ce qu'il a de moins pénétrable, du réel sans aucune médiation possible, du réel dernier, de l'objet essentiel qui n'est plus un objet, mais ce quelque chose devant quoi tous les mots s'arrêtent et toutes les catégories échouent, l'objet d'angoisse par excellence »[503].

---

500. Sigmund Freud, *Au-delà du principe de plaisir,* in *Essais de psychanalyse,* Petite bibliothèque Payot Paris 1975, p. 79.
501. Jacques Lacan, *Ecrits,* Seuil, Paris, 1966, p. 388.
502. Sigmund Freud, *L'interprétation des rêves,* P.U.F. Paris 1980, p. 99.100.
503. Jacques Lacan, *Le séminaire livre II Le moi dans la théorie de Freud et dans la technique de la psychanalyse*, Seuil Paris 1980, p. 196.

Ce texte, dans lequel, manifestement, chaque mot est pesé, est sans doute le plus précis et le plus profond qu'ait écrit Lacan sur le réel. Le réel y est compris comme cette dimension insondable, insituable, irreprésentable, ou encore comme ce gouffre absolument inapprochable et apotropaïque, comme cette « tête de Méduse » qui ouvre à un en-deça absolu du dicible, du *logos*. Cette dimension d'immédiateté insituable, informe, qui est l'objet d'angoisse par excellence, est déterminé comme étant le fond informe d'où provient et à quoi retourne toute chose. Il est, en effet, à la fois « l'abîme de l'organe féminin d'où sort toute vie » et « l'image de la mort où tout vient se terminer ». Le réel est ce fond informe qui est ce « toujours déjà là » d'où provient et à quoi retourne tout étant.

Le refoulement originaire a pour essence même de faire surgir – pour l'exclure comme irrecevable et en barrer l'accès - cette dimension insondable, effrayante et « toujours déjà là ». Cela signifie alors qu'il ouvre à un en-deça du phallus. Le réel, comme « abîme de l'organe féminin d'ou sort toute vie » peut être conçu, si l'on veut, et en une première approche, à partir de la mère, mais là encore, à condition de ne pas concevoir celle-ci comme personne humaine, mais en tant qu'en elle, se manifeste aveuglément le processus de la *phusis*. Il ne s'agit plus alors de la *phusis* comme *puissance* productrice éternelle, mais de celle-ci comme *fond informe* retiré et abyssal, c'est-à-dire de ce qu'il y a de plus radical en elle. Il ne s'agit plus alors de l'imaginaire de la « mère phallique », mais bien de la matrice, comme lieu de gestation et de retrait, auquel la *phusis* vient puiser, en tant qu'elle ne peut, à chaque fois, se déployer à nouveau qu'en retournant à son germe, c'est-à-dire à un état pré-formel. Voici ce qu'écrit Ernst Jünger concernant cette dimension impersonnelle et infra-humaine : « Le mot *Mutter* est, par le langage, tout à la fois généralisé et appliqué à un organe précis : *Gebärmutter* (matrice). C'est là que se trouve, délivré de toute personnalité et de toute forme nette, le lieu des grandes métamorphoses. Dans cette obscurité, aussi formidable que féconde tout est possible – la formation précède les formes. C'est un mystère analogue qu'on a de tout temps senti présent dans les cavernes – lieux de cultes les plus anciens »[504]. La notion de réel nous conduit finalement en amont du processus vital vers le tréfonds informe et abyssal de la matière inorganique. Le refoulement originaire ne fait, en effet, surgir cette dimension abyssale que pour l'exclure radicalement, la marquer ainsi du sceau de l'impossible identifié à la mort « où tout vient se terminer » comme le dit Lacan, et lui donner, par conséquent, le sens du retour absolu à l'inorganique. Il apparaît ainsi que le refoulement originaire ouvre secrètement et *a priori*, à un au-delà (ou plutôt à un en deçà) du « cycle vital » tournant sur lui-même et qu'il renvoie celui-ci à la matière inorganique (d'où tout provient et à quoi tout retourne), dans

504. Ernst Jünger, *Soixante-dix s'efface II,* Gall. Paris 1985, p. 38.

laquelle il s'insère et qu'il doit toujours présupposer. Mais il faut aller plus loin, car cette notion de réel ne conduit pas seulement en amont du processus vital, mais elle exhibe, en même temps, un aspect de la *phusis* plus profond que sa dimension de puissance productrice surabondante. En son essence dernière, la *phusis* ne tolère ni perte ni surcroît, elle n'est donc pas seulement puissance, « jeu de forces », mais, plus profondément, elle constitue le règne « calme », immuable et incommensurable de l'informe hétérogène, de l'*apeiron* englobant.

Or, le réel, l'informe, est ainsi que l'écrit Lacan, « insituable » et il est un « abîme » ou un « gouffre », ce qui signifie qu'il n'est rien d'étant, qu'il n'est pas une « région » de l'étant, et qu'il « comporte » en lui le néant. C'est pourquoi, il sera en même temps compris, à partir de ce que Lacan, dans le séminaire *L'éthique de la psychanalyse,* appellera la Chose. Celle-ci, qui est pensée à travers les exemples du vase ou du pot de moutarde, doit être conçue à partir du vide autour duquel elle se déploie. Cette Chose, qui n'est rien d'étant, mais le fond abyssal et insituable de celui-ci, est expressément rapprochée par Lacan, ainsi que l'a souligné Jean-Marie Vaysse dans *L'inconscient des modernes*[505], de ce que Heidegger appelle du même nom dans le cadre de sa pensée du Quadriparti. La Chose n'est rien d'autre que le réel en tant qu'il manque dans l'étant, qu'il se retire et se dérobe.

Dans le séminaire *Le moi dans la théorie de Freud et dans la technique de la psychanalyse*, Lacan introduit la notion de réel à partir du rêve de l'« injection faite à Irma » mais son analyse ne s'arrête pas là, car il va en développer le sens ontologique de manière décisive. En effet, il va finalement affirmer – dans le cadre d'une longue digression sur les étoiles à travers laquelle il semble retrouver le *thaumazein* de Thalès devant la « surabondance stellaire » - que le réel est ce qui se laisse pressentir à travers les étoiles. En effet, « Les étoiles sont réelles, intégralement réelles… »[506], car, écrit-il, « …elles sont purement et simplement ce qu'elles sont …on les retrouve toujours à la même place, c'est une des raisons qui font qu'elles ne parlent pas »[507]. Le réel est donc le toujours déjà là incompréhensible et *englobant* de ce règne de la présence du monde, qui est en deçà de tout sens et de toute parole. Le réel est ainsi ce fond insondable de l'étant qui est aussi bien le tout démesuré de celui-ci et qui se laisse *pressentir* à travers le monde perçu, et par exemple ici à travers la contemplation du ciel nocturne. Il est l'omniprésence démesurée de ce qui est toujours déjà là pour rien, de ce qui excède et précède tout sens, toute « raison d'être ». Cette

505. Jean-Marie Vaysse, Op. cit., p. 454. Cf. aussi Alain Juranville, *Lacan et la philosophie*, PUF, Paris, 2003, p. 217.
506. Op. cit. Le Seuil, 1980, p. 278.
507. Ibid.

omniprésence est ce qui se laisse pressentir à travers la perception proprement humaine, et qui lui donne sa spécificité. Cette ouverture au réel implicitement pressenti à travers la perception est, en effet, ce qui nous ouvre à l'étant *en son altérité* propre, en son étrangeté, c'est-à-dire à l'étant comme tel ou encore en tant qu'il *est*. Or, c'est à partir de cette notion de réel, qui ouvre à une dimension plus profonde, plus radicale que celle de phallus, qu'il faut alors réinterpréter la psychanalyse lacanienne.

Ainsi que nous l'avons vu, le refoulement originaire – qui rend possible l'accès au symbolique par le biais de la « métaphore paternelle » - rejette dans la latence l'identification primaire de l'enfant à la « puissance panique » de la *phusis* laquelle prend d'abord la forme d'une identification narcissique et imaginaire au phallus (comme phallus maternel). Or, il apparaît maintenant que cette « castration » symbolique n'a pas seulement pour effet, de faire accéder le sujet au *symbole* du phallus comme signifiant du manque, en lui permettant de se « situer » dans le cadre de la différence des sexes (comme celui qui donne ou reçoit le phallus). En effet, le refoulement originaire, la castration, a simultanément un autre résultat. En rejetant dans la latence cette identification immédiate à la *phusis*, et en la marquant ainsi du sceau de l'interdit, c'est-à-dire de l'impossible, le refoulement en change le sens ; il lui fait perdre son sens narcissique, et fait voler en éclats l'imaginaire de la « mère phallique », (du « phallus maternel »). En étant rejetée dans le tréfonds de l'homme comme une dimension inaccessible, l'identification originelle à la *phusis* prend alors le sens de la confusion originelle (prénatale) perdue, avec une dimension sous jacente, insondable, informe, absolument inapprochable, effrayante, qui ne pourra être rejointe que dans la mort. L'accès au symbolique est donc simultanément cette *Ausstossung* qui ouvre originellement le sujet à l'altérité inaccessible, insondable et incommensurable, du réel. Le refoulement originaire (la « castration »), qui arrache le sujet à son identification narcissique et imaginaire au « phallus tout puissant », c'est-à-dire qui l'arrache à l'*hubris*, ne lui permet donc pas seulement d'accéder, par la métaphore paternelle, au *symbole* du phallus comme signifiant du manque, mais il est, plus profondément encore, une *Ausstossung* du réel. Or, cette *Ausstossung* a pour essence même de pro-jeter (de manière imaginative) à l'extérieur dans un deçà sous jacent de l'étant cela même qu'elle rejette dans l'inconscient. Le refoulement originaire est ainsi ce qui ouvre le sujet à sa finitude radicale de mortel jeté au beau milieu du règne incommensurable du réel pressenti à travers les sensations. Il l'ouvre au *monde perçu* comme ce à travers quoi se laisse pressentir le règne du réel en son inquiétante étrangeté, en sa présence englobante. Ce refoulement primaire, cette « castration symbolique », est donc ce *trauma* fondamental qui arrache l'homme au fantasme narcissique de la toute puissance (à la revendication immédiate et imaginaire du phallus comme phallus tout puissant), et le « frappe d'ouverture » pour la présence du monde au sein duquel il est jeté. Il est ce par quoi l'homme en vient à *réfléchir* (à travers une position inconsciente) sa finitude radicale, qui est celle d'un être situé au beau milieu de l'étant, de manière à s'ouvrir à celle-ci et à la prendre en charge comme telle.

L'ordre symbolique constitutif de l'inconscient, n'est donc pas seulement porteur du symbole du phallus, mais qu'il a pour essence fondamentale d'ouvrir simultanément au réel tout en l'excluant radicalement. Il ouvre au réel comme ce qui étant rejeté dans le tréfonds de l'inconscient est simultanément et par-là même pro-jeté (anticipé) à l'extérieur comme fond sous jacent de l'étant en totalité. Le symbolique s'institue autour de cette expulsion du réel auquel il renvoie, comme ce qui est à la fois rejeté en nous et pro-jeté hors de nous. Il est ainsi, comme Lacan l'a bien vu, une « extimité »[508] du réel, qui est à la fois ce qui nous est le plus intime tout en nous étant cependant radicalement extérieur. L'inconscient est ce dans et par quoi l'être nous est « extime ». C'est par une telle extimité que nous sommes le « là » de l'être, que nous sommes *Da-sein*. L'homme est donc ouvert, dans une distance essentielle, à la plénitude englobante de la présence (à la « jouissance » de l'être en tant qu'elle ne fait qu'un avec la mort), dont il participe, mais sans jamais pouvoir la rejoindre.

L'homme, et lui seul, possède ainsi *a priori* cette capacité ek-statique de dépasser l'horizon borné de la vie tournant dans son propre cercle et de s'ouvrir au monde englobant comme épuisant son sens à « être », de manière indéterminée et sans fond. Il a cette capacité ek-statique de se placer de manière inapparente sous ce regard aveugle et apotropaïque de Méduse qui est celui du fond inorganique et chaotique de la *phusis*, et de s'ouvrir alors à lui-même comme un mortel jeté au beau milieu de l'immensité de celle-ci. Le réel hétérogène, inassimilable et englobant auquel renvoie (en dernière instance) le phallus lui-même est ainsi l'Autre originel et véritable auquel ouvre, tout en l'excluant, le symbolique. Il est ce à quoi ouvre la « case vide » de la structure. L'accès à une position inconsciente est ce par quoi la démesure de l'homme s'accomplit en quelque sorte dans son contraire, c'est-à-dire, non plus comme identification imaginaire à la prépotence de l'être, mais comme ouverture à la confusion impossible avec le fond informe de celui-ci, dans une distance essentielle et infranchissable, que scelle la finitude à laquelle ouvre la castration. La castration symbolique, qui est ce qu'il y a de plus central dans la théorie psychanalytique, et qui constitue l'essence du tragique, est ce qui nous ouvre originellement, à notre finitude de mortels jetés dans le monde. L'inconscient n'est donc pas seulement une profondeur psychologique, mais il a une dimension *ontologique* fondamentale. Il rend, en effet, possible la perception proprement humaine comme ouverture à l'étant comme tel. Or, cette relation

---

508. Jacques Lacan, *Le séminaire Livre VII L'éthique de la psychanalyse,* Seuil p. 167.

essentielle de l'inconscient à la perception, a été approchée par Lacan dans le XI° séminaire, *les quatre concepts fondamentaux de la psychanalyse*.

Le refoulement originaire, explique Lacan, creuse une distance, il opère une séparation, une schize, dans le sujet. « nous partons... de ce fait qu'il y a quelque chose qui instaure une fracture, une bipartition, une schize de l'être à quoi celui-ci s'accommode... »[509]. Or, cette séparation primitive est ce qui creuse la distance propre à faire surgir le réel comme « objet » spécifique. Cet « objet » Lacan le nomme objet a. Il s'agit, en effet, d'« ...un objet privilégié, surgi de quelque séparation primitive, de quelque automutilation induite par l'approche du réel, dont le nom en notre algèbre, est objet a »[510]. Cette séparation primitive ouvre une distance dans et par laquelle ce dont nous sommes originellement séparés se tourne vers nous de telle façon que nous nous placions sous son invisible « regard d'en face ». C'est pourquoi « ...nous sommes des êtres regardés, dans le spectacle du monde »[511]. Or, c'est cet inapparent et invisible regard d'en face qui provoque de notre part « un appétit de l'œil »[512], car « ce qu'on regarde, c'est ce qui ne peut pas se voir »[513] Ainsi, si nous pouvons nous représenter le monde en son altérité, le voir comme tel, c'est parce qu'il nous regarde de manière inapparente. « ... du côté des choses il y a le regard, c'est-à-dire les choses me regardent, et cependant je les vois »[514]. C'est pourquoi, « je ne vois que d'un point, mais dans mon existence je suis regardé de partout »[515]. Ce regard d'en face est cependant la plupart du temps totalement inapparent. C'est pourquoi « le monde est omnivoyeur, mais il n'est pas exhibitionniste – il ne provoque pas notre regard. Quand il commence à le provoquer, alors commence aussi le sentiment d'étrangeté »[516]. Le réel, sous le regard inapparent duquel nous nous plaçons, et qui génère un appétit de l'œil impossible à satisfaire, est ce « fond » abyssal sur lequel se « découpe » la manifestation de l'étant en son altérité (en tant qu'il *est*) dans le champ perceptif. C'est ce « regarder sans voir », cette impossibilité de voir l'être, lequel cependant, de manière inapparente nous regarde, qui rend possible la perception de l'étant comme tel. C'est, en quelque sorte, dans et par cet échec structurel du regard, et en marge de celui-ci que la réalité apparaît comme telle. C'est pourquoi « ...la réalité n'apparaît que marginale »[517]. Ce qui nous apparaît surgit en marge de ce que nous essayons de voir. Il en est

---

509. Jacques Lacan, *Le séminaire Livre XI,* Seuil 1973, p. 98.
510. Ibid. p. 78.
511. Ibid. p. 71.
512. Ibid. p. 105.
513. Ibid. p. 166.
514. Ibid. p. 100.
515. Ibid. p. 69.
516. Ibid. p. 71.72.
517. Ibid. p. 99.

de la perception humaine comme du phénomène d'Arago suivant lequel on ne peut voir les étoiles lointaines que de manière marginale[518].

Dans son étude célèbre, *L'inquiétante étrangeté,* Freud semble avoir pressenti quelque chose de ce sens ontologique de l'inconscient. C'est dans cette brève étude, un peu marginale dans son œuvre, dans la mesure où elle relevait seulement à ses yeux de la psychanalyse appliquée à l'esthétique, qu'il s'est approché de très près de ce sens originel de l'inconscient sans cependant pouvoir véritablement l'exhiber. Freud, qui s'efforçait de rendre compte du sentiment d'inquiétante étrangeté provoqué aussi bien par certaines expériences vécues que par la littérature de l'étrange, a été conduit à méditer l'étonnante ambivalence du mot allemand *unheimlich.* Ce mot, qui présente une nuance de sens difficilement traduisible en français, ne désigne pas seulement l'étrange ou l'inquiétant, mais, ce qui est d'autant plus *étrangement* inquiétant que, de manière mystérieuse et incompréhensible, il est pressenti, en même temps, comme étant familier. L'inquiétante étrangeté, l'*Unheimlichkeit,* apparaît ainsi comme une « familiarité non familière ». Cette ambivalence du mot *unheimlich* apparaît clairement dans les rapports qu'il entretient avec son antonyme, *heimlich* (qui veut dire familier et bien connu), dans l'usage de la langue allemande. Freud montre, en effet, au début de son étude, que dans l'usage de la langue allemande, la signification de ces deux mots opposés en vient parfois à coïncider en ce sens précis que c'est le mot *heimlich* qui est parfois employé pour *unheimlich.* Il apparaît alors que le mot *unheimlich* désigne, en quelque sorte, une espèce de *heimlich* : il est le familier lui-même lorsque celui-ci est devenu effrayant. L'inquiétante étrangeté est donc une expérience de l'altérité menaçante et effrayante de ce qui est cependant mystérieusement pressenti comme familier et bien connu depuis toujours.

Freud montre dans son étude que ce sentiment étonnant – ambivalent et paradoxal – ne peut s'expliquer que par l'effet du refoulement. Le sentiment d'inquiétante étrangeté nous envahi, écrit-il, « ...lorsque des complexes infantiles *refoulés* sont ranimés par une impression, ou lorsque des convictions primitives *dépassées* paraissent à nouveau confirmées »[519]. L'inquiétante étrangeté est ainsi le retour du refoulé. Nous éprouvons ce sentiment lorsque, ce avec quoi nous étions originellement en familiarité, et qui a été refoulé dans l'inconscient, semble faire retour et se montrer ainsi à nous depuis l'extérieur. Ce sentiment se manifeste donc lorsque ce qui nous était familier, et qui a été rejeté en nous, « en arrière de nous », dans la latence et en position d'altérité inapprochable, semble faire retour, à l'occasion de certaines expériences, en se montrant à nous du dehors. Mais pour Freud, le sentiment d'inquiétante étrangeté ne peut être éveillé et se

518. Ibid. p. 94.
519. Sigmund Freud, *L'inquiétante étrangeté et autres essais*, Gall. Paris 1985, p. 258.

produire qu'à l'occasion de certaines expériences vécues ou encore de certaines expériences littéraires.

Or, au cours de son analyse, et à l'occasion d'une réflexion sur le motif de l'inquiétante étrangeté du double chez Hoffmann, Freud suggère au passage une idée bien plus profonde encore, mais dont il ne tire cependant pas parti. Selon Freud, si le double, qui au stade du narcissisme primaire était ce semblable familier qui représentait une assurance contre la disparition du moi, devient par la suite une altérité effrayante, une image d'épouvante et un inquiétant signe avant-coureur de la mort, c'est à cause du refoulement, lequel est à l'origine de « ...l'effort défensif qui le projette en dehors du moi comme quelque chose d'étranger »[520]. Par cette remarque essentielle Freud suggère clairement que le sentiment d'inquiétante étrangeté trouve son origine dernière et véritable, non pas d'abord dans certaines expériences ou rencontres (qui ne font que l'actualiser), mais dans le refoulement lui même qui pro-jette simultanément à l'extérieur ce qu'il refoule, et le fait apparaître ainsi comme une altérité menaçante. Freud semble donc entrevoir, mais sans le penser suffisamment, que le refoulement a pour *essence même*, de *toujours* pro-jeter à l'extérieur et de faire apparaître comme une altérité inquiétante venant du dehors, cela même qu'il refoule et rejette en position de méconnue dans le tréfonds du psychisme.

A travers cette remarque, à laquelle il ne s'arrête pas, et dont il ne tirera jamais les conséquences, Freud entrevoit quelque chose d'essentiel, qui dépasse totalement le cadre étroit de son étude, et qui concerne l'essence même de l'inconscient. Cela ne peut cependant apparaître que si, généralisant la remarque de Freud, on l'applique au *refoulement originaire* qui engendre l'inconscient et qui est constitutif de celui-ci. Il apparaît alors que Freud a pressenti que le refoulement originaire qui engendre l'inconscient avait pour essence même de pro-jeter implicitement à l'extérieur, pour le faire apparaître comme une dimension étrangement inquiétante, qui nous « regarde » depuis le tréfonds de l'étant, cela même qui est rejeté dans la latence à l'intérieur du psychisme. Le phénomène du retour du refoulé, qui se montre à nous et se tourne vers nous implicitement depuis l'extérieur, de manière étrangement inquiétante, et à travers une distance infranchissable, n'est donc pas seulement quelque chose qui peut se produire à l'occasion de certaines expériences (et de certaines pathologies mentales), mais il est d'abord, et avant tout constitutif de l'essence même de l'inconscient. Or, quel est ce refoulé originel qui est à la fois rejeté à l'intérieur et projeté à l'extérieur ? Dans son étude, Freud accorde à deux reprises un privilège particulier aux expériences qui se rapportent (de manière directe ou indirecte) au fantasme du retour à la confusion prénatale

520. Ibid. p. 238.

avec le corps maternel[521]. Or, nous avons établi, à travers notre analyse du concept lacanien de réel, qu'une telle confusion prénatale, en tant qu'elle est interdite et ne fait qu'un avec la mort - comme retour à la « dissolution » dans l'inorganique - ouvrait, en dernière analyse, au fond informe de la *phusis*, c'est-à-dire au réel.

Dans cette étude apparemment spécialisée et un peu marginale dans son œuvre, Freud a donc pressenti cette structure « pro-jective » de l'inconscient originellement compris, que nous avons décrite plus haut, et qui a pour essence même de pro-jeter implicitement hors de nous, et dans un en deçà sous jacent de l'étant, ce qu'il rejette en nous. Ce qui, par le refoulement, accède *en nous* à un statut d'altérité sous-jacente et inassimilable, est simultanément pro-jeté (par l'imagination) et ainsi anticipé *a priori* comme une altérité sous jacente et inquiétante, qui nous « regarde » depuis le tréfonds de l'étant. Le fait même que nous ayons un inconscient implique donc que nous soyons implicitement et *a priori* (toujours déjà et en permanence) ouverts à travers la perception à une telle dimension sous jacente dans l'étant, par laquelle nous nous sentons « concernés ». Cette ouverture implicite et secrète à l'altérité effrayante du réel, à laquelle nous tournons généralement le dos, et dont la plupart du temps nous ne voulons rien savoir, est cependant ce qui porte et sous-tend secrètement la perception humaine comme ouverture originelle au monde en son inquiétante étrangeté. La méditation freudienne de l'inquiétante étrangeté, éclairée par le *Séminaire XI* de Lacan, peut donc être rapprochée de la conception heideggerienne de l'angoisse - comme expérience ontologique de l'inquiétante étrangeté de l'étant dans son ensemble - telle qu'elle apparaît dans la conférence *Qu'est-ce que la métaphysique ?* Elle doit aussi être rapprochée de ce que les Grecs ont nommé *thaumazein*.

Pour la psychanalyse comprise jusqu'à son impensé, comme pour Heidegger, l'homme est donc cet étant inquiétant qui a pour essence de faire signe vers le réel, comme cette dimension hétérogène qui se retire. C'est pourquoi le réel devrait devenir la pierre d'angle de la théorie psychanalytique. C'est ce que Serge Leclaire a compris. Voici, en effet ce qu'il écrit dans *Démasquer le réel* : « le réel, c'est l'impossible ...l'objet chiffré *a* n'est repérable que dans la structure et du côté du réel ...véritable « cause du désir » l'objet *a*, ce déchet, s'impose comme clef de voûte de la pratique psychanalytique : *pierre de rebut, il doit en devenir la pierre d'angle* »[522]. Or, ainsi que nous avons essayé de le montrer, faire du réel la pierre d'angle de la psychanalyse conduit à une réappropriation pensante de celle-ci par la philosophie.

---

521. Ibid. p. 250 et 252.
522. Op. cit. Le Seuil, Paris, 1983, p. 5.

CINQUIEME PARTIE

Le règne planétaire de la technique comme péril ontologique et épreuve moderne du tragique

« Dès lors qu'une mutation métaphysique s'est produite, elle se développe sans rencontrer de résistance jusqu'à ses conséquences ultimes. Elle balaie sans même y prêter attention les systèmes économiques et politiques, les jugements esthétiques, les hiérarchies sociales. Aucune force humaine ne peut interrompre son cours – aucune autre force que l'apparition d'une nouvelle mutation métaphysique. »

Michel Houellebecq, « Les particules élémentaires »[523]

523. Op. Flammarion, 1998, p. 10.

Dans la pensée de Heidegger, après la *Kehre*, ce n'est plus le *Dasein*, comme ipséité qui s'ouvre à l'être, mais c'est l'être qui *se* « dispense » à lui, à travers la structure *latente* de l'*aletheia*. Cela signifie que l'oubli de l'être va être conçu comme un retrait de l'être lui-même, ou, plus précisément comme une « dispensation de l'être (*Geschick des Seins*) »[524] sur le mode du retrait, c'est-à-dire sur le mode de la « dénégation » de son sens originel. L'oubli de l'être va donc être compris comme un *destin ontologique*, et, on le sait, c'est un tel destin ontologique qui, pour Heidegger, caractérise l'histoire de l'Occident depuis les Grecs. Une telle conception de l'histoire occidentale comme « histoire de l'être », comme destin ontologique – qui est développée dans le *Nietzsche*, puis dans *Le principe de raison* et qui ne sera pleinement clarifiée que dans le dernier chapitre – implique l'abandon par Heidegger, pour des raisons *philosophiques* précises, de tout « volontarisme politique », considéré dorénavant comme illusoire. Or, notons le au passage, cela signifie bel et bien, quoi qu'en disent ses détracteurs, que l'engagement politique scandaleux de 1933 a été, de fait, renié par Heidegger.

Il est une singularité insigne des Grecs qui réside dans un étrange paradoxe. Les Grecs furent non seulement ceux qui se sont d'abord « tenus » dans l'*aletheia* sous sa forme originelle (et de manière corrélative dans une ouverture radicale à la finitude), mais ils furent aussi ensuite, et paradoxalement, les initiateurs du plus extrême oubli de l'être ; lequel oubli provient, en dernière instance, nous venons de le voir, d'un « retrait » de l'être lui-même. L'importance de la Grèce, pour nous, tient donc au fait qu'elle fut le lieu d'une *mutation métaphysique*[525] sans précédent, laquelle va commander secrètement l'histoire occidentale tout entière. Les Grecs sont, en effet, les initiateurs d'un oubli radical de l'être, c'est-à-dire d'une manifestation de celui-ci sur le mode de sa « dénégation » la plus totale. Cette mutation métaphysique consiste en ceci, que l'être va maintenant apparaître comme *présence constante* et ainsi comme toujours atteignable et disponible pour la pensée. Elle peut donc être considérée comme une radicalisation de cette ontologie de la *Vorhandenheit* qui fait le propre de

---

524. Cf. M. Heidegger, *Le principe de raison*, Chap. 8.
525. Cette expression n'est cependant pas de Heidegger.

l'attitude naturelle. Cette mutation métaphysique radicale, cette transformation de la structure de l'*aletheia* (des conditions *a priori* à travers lesquelles l'étant se dévoile en son être), qui est apparue chez les Grecs et eux seuls, a trouvé sa forme accomplie et achevée dans les temps modernes, sous les traits du règne de la technique planétaire qui réduit l'étant en totalité à la pleine et entière disponibilité. Or, la grande tradition philosophique de Platon à Hegel, n'est rien d'autre que ce lieu « unique » dans lequel a été exhibé par avance la structure ontologique (au sens fondamental de structure de l'*aletheia*) qui porte secrètement le destin de l'histoire occidentale. La philosophie en son histoire – tel est son sens véritable et méconnu – a donc progressivement arraché à l'occultation la structure spécifique de l'*aletheia* qui porte le destin de l'Occident.

L'histoire de l'Occident est ainsi dominée, par un certain mode de dispensation de l'être (*Geschick des Seins*), par une dispensation de celui-ci *sur le mode du retrait*. Or, le monde moderne, qui est caractérisé par le déploiement du règne planétaire de la technique scientifique, ne se conçoit pas du tout lui-même comme étant dominé par un tel « destin ontologique », mais bien au contraire comme le règne de l'émancipation de l'homme qui conquiert sa liberté face aux traditions et qui se libère de l'emprise de la nature par la science et la technique. Ainsi l'homme moderne pense-t-il la modernité comme règne triomphant de l'humanisme et a-t-il une conception anthropologique et instrumentale de la technique. En même temps notre époque semble avoir dépassé depuis longtemps les égarements de la spéculation ontologique, considérée comme étant aussi abstraite qu'inutile.

Pour Heidegger il y a là une illusion fondamentale. L'oubli de l'être dans le monde moderne n'est, en effet, rien d'autre, nous le verrons, qu'un mode *spécifique* de *dispensation* de celui-ci, auquel l'homme moderne répond à son insu et *se soumet*. Et il faut ajouter que non seulement l'homme moderne - qui se croît libéré de toute expérience ontologique – est, en fait, *aliéné* à l'être, mais qu'il est même *fondamentalement menacé*, par celui-ci qui représente pour lui le *péril suprême*. L'homme moderne, nous l'établirons, est, en effet, à son insu, *menacé* par l'être et c'est de cette manière qu'il fait, sans le savoir, sa propre épreuve du tragique. La compréhension du sens ontologique de l'histoire occidentale et de son aboutissement dans le règne de la technique doit donc dissiper l'illusion d'un sens purement humaniste de cette dernière, faire apparaître que l'homme moderne est « sous la menace de l'être » et qu'il subit sous cette forme inquiétante, le tragique dont il se croyait libéré.

Cette « dispensation de l'être » sur le mode du retrait qui caractérise le déploiement de la technique - c'est-à-dire ce que Heidegger appelle le *Gestell* – est, et n'est rien d'autre, que le règne accompli de la *Raison*, laquelle ne peut donc se réduire à une simple faculté de connaître. Dans un premier chapitre nous présenterons le *Gestell* comme ce règne accompli de la Raison, dont l'essence avait été exhibée à l'avance dans l'histoire de la métaphysique. Dans un deuxième chapitre nous montrerons de manière précise, en exhibant pleinement l'essence du *Gestell*, pourquoi il représente cette menace provenant de l'être lui-même qui constitue le « péril suprême ».

CHAPITRE I
Le Gestell comme règne accompli de la Raison

En Grèce, à partir du V° siècle, l'essence originelle du monde comme Quadriparti, c'est-à-dire comme *phusis* insondable et incommensurable se retire, au profit d'une réduction de celui-ci à *l'intelligibilité* (à la présence constante et disponible pour la pensée, à l'*eidos*). Le monde pourra alors, sur cette base, être conçu à partir du Moyen Age, comme quelque chose de *prémédité rationnellement*, puis, finalement, dans les temps modernes, comme posé par et pour la Raison humaine présente à elle-même. Or, cette réduction progressive du monde à la pensée présente à elle-même (à un *logos* « auto-centré »), au « logique », à la Raison, ne s'accomplira pleinement que par le règne planétaire de la techno-science qui, peu à peu, se met en place aujourd'hui. Voici, en effet, ce qu'écrit Heidegger dans *Introduction à la métaphysique* : « Du fait que l'étant est une création de Dieu, c'est-à-dire quelque chose de prémédité rationnellement, il arrive nécessairement, aussitôt que le rapport du créé au créateur se dissout, et qu'en même temps la Raison humaine prend la prépondérance et se pose comme absolue, que l'être de l'étant devient pensable dans la pensée pure de la mathématique. L'être ainsi calculable, et mis dans le calcul, fait de l'étant quelque chose de maîtrisable au sein de la technique moderne à structure mathématique, qui est *essentiellement* autre chose que tout ce qu'on avait pu connaître en fait d'usage d'outils »[526]. Il apparaît alors que, fondamentalement, l'Occident n'est pas religieux, mais bien rationnel. La mise en place progressive du règne de la Raison, du « logique » (du *logos* auto-centré), qui s'accomplira dans et par la techno-science, est son destin caché, sa *Moïra*. La Raison, qui n'est en aucune

526. M. Heidegger, *Introduction à la métaphysique*, Gall. Paris, 1980, P 197.

manière une simple faculté de connaître, mais qui, comprise en son essence, a une dimension ontologique fondamentale, « porte » (et constitue) la structure spécifique de l'*aletheia* qui détermine notre histoire.

Ce règne de la Raison a été annoncé et exhibé - pensé par avance - par la philosophie de Platon à Hegel. Et c'est dans la métaphysique des modernes, tel est le sens secret de celle-ci, qu'il a été *pleinement* mis à jour. Elle a pensé la Raison - dont l'essence est le *cogito*, la présence à soi de la pensée - comme *subjectivité*, c'est-à-dire comme l'*hupokeimenon*, le *subjectum* de l'étant en totalité, lui-même réduit alors au statut d'objet. L'étant dans son ensemble est, en effet, réduit au statut d'objet posé par le sujet et devenant ainsi un simple satellite de celui-ci. La Raison est ainsi apparue dans la métaphysique des modernes, en particulier chez Kant, puis décisivement chez Hegel, comme le fondement dernier de l'étant en totalité, c'est-à-dire comme ce *par* quoi, et ce *pour* quoi l'étant en totalité est. Dans la mesure ou la Raison a pour essence même de tout reconduire à la présence à soi de la pensée, elle véhicule une « logique de l'identité » - du Même s'efforçant de résorber en lui toute altérité – qui représente la négation de cette « logique de la différence » qui constituait, nous l'avons longuement montré, l'essence originelle de la pensée.

En même temps, dans cette métaphysique, le *subjectum* de l'étant, l'*hupokeimenon* qui est constitutif de la Raison, qui la porte, est apparu progressivement comme étant la pure et constante présence à soi d'une *volonté* qui ne cesse cependant de se vouloir au-delà d'elle-même. La présence à soi de la pensée, le « se penser » transparent à lui-même qui constitue l'essence de la Raison (et qui s'exprime dans le *cogito*), est apparu comme étant *secrètement* porté et *entraîné* par un « se vouloir » aveugle[527]. La métaphysique moderne a donc pensé par avance la Raison comme une subjectivité portée par une volonté se voulant toujours au-delà d'elle-même, c'est-à-dire finalement par une « volonté de puissance »[528]. Elle a ainsi *secrètement*, anticipé l'essence accomplie de la Raison comme cette *puissance* du rationnel qui se déploie dans et par la techno-science sur laquelle repose la société industrielle aujourd'hui mondialisée. En effet, la Raison, sous sa forme accomplie, se pose comme *subjectum* de l'étant en totalité par le biais d'une production et d'une exploitation rationnelles de celui-ci, se déployant sur la base et sous le contrôle du calcul scientifique et visant à le réduire à la disponibilité totale. Cela signifie que la science - qui s'émancipant de ses origines philosophiques devient fondamentalement

527. M. Heidegger, *Le mot de Nietzsche « Dieu est mort »*, in *Chemins*..., Gall. Paris, 1980, p. 294.

528. Heidegger comprend, en effet, Nietzsche comme celui qui - croyant illusoirement dépasser la métaphysique rationaliste de la subjectivité avec sa conception de l'être comme volonté de puissance - n'a fait qu'exhiber, en la renversant, le soubassement caché de celle-ci.

« techno-science ou encore « science technicisée » et qui est le fondement même sur lequel repose la société industrielle – est, de manière totalement inapparente, l'accomplissement dernier et *légitime* de ce que la philosophie a pensé par avance en tant que métaphysique de la subjectivité.

La subjectivité (ou encore la Raison) sous sa forme accomplie est ce que Heidegger a appelé le *Gestell*. Le concept de *Gestell*, que Heidegger a forgé sur la base d'un mot de l'allemand courant qui veut dire châssis ou tréteau, signifie rassemblement (*Ge-*) de tous les modes du « poser » (*stellen*). Dans le cadre du règne moderne de la subjectivité l'étant ne peut *être* que dans la mesure où il a été posé, installé, amené à tenir debout, dans et par le processus techno-scientifique, c'est-à-dire dans la mesure où il apparaît - sur la base d'un processus de production et d'exploitation - comme rationnellement contrôlable et disponible. La nature, dont les énergies cachées (qui en constituent le *Grund* retiré) sont d'abord calculées, puis libérées et captées par la science technicisée, est ainsi réduite à un fond disponible (*Bestand*), à la « commissibilité » (*Bestellbarkeit*). La meilleure transposition en français du terme de *Gestell*, qui ne peut en aucune manière être traduit littéralement, est sans doute le mot « arraisonnement » pour lequel a opté André Préau dans ses traductions de *La question de la technique* et du *Principe de raison*. Et le mot « arraisonnement » dit peut être mieux encore, cela même que désigne le terme de *Gestell*. L'arraisonnement comme essence de la subjectivité sous sa forme pleinement déployée, est ce mode du dévoilement dans l'horizon duquel l'étant en totalité ne peut *être* que dans la mesure où, ayant toujours déjà rendu des comptes à la Raison qui l'a produit, « arrêté » et « inspecté », il a été placé sous son contrôle total.

Ce règne de la Raison, c'est-à-dire de la subjectivité, *s'incarne* fondamentalement dans la société industrielle moderne. Dans le monde moderne, écrit Heidegger dans la *Conférence d'Athènes*, « ...l'homme est déterminé comme l'être social. Mais société veut dire société industrielle. Elle est le sujet auquel le monde des objets est rapporté...La société industrielle est l'égoïté, c'est-à-dire la subjectivité, portée à son élévation la plus extrême. (...) Elle est la subjectivité qui s'établit sur elle-même »[529]. Or, en tant que manifestation et incarnation de l'auto-certitude de la Raison, la société moderne doit s'auto contrôler, de telle sorte qu'elle se veut toujours plus transparente à elle-même, toujours plus présente à elle-même, toujours mieux assurée d'elle-même. Il apparaît alors qu'elle est, pour elle-même, en quelque sorte à la fois sujet et objet de l'arraisonnement. Elle n'est cette puissance organisée et efficace d'arraisonnement de l'étant en totalité que dans la mesure où d'abord, elle s'est toujours déjà arraisonnée elle-même

529. *La provenance de l'art et la destination de la pensée*, in *L'Herne*, *Martin Heidegger*, 1983 p. 89.

dans et par des règles universelles propres à assurer une transparence et un contrôle total du corps social par lui-même.

Il revient à Michel Foucault d'avoir développé, dans *Surveiller et punir*, une analyse du pouvoir dans les sociétés modernes, qui nous paraît apporter une contribution fondamentale à la compréhension du *Gestell* dans sa dimension sociale. Michel Foucault a décelé avec beaucoup de perspicacité une caractéristique inapparente et cependant essentielle des sociétés modernes. Il a montré que « les « lumières » qui ont découvert les libertés ont aussi inventé les disciplines »[530], qui sont en quelque sorte leur versant obscur. Il a exhibé, en effet, la mise en place insidieuse et progressive – à travers toutes sortes de lois et de règlements – d'un dispositif inapparent de normalisation totale du corps social, protéiforme, caractérisé par la « souplesse » et la « douceur », mais immiscé dans tous les replis des sociétés modernes et se manifestant sous forme de systèmes de micro-pouvoir. Or, ce nouveau type de pouvoir – à la fois souple et omniprésent, condamnant avec intransigeance les mille et un petits « illégalismes » qui avaient été jusque là tolérés - est en même temps producteurs de savoirs (sociologie, pédagogie, psychologie, criminologie etc), car il procède d'un effort pour réaliser une « hyper-visibilité », transparente à elle-même, du corps social. Michel Foucault dont la réflexion s'enracine dans une étude de la naissance de la prison dans le monde moderne et qui s'inspire du célèbre projet de prison réalisé par Bentham, appelle, on le sait, *Panopticon* ou Panoptique ce dispositif total de surveillance.

Le déploiement du *Gestell*, que Heidegger appelle aussi « projet cybernétique du monde » (puisqu'il s'agit, sur la base d'un processus de production, d'un projet de *contrôle* total de l'étant), est donc la mise en place progressive d'un arraisonnement de l'étant en totalité par une société industrielle « auto-contrôlée » et se voulant toujours plus transparente à elle-même. Dans le cadre de ce projet - qui aujourd'hui encore est en partie méconnaissable car il n'en est qu'à ses balbutiements – le mode de production capitaliste ne représente qu'une phase transitoire. La société industrielle mondialisée qui se met en place sera, en effet, en tant que société rationnelle, très certainement « ...soumise à la planification et à l'ordonnance d'un gouvernement planétaire » [531]. Les progrès de la techno-biologie, ouvrent en même temps la possibilité pour l'homme de contrôler sa propre évolution par manipulations génétiques. Se profile alors cette limite idéale où l'étant en totalité pourrait passer sous le contrôle total de la techno-science, et n'être plus que *par* et *pour* celle-ci devenue un médium total. Le *Gestell* n'est donc pas encore suffisamment compris lorsqu'on y voit une

530. Michel Foucault, *Surveiller et punir*, Tel Gall. Paris, 1993, p. 258.
531. M. Heidegger, *La parole d'Anaximandre*, in *Chemins*..., Gall. Paris, 1979, p 449.

entreprise de domination de la nature, car un tel projet de domination implique une confrontation laquelle suppose encore l'idée d'une altérité de l'étant. En dépit des apparences la techno-science ne se veut pas, contrairement à ce que dit Spengler, une « technique faustienne » : il ne s'agit pas seulement d'une entreprise de négation de l'étant ou du *monde*, mais bien de *dénégation* de celui-ci en son altérité. Le projet cybernétique du monde s'efforce plutôt de rendre possible un *dévoilement* de l'étant en totalité dans l'horizon ouvert par la techno-science devenue médium total. Ce projet est le triomphe définitif du *principium reddendae rationis* : il s'agit de faire en sorte que l'étant en totalité, qu'il s'agisse de la nature ou de la société, ne puisse plus *être* que comme posé (produit) par la Raison et sous son contrôle total. Se profile ainsi l'idéal d'une techno-science se caractérisant, non pas par le déploiement déchaîné de la production, mais au contraire par le contrôle et la gestion rationnelle – laquelle peut tout aussi bien être « écologique » - de l'étant en totalité. Il s'agit d'une technique rationnelle, prenant le contrôle de l'« environnement » pour en assurer la « protection », recyclant même parfaitement les déchets, et donnant à l'homme l'illusion de sa *sécurité* totale au sein de l'étant dans un monde naturel et social parfaitement organisé. Le règne de la technique moderne apparaît ainsi comme dénégation de la finitude. Voici ce que Heidegger affirmait concernant l'homme moderne dans le cadre de ses cours sur Nietzsche : « L'homme, à partir de lui-même, base son essence sur sa sécurité au sein de l'étant, contre et pour ce dernier. Il cherche à l'assurer par une mise en ordre intégrale dans le sens d'une préservation planifiée de sa consistance, selon laquelle l'organisation doit s'effectuer dans tout ce que la sûreté même peut offrir d'exactitude »[532]. Le projet cybernétique du monde constitue l'idéal rationnel d'un monde non plus donné mais produit, et ainsi fonctionnel, « transparent », homogène et sans « reste », dans lequel la différence entre le réel et la « simulation » (au sens cybernétique) aurait disparue[533]. Dans ce monde « parfait », dans ce « meilleur des mondes », le « réel » en son altérité, en son hétérogénéité, n'aurait plus l'occasion de se manifester. Il s'agit donc finalement de faire en sorte que l'étant dans son ensemble, le monde, ne présente plus aucune altérité, c'est-à-dire qu'il ne *soit* plus, qu'il n'ait plus d'« être ». Tel est le sens final de l'oubli de l'être : il s'agit d'un « nihilisme ontologique »[534].

L'étant ne peut donc plus *être* que sous le contrôle absolu de la Raison entraînée par la volonté de puissance et ainsi, seulement dans et par la transparence à soi du *logos*. L'étant en totalité ne doit plus pouvoir être que dans et par la transparence à soi de la pensée, c'est-à-dire du *sens*. Or,

532. M. Heidegger, *Nietzsche* II, Gall. Paris, 1980, p. 303.
533. Cf. sur ce point : Jean Baudrillard, *Simulacres et simulation*, Galilée, Paris, 1985.
534. Cf. *Le mot de Nietzsche « Dieu est mort »*, in *Chemins*..., Gall. Paris, 1980, p. 320.

c'est par échange d'informations (au sens de la cybernétique) que se déploie la signification ou le sens, dans le règne de la techno-science. En effet, dans le cadre du projet cybernétique du monde le contrôle rationnel de l'étant en totalité s'accomplit par échange d'informations entre les processus qui commandent et ceux qui sont commandés, c'est-à-dire par transmission et rétroaction des informations. C'est pourquoi l'idéal poursuivi dans la mise en place de ce règne absolu du *logos* est finalement que *le monde*, en sa structure d'être, ne soit plus rien d'autre qu'*information*, qu'il soit entièrement *transparent au sens*. Voici, en effet, ce qu'écrit Heidegger dans *Séjours* : « Ce qui pour nous s'appelle aujourd'hui monde, c'est un appareillage technique d'information s'enchevêtrant à perte de vue »[535]. Or, ce contrôle rationnel de l'étant en totalité par échange d'informations doit lui-même s'auto contrôler. Il s'agit donc de l'idéal d'un monde entièrement réduit à la transparence à soi du *logos* ressaisi en lui-même, celui-ci étant au service d'une volonté de puissance se voulant toujours au-delà d'elle-même.

Le sociologue Jean Baudrillard - dont les analyses de la société moderne nous semblent apporter une contribution à la conception heideggerienne du *Gestell* - appelle ce projet « la Réalité Intégrale ». Voici ce qu'il écrit : « J'appelle « Réalité Intégrale » la perpétration sur le monde d'un projet opérationnel sans limite : que tout devienne réel, que tout devienne visible et transparent, que tout soit « libéré », que tout s'accomplisse et que tout ait un sens »[536]. Cet idéal d'un monde où plus rien ne serait donné en son altérité et son opacité, mais où tout serait produit, réalisé rationnellement, parfaitement homogène et fonctionnel, sans perte, sans manque et sans reste et dans lequel tout aurait un sens, est finalement celui d'une élimination absolue de l'Autre, de toutes les formes d'altérité[537]. Le *logos*, la pensée, n'est plus alors ce qu'il était originellement, c'est-à-dire ce qui, par essence, s'ouvre au règne incommensurable du réel toujours déjà là qui l'excède. Mais - dans la mesure où il est maintenant au service de la volonté de puissance dont il est l'instrument – il est *involué* sur lui-même et il s'efforce *au contraire* de *produire* et de *résorber* en lui toute réalité. Cette dénégation radicale du sens originel du *logos* est le sens profond de l'oubli de l'être, c'est l'accomplissement du règne de la Raison préparé et pensé à l'avance par la métaphysique, et en particulier par Hegel.

A la suite de ces analyses, l'étrange paradoxe du règne du *Gestell* commence à apparaître. En apparence le règne de la technique fait de l'homme le maître de l'étant et représente ainsi le triomphe de l'humanisme. Mais cela n'est qu'une illusion car, nous l'avons montré, il apparaît que

535. Op. cit. Le Rocher, 1992, p. 55.
536. Jean Baudrillard, *Le pacte de lucidité ou l'intelligence du mal*, Galilée, Paris, 2004, p. 11.
537. Jean Baudrillard, *Le crime parfait,* Galilée, Paris, 1995, p. 155.

l'homme lui-même, en tant qu'être social, est *l'objet* de l'arraisonnement total qu'il met cependant en œuvre. Par un étrange renversement qu'il nous faut maintenant élucider, le *Gestell* apparaît comme une aliénation fondamentale.

CHAPITRE II

Le Gestell comme "péril suprême"

Le règne planétaire de la technique comme *Gestell* représente en dépit des apparences, nous l'avons déjà suggéré, une *aliénation* de l'homme à l'être. Et cette aliénation est de nature telle qu'elle constitue un péril fondamental. Du *Gestell* Heidegger dit ceci : « … il n'est pas en lui-même un danger quelconque, il est *le* danger »[538]. Pour comprendre cela il faut prendre en vue l'essence du *Gestell* laquelle repose sur une dispensation de l'être en tant que *volonté*. Il nous faut donc nous tourner vers l'essence de cette volonté pour élucider pleinement le sens profond du *Gestell*.

Le règne du *Gestell* conduit l'homme, comme être rationnel et social, à se placer en position de souveraineté au centre de l'étant. Or, cette souveraineté de l'homme – qui entraîne l'illusion d'un sens strictement anthropologique et instrumental de la technique et d'un sens « humaniste » du monde moderne – n'est en fait, d'une certaine manière, qu'une *apparence nécessaire*. Heidegger affirme, en effet, que l'homme n'accède ainsi au centre de l'étant que dans la mesure où il « répond » et « correspond » ce faisant à une certaine « dispensation » (*Geschick*) de l'être. L'homme moderne demeure fondamentalement un *Da-sein*, il n'est pas *par lui-même* subjectivité, mais il n'est que le « là » de l'être qui se dispense à lui dans et par la volonté se voulant elle-même laquelle porte le règne de la raison comme subjectivité. Il n'est que le « suppôt » de la subjectivité, qui, cependant, ne se manifeste et ne s'accomplit qu'en lui.

538. Martin Heidegger, *La question de la technique*, in *Essais et conférences*, Gall ; paris, 1976, p. 36.

Dans le règne de la technique, l'autonomie de l'homme, qui comme Raison et subjectivité est installé au centre de l'étant n'est que l'image illusoire que l'homme moderne a nécessairement de lui-même. Voici ce qu'écrit Heidegger à propos de la société industrielle dans *L'affaire de la pensée* : « Contrairement à l'apparence qu'elle donne de tenir par soi-même, toute axée sur soi-même et donnant à soi seule mesure à tout, elle est bien plutôt placée – par la même puissance de mise en demeure provocante – dans cet état de soumission qui a également entraîné la modification de l'ancienne objectivité des objets en pure et simple commissibilité des fonds disponibles »[539].

Or, non seulement l'homme moderne est fondamentalement, et en dépit des apparences, *Da-sein*, mais, ainsi que le suggère déjà le texte que nous venons de citer, il est même, à son insu, totalement *aliéné* à la manière dont l'être se dispense à lui, et il en est en quelque sorte l'« esclave ». Et l'homme moderne est d'autant plus aliéné à la manière dont l'être se « dispense » à lui qu'il n'en a pas la moindre conscience, dans la mesure où l'illusion de son autonomie est constitutive de son statut de subjectivité. Voici ce qu'affirmait Heidegger au cours des *Séminaires du Thor* :

« La question, c'est que l'homme moderne se trouve désormais dans un rapport à l'être fondamentalement nouveau – *et qu'il n'en sait rien*. Dans le *Gestell*, l'homme est mis en demeure de correspondre à l'exploitation-consommation ; la relation à l'exploitation consommation oblige l'homme à *être* dans cette relation. L'homme n'a pas la technique en main. Il en est le jouet. Dans cette situation règne la plus complète *Seinvergessenheit*, le plus complet retrait de l'être. La cybernétique devient l'ersatz de la philosophie, et de la poésie. La politologie, la sociologie, la psychologie deviennent prépondérantes, disciplines qui n'ont pas le moindre rapport à leur propre fondement. En ce sens, l'homme moderne est l'esclave de l'oubli de l'être. Par là s'annonce (autant qu'on puisse voir) le fait que l'homme est « utilisé » par l'être – *Gebraucht vom Sein* »[540].

Le sens du règne de la technique comme accomplissement de la subjectivité ne deviendra donc pleinement compréhensible que par l'éclaircissement de ce paradoxe : l'homme comme Raison et comme subjectivité apparemment autonome, n'est que le « là » de l'être et il en est même l'« esclave ». L'homme n'accède ainsi au statut de subjectivité qu'en étant utilisé par l'être, qu'en étant le « suppôt » de l'être. Le monde moderne qui se conçoit lui-même illusoirement comme un règne de l'humanisme, doit donc être démasqué comme *aliénation* fondamentale de l'homme à l'être, à travers cette apparence *nécessaire* d'une « libération » totale de l'homme, devenu le maître de l'étant. C'est pourquoi dans la *Lettre sur l'humanisme*,

---

539. Op. cit. T.E.R., Mauvezin, p. 20.
540. Op. cit. in *Questions IV*, p. 305-306.

Heidegger a rendu hommage à Marx pour avoir déjà, à sa manière, pensé l'histoire à partir de l'expérience de l'aliénation. « C'est parce que Marx, faisant l'expérience de l'aliénation, atteint à une dimension essentielle de l'histoire, que la conception marxiste de l'histoire est supérieure à toute autre chronologie »[541].

Il est essentiel de remarquer que Heidegger n'a jamais *suffisamment* éclairci ce paradoxe du rapport de l'homme occidental à l'être et de son aliénation à l'être. Ce paradoxe consiste en ceci que la *volonté* qui porte le *Gestell* et qui semble bien être une auto-affirmation de l'homme, c'est-à-dire une volonté purement humaine, est en fait une manifestation *de l'être* à laquelle l'homme est *aliéné*. Or, nous allons le montrer, l'éclaircissement de ce paradoxe appartient à cet impensé que notre interprétation de l'œuvre heideggerienne s'efforce d'exhiber et qui est une méditation unique de l'essence du tragique. Car c'est à partir du *déni* du tragique que l'essence *ontologique* de la volonté qui porte le *Gestell* pourra être élucidée.

Le *Gestell*, compris en son essence, est une *dénégation* radicale de l'*aletheia* en son sens originel, c'est-à-dire une dénégation de l'ouverture de l'homme à l'ordre incommensurable et englobant de la *phusis*, dans et par l'expérience de sa finitude. Or cette ouverture primaire à l'être comme *phusis* se déployant en tant que *cosmos* dans et par l'expérience radicale de la finitude, n'était rien d'autre, nous l'avons vu dans la partie précédente, que le *tragique* bien compris. Cette ouverture originelle ne fait qu'un, en effet, avec la « brèche » ou le « *trauma* », représenté par l'échec et la « ruine » de l'*hubris* du *Dasein* qui s'est brisée sur la prépotence insondable de l'être. Le règne du *Gestell* porté par la volonté de volonté n'est donc rien d'autre, qu'un déni radical du *tragique*. Cela signifie alors que sa mise en place progressive relève d'un processus *inapparent* par lequel le *Dasein* en est venu à renouer, d'une certaine manière, avec son *hubris* originelle. La volonté de puissance aveugle et inconsciente qui porte la techno-science doit donc être fondamentalement comprise comme cette *hubris* du *Dasein*, cette collusion avec le tréfonds retiré de la *phusis*, avec la *Gewalt*, laquelle s'accomplit dans et par la *médiation* d'un processus de déni du sens *essentiel* de la *phusis* comme *cosmos*, *diké* et *logos*. Ce processus de déni est le développement même de la pensée rationnelle culminant dans le projet cybernétique du monde. L'arraisonnement de l'étant en totalité, comme dénégation de son inquiétante étrangeté englobante et insondable (de son hétérogénéité), est porté par cette *hubris*, dans et par laquelle l'homme, s'efforçant de s'affirmer inconditionnellement et d'assurer totalement sa sécurité, tente de s'identifier au tréfonds éternel de la *phusis* comme pure puissance productrice aveugle, comme *Gewalt*. Dans et par l'arraisonnement

541. Op. cit. p. 103.

de l'étant en totalité le *Dasein* s'efforce de s'affirmer inconditionnellement et d'assurer sa sécurité totale dans le déni radical de la finitude qui le caractérise.

Or, cette identification de l'homme au tréfonds retiré et éternel de la *phusis*, c'est-à-dire à l'être comme puissance chthonienne irrationnelle, ne provient pas seulement de l'homme, mais bien, en même temps de l'être. Dans l'*hubris*, l'homme ne s'identifie spontanément, inconsciemment, à l'éternité du flux vital s'auto-déployant – lequel renvoie à la puissance productrice aveugle de la Terre – que dans la mesure où, ce faisant, il se laisse entraîner et intérieurement posséder par l'être, par l'« élan panique » de la nature. L'homme, « revendiqué » par l'être, « capté » et « envoûté » par la puissance et la violence originelle de l'être qui se manifeste et se déchaîne en lui, revendique à son tour « violemment » l'être pour lui en s'identifiant à la puissance de l'être. C'est ainsi que l'homme est inconsciemment *aliéné* à l'être : il est « envoûté » et « capté », intérieurement possédé par sa puissance, laquelle le porte, le déborde, et l'entraîne au-delà de lui-même. Or, cette aliénation de l'homme à la *Gewalt* est l'essence très profondément cachée de la technique moderne.

Le sens de l'oubli de l'être comme mode spécifique de « dispensation » de celui-ci s'éclaire alors à partir de là. Cet oubli doit être compris, en effet, comme une *manifestation* de l'être en son retrait prenant progressivement la forme d'une dispensation de celui-ci comme auto-activité aveugle de la volonté de puissance. La rationalité techno-scientifique portée par la volonté est ce retrait ou ce déni du sens fondamental et originel de la *phusis* comme *cosmos* englobant et insondable, dans et par lequel vient alors se « déchaîner » en l'homme la puissance élémentaire qui gît dans le tréfonds de celle-ci. C'est en ce sens précis que l'homme moderne qui répond à l'appel du *Gestell* est bien et n'est rien d'autre qu'un *Da-sein* : dans la mesure où il se tient en collusion avec la *Gewalt*, il est et demeure, en effet, d'une manière spécifique, le « là » de l'être en tant que *phusis*. Tel est, nous semble-t-il, le sens profond, en partie impensé chez Heidegger, de l'oubli historial de l'être, c'est-à-dire de l'« histoire de l'être » comme manifestation de l'être en son retrait.

L'homme moderne est ainsi intérieurement *identifié*, et donc enchaîné à la puissance originelle de l'être comme *Gewalt*, il est enchaîné à ce qui n'est que le tréfonds retiré et hétérogène de la *phusis*. Il est identifié à celui-ci, et intérieurement possédé par celui-ci, lequel n'apparaît plus que comme pure puissance productrice (comme *Gewalt* ou « violence »), dans l'oubli de sa dimension retirée et abyssale. Le *Dasein* s'identifie ainsi au tréfonds de la *phusis* mais cette opération est aussi bien celle de l'être. Elle provient du fait que le tréfonds de l'être se dispense à lui en le « captant » et le « retenant ». Le *Dasein* est ainsi enchaîné à l'être. En l'oubli de l'être se manifeste ainsi une « volonté de la terre » - pour employer une expression nietzschéenne reprise par Ernst Jünger qui l'applique au règne de la technique – ou encore, comme le dit Heidegger, une « sédition de la terre »[542]. L'*hubris* de la volonté de puissance, comme « volonté de la terre », est ce qui se manifeste dans et par le rationnel lequel est entièrement à son service. D'une certaine manière le règne de la techno-science libérant les énergies cachées de l'étant et déployant la production industrielle est une libération des puissances chthoniennes et donc, en quelque sorte, ce nouveau règne des Titans qui accompagne le retrait des dieux[543]. L'oubli de l'être est oubli (ou déni) de l'être comme être de l'étant, comme cette dimension retirée, insondable, qui laisse être l'étant en totalité se déployer comme *cosmos*. Or, cet oubli est simultanément « insurrection » de la *Gewalt*, de ce qui n'est que le tréfonds retiré de la *phusis*, qui se déchaîne alors en l'homme en « dévorant » l'étant en totalité.

L'être, oublié et dénié en son sens originel, s'affirme maintenant comme cette *Gewalt* élémentaire et aveugle, cette « volonté de la terre » qui se manifeste comme *hubris* de la vie, laquelle se veut à travers l'homme dans et par le déchaînement de la puissance du rationnel, et qui revendique l'homme pour soi en tant que « là » de sa manifestation sur le mode de l'identification. Il est ainsi une « jouissance » immédiate de la toute puissance de l'être à laquelle l'homme est enchaîné par son vouloir. Paradoxalement l'oubli de l'être est cet oubli de sa dimension insondable et indisponible qui prend la forme d'une identification immédiate et aliénante à la puissance élémentaire qui gît en son tréfonds. Les abîmes chthoniens de l'être, ce que Nietzsche appelle parfois les « mères de l'être », se sont emparés de l'homme, l'ont « captés » et ont déchaînés leur puissance en lui. C'est en ce sens que l'homme moderne, qui ne veut voir dans le règne rationnel de la techno-science que le triomphe de l'humanisme, et qui croit ainsi avoir conquis sa liberté en se rendant maître de l'étant, est en fait secrètement *aliéné* à la puissance de l'être et, est ainsi l'esclave de l'oubli de l'être. L'homme moderne qui est aliéné à la volonté de puissance - laquelle se manifeste à travers lui comme auto-affirmation aveugle et inconditionnelle de la vie s'efforçant d'assurer son développement et sa sécurité totale - est en effet, poussé de manière irrésistible à organiser l'ordre social rationnel et panoptique auquel il sera soumis et dans lequel va régner le souci absolu du contrôle, de la transparence, de l'organisation, de la norme, de la sécurité.

---

542. M. Heidegger, *Les hymnes de Hölderlin : La Germanie et Le Rhin*, Gall. Paris, 1988, p. 84.
543. Cf. Ernst Jünger, *Les ciseaux*, Bourgois, Paris, 1993.

Il apparaît alors que la technique moderne n'est pas quelque chose de simplement humain. Elle est une manifestation spécifique et inquiétante de l'être, elle est un mode d'être du *Da-sein*. Or, cette aliénation de l'homme à la *Gewalt* dans l'*hubris* (laquelle nous livre le sens ontologique de la volonté de puissance qui porte l'arraisonnement), va nous permettre de comprendre pourquoi le *Gestell* est, non pas un péril particulier, mais bien *le* péril suprême. Il est en effet, dans le tréfonds insondable de l'être, une surpuissance et une prépotence hétérogènes qui ne se laissent pas maîtriser, mais qui, au contraire *portent* et *débordent* le *Dasein* qui s'efforce de les maîtriser et de s'identifier à elle. La première conséquence de cela, est que le règne absolu de la Raison (qui est secrètement portée par l'*hubris* du *Dasein*, identifié à la *Gewalt* constitutive du tréfonds de la *phusis*) n'est qu'en apparence au service d'un humanisme, et qu'il se caractérise bien plutôt, en réalité, par le déploiement subtilement totalitaire et aliénant d'un contrôle minutieux des populations dont le comportement est normalisé et uniformisé. Et cela implique, d'autre part, que ce règne inquiétant de l'arraisonnement contribue simultanément, à son insu et contre son gré, à déchaîner les puissances irrationnelles et destructrices qu'il s'efforce de conjurer et qui vont cependant le subvertir. Mais cela veut dire *alors* que le projet cybernétique du monde (ou encore ce que Jean Baudrillard appelle, nous l'avons vu, « la Réalité intégrale ») ne pourra jamais s'établir pleinement. La volonté de puissance qui en porte le déploiement est cette même *hubris* qui déchaîne *simultanément* les puissances irrationnelles qui le menacent depuis l'intérieur, qui le sapent dans ses fondements et qu'il s'efforce en permanence de conjurer. Il y a ainsi un paradoxe et même une « contradiction vivante » (c'est-à-dire dont les termes opposés se nourrissent l'un de l'autre) inhérents à la mise en place du *Gestell*, car ce règne absolu et inquiétant de l'arraisonnement sera en même temps et nécessairement celui du déchaînement de l'irrationnel. La Raison est, en effet, portée et déployée par une puissance irrationnelle (une *hubris*), qu'elle ne cesse d'accroître en retour, et qui, nécessairement la déborde et la subvertit de l'intérieur.

L'appel à fournir les raisons qui porte le *Gestell* est, en effet, ce dans et par quoi les énergies cachées de la nature, les puissances chtoniennes qui l'habitent, viennent se libérer à travers l'homme et peuvent alors se déchaîner, ainsi que cela apparaît clairement avec la techno-physique de l'atome et les ravages divers, toujours déniés, qu'elle génère. De la même manière à travers les manipulations génétiques et le clonage éclate au grand jour l'image « grimaçante » de la techno-science qui semble bien être secrètement portée par une inquiétante démesure. Produire et sélectionner techniquement l'homme est, en effet, une possibilité offerte par la techno-biologie contemporaine, c'est pourquoi l'homme est fondamentalement menacé en son être par l'arraisonnement qu'il met lui-même en œuvre[544]. A travers la dévastation de la terre et l'épuisement de ses ressources, comme à travers la techno-biologie, c'est l'*hubris* comme « insurrection » et « déchaînement » de l'être en tant que dimension hétérogène destructrice, qui se manifeste dans et par la rationalité humaine.

En même temps, la mise en place de l'arraisonnement panoptique du social et la mobilisation totale des hommes au service de la production, impliquent une dissolution des liens communautaires traditionnels qui libère les individus de leurs attaches en faisant éclater les rapports sociaux. Le règne du *Panopticon* se déploie, en effet, sur les ruines de l'ordre symbolique (des règles coutumières) et il a pour caractéristique d'uniformiser les comportements, d'homogénéiser totalement la société rendue transparente, tout en isolant les individus les uns des autres. Il semble donc – paradoxalement – dissoudre les rapports sociaux en même temps qu'il arraisonne totalement la société. Cela conduit à cette « fin du social » annoncée par Jean Baudrillard et dont certains aspects sont fort bien décrits dans les romans de Michel Houellebecq[545]. Cet arraisonnement, qui s'accompagne nécessairement d'un « éclatement » du social, contribue alors inévitablement, et à son insu, à libérer une violence qu'il s'efforce ensuite de conjurer. Ainsi, par exemple, la mise en place progressive d'une organisation sociale planétaire de plus en plus rationnelle s'accompagne, paradoxalement, du développement de la guerre civile planétaire qu'elle essaie cependant de conjurer. Et il appartient à l'essence même du *Gestell* que les deux termes de cette contradiction ne cessent de se renforcer mutuellement. Au fur et à mesure que la civilisation mondiale deviendra plus rationnelle et uniformisée, la violence qui la menace depuis l'intérieur – et à travers laquelle se déchaîne l'affirmation inconditionnelle de la particularité (de groupes ou d'individus), en subvertissant momentanément la tyrannie de l'arraisonnement - deviendra, de manière concomitante, de plus en plus imprévisible et irrationnelle. Le monde moderne apparaît alors, ainsi que Jean Baudrillard l'a noté, comme le lieu d'un affrontement absolu entre la mise en place du règne de la « Réalité intégrale » et le déchaînement des forces irrationnelles qui la refusent de manière radicale. Cet affrontement ne pourra conduire à aucun armistice et sera sans réconciliation possible, car les deux termes de la contradiction ne cessent de se renforcer l'un l'autre[546]. Le règne de la technique est donc, en son essence même constitué par une *oscillation incoercible* entre les deux termes de cette contradiction.

---

544. Cf. Martin Heidegger, *La provenance de l'art et la destination de la pensée*, in L'Herne, *Martin Heidegger*, Paris, 1983, p. 88

545. Cf. Michel Houellebecq, *Extension du domaine de la lutte*, ed. j'ai lu, 1997, et *Les particules élémentaires*, Flammarion, 1998.

546. Jean Baudrillard, *Le pacte de lucidité ou l'intelligence du mal*, Galilée, Paris, 2004, p. 109.

Le règne du *Gestell* apparaît ainsi, de différentes manières, comme ce déni de l'essence fondamentale de la *phusis* qui est cependant, ce à travers quoi le tréfonds de celle-ci en vient à se « dispenser » en l'homme à se dévoiler à lui et à se « déchaîner » en lui de manière dévastatrice. L'oubli du sens originel de l'être (de sa dimension retirée et insondable) apparaît alors comme une « insurrection » du tréfonds de la *phusis* qui risque de se libérer et de se déchaîner à travers l'homme en dévastant l'étant en totalité. C'est pourquoi le *Gestell* est le péril suprême.

Le monde moderne est sous le menace d'une trop grande proximité de l'être (qui ne se manifeste plus que comme *Gewalt*), ainsi que Hölderlin l'avait compris. Tel est le sens véritable et paradoxal de l'oubli de l'être. L'homme moderne qui rejette et « déni » le tragique (la relation à l'être comme relation à l'insondable et à l'impossible) s'expose au risque de le *subir* (à son insu) sous la forme d'une proximité excessive avec le sacré qui se manifeste alors comme puissance dévastatrice mortifère. Cette « fermeture de la dimension du sacré »[547] qui caractérise le monde moderne ne conduit donc pas à la « perte » du sacré, à sa disparition, mais bien au contraire au déchaînement de celui-ci sous les traits de la « malignité de la fureur (*Bösartigen des Grimmes*) »[548]. Le paradoxe du *Gestell* est alors le suivant : l'homme est menacé, intérieurement possédé et débordé, par cette même puissance irrationnelle et hétérogène de l'être qu'il prétend maîtriser et qu'il s'efforce de dénier. Le règne de la Raison est ainsi secrètement, mais de manière constitutive, porté par une puissance irrationnelle qui, à la fois se déploie à travers lui et, en même temps, le subvertit de l'intérieur. Ce règne absolu de la Raison pourrait donc bien être, simultanément, et paradoxalement, celui de son exact contraire, « ...il pourrait bien être le comble de l'irrationnel »[549]. Heidegger, qui a pris la mesure de ce paradoxe écrit, par ailleurs, que « Vouloir une sûreté absolue, c'est d'abord mettre au jour une insécurité universelle »[550]. L'homme moderne est ainsi, à son insu, aliéné à l'être et sous sa menace.

Ainsi que cela a été remarqué, le règne moderne du *Gestell* qui se déploie sur les ruines de l'ordre symbolique, relève, d'un point de vue psychanalytique, d'une structure paranoïaque[551]. Cependant, sur la base des analyses précédentes, on pourrait dire, plus précisément encore (et en s'inspirant librement des thèses de *L'anti-Œdipe* de Deleuze et Guattari[552]), qu'il tend vers une oscillation incoercible entre la rigidité paranoïaque et

547. M. Heidegger, *Lettre sur l'humanisme*, Aubier, Paris, 1977, p. 137.
548. Ibid. p. 157.
549. Martin Heidegger, *La fin de la philosophie et le tournant*, in *Questions IV*, Gall. Paris, 1976, p. 138.
550. M. Heidegger, *Dépassement de la métaphysique*, in *Essais et conférences*, Gall. P. 101.
551. Jean-Marie Vaysse, *L'inconscient des modernes*, Gall. Paris, 1999, p. 389-390.
552. Gilles Deleuze et Félix Guattari, *L'anti-Œdipe*, Minuit, Paris, 1975.

l'éclatement schizophrénique[553]. Il est alors possible, peut-être, de comprendre le péril représenté par le règne de la technique sur la base de la théorise lacanienne de la psychose. Dans le *Gestell*, à l'instar de ce qui se passe dans la psychose, le réel hétérogène qui est dénié et « forclos » dans le symbolique, vient faire retour dans la réalité de manière menaçante et dévastatrice. On pourrait dire encore que le « déni », ou la « forclusion », de l'ouverture originelle du *monde*, dont l'essence est le sacré inapprochable, fait alors *surgir* ce dernier comme menace et puissance dévastatrice. L'homme est irrémédiablement *Da-sein*, de sorte que l'oubli ou le déni de l'être ne peut être rien d'autre qu'un mode spécifique de dévoilement de celui-ci. Il s'agit alors d'une forme crépusculaire et effrayante de sa manifestation. Le danger est, paradoxalement, celui d'un excès de présence de l'être, d'une excessive proximité « aveuglante » de celui-ci qui se donne *sans médiation*. En effet, l'être ne peut se donner de manière authentique, et en sa plénitude (en son sens originel), qu'en se refusant en même temps, c'est-à-dire dans et par un manque fondamental ou encore dans une distance essentielle. Paradoxalement l'homme moderne est en quelque sorte menacé par une « surexposition » à l'être. Et il est *doublement menacé* : d'une part à travers la domination inflexible d'un arraisonnement minutieux du social qui brise la singularité individuelle *et* d'autre part à travers la menace des puissances hétérogènes dévastatrices qui mettent en péril cet arraisonnement, mais qu'il a lui-même libéré à son insu. Dans les termes de la théorie psychanalytique de la psychose il faudrait dire que l'homme moderne « manque de manquer ». C'est le manque, c'est la distance essentielle, ou encore la médiation qui lui fait défaut dans son ouverture à l'être (au réel). Cette médiation était représentée par ce que Hölderlin avait nommé les dieux (comme gardiens de l'ordre de la *diké*) et que le structuralisme a nommé *l'ordre symbolique*.

C'est pourquoi, lorsque l'homme moderne parvient à conjurer la menace de l'être, ainsi que l'effroi qu'elle génère, il est alors en proie au vide et à *l'ennui profond* [554]. Il est, en effet, devenu étranger au manque à travers lequel seulement l'être peut se donner en sa richesse et en sa plénitude. Le monde occidental moderne où s'étend le règne de la production / consommation et donc – en apparence – celui de l'abondance, est ainsi en proie au vide de l'arraisonnement tournant sur lui-même et, secrètement, à l'ennui profond qu'il génère. Mais il n'en sait rien et n'en veut rien savoir. Dans cette situation, où toute figure de l'Autre a disparue, l'homme ne semble plus avoir de quoi se dépasser et il « …tourne en rond

---

553. Op. cit. p. 41 à 43 et p. 309-310.
554. Concernant le sens historial de l'ennui, cf. Martin Heidegger, *Les concepts fondamentaux de la métaphysique*, Gall. Paris, 1992, p. 246-247.

autour de lui-même comme *animal rationale* »[555]. Une telle conception du nihilisme rejoint, d'une certaine manière, l'idée hégélienne de « fin de l'histoire » telle qu'elle est interprétée par Alexandre Kojève, c'est-à-dire comme cessation de l'« Action historique » (au sens fort du terme), comme « désoeuvrement »[556]. La question est alors celle qui est posée par René Char « comment vivre sans inconnu devant soi ? »[557]. Comment faire face au vide, au « manque du manque », à la disparition de toute ouverture à l'Autre ?

Ainsi que Hölderlin l'a finalement compris, la tâche fondamentale de l'homme moderne doit être d'apprendre à *endurer* ce vide comme tel et de le comprendre comme épreuve du « défaut des dieux ». Tel doit être, en effet, le tragique proprement moderne, en son authenticité, pour le Hölderlin tardif. Le *Dasein* moderne ne peut atteindre son *authenticité* que s'il affronte et endure d'abord *comme telle* cette « carence du symbolique » qui l'expose au « vide du ciel sans fond »[558], à l'« ...assaut de l'azur et de sa lumière qui traverse de part en part le séjour des hommes »[559]. Ainsi que Beda Allemann l'a établi dans *Hölderlin et Heidegger*, pour le dernier Hölderlin - celui des *Remarques* et des lettres tardives qui semble avoir rompu avec la nostalgie de la Grèce - il ne faut pas que nous imitions les Grecs car notre tendance culturelle est opposée à la leur. Il ne s'agit donc plus d'essayer de retrouver le tragique grec, mais bien d'apprendre à assumer *notre* propre épreuve du tragique (au lieu de la fuir et ainsi de la subir), qui est celle de l'« infidélité divine », de l'éloignement et du défaut du divin. Il s'agit alors de se faire, en quelque sorte le « gardien » de cette carence en vivant purement la séparation comme telle[560]. Il faut « soutenir » le « demeurer manquant » de l'être, qui se dérobe en son essence authentique.

C'est seulement en endurant d'abord ce manque, cette « carence du symbolique » dans le monde de la technique (qui, en apparence, est le règne de l'abondance), que l'éventualité d'un dépassement de cette situation pourra *peut-être*, se faire jour. Hölderlin dit, en effet, dans une variante de *Vocation du poète* que «... le défaut de dieu est secours. » Or, quel peut bien être le sens de cette affirmation paradoxale ?

Elle signifie que l'épreuve de ce manque qu'est le défaut des dieux renverra à nouveau le *Dasein* à son *manque* essentiel. Et, c'est seulement de

---

555. Martin Heidegger, *Lettre sur l'humanisme*, Paris, Aubier, 1977, p. 107.

556. Alexandre Kojève, *Introduction à la lecture de Hegel*, Paris, Gall. 1976, P. 434 à 437. Cf. aussi, Maurice Blanchot, *L'entretien infini*, Paris, Gall. 1986, p. 303 sq.

557. René Char, *Œuvres complètes*, Gall. Pléiade, 1983, p. 247.

558. Jean Beaufret, *Hölderlin et Sophocle*, Gérard Monfort, 1983, p. 28.

559. Ibid.

560. Cf. *Beda Allemann*, *Hölderlin et Heidegger*, PUF, Paris, 1987, Première partie. Cf. aussi, Jean Beaufret, *Hölderlin et Sophocle*, Gérard Monfort, 1983 et Maurice Blanchot, *L'espace littéraire*, Paris, Gall. 1982, p. 367 sq.

cette manière qu'il pourra, peut-être, retrouver – dans et par un dépassement du *Gestell* (au sens d'une *Aufhebung*) – un rapport originel et authentique à l'être.

Dans une importante conférence de 1945 intitulée *die Armut* Heidegger dit que dans le monde moderne, où « la « vie » tourne sur elle-même dans son propre vide... »[561], à la recherche du nécessaire et de l'abondance qu'il procure, le *Dasein* doit faire à nouveau l'épreuve du *manque essentiel* qui le constitue comme tel. Il affirme, en effet, que notre essence, en tant que *Dasein*, est « ...d'être suspendu à ce dont nous manquons, parce que c'est uniquement à lui qu'elle appartient... »[562]. Ce manque essentiel est l'essence véritable de la pauvreté. Et cette pauvreté essentielle consiste à manquer uniquement du non nécessaire. Mais ce non nécessaire, avec lequel l'homme entretient une relation fondamentale de *manque*, est l'être en son sens originel. On comprend alors que faire l'épreuve du « défaut des dieux » peut conduire à rétablir une relation authentique à l'être en tant que cette relation est fondée sur un manque. L'être, lorsqu'il est ainsi regagné comme ce qui fait défaut, comme ce qui manque, peut être retrouvé comme ce qui ne se donne qu'en se refusant, comme cette richesse qui ne se donne que dans la « pauvreté ».

Il pourra ainsi – *peut-être* - être regagné en son sens originel, c'est-à-dire comme cette essence insondable, inapprochable et englobante du monde phénoménal qui est en même temps surabondance et plénitude. C'est pourquoi « ...c'est proprement l'être-pauvre qui est en soi l'être-riche. Du fait même que la pauvreté ne nous fait manquer de rien ... nous nous tenons dans la surabondance de l'être (*Überfluss des Seyns*), qui déborde par avance tout le nécessitant du nécessaire »[563]. La surabondance de l'être est cette richesse qui pourra seulement nous être rendue si d'abord nous endurons, comme telle, notre pauvreté véritable, c'est-à-dire le « défaut des dieux ». Si l'ouverture authentique à l'être, comme cette richesse qui ne se donne qu'en se refusant, est la caractéristique propre du spirituel, nous pouvons alors comprendre maintenant ces vers de Hölderlin que commente la conférence : « Chez nous tout se concentre sur le spirituel, nous sommes devenus pauvres pour devenir riches »[564].

L'épreuve du « défaut des dieux » est donc cela seul qui est susceptible de nous restituer notre manque, notre « pauvreté » essentielle et de rendre alors possible, à nouveau, une ouverture authentique à la « richesse » de l'être, c'est-à-dire une habitation poétique. L'épreuve de la

561. Martin Heidegger, *La pauvreté* (*die Armut*), Presses universitaires de Strasbourg, 2004, p. 87.
562. Ibid, p. 83.
563. Ibid. p. 85.
564. Cité par Heidegger, Op. Cit. P. 71.

« carence » du symbolique pourrait ainsi contribuer à préparer une nouvelle « mutation métaphysique ». Le *Gestell* pourrait alors être dépassé au sens d'une *Aufhebung*, c'est-à-dire d'un dépassement qui conserve ce qui est dépassé tout en se le subordonnant. Or, c'est un tel dépassement que la pensée de l'être a pour essence même de préparer. Voici ce qu'écrivait Heidegger à Eugen Fink en 1966 :

« Le commencement de la pensée occidentale chez les Grecs a été préparé par la poésie. Peut-être la pensée doit-elle désormais commencer à ouvrir au dire poétique l'espace libre du temps grâce auquel advienne, à travers la parole poétique, de nouveau un monde qui parle »[565].

565. Martin Heidegger, *Les concepts fondamentaux de la métaphysique*, Appendice, Gall. Paris, 1992, p. 529.

Conclusion

Heidegger a dit de sa pensée qu'elle accomplissait « le sens originaire de la phénoménologie »[566]. C'est pourquoi, dans une certaine mesure, le point de départ de Heidegger est le même que celui de la phénoménologie husserlienne. Il s'agit d'une remise en cause du présupposé ontologique de ce que Husserl appelait l'attitude naturelle, lequel n'est rien d'autre que la *Vorhandenheit.* Il faut, pour Husserl comme pour Heidegger, « mettre entre parenthèse » l'attitude naturelle de manière à rétrocéder vers l'ouverture originelle à l'étant qu'elle recouvre. Cependant chez Husserl l'*époché* phénoménologique fait apparaître l'intentionnalité d'une conscience constituante, c'est-à-dire d'une subjectivité, alors que chez Heidegger elle exhibe l'ouverture originelle, mais nécessairement *latente*, du *Dasein* à l'être en tant qu'il est ce *phénomène* spécifique qui ne se donne qu'en se dérobant. Dans la mesure ou l'*époché* ouvre à une dimension nécessairement *latente* ou implicite dans le *Dasein*, qu'elle doit alors exhiber et expliciter, la phénoménologie est chez Heidegger une phénoménologie herméneutique.

La « réduction phénoménologique » conduit donc l'homme à rétrocéder vers ce qui demeure généralement, et nécessairement, latent et implicite en lui : son ouverture pensante à l'être comme cette dimension inquiétante, angoissante, cette altérité non ontique, sous jacente à l'étant, qui ne se donne qu'en se dérobant. L'*époché* ne fait qu'un chez Heidegger avec le surgissement de la *Seinsfrage* en tant qu'elle exhibe, pour la questionner, cette ouverture secrète du *Dasein* à l'être comme cette dimension hétérogène et insondable qui se dérobe, qui se tient à la fois en retrait et en excès, et qui rend originellement possible *a priori* notre ouverture à l'étant comme tel. La réduction phénoménologique qui « suspend » l'attitude naturelle, et le préjugé inévitable sur lequel elle repose, exhibe donc l'ouverture

566. Martin Heidegger, *Séminaire de Zäringhen*, in *Questions III et IV*, Gall. Paris, 1996, p. 487.

nécessairement *latente*, de l'homme à l'altérité inquiétante de l'être sans laquelle il n'aurait aucune ouverture, ni à lui-même ni au monde, c'est-à-dire aucune conscience. Chez Heidegger la phénoménologie exhibe les conditions de possibilités *latentes* de toute conscience, de toute ouverture à un monde et ainsi de tout séjour humain au monde. Il s'agit alors de rétrocéder aux conditions de possibilités latentes ou inconscientes de l'attitude naturelle elle-même, de l'existence quotidienne, en regagnant le « sol » sur lequel nous nous trouvons déjà, mais qu'en même temps nous franchissons toujours d'un saut, parce que, nécessairement, nous l'oublions et le mésinterprétons. La tâche de la pensée heideggerienne est donc la suivante : « il nous faut retourner nos pas vers là où, à proprement parler, nous avons déjà séjour »[567]. Or, ce pas qui prend du recul nous reconduit « ...jusqu'à cette proximité la plus proche que nous sautons constamment, mais qui chaque fois nous sidère d'une nouvelle étrangeté, quand nous l'entrevoyons »[568].

Mais la pensée de Heidegger ne cherche pas seulement à exhiber les conditions de possibilité *a priori* inconscientes de toute manière humaine d'être au monde. Elle s'efforce, en même temps de faire apparaître les conditions de possibilités *a priori* latentes ou encore les fondements inconscients, de la philosophie occidentale, dont les présupposés ontologiques s'accomplissent pleinement dans le règne de la technique. La philosophie de Heidegger représente donc un chemin que la pensée occidentale suit au-delà d'elle-même. Voici quel est ce chemin d'après Otto Pöggeler : « Le chemin que la pensée occidentale suit au-delà d'elle-même est celui du retour vers son fondement inconscient. La voie qu'emprunte Heidegger tire sa force d'obligation du fait qu'elle n'a pas d'autre objectif que d'amener à la parole d'une manière contrôlable les pré-suppositions inconscientes de la pensée qui s'est exercée jusqu'ici »[569].

Cela conduit alors Heidegger à exhiber le « refoulé » de la pensée occidentale, ce qu'elle a oublié et dont elle ne veut rien savoir. Cela le conduit, en effet, nous l'avons vu, à envisager l'homme comme cet étant insigne qui se définit par une ouverture *a priori* à l'Autre hétérogène et inquiétant de tout étant ; ouverture qui constitue pour lui l'horizon totalement implicite du dévoilement originel de l'étant dans son ensemble en son altérité comme ce au sein de quoi il est jeté. Or, cette ouverture à l'être comme l'Autre inapprochable de tout étant, comme ouverture à l'impossible scelle l'essence tragique de l'existence humaine et sa finitude radicale. Ainsi que nous l'avons vu, Heidegger rejoint ainsi la psychanalyse lacanienne et ce qui est demeuré en partie impensé en elle. La psychanalyse, dans ce qu'elle a

567. Martin Heidegger, *Acheminement vers la parole*, Gall. Paris, 1976, p. 174.
568. ibid. p. 97.
569. Otto Pöggeler, *La pensée de Heidegger*, Aubier Montaigne, 1967, P.12.

de plus profond, pense en effet l'homme à partir de sa relation au réel hétérogène comme relation à l'impossible. Et elle conçoit cette relation au réel inassimilable comme relation impossible à la jouissance, en tant que celle-ci va au-delà du principe de plaisir, et qu'elle est liée à la pulsion de mort.

Elisabeth Roudinesco l'a montré[570], cette notion lacanienne du réel provient de Georges Bataille qui, à sa manière, avait lui aussi tenté de penser l'homme à partir de sa relation à l'hétérogène et à l'impossible, conçue comme relation originelle au sacré. Pour Bataille il est en l'homme une « part maudite » que scelle sa relation fondamentale – et cependant « impossible » - à l'hétérogénéité inassimilable de l'être. Dans la pensée de Bataille les étants discontinus ne sont que des manifestations d'un fond continu et hétérogène qui est en même temps le tout, et qui est l'essence même du monde en tant qu'il est informe et démesuré. C'est pourquoi pour Bataille l'ontologie, sous sa forme originelle, doit être comprise comme *hétérologie*[571]. L'homme se définit par la relation essentielle – mais en même temps impossible et ainsi fondamentalement liée à des interdits – qu'il entretient avec ce fond continu, indistinct et hétérogène de l'étant. La spécificité de Heidegger consiste cependant à montrer que cette ouverture latente à l'hétérogénéité inapprochable de l'être n'est pas seulement une dimension de l'homme profondément dissimulée en lui, mais qu'elle est cela même qui *porte* secrètement – mais totalement – son ouverture au monde y compris dans l'existence quotidienne. L'ontologie de Heidegger qui s'appuie sur la poésie-pensée de Hölderlin est ainsi une *hétérologie* qui exhibe en l'homme, de manière encore plus radicale que Bataille et Lacan, cet en deçà de la conscience qui le constitue fondamentalement et qui scelle l'essence tragique de l'existence.

Cette dimension fondamentale de l'homme est ce dont, le plus souvent, il ne veut rien savoir. Et elle est, tout particulièrement, cela même qui est fondamentalement « dénié » par la pensée occidentale depuis Platon. Elle est même, plus précisément, ce sur la dénégation de quoi repose cette tradition de pensée. Heidegger exhibe la relation de l'homme à une dimension hétérogène non ontique, qui constitue un « ordre de réalité » dont la pensée occidentale ne veut rien savoir. Aujourd'hui, plus que jamais, cette dimension est oubliée, déniée, et fondamentalement esquivée. C'est ce qui explique les efforts considérables qui sont parfois déployés pour mettre sous le boisseau tout ce qu'il y a eu de nouveauté, de fraîcheur et d'audace dans la pensée du vingtième siècle. Il est entendu aujourd'hui – *on* nous le dit – que

570. Elisabeth Roudinesco, *Jacques Lacan. Esquisse d'une vie, histoire d'un système de pensée*. Fayard, Paris, 1994, p. 188.
571. Georges Bataille, *Œuvres complètes*, Gall. T. II, p. 62-63. Cf. aussi sur ce point l'excellent livre de Robert Sasso, *Georges Bataille, une ontologie du jeu*, Minuit, 1978.

le structuralisme et la psychanalyse n'ont été que des modes aussi superficielles qu'éphémères. Et il est entendu – tous les six mois paraît un nouveau livre sur le sujet – que Heidegger n'était finalement rien d'autre qu'un nazi dont il faudrait enlever les livres des rayons des bibliothèques.

Cette dimension de l'homme, qu'est son ouverture à l'être insondable, hétérogène et inassimilable, peut bien être niée, mais elle ne peut cependant pas être extirpée car elle est constitutive de son essence. Cette dimension devrait donc être, au contraire, questionnée plus avant, telle est pour nous la tâche de la pensée, car son déni fait radicalement obstacle à l'effort d'une véritable compréhension de ce qui arrive en cet âge du monde, c'est-à-dire de la spécificité du péril véhiculé par le *Gestell.*

Inières, le 10 septembre 2006.

BIBLIOGRAPHIE

ŒUVRES DE HEIDEGGER

Les œuvres de Heidegger sont citées dans les traductions françaises disponibles.
Pour les textes en allemand nous utilisons l'édition Klostermann, à l'exception de *Sein und zeit* qui est cité dans l'édition Max Niemeyer.

AUTRES ŒUVRES CITEES OU CONSULTEES

ALLEMANN B., *Hölderlin et Heidegger,* trad. F. Fédier, Paris, P.U.F, 1987.
ANAXIMANDRE, *Fragments,* in *Les Présocratiques,* éd. Etablie par J.P. Dumont, Paris, Gallimard Pléiade, 1989.
ARISTOTE, *La métaphysique I et II,* trad. J. Tricot, Paris, Vrin, 1974.
- *Ethique à Nicomaque,* trad. J. Tricot, Paris, Vrin, 1972.
- *Physique (I-IV),* trad. H. Carteron, Paris, Les belles lettres, 1973.
- *De l'âme,* trad. J. Tricot, Paris, Vrin, 1977.
- *De la génération et de la corruption,* trad. C. Mugler, Paris, Les belles lettres 1966.
BATAILLE G., *Ecrits posthumes 1922-1940,* in O.C. t.II., Paris, Gallimard, 1970.
BAUDRILLARD J., *Simulacre et simulation,* Paris, Galilée,1981.
- *Le crime parfait,* Paris, Galilée, 1995.
- *Le pacte de lucidité ou l'intelligence du mal,* Paris, Galilée, 2004.
BEAUFRET J., *Dialogue avec Heidegger, I à IV,* Paris, Minuit, 1973 à 1985.
- *Leçons de philosophie,* T. II., Paris, Le Seuil, 1998.
- *Hölderlin et Sophocle,* Gérard Monfort, 1983.

- *De l'existentialisme à Heidegger,* Paris, Vrin, 1986.
BLANCHOT M., *L'espace littéraire*, Paris, Gallimard, 1982.
- *L'entretien infini*, Gall. Paris, 1986.
BRAGUE R., *La phénoménologie comme voie d'accès au monde grec,* in *Phénoménologie et métaphysique,* coll., Paris, P.U.F, 1984.
BRENTANO F., *Aristote, les significations de l'être,* trad. P. David, Paris, Vrin, 1992.
CHAR R. *Œuvres complètes*, Paris, Gallimard Pléiade, 1983.
CHRETIEN J.L., *La réserve de l'être,* in L'Herne, *Martin Heidegger,* 1983.
COURTINE J.F., *Les catégories de l'être,* Paris, P.U.F, 2003.
DASTUR F., *Heidegger et la question du temps,* Paris, P.U.F, 1990.
- *Hölderlin, le retournement natal,* Encre Marine, 1997.
- *Heidegger et la question ontologique,* Louvain, Peeters, 2003.
DELEUZE G., *A quoi reconnaît-on le structuralisme ?,* in CHATELET F., *Histoire de la philosophie,* T. VIII, Paris, Hachette,1973.
- *L'Anti-Œdipe,* Paris, Minuit, 1975. (en coll. Avec F. Guattari.)
DUBOIS C., *Heidegger. Introduction à une lecture,* Paris, Le Seuil, 2000.
FOUCAULT M., *Surveiller et punir,* Paris, Gallimard, 2002.
FREUD S., *L'inquiétante étrangeté,* Paris, Gallimard, 1985.
- *Essais de psychanalyse,* Paris, pbp, 1975.
- *L 'interprétation des rêves,* Paris, P.U.F, 1980.
GRANEL G., *Traditionis traditio,* Paris, Gallimard, 1972.
GREICH J., *Hölderlin et le chemin vers le sacré,* in L'Herne *Martin Heidegger,* 1983.
GUERIN M., *Le génie du philosophe,* Paris, Le Seuil, 1979.
HERACLITE, *Fragments,* in *Les Présocratiques,* éd. Etablie par J.P. Dumont, Paris, Gallimard Pléiade, 1989.
HESIODE, *Théogonie,* trad. P. Mazon, Paris, Les belles lettres, 1979.
HOUELLEBECQ M., *Extension du domaine de la lutte*, J'ai lu, 1997.
- *Les particules élémentaires,* Paris, Flammarion, 1998.
HÖLDERLIN F., *Œuvres,* Paris, Gallimard Pléiade, 1989.
HUSSERL E., *Méditations cartésiennes,* trad. G. Peiffer et E. Lévinas, Paris, Vrin, 1969.
- *L'idée de la phénoménologie,* trad. A. Lowit, Paris, PUF, 1978.
- *Idées directrices pour une phénoménologie,* trad. P. Ricoeur, Paris, Gallimard, 1985.
JÜNGER E., *Le contemplateur solitaire,* trad. H. Plard, Paris, Grasset, 1992.
- *Soixante-dix s'efface,* II, Paris, Gallimard, 1985.
- *Aphorismes,* trad. H. Thomas, Paris, La Délirante, 1995.
- *Le travailleur,* Paris, Bourgois, 1989.
- *Les ciseaux,* Paris, Bourgois, 1993.
KANT E., *Critique de la raison pure,* trad. J. Barni, Paris, G.F., 1976.
KOJEVE A., *Introduction à la lecture de Hegel*, Paris, Gallimard 1976.

LACAN J., *Ecrits,* Paris, Le Seuil, 1966.
- *Le séminaire, livre II,* Paris, Le Seuil, 1980.
- *Le séminaire, livre VII,* Paris, Le Seuil, 1985.
- *Le séminaire, livre XI,* Paris, Le Seuil, 1973.
LACOUE-LABARTHE P., *La fiction du politique,* Paris, Bourgois, 1987.
- *Métaphrasis,* Paris, PUF, 1998.
LECLAIRE S., *Démasquer le réel,* Paris, Le Seuil, 1971.
LEVI-STRAUSS C., *Introduction à l'œuvre de M. Mauss,* in M. Mauss, *Sociologie et anthropologie,* Paris, P.U.F, 1985.
LUCRECE, *De la nature,* T. I.II., trad. A. Ernout, Paris, Les belles lettres, 1978.
- *Les structures élémentaires de la parenté,* Paris, Mouton, 1981.
MARION J.L., *Sur l'ontologie grise de Descartes,* Paris, Vrin, 2000.
MARQUET J.F., *Structure de la mythologie hölderlinienne,* in L'Herne *Hölderlin,* 1989.
MATTEI J.F., *Heidegger et Hölderlin, le Quadriparti,* Paris, P.U.F, 2001.
MERLEAU-PONTY M., *L'œil et l'esprit*, Paris, Gallimard, 1983.
NIETZSCHE F., *La naissance de la tragédie,* trad. M. Haar, P. Lacoue-labarthe et J.L. Nancy, Paris, Gallimard, 1989.
OTTO W.F., *Les dieux de la Grèce,* trad. C.N. Grimbert et A. Morgant, Paris, Payot, 1984.
PAPAIOANNOU K., *L'art grec,* Citadelles & Mazenod, 1998.
PARMENIDE, *Fragments,* in *Les présocratiques,* éd. Etablie par J.P. Dumont, Paris, Gallimard Pléiade, 1980.
PLATON, *Timée,* in *Œuvres,* T. II., Paris, Gall. Pléiade, 1977.
PÖGGELER O., *La pensée de Heidegger,* trad. M. Simon, Paris, Aubier Montaigne, 1967.
ROUDINESCO E., *Jacques Lacan,* Paris, Fayard, 1994.
SAFRANSKI R., *Heidegger et son temps,* trad. I. Kalinowski, Paris, Grasset, 1996.
SASSO R., *Georges Bataille : le système du non-*savoir, Paris, Minuit 1978.
SCHELLING, F.W.J., *Recherches philosophiques sur l'essence de la liberté humaine.* In *Œuvres métaphysiques*, Gallimard Paris, 1980.
TOWARNICKI F., *A la rencontre de Heidegger,* Paris, Gallimard, 1993.
VAYSSE J.M., *L'inconscient des modernes,* Paris, Gallimard, 1999.
- *Totalité et finitude, Spinoza et Heidegger,* Paris, Vrin, 2004.
- *Le vocabulaire de Heidegger,* Paris, Ellipses, 2000.
VERNANT J.P., *Mythe et pensée chez les Grecs,* Paris, PCM, 1982.
- *Mythe et société en Grèce ancienne,* La découverte/poche, 2004.
ZARADER M., *Heidegger et les paroles de l'origine,* Paris, Vrin, 1986.

TABLE DES MATIERES

656151 - Mai 2016
Achevé d'imprimer par